★ ★ ★ 鸣谢 ★ ★ ★

中国新媒体传播学年会

南京大学人文社会科学高级研究院

2016

· 夏季号 ·

China Computer-Mediated Communication Studies

主编 巢乃鹏

中国网络传播研究

第 10 辑

南京大学出版社

《中国网络传播研究.第 10 辑.2016.夏季号》

目录

专题：环境传播

NETWORK SUBCULTURE

结构化观念和个人化参与：后物质主义视角下中国公众信息机会、环境态度及环境行为的多层次分析

刘于思[*]

【摘　要】　环境问题在发展中国家的重要性日益凸显,加之我国各地自然环境和经济状况极不平衡,应同时从地区和个人层面探索提高公众环境观念和环境参与的途径。本研究以后物质主义理论为框架,基于第六次世界价值观调查($N=2300$),对我国公众环境态度与环境行为的影响因素进行了多层次分析。结论表明,后物质主义的直接效应假设、主观价值假设、客观条件假设对我国公众的环境观念和参与具有不同程度的解释力;公众环境观念主要受到地区经济发展水平、环境治理成效、生态脆弱性等结构性因素的制约,个体的信息机会、科学态度和社会资本要素决定其环境参与水平。上述发现丰富了后物质主义理论在发展中国家的发展,细化了个人和地区因素影响我国公众环境态度和行为的差异化机制,阐明了我国民间环境保护工作存在的地区间差异以及从树立观念到实际参与的双重鸿沟,为理解和促进各地区环境关心和参与水平这一"环境—社会"问题提供了实践参考。

【关键词】　环境观念;环境参与;后物质主义;信息机会;多层次模型

一、引言

二战以来,随着社会物质条件的改善,人们对环境的态度和行为开始逐渐转变。20 世纪 60 年代末至 70 年代初,西方世界开始出现所谓的"环境关心型消费者"(environmentally concerned consumer),消费者的个人习惯和生活方式越来越强调对环境负责(Stone, Barnes, & Montgomery, 1995),并愿意为购买绿色产品而支付更高的价格(Bekin, Carrigan, & Szmigin, 2007; Mostafa, 2007; Niinimaki, 2010)。近年来,绿色消费者已经成为一种席卷全球的趋势,持有此观念的公众数量在世界范围内的比例也在持续增长(Starch, 1996;

---

　*　【作者简介】刘于思,博士,浙江大学传媒与国际文化学院副教授。
　本文系教育部人文社会科学研究青年基金项目(14YJC860017)成果。

Curlo，1999)。这种由特定的环境态度和行为规范引发的现象正在得到相关学科研究者的广泛重视。

环境主义的心理和社会根源主要在于第一次石油危机(Grunert & Juhl，1995)，以及人们对于社会、工业和现代技术的普遍不信任(Mostafa，2013)。因此，环境研究的行为主义理论应当建立在人们的心理层面上，考虑文化价值观对公众心理产生的重大影响(Chan & Lau，1998)。显而易见的是，把个人环境观念和参与的影响因素仅归结为个人因素的独立影响将是最为简便易行的(如：Yao，2008)，但这种做法无疑将抹杀公众环境态度与行为的复杂性。事实上，环境态度和行为的形成既是个人性的，又是社会性的。同一地域之内的公众既共享某种程度上情况相似的资源与环境，其观念和行为又受到地域经济发展水平和价值观的结构性影响。在研究上述问题时，必须采取系统化的、大范围的考察，涵盖工业化及其过程中的不同国家和地区，既考虑个人层次的影响，也进行地区层次上的个案比较(Marquart-Pyatt，2008)，才能够对全局数据产生全方位的理解。

然而，当前考察公众环境关心和参与的研究绝大部分是在西方社会开展的，在其他文化环境下检验后物质主义理论有效性的注意力还远远不够(Lee & Green，1991)。对环境态度和行为开展跨国比较的多层分析也主要集中在不同国家之间和国家内部的差别上，缺少对同一个国家不同城市之间及其内部的比较。事实上，在中国社会，虽然强调人与自然和谐相处的传统文化具有持续的影响(Chan，1993)，人们的环境意识也得到了逐步加强(Lee，2011)，但国人对环境的关心始终不及对经济发展的优先重视，环保行为也反映出典型的"邻避"(not-in-my-backyard，NIMBY)心态(Lai，2000)。作为一个幅员辽阔，地域经济发展水平和文化千差万别的发展中国家，我国公众的环保意向及其行动在各个地区的状况可能更为多元，资源与文化的结构性制约也更为复杂，这是既有研究仅以国家为界限分析环境主义的社会性差异所不能解释的问题。因此，在个体性解释的基础上，进一步理解人们环境观念及参与的地区性差异，在我国当前的语境下显得尤为重要和紧迫。

与此同时，既有研究考察的公众环境态度和行为的影响因素往往局限于地区经济发展水平和人口统计学变量(如：洪大用，卢春天，2011)，缺少对更为丰富的个人和社会性因素的整体性关注，如环境治理、价值观念、信息机会、政治兴趣和社会资本等(Torgler & Garcia-Valiñas，2007)。随着多层次数据分析的统计工具日益完善和多元，上述缺陷有可能且理应被当前考察我国各地区人民环境关心及参与的个体性和集体性差异的新理论、新方法所弥补。本研究即以全球环境行动的后物质主义理论为视角，运用近年来发展迅速的多层次模型作为统计工具，致力于对我国公众当前的环境态度和行为建立起一个整合个体差异与地区影响的、相对全面完整的解释机制，在西方主导的普遍研究取向与东方发展中国家文化语境的特殊性之间寻求适当的平衡，考察现有后物质主义文化价值变迁理论的适用范围，并从中探寻可能存在的理论潜力和实践启示。

二、 环境观念和参与的结构化成因：后物质主义的基本假定

后物质主义（post-materialism）是在战后出现的一种社会价值观变化。这种价值观建立在丰裕社会而非稀缺经济的基础上，强调对诸如环境保护和少数族群权利等带有理想化色彩的价值追求（McAllister，1999）。虽然这一理论阐发的背景更多的是处于后工业化发展阶段的西方社会，但自其提出至今，已经开展了一系列的跨国检验和比较，具有相当程度的有效性，成为社会科学领域的传统理论资源之一（Marquart-Pyatt，2008），具有推广至发展中国家和地区开展进一步实证检验的理论潜力。Inglehart（1977：5）提出的"物质主义—后物质主义"价值观变迁理论为上述视角提供了可供参照的理论契机，该理论的基本假定为：包括经济增长、教育水平提高和大众媒介发展在内的社会系统层面的变迁，将带来个人层面的一系列价值变化，如归属感、自尊、自我实现等。其中，最受研究界关注的当属后物质主义价值观对环境意向的作用。

环境意向（environmental intentions）是指人们愿意为保护环境而做出牺牲的意愿（Mostafa，2013）。从概念上来看，它与同类研究中经常使用的环境（生态）关心等类似（洪大用，2006），都是"人们意识到并支持解决涉及生态环境问题的程度以及个人为解决这类问题而做出贡献的意愿"（Dunlap & Jones，2002）。在"态度—意向—行为"模型的计划行为理论路径下（Ajzen，1991；2001；2002），环境意向连接了其上游和下游的两个行为阶段，即环境态度和环境行为。然而，环境意向本身既不指向某种清晰的环境态度，也不代表真正参与环境行动的任何承诺。尽管环境意向与环境参与之间的关联在许多研究的结论中往往是含糊不清且未经证实的（Lee，2011），但既有研究依然倾向于以环境关心或环境意向取代真正的环境保护行为及其背后对应的特定态度，忽略了环境态度和环境行为才可能是理解当代中国环境行动主义最为直观的因变量。实际上，二者之间不仅更加紧密相关（Kaiser，Wolfing，& Fuhrer，1999；Newhouse，1990)，而且具有更为关键的理论拓展意义（Bang，Ellinger，Hadjimarcou，& Traichal，2000)，能够区分出不同预测变量如何分别作用于公众环境态度和行为的两个维度，对当前考察环境意向影响因素的理论展开进一步细化。

公众环境态度和行为的差异化机制在 Inglehart(1995)提出的"客观问题/主观价值"(objective problems/subjective values，OPSV)理论当中得到了很好的解释。他认为，国家和个人所处的社会经济环境影响着人们一系列的信念和价值观。后物质主义价值观的增长将带来最为显要的变化之一，就是人们对生活质量而非物质条件的追求以及由此产生的对于自然环境的关心。公众环境行为及相关态度的形成，通常是由其经济财富所影响的，这种影响既在人们的个人层面上起作用，也会出现在更大的社会单元上，例如社区、地域或国家等。当一个社会处于相对较高的经济福利状况时，公众将会在基本需求得到满足的基础上追求更高层次的目标，例如生活质量和环境，等等。因此，在较为富裕的社会当中，人们将普遍持有比贫穷社会更为强烈的环境观。也就是说，社会丰裕程度与公众环境态度和行为之间存在着正向的关联。这一假设被称为直接效应假设或丰裕性假设。在我国，发达且富裕的地区往往体现为更多的人口、更高的人均地区生产总值和居民消费水平指数，这些地区的公众将具有更强烈的环境观念和更多的环境参与行为。综上，提出如下研究假设：

> H1：在控制了个人层面的变量和地区层面的其他变量后，我国公众的
> 环境观念和环境参与，与其所在地区的人均地区生产总值和居民消费水平
> 之间，存在着显著的正向关联。

丰裕性假设可进一步延伸至对一个国家或地区环境治理水平的考察当中。作为一种公共行为，环境保护举措正在成为影响公众对政府态度的重要因素之一。一般而言，较为富裕的行政单位往往具有更多的资源来开展环境保护工作(Mostafa，2013)。一项由美国国会选举研究机构于 2007 年开展的民意调查显示，那些提出了污染治理议题的政府行为会得到选民强烈的支持(Konisky，Milyo，& Richardson，2008)。可见，政府在当地环境保护上的作为及其效果，也将对公众环境观念的形成和环境行动的参与产生一定影响。研究将各地区环境保护成效操作化为调查进行一年内该地区之内的突发环境事件次数、生活垃圾无害化处理率和森林覆盖率三个指标。综上，提出以下假设：

　　H2：控制个人层面变量和地区层面的其他变量后，突发环境次数越少，生活垃圾无害化处理率、森林覆盖率越高的地区，其公众的环境观念越强，环境参与越多。

　　在此基础上，Inglehart(1995)进一步指出，环保意向和行动只会在那些较富裕的、具有后物质主义价值观的地区和个人中出现。他将价值观置于国家的层面上进行考察，发现发达工业国家更可能产生后物质主义价值观，且会表现出更高的整体环境保护意向，产生更多参与环境保护行动的成员。这一假设被称为主观价值假设。他认为，之所以对于环境的公共支持在某些国家当中更为突出，是因为这些国家具有相对更高比例的后物质主义人口，而后物质主义者和物质主义者在环境态度和行为上具有非常明显的区别(Abramson & Inglehart，1995)。其中，前者由于已经达到了一定程度的经济发展水平，且更为安全，因此身处其中的人们会更为支持与环境相关的公共议题。据此，研究进一步假设：

　　H3：在控制了个人层面的变量和地区层面的其他变量后，后物质主义指数更高的地区，其公众具有更强的环境观念，参与更多的环境行动。

　　然而，也有若干研究发现了与上述理论相冲突的现象。在这些研究当中，环保意向不是发达国家和地区的公众所独有的，而是同时出现在其他发展中国家和地区当中，有时甚至作为一种"民粹主义"概念体系的一部分而出现(Roberts，1996)。作为回应，Inglehart引入了客观环境问题(objective environmental problems)这一概念，认为在理解发展中国家和地区人们的环境态度和行为时，可以同时考察其持有的对本地环境问题的第一手经验。Inglehart(1995)提出，如果一个地区面临更为严峻的环境问题，那么，其中的公众将出于对本地环境的关心，表现出更为强烈的环境意识。这一假设被称为客观问题假设。在操作化层面上，按照Esty等人(2006)的建议，环境表现的参数涵盖了环境健康、生态系统活力，以及气候与能源等变量。其中，反映环境健康的参数包括温室气体排放量、有机废水排放量等(Litina，Moriconi，& Zanaj，2016)，反映生态活力的指标为生态系统的稳定性和生物多样性等内容(Mostafa，2013)。本研究的环境质量由人均水平上的碳排放量、空气污染物排放量和废水排放量三个参数进行表征,生态脆弱性则由该地区自然保护区占辖区面积比重、受威胁动物种数和受威胁植物种数三个指标体现,提出如下研究假设:

　　H4:控制个人变量和地区层面的其他变量后,人均碳排放量、空气污染物排放量、废水排放量更多的地区,公众的环境观念更强,环境参与更多。
　　H5:控制个人变量和地区层面的其他变量后,地区自然保护区面积比重、受威胁动物种数比例和受威胁植物种数比例越高的地区,公众的环境观念更强,环境参与更多。

三、　环境友好的个体差异:信息机会、科学态度与社会资本的影响

　　延循 Inglehart(1995)的理论与方法路径,既有研究更多地聚焦于比较不同国家和地区之间人们的环境态度和行为有何区别(例如:Diekmann & Franzen,1999;Weaver,2002;Kilbourne & Pickett,2008),而忽略了其中仍然存在的个人因素差异。值得注意的是,在后物质主义理论的视角下,公众对于环境的关心及参与并不仅仅是区域性的,同时也是与其个人身份和行为密切相关的。由于环境态度和行为的形成从本质上取决于特定社会当中个人的动机与认知(Kemmelmeier,Krol,& Kim,2002),因此,我们仍然有必要在社会性的影响因素之外,进一步从个人层面上考察环境观念及参与的影响因素。

　　环境关心的关键影响因素之一是个体所面临的信息机会(Ahern,2012)。近年来,越来越多的环境社会学与环境心理学研究将社会情境变量纳入对环境行为和决策的预测中,这些因素在个体的环境世界观和态度中扮演着越来越重要的角色(Oreg & Katz-Gerro,2006;Stern,2000;Stern & Dietz,1994)。如果我们将人们的环境态度与行为视作特定社会情境所形塑的产物,那么,在个体形成环境态度的过程中,大众媒介可能发挥不同的作用,建构出不同立场的环境议题(Brechin & Kempton,1994;Buttel & Taylor,1992)。大量研究都曾考察过传播媒介与环境主义之间的关系(Davis,1995;Holbert,Kwak,& Shah,2005;Major & Atwood,2004;Shanahan & McComas,1997),其中最典型的理论机制体现为以下两种竞争中的解释:从积极的方面来看,按照 Inglehart(1977;1997)的观点,媒介的发展是社会价值观变迁原因的四大重要方

面之一，而更为发达的媒介系统将会传达更多支持环境保护的信息。那些有机会接触到更多信息的公众，将会更好地被告知（well-informed），从而更容易成为乐于购买绿色产品的"道德消费者"（Strong，1996）。另一方面，涵化理论则持有相反的假定，认为媒介在一定程度上助长了消费主义文化和趋势（Gerbner，et al.，1986），导致人们对环境漠不关心（Good，2007），因此将受众引向环境主义的对立面。而在当下的中国，随着媒介经营方式及其信息内容的日益多元，上述两种理论后果均有可能发生。

以技术中介传播为特征的新媒体对环境信息建构的作用体现着大众媒体在赛博空间（cyber space）中的延伸。与此同时，社会化媒体加强和拓展着人们彼此之间的联系，人们越来越依赖其群体内部的身份和社会认同。自 20 世纪末以来，互联网在催生和促进环境行动主义的过程中扮演着举足轻重的角色，新媒体不仅为人们创造着联结机会，使得线上和线下与环境保护相关联的态度、社会参与和集体行动均越来越可能实现（Postmes & Brunsting，2002），也通过包括地理信息系统（GIS）等在内的传播技术，为人们提供了参与环境决策的新方法（Kingston，Carver，Evans，& Turton，2000）。

此外，告知性的人际交流也为公众提供着信息机会。作为获取信息的补充渠道，促使公众产生社会曝露（social exposure）的人际交流，也会在媒介曝露（media exposure）之外，对人们的环境议题讨论和参与动员产生极为重要的影响（Lee，2011）。通过日常交往产生的社会交换和社会比较，人们能够将他人的环境态度和行为与自己进行参照（Hormuth，1999），将其作为一种社会情境来反思自己的价值观、行为规范以及行动。人际交流为人们提供着角色模范、行动期许和同辈压力（Bandura，1986；Brown，1990；Shaffer，1994），特别是在具有利社会导向的环境态度和行为当中（Ryan，2000）。综上，本研究将信息机会操作化为人们通过包括报纸、杂志、广播和电视在内的传统媒体，以技术中介为手段的新媒体，以及人际讨论三种渠道接触信息的频率，提出如下研究假设：

H6：控制个人层面的其他变量和地区层面变量后，通过个体获取信息的不同频率，包括传统媒体使用、新媒体使用和人际讨论，能够显著预测其环境观念和环境参与。

对环境的理解和感知将改变人们的个体行为、公共意见和公共政策。而做出合适的环境决策，需要个体具备足够的环境知识（Schahn & Holzer，1990）。

根据理性行动理论,人们在参与环境行动之前会考虑该行动带来的后果,因此往往会选择参与能够带来期望结果的环境行动(Fishbein & Ajzen, 1975)。在这一模式当中,环境行为意向的产生取决于人们的环境态度,而环境态度则受到人们基于其环境知识而产生的行动信念的影响。环境和环境议题的知识,本身是指向科学性和技术性的(Arcury, Scollay, & Johnson, 1987)。因此,人们对于环境的观念和参与通常建立在其在对相关科学知识的了解上。在一般意义上,科学知识与人们的生态态度密切相关(Maloney & Ward, 1973; Maloney, Ward, & Braucht, 1975);Schultz(2001)发现,行为主义环境研究早期的研究者们甚至将公众关于环境议题的科学知识作为其环境关心水平的一部分(Lounsbury & Tornatzky, 1977)。基于环境的科学知识被若干研究确认为环境态度与行为形成的先行变量(如:Dunlap & Van Liere, 1978; Weigel & Weigel, 1978),而上述科学知识则与对科学的态度(attitudes toward science)呈现出正向的关联(Sturgis & Allum, 2004)。所谓对科学的态度,是指人们对于科学及其社会影响和科学家们本身所持有的一种情感、信念以及价值观(Osborne, Simon, & Collins, 2003),它将进一步影响人们的环境动机、环境行为及其后果(Potter & Wetherall, 1987)。综上,可推出如下研究假设:

H7:控制个人层面的其他变量和地区层面变量后,由个体对科学的态度,可预测其环境观念和环境参与水平。

公民参与也和社会资本之间存在着广泛的联系(Howard & Gilbert, 2008; Valenzuela, Park, & Kee, 2009),这一概念的内涵与外延涵盖了人们社会关系网络中的联结、交换、互信互惠和社会规范等内容,能够有效地在国家层面上促进行政效率和经济增长(Coleman, 1990:300 - 321; Putnam, 1993:167),同时在人际和组织层面上促进有效的合作和社会问题的解决(Waddock, 1993; Tendler & Friedheim, 1994)。既有文献在很大程度上忽视了社会资本与人们的环保态度及行为之间的关联,而实际上,社会资本概念当中的信任维度都是解释个人环保态度差异的关键变量(Torgler & Garcia-Valiñas, 2007),互惠性也能够促进人们长期社会责任的发展,最终达成积极的环境结果(Pretty, & Smith, 2004)。对于特定的社区而言,社会资本镶嵌在群体行为当中,公众能够通过具有连通性的社会网络降低环境行动的合作成本,解决环境参与的集体行动难题(Rydin & Pennington, 2000),从而提升自然环境资源以及本地发展问题的可持续解决和公平处理（Pretty & Ward，2001）。良好的邻里关系也能够提升社区认同感对公民环境行动参与的积极作用（Lewicka，2005）。

促进人们环境态度和行为形成的渠道有三个主要来源，包括他人、环境和人们自身（De Young，1996）。社会资本能够在不同层面上为个人、家庭和公众带来福祉（Stone，Gray，& Hughes，2004）。在个体内部层面，社会资本首先体现为个体的生活满意度（Scheufele & Shah，2000），这是一种个体对周遭环境正面或负面的整体评估。与生活满意度类似，主观幸福感是人类一系列情感反应和满足现象的总称（Diener，Suh，Lucas，& Smith，1999），也是个体社会资本在其人内层面的投射（Diener，Emmons，Larsen，& Griffin，1985）。研究显示，生活满意度、主观幸福感与生态保护等利社会行为之间存在正向关联（Dunn，Aknin，& Norton，2008；Tapia-Fonllem，et al.，2013）；一项在中国14个城市开展的调查也验证了生活满意度与环保行为共同增长的趋势（Xiao & Li，2011）。作为可持续行为（sustainable behavior）的积极心理后果，生活满意度和主观幸福感都能够成为环保行为的决定性因素（Corral-Verdugo，et al.，2011；Corral-Verdugo，2012），而对特定环境条件和治理政策的满意程度也能够促进环保行为的产生（Pelletier，Legault，& Tuson，1996）。

此外，社会资本的决定和被决定因素也包含个体感知的主观健康状况（Szreter & Woolcock，2004）。具体而言，具有更高社会资本的个体，由于身处具有更高程度的社会团结和公共健康的社区当中，因此往往会更多地注重个人健康问题，降低与健康有关的风险行为，从而对个人的未来健康产生更加强有力的影响（Lindström，Hanson，& Östergren，2001）。既有研究发现，公众对于环境—健康（environmental-health）议题的关注和对环境本身的关心常常是共同变化的（Adeola，1998），而对个人健康的感知和关注也与人们对环境质量的要求息息相关（Scherhorn，1993），且可能进一步影响公众环境关心和参与的程度（Rundmo，1999）。

与此同时，社会资本也被一些学者定义为指向社区和政治公共品的行动前提（Gil de Zúñiga，Jung，& Valenzuela，2012；Shah & Gil de Zúñiga，2008）。社会网络和社会互动在政治参与中扮演着重要的角色（McClurg，2003），各类社会组织的成员身份将激发人们共同的政治兴趣（Putnam，2000），提高其被动员的能力（Leighley，1996）。从这种意义上来看，社会资本可延伸至政治信任和政治兴趣等一系列政治行动的先行因素当中。在西方社会，由于环境问题是关乎政治投票的重要公共议题，因此，个体的意识形态偏向、党派选择和政治行为往往能够反映其对环境的态度(Buttel & Flinn，1978；Engel & Potschke，1998；Witzke & Urfei，2001)。政治氛围可被视为一种非正规环境影响下的教育，在正规教育之外，起到塑造公众环境态度和行为的作用。研究表明，政治上更活跃的年轻人更容易成为环境行动主义者(Quintelier，2008)；普遍来看，对政治感兴趣的公众将获得更为全面的政治信息和知识(Kvaløy，Finseraas，& Listhaug，2012)，也会更加关注环境议题和问题，从而产生更明确的环保意愿(Torgler & Garcia-Valiñas，2007)。综上，提出以下研究假设：

> H8：控制个人层面的其他变量和地区层面变量后，由个体的生活满意度、幸福感、健康状况和政治兴趣，可预测其环境观念和环境参与水平。

除了社会层面上的总体文化价值之外，个体本身持有的特定价值观也是环境主义的重要影响因素之一(Kidd & Lee，1997)。其中，权威主义(authoritarianism)价值观是一种在"群体专制/一致性"和"个人自主/多元性"之间寻找适当平衡的个人倾向(Stenner，2005，p. 14)，包含了因循守旧、顺从权威和压制后辈等多重内涵(Altemeyer，1981)，权威主义被认为与包含环境参与在内的一系列政治参与行为有关(Singh & Dunn，2015)。据此，本研究提出最后一个研究假设：

> H9：控制个人层面的其他变量和地区层面变量后，由个体的权威主义价值观指数，可预测其环境观念和环境参与水平。

接下来，研究将采用二手数据分析(secondary data analysis)方法，运用现有数据集中的有关变量，回答前述研究问题，并检验相关研究假设。

四、研究方法

(一) 数据来源与样本描述

本研究以第六次世界价值观调查(World Values Survey Wave 6，WVS6)的中国地区数据为基础，比较我国以省级行政单位为划分依据的不同地区公众的环境观念和环境参与，以及它们在个人层面和地区层面的多层次差异。该调查中的中国部分于 2012 年 10 月至 2013 年 1 月间展开，调查总体涵盖了除港澳台地区之外的中国的 24 个省、直辖市或自治区从 18 岁到 75 岁的成年公民，采用 GPS/GIS 辅助区域抽样这一分层次、多阶段、按规模大小成比例（Probability Proportionate to Size，PPS）的概率抽样方法（Landry & Shen，2005），能够在国内流动人口比例较高的情况下最大限度地纠正覆盖偏差（coverage bias）。

　　该调查共发放 3496 份问卷，回收有效问卷 2300 份，有效回收率为 65.8%。样本平均年龄为 42.29 岁（S.D.＝14.37），有效受访者当中包括男性 1169 人（50.8%），女性 1131 人（49.2%）；未受正规教育者 136 人（5.9%），小学 448 人（19.5%），初中 1069 人（46.5%），高中（含中专）380 人（16.5%），大学（含大专）及以上 266 人（11.6%）；城市人口 1260 人（54.8%），农村人口 1040 人（45.2%）；共涉及 24 个省级行政单位①，其中样本量最少的为 26 人（吉林省），最多的为 229 人（山东省）。各地区有效样本量（参见附录 1）与该地区实际人口比例大致相当。总体而言，该调查样本具有较好的代表性，能够从中推断出我国公众环境关心和参与的总体状况。

　　（二）变量测量

　　1. 因变量的测量

　　环境态度。环境态度在本研究中体现为公众是否有强烈的环境保护意识，其测量由 WVS6 中两个变量的平均值合并而成。前一个问题令受访者在 5 个选项中选择一项"对全世界最为严重的问题"，选择"环境污染"者计 1 分；第二题则令受访者在关于环境保护和经济增长的两个冲突观点之间进行选择，认为应当环境保护优先者得 1 分。变量最终的取值范围在 0 到 1 之间。

　　环境行为。环境行为测度的是受访者在环境和生态保护行为及其组织当中的介入程度，由 WVS6 中三个题项得分的平均值构成，包括受访者是环境/生态保护组织当中的积极成员、一般成员或非成员，受访者在过去两年中是否资助过生态组织以及参与过环境问题有关的示威游行。由于第一题选择"积极成员"的比例极低，故与"一般成员"进行合并，三题均以是或否计分，最终得分亦在 0 到 1 的范围内。

　　2. 个人层次的预测变量

　　信息机会。在 WVS6 中，信息机会主要关注信息性的媒介接触频率，操作化为人们将何种渠道作为信息资源、以何种频率了解国家和世界大事。信息接

---

　　① 结合样本实际情况，本研究将省级行政单位（包括直辖市、自治区等）作为集合单元。各省级行政单位为区隔的地区之间在经济发展、环境生态、文化和价值观等状况上具有异质性，地区之内则具有某种特定的同质性，因此可以从中考察地区层面的结构性差异对各地公众环境参与的影响。

触的使用频率从"不用"、"小于每月"到"每日",取值范围在 0 到 4 之间。其中,传统媒体使用包括纸质的报纸和杂志、电视、广播四项,反映量表内在一致性的信度值(Cronbach's α)为 0.659,传统媒体使用的均值为 1.70(S.D.＝0.95)。由手机、电子邮件和电脑上网构成的新媒体使用频率(Cronbach's α＝0.825)低于传统媒体(Mean＝1.20,S.D.＝1.36),而通过和家人朋友或同事聊天获取信息的人际讨论频率均值介于传统媒体和新媒体使用频率之间(Mean＝1.00,S.D.＝1.64)。

科学态度。科学态度操作化为人们对科学持有情感的积极程度,其测量采用 6 题项的 10 点李克特量表,包括"科学和技术使我们的下一代有更多的机会"等 3 个正面陈述和"在日常生活中了解科学是不重要的"等 3 个反向陈述,量表信度在可接受范围内(Cronbach's α＝0.625)。在本调查中,中国公众科学态度的得分在 1.4 到 10 之间,均值为 7.00(S.D.＝1.41)。

个体社会资本维度的变量包括自我评价的幸福感、主观健康状况、生活满意度和政治兴趣等。其中,幸福感和主观健康状况的测量均为 4 点量表,分别向受访者询问"将所有的情况都考虑进来,目前您生活得愉快吗"和"目前您的身体状况如何",其均值分别为 2.00(S.D.＝0.58)和 2.13(S.D.＝0.84)。生活满意度的测量向受访者询问"总的来说,您对自己目前的生活满意吗",选择范围从 1 分"非常不满意"到 10 分"非常满意"(Mean＝6.85,S.D.＝1.98)。政治兴趣的测量令受访者在 1 分"很感兴趣"到 4 分"一点也不感兴趣"之间做出选择。对得分进行反向编码后,样本中政治兴趣的平均得分为 2.63(S.D.＝0.93)。

权威主义价值观。按照既有研究的建议,本研究将这一变量操作化为个体的育儿观(Feldman & Stenner, 1997),在不唤起个体相关价值观的前提下反映出其狭隘性和惩罚性等态度。向受访者询问"您认为在家里培养孩子学习下列哪些品质更重要",要求受访者在包含"服从"等权威主义价值观选项(1 分)、"独立性"等非权威主义价值观选项(－1 分)以及"有想象力"等干扰选项(0 分)在内的 11 个选项中选择 5 项,将被选中的答案以上述方式计入总分(－2 到 2分)。在本调查中,样本的平均权威主义指数均值为 0.86,标准差为 0.72,呈现出总体偏高的权威主义价值观。此外,研究还包含了性别、年龄、教育程度、家庭收入水平、婚姻状况、工作状况、是否有宗教信仰等人口统计学变量作为个人层面的控制变量。

3. 地区层面的预测变量

研究在地区层面的变量主要包括地区经济状况、环境保护成效、地区价值观指数、环境质量和生态系统脆弱性等。其中,地区经济状况以国家统计局公布的人口和国民经济核算 2012 分省年度数据为基础。[①] 人口指标为该地区 2012 年末常住人口，单位为万人；地区经济发展水平则以人均地区生产总值（元/人）和居民消费水平指数（上年＝100）进行测度。

环境保护成效指标当中的突发环境事件次数、生活垃圾无害化处理率（％）和森林覆盖率（％）同样来自国家统计局资源与环境部分 2012 年度数据。后物质主义价值在 WVS6 中的测量方式为令受访者在四个选项中选出最重要的两项。其中，"维持国内的秩序"和"控制物价上涨"为物质主义价值观选项，"使人们在重要的政府决策上有更多的发言权"和"保障言论自由"为后物质主义价值观选项。该量表曾在大量既有研究中得到应用（如：Kemmelmeier, Krol, & Kim, 2002；Oreg & Katz-Gerro, 2006），其虽然简短，但拥有极佳的测量效度（Abramson & Inglehart, 1995：10）。由于一个国家或社会越富庶，其持有后物质主义价值观的公众比例也就越高（Franzen, 2003），本研究将各地区后物质主义指数操作化为该地区样本中具有后物质主义价值观者的比例。

地区环境质量的基本指标以国家统计数据的 2012 年度资源与环境部分为来源，将各地区按人口数量平均后的温室气体、空气污染物和废水排放量为指标进行测算。其中，人均空气污染物排放量（千克/人）根据废气中氮氧化物、二氧化硫、烟（粉）尘的排放量加总后得出，温室气体排放量以碳排量进行计算，即燃烧化石能源释放出的热量所对应的碳量。根据既有研究建议的方法（刘晓沛，2011；王怡，2012；许广月、宋德勇，2010），本研究将《中国能源统计年鉴（2013 卷）》（国家统计局能源统计司编，2013）公布的 2012 年各地区煤炭消费量（万吨）、原油消费量（万吨）和天然气消费量（亿立方米）三大主要能源实物消费量根据国家标准规定的折算系数（GB/T 2589—2008）换算成以标准煤为计量基础的能源消费量后，根据不同能源的碳排放系数[②]计算得出[③]。

在生态系统脆弱性指标中，自然保护区面积比重数据来自国家统计局 2012 年度数据的资源与环境部分，衡量生物多样性的受威胁动植物种数（Mostafa,

---

① 数据来源：国家数据网站（http://data.stats.gov.cn）。

② 为增强数值的准确性，研究以日本能源经济研究所、DOE/EIA、国家科委气候变化项目和国家发改委能源研究所四个研究机构确定的各类能源消费的碳排放系数的平均值作为依据。最终确定的煤炭、石油和天然气的碳排放系数分别为 0.7329、0.5574 和 0.4426。

③ 碳排放量的具体计算公式为：$TP_j \sum_{i=1}^{3} E_{ij} \times f \times C_i \, (i=1,\cdots,3)$。其中，$TP_j$ 为第 j 地区的碳排放总量；i 表示第 i 种燃料种类，依次为煤炭、石油和天然气；E_{ij} 为第 j 地区在某一时期对第 i 种能源的消费数量；f_i 为第 i 种能源标准煤折算系数。

2013)则分别取自中华人民共和国环境保护部,中国科学院公布的《中国生物多样性红色名录——高等植物卷评估报告》(2013)和《中国生物多样性红色名录——脊椎动物卷评估报告》(2015)。其中,受威胁动物种数比例根据各地区哺乳动物、鸟类、爬行动物和两栖类四大类别的受威胁动物种数总比例计算得出。各地区的各项具体参数得分见附录 1。

五、 研究发现

(一)分析路径:多层次模型

本研究将从个人和地区两个层次对中国公众的环境观念及其参与进行考察。对于这一多层次嵌套数据,传统的回归分析、方差分析等方法可能会违背不同层次数据间的独立性假设。因此,在个人与社会情境之间可能存在联系的情况下,研究者通常建议采用随机系数模型(random coefficient modeling)(Longford,1995)、分层线性模型(hierarchical linear modeling, HLM)(Raudenbush & Bryk,2002)或多层次模型(multilevel modeling, MLM)(Goldstein,2011)等方法进行。其中,多层次模型对于数据的平衡性要求较低,符合本研究数据的状况,且能够澄清以不同层次进行测量的变量间效应,重新发现那些使用传统分析方法将无法获取的影响效应。

使用分层模型考察环境关心的影响因素也是相关既有研究广泛采纳的数据分析方法(如:Gelissen,2007;Dunlap & York,2008)。因此,本研究使用HLM 7 软件(Raudenbush,2004),对模型中所有连续测量的变量进行中心化后[①],建立个人—地区二层次模型,采用约束最大似然(restricted maximum likelihood)估计方法(Gonzalez & Griffin,2002),对个人和地区变量的影响进行参数估计。将个人层次和地区层次的嵌套数据分别以子模型进行呈现,个人层次模型的数学表达式如下:

$$Y_{ij} = \beta_{0j} + \beta_{1j} * (性别_{ij}) + \beta_{2j} * (年龄_{ij}) + \beta_{3j} * (教育程度_{ij}) + \beta_{4j} * (收入水平_{ij}) + \beta_{5j} * (婚姻状况_{ij}) + \beta_{6j} * (工作状况_{ij}) +$$

---

① 　按照既有相关研究的建议(Gelissen,2007;Dunlap & York,2008),需要对分层模型中所有连续测量的变量按照总体均值为 0,标准差为 1 的方式进行中心化(grand mean centering),以避免各层次变量的截距和斜率之间可能存在的共线性问题。

$$\beta_{7j} * (宗教信仰_{ij}) + \beta_{8j} * (传统媒体使用_{ij}) + \beta_{9j} * (新媒体使用_{ij}) + \beta_{10j} * (人际讨论_{ij}) + \beta_{11j} * (科学态度_{ij}) + \beta_{12j} * (生活满意度_{ij}) + \beta_{13j} * (幸福感_{ij}) + \beta_{14j} * (健康状况_{ij}) + \beta_{15j} * (政治兴趣_{ij}) + \beta_{16j} * (权威主义价值观_{ij}) + r_{ij}$$

其中，Y_{ij} 代表个体的环境观念或环境参与，i 代表个体，j 代表地区，β_{0j} 代表该地区的平均环境观念或环境参与水平，r_{ij} 而则代表个人观察值的差异，即地区均值中个人的环境观念或环境参与差异。进一步地，将地区层面的截距视为随机变化的参数，则地区层次（Level 2）的模型数学表达式如下：

$$\beta_{0j} = \gamma_{00} + \gamma_{01} * (人口_j) + \gamma_{02} * (人均\,GDP_j) + \gamma_{03} * (CPI_j) + \gamma_{04} * (突发环境事件次数_j) + \gamma_{05} * (生活垃圾无害化处理率_j) + \gamma_{06} * (森林覆盖率_j) + \gamma_{07} * (地区后物质主义指数_j) + \gamma_{08} * (人均碳排放量_j) + \gamma_{09} * (人均空气污染物排放量_j) + \gamma_{010} * (人均废水排放量_j) + \gamma_{011} * (自然保护区占辖区面积比重_j) + \gamma_{012} * (动物受威胁种数比例_j) + \gamma_{013} * (植物受威胁种数比例_j) + \mu_{0j}$$

$$\beta_{1j} = \gamma_{10},$$
$$\beta_{2j} = \gamma_{20},$$
$$\cdots\cdots$$
$$\beta_{16j} = \gamma_{160}$$

将地区层面的均值 β_{0j} 视为关于总体中心化后的均值 γ_{00} 和随机误差 μ_{0j} 的函数，其中，后者是地区均值和总体均值之间的差异。综上，本研究的混合模型数学表达式如下：

$$Y_{ij} = \gamma_{00} + \gamma_{01} * (人口_j) + \gamma_{02} * (人均\,GDP_j) + \gamma_{03} * (CPI_j) + \gamma_{04} * (突发环境事件次数_j) + \gamma_{05} * (生活垃圾无害化处理率_j) + \gamma_{06} * (森林覆盖率_j) + \gamma_{07} * (地区后物质主义指数_j) + \gamma_{08} * (人均碳排放量_j) + \gamma_{09} * (人均空气污染物排放量_j) + \gamma_{010} *$$

$$（人均废水排放量_j）＋\gamma_{011}*（自然保护区占辖区面积比重_j）＋$$
$$\gamma_{012}*（动物受威胁种数比例_j）＋\gamma_{013}*（植物受威胁种数比例_j）$$
$$＋\beta_{10}*（性别_{ij}）＋\beta_{20}*（年龄_{ij}）＋\beta_{30}*（教育程度_{ij}）＋\beta_{40}*$$
$$（收入水平_{ij}）＋\beta_{50}*（婚姻状况_{ij}）＋\beta_{60}*（工作状况_{ij}）＋\beta_{70}$$
$$*（宗教信仰_{ij}）＋\beta_{80}*（传统媒体使用_{ij}）＋\beta_{90}*（新媒体使$$
$$用_{ij}）＋\beta_{100}*（人际讨论_{ij}）＋\beta_{110}*（科学态度_{ij}）＋\beta_{120}*（生$$
$$活满意度_{ij}）＋\beta_{130}*（幸福感_{ij}）＋\beta_{140}*（健康状况_{ij}）＋\beta_{150}*$$
$$（政治兴趣_{ij}）＋\beta_{160}*（权威主义价值观_{ij}）＋\mu_{0j}＋r_{ij}$$

（二）多层次模型的实证检验

接下来,对地区之内和地区之间环境观念、环境参与的总体均值及其差异进行估计。首先考察各地区层次之内和之间公众环境观念和环境参与的差异。在表 1 当中,两个模型的组内相关系数(intraclass correlation coefficient, ICC)数值[①]表明,在个体层面的解释变量之外,环境观念和环境参与各自有 12.54% 和 6.12% 的方差需要运用地区层次的变量进行解释。这两个数值均高于既有研究建议的门槛值(Cohen, 1988),说明多层次模型是适用于本研究数据的分析方法。

在确认了环境观念和环境参与在地区之间和地区之内均存在差异后,本研究通过前文建立的多层次模型进行统计分析,检验研究假设。首先,在地区层面上,控制个人影响后,将各地区公众环境观念和环境参与的均值作为结果(means-as-outcomes),以地区层面的自变量对前述两个因变量进行回归。其中,个人层次和地区层次的 R^2 以方差成分估计中减少的比例进行计算。在所有自变量解释的环境观念和环境参与的方差当中,地区层次的贡献分别占95.77% 和 8.89%(见表 1 续表)。可见,样本中公众的环境观念差异主要受到地区层次结构性变量的决定性影响。

---

①　在多层次分析中,组内相关系数(intraclass correlation coefficient, ICC)反映的是地区间因变量差异的比例,即因变量的总方差被地区层次的变量所解释的大小。将环境关心或环境参与的差异分为组内效应(σ^2)和组间效应(τ),则 ICC 计算公式为:$ICC＝\tau_{00}/(\tau_{00}＋\sigma^2)$。在不考虑任何个人层次或地区层次的预测变量时,这一分析类似于单变量方差分析的随机效应。

表 1　中国公众环境观念与环境参与的多层次模型

	环境观念	环境参与
随机效应		
截距(各地区均值差异)	0.0217***	0.0203**
个体层面残差	0.3208	0.1081
地区层次固定效应		
年末常住人口(万人)	0.0000	0.0000
人均地区生产总值(元/人)	0.0001*	0.0000
居民消费水平指数(上年=100)	0.0368*	−0.0042
突发环境事件次数(次)	−0.0050*	−0.0002
生活垃圾无害化处理率(%)	−0.0026	0.0002
森林覆盖率(%)	0.0072***	−0.0004
地区后物质主义指数(0—1)	0.2125*	0.0723*
人均碳排放量(吨/人)	−0.0967	−0.0041
人均空气污染物排放量(千克/人)	0.0061	0.0004
人均废水排放量(吨/人)	−0.0082*	−0.0009
自然保护区占辖区面积比重(%)	0.0125*	0.0036
动物受威胁物种数比例(%)	0.0303*	0.0019
植物受威胁物种数比例(%)	−0.0326	0.0019

＊ $p < 0.05$，＊＊ $p < 0.01$，＊＊＊ $p < 0.001$

　　多层次模型的随机效应(random effects)反映的是在不同地区之间存在显著差异的数值分布。如表 1 所示，在中国公众环境观念与环境参与的多层次模型当中，随机截距项达到显著性标准，表明样本中公众的环境观念($\beta=0.0217$，$p < 0.001$)和环境参与($\beta=0.0203$，$p < 0.01$)在各省、自治区、直辖市之间均存在着不容忽视的地区差异。固定效应(fixed effect)指的是对整体样本具有普遍影响的效应。在地区层次的固定效应中，控制了地区层次的人口和其他变量以及个人层次的变量之后，反映地区经济发达程度的人均 GDP($\beta=0.0001$，$p < 0.05$)和 CPI($\beta=0.0368$，$p < 0.05$)均能够正向预测公众环境观念的强度。与之相似，在测度地区环境治理成效的指标当中，特定地区公众的环境观念水平与该地区一年内环境突发事件次数成反比($\beta=-0.0050$，$p < 0.05$)，而与该地区的森林覆盖率成正比($\beta=0.0072$，$p < 0.001$)。但无论是经济发展水平还是环境治理能力皆与公众的环境行为无显著关联。由此，本文提出的研究假设 H1

表 1　中国公众环境观念与环境参与的多层次模型（续表）

	环境观念	环境参与
个人层次固定效应		
常数（总平均值）	0.4639 ***	0.0510 *
性别（1＝男）	0.0033	−0.0033
年龄	0.0010	0.0001
教育程度	0.0245 ***	0.0017
收入水平	−0.0066	−0.0030 *
婚姻状况（1＝已婚）	−0.0169	−0.0160 *
工作状况（1 ＝目前有工作）	0.0244	0.0010
宗教信仰（1＝有）	−0.0295	0.0092
传统媒体使用	0.0042	0.0186 ***
新媒体使用	−0.0056	0.0036
人际讨论	0.0088	0.0040 *
科学态度	0.0124	−0.0088 **
生活满意度	0.0133 *	0.0030
主观幸福感	−0.0230	−0.0004
健康状况	−0.0095	0.0033
政治兴趣	0.0036 *	−0.0048
权威主义价值观	0.0119	−0.0102 *
ICC	0.1254	0.0612
个人层次 R^2	0.0305	0.1497
地区层次 R^2	0.9577	0.0889
−2 Log Likelihood	862.2222	1430.2534

　　* $p<0.05$，** $p<0.01$，*** $p<0.001$

和 H2，即后物质主义理论当中的直接效应假设/丰裕性假设及其补充性假设，均得到部分验证。

　　研究假设 H3 即主观价值假设认为，特定地区公众的环境态度与行为与该地区的后物质主义程度具有共同增长的趋势。多层次模型分析结果显示，在地区后物质主义指数更高的地区，公众具有更强的环境观念（$\beta＝0.2125$，$p<0.05$），且会参与到更多的环境行动当中去（$\beta＝0.7032$，$p<0.05$）。也就是说，在那些有更高比例的人口将可持续发展、自由表达等超越基本需求的理念视为重

要价值的地区，人们往往更为重视环境和生态的重要性，且会为环境保护做出更多实质性的努力。研究假设 H3 得到证实。

后物质主义理论的客观条件假设在本研究当中体现为地区环境质量危机和生态系统脆弱性对公众重视环境和采取环保行为的促进作用。多层次模型显示，在 H4 关注的三个环境质量指标中，地区人均温室气体排放量及空气污染物排放量皆与该地区公众的平均环境态度及行为无关，仅有人均废水排放量一项与环境观念呈负相关（$\beta=-0.0082$，$p<0.05$）。而在生态系统脆弱性方面，研究假设 H5 大部分被接受。自然保护区占辖区面积比重越大，该地区公众环境观念（$\beta=0.0125$，$p<0.05$）的平均水平也就越高；由动物受威胁物种数占地区物种总数比例反映的生态系统脆弱性也能够使该地区公众具有更强的环境观念（$\beta=0.0303$，$p<0.05$）。

随后，在控制了地区层次各个自变量的效应后，研究继续考察个人层次自变量对环境观念和环境参与影响的固定效应。如表 1 续表所示，个人层次的自变量分别为环境观念和环境参与贡献了 3.05％ 和 14.97％ 的解释力。在人口统计学变量中，教育程度与公众的环境观念之间呈现显著的正相关（$\beta=0.0245$，$p<0.001$）；而较高的收入水平（$\beta=-0.0030$，$p<0.05$）和婚姻关系（$\beta=-0.0160$，$p<0.05$）则对公众的环境参与具有不同程度的消极作用。

考察信息机会变量的假设 H6 得到部分证实，即个体的环境参与水平受到其信息接触频率的影响。在多层次模型中，中国公众的信息机会差异在其接触传统媒体（$\beta=0.0186$，$p<0.001$）和开展人际讨论（$\beta=0.0040$，$p<0.05$）的不同频率上对环境参与具有显著的促进作用。与此同时，无论传统媒体、新媒体使用和人际交往的具体频率如何，个体的环境观念都不会因其得到的信息是否充分而产生显著改变。

科学态度对个人环境观念和环境参与的影响出现了截然相反的作用。一方面，由个体的科学态度能够正向地预测其持有的环境观念（$\beta=0.0124$），尽管这种相关关系极为微弱（$p<0.1$）；另一方面，对科学态度越积极的个体，参与环境行动的程度反而越低（$\beta=-0.0088$，$p<0.01$），这说明，尽管数据分析结果支持了研究假设 H7，但科学态度、环境观念和环境参与之间的复杂关系及其方向尚有待进一步的理论阐释和经验验证。

在研究假设 H8 和 H9 中，社会资本因素只作用于个体的环境观念，而环境参与仅受到个体权威主义价值观的影响，二者皆部分成立。其中，积极的环境态度往往是更高的生活满意程度（$\beta=0.0133$，$p<0.05$）和更为强烈的政治兴趣

（$\beta = 0.0036$，$p < 0.05$）的结果。那些对权威主义价值观接受程度较低的个人，更倾向于通过加入或资助环境组织、参与解决问题的环境行动等方式,开展其环境实践（$\beta = -0.0102$，$p < 0.05$）。

个人层次和地区层次的 R^2 以方差成分估计中减少的比例进行计算。无论是对两个因变量的 R^2 进行水平比较,还是对两层自变量的 R^2 进行垂直比较,都可以发现地区变量的结构性差异对公众环境观念的形塑作用（$R^2 = 95.77\%$），以及环境参与所呈现的个人化影响趋势（$R^2 = 14.97\%$）。具体而言,环境观念除有少部分方差（$R^2 = 3.05\%$）被以教育程度为代表的社会经济地位变量和生活满意度、政治兴趣等社会资本因素所解释之外,其余基本由地区性因素的影响所决定。从后物质主义理论的直接效应假设及本研究提出的其补充假设,到主观价值假设,再到客观条件假设,地区层次的自变量当中均有对环境观念具有显著预测作用的因素存在,包括地区经济状况中的人均 GDP 和 CPI,环境治理能力中的突发环境事件次数和森林覆盖率,地区后物质主义价值观,环境质量中的人均废水排放量,以及生态系统脆弱性中的自然保护区面积比重和动物受威胁物种数比例。而在环境参与的影响因素中,地区层面仅有后物质主义价值观一项具有显著预测力（$R^2 = 8.89\%$）。公众环境参与差异的大部分方差在个人因素中得到了必要的解释,例如人口变量当中的收入和婚姻状况,信息机会中的传统媒体使用和人际讨论频率,公众对科学和权威主义价值观持有的态度和信念,等等。上述现象的成因和理论对话将在本文的后续部分展开更为深入的讨论。

六、 结论与讨论

在以中国为代表的发展中国家,对后物质主义理论所表述的环境友好型社会的形成原因进行再阐发,不仅可能与西方工业化国家有着重要的区别,同时也会在国家内部的地区差异上有所体现。本研究运用多层次模型,考察了在东西方文化和不同发达程度的国家间对环境态度和行为有所影响的个人和地区因素在第六次世界价值观调查的中国 24 个省级行政单位样本中的结论（$N = 2300$）,证实了后物质主义价值变迁理论在解释发展中国家地区间差异时的适用性。研究回应了 Inglehart（1995）提出的三大后物质主义理论假说。首先,直接效应即丰裕性假设在一些工业化国家发现了相反的结论,富裕国家的公众已经不再或多或少地关心环境（Brechin, 1999）,甚至出现了环境意向或公众环境支持与 GDP 成反比的情况(Dunlap & Mertig，1997；Gelissen，2007)。但本研究的结论表明，区域经济发达和环境治理成效对 2012 年的中国仍具有促进民间社会环境观念形成的作用。这一点在洪大用和卢春天(2011)对 2003 年中国综合社会调查(CGSS)进行的多层次分析中也有所显露，即地方经济结构越先进，公众越关心环境。也许正如一些在发展中国家具有影响力的环境主义者所言，支持环境保护的公共态度只能伴随着经济发展产生(Ahern，2012)。对于长期处于工业化过程中的我国而言，社会财富的积累或将成为公众有意识地进行环境反思的一大前提。

　　其次，主观价值假设在本研究中得到了有力的支持。地区层次的后物质主义价值观氛围不仅能够孕育公众普遍的环境理念，更能够促成人们身体力行地实践这一观念。虽然后物质主义价值在一些工业化国家(如：Kemmelmeier，Krol，& Kim，2002)和我国地区性个案中(周娟，2010)对公众环保意向和环境运动参与未造成影响，但本研究的结论为上述发现提供了衔接性的理论视角：在经济水平有限或出现发展倒退的时空中，人们参与环保运动的考量更多出自实现个人利益的资源动员视角。而伴随着经济水平、社会文化和制度建设的后物质主义转向，强调整体环境质量的后物质主义价值观开始为公众环境观念的树立和环境行动的参与提供解释。这表明，当前的中国社会需要以保护性姿态对待经济发达地区的后物质主义萌芽，谨慎避免因经济衰退而在西方国家有所回潮的物质主义价值逆转(洪大用、范叶超，2013)。

　　第三，客观条件假设在本研究中呈现了矛盾的结论。人均废水排放量与环境观念的负相关与后物质主义的理论预设和本研究假设的影响方向相反，即在2012 年的中国，特定方面环境质量状况较好的地区，其公众往往有更强的环境观念。鉴于我国各地环境质量可能是经济发展和环境治理水平共同决定的产物，把我国语境下的客观条件假设视为丰裕性假设在环境治理层面的延伸，将为后物质主义理论提供更具连续性的解释空间。较之环境质量，作为地区自然状况客观反映的生态系统脆弱性则难以通过人为举措干预，因此生态系统脆弱性对公众环境观念的正向预测作用也基本与既有研究发现一致(Escobar，2006；Mostafa，2013；Sarigöllü，2009)。

　　总体来看，环境保护观念是后物质主义一系列价值观的体现，是富裕地区的公众在温饱和安全等基本需求得到满足后追求更高价值的产物。需要指出的是，本研究对后物质主义理论的验证并非没有理论自省的空间。例如，在地区层面上，尽管公众的环境观念得到了较好的解释和阐发，但仅有后物质主义价值观一项变量对公众的环境参与具有预测性,尚有更多结构性的影响因素亟待发掘。与此同时,前述以经济发展带动环境保护这一相对乐观的结论也在某种意义上消解了欠发达地区产生底层环境自治和动员的可能性。因此,我们可能需要在实践中,一分为二地审慎对待一个世纪以来,延续在中国经济发展、资源开采和环境治理关系当中"富即是强"的一般性理念(Harris,2004),逐步弥合环境与发展在地区间存在的不平等鸿沟。

而在个人层面的控制变量中,教育程度、收入水平和婚姻状况分别对我国公众的环境观念和环境参与产生了预测作用。作为社会学领域考察环境问题的核心起点,人口因素对环境态度和行为的影响在大量相关文献中时有冲突(如:Schultz, Oskamp, & Mainieri, 1995;Uyeki & Holland, 2000)。一项元分析(meta-analysis)的发现与本文结论一致,即较高的教育程度更可能正向地塑造公众的环境友好(Hines, Hungerford, & Tomera, 1987)。教育程度对环境态度和行为的正向预测能力已被大量研究证实(如:Jones & Dunlap, 1992;Van Liere & Dunlap, 1980;Shen & Saijo, 2008;Xiao & Dunlap, 2007),具有更高教育水平的个体往往有更多的机会和能力去接触和理解环境信息(Mostafa, 2013),同时希望对普遍浪费的生活方式做出根本性的转变,以实现长期的可持续发展(Wong, 2001)。此外,收入水平、婚姻状况等关乎个人生活稳定性的因素,会促使青年人出于对理想主义的追求,更多地参与到环境友好型行为中去,并对环境自身产生更多的关注(Klineberg, McKeever, & Rothenbach, 1998;Marquart-Pyatt, 2008;Kanagy, Humphrey, & Firebaugh, 1994)。但既有研究认为,拥有较高收入的已婚者,可能由于其与社区社会网络之间的紧密联系和育儿过程中的福利需求(Dupont, 2004;Tittle, 1980),更多地卷入本地环境事件的参与中。在本研究中,收入水平和婚姻状况对环境参与的影响方向与之截然相反,更适于用我国学者对地方公众在核电站修建事件中的表现总结来解释,即以高学历为特征的新阶级是环境运动的支持者,却不一定是积极的行动者(邱鸿峰,2014)。可见,我国公众环境态度与环境参与间的鸿沟将成为继地区鸿沟之后更需引起广泛重视的"环境—社会"问题。

媒介对环境保护的影响机制已经成为超越学术层面的社会性议题(Ahern,2012)。无论是 McKibben(2007)所认为的"自然的终结",还是 Nordhaus 和 Schellenberger(2007)提出的"环境主义的死亡",实际上都反映出媒介和传播运动(communications campaigns)对西方世界后物质主义价值观的形成时而大有裨益、时而无能为力的多变性。尽管本研究关于信息接触对中国公众环境关心的促进作用得出了较为乐观的结论,在前文所述的一对竞争性假设当中肯定了后物质主义理论而非涵化理论的阐释方向,但上述变化中的影响机制对于经济发展和媒介体制双双处于转型期的我国而言,同样可能存在,并且尤其值得长期关注。这是因为,就我国媒介所呈现的内容而言,由市场化经营过程带来的消费主义态度主导着媒介受众的价值观(Paek & Pan, 2004),而企业社会责任推动的环境传播运动和绿色广告也在日趋规模化(Chan, 2004),与此同时,新闻媒体呈现的环境抗争事件呈现出扩散效应(曾繁旭,2015),可能放大整个社会的环境风险感知,启发邻避运动的开展和参与,进而带来公众环境态度和行为的多元变迁。因此,我们需要更多的后续研究来细化上述不同媒介内容的接触将如何以不同的方向和路径来影响公众形成其环境态度与行为,从而对信息机会与环境关心之间的竞争性假设提供更为复杂而非简单化的解释。进一步地,理性行动理论认为,主观规范(subjective norm)是态度和行为形成的另一重要影响因素(Fishbein & Ajzen, 1975)。在环境参与中,具有特定关联的他人将使个体产生是否应该参与某个行动的关键信念,而人际讨论正是主观规范形成的有力途径。本研究证实的人际信息交流对环境参与的促进作用也印证了上述理论机制。一项在我国城市街区开展的个案考察也发现(石发勇,2005),在我国目前的威权主义体制和行政体系相对分裂的结构下,善于运用关系网络的居民将在环境维权运动中表现更为积极,并取得更大成功。因此,关系网络是影响城市基层社会维权运动发生及其结果的重要因素。本研究的发现可为上述城市个案在更为广泛的地域中建立普遍性的推论。

既有研究表明,大众媒介接触能够通过增加公众对本地和全球环境问题的知识,促进人们在私人领域和公共领域的环保行动及其意向(Zhao, 2012;张萍,晋英杰,2016)。这些根植于中国语境下的环境研究均强调关于环境的认知性因素在信息机会和环境行为及其意愿之间的中介作用。后续研究可进一步探讨本文未加验证的环境知识变量,作为衔接公众环境态度与行为的有效补充。与之相似,个体关于环境问题成因及后果的科学知识,可能影响其环境态度和行为。尽管一些在发展中国家开展的研究表明环境知识对环境关心具有促进作用(Furman, 1998),但也有研究发现,人们的环境知识与特定的环境行为信念之间可能并无显著关联,且整体环境知识水平较低的公众占据了更高的人口比例(Bang, Ellinger, Hadjimarcou, & Traichal, 2000)。本文关于科学态度与环境参与的负向联系更接近于后者的理论解释。类似的情况还有 Ellen (1994)发现的环境关心型消费者往往具有更低的环境议题知识这一事实。也就是说,很多公众即便具有强烈的环境观念,甚至参与到环境保护行为当中,但自身对环境议题本身缺乏必要的科学认知,也无法做出健全合理的环境决策。这表明,对公众和消费者进行环境知识教育依然是十分必要的。

另外,尽管社会资本可能通过信任关系、互惠和交换、行为规范以及群体连通性形塑公众希望达成积极环境后果的参与行为(Pretty, & Smith, 2004),但本研究未能建立起其中任一因素与环境参与的关联,而社会资本因素当中的政治兴趣和生活满意度对增强我国公众的环境观念起到了一定的积极作用。作为新闻媒介使用影响环境意向的调节变量,政治兴趣对中国公众的环境观念提供了一致的理论解释(Yao, 2008)。人们政治意识的增强,政治讨论的日常化,都将促进人们通过防止环境破坏来回馈社会。而生活满意度的日益提高,也为人们的个人环境表现提供了基本保障(Torgler & Garcia-Valiñas, 2007)。上述发现将为创造和保持社会资本以更好地保护环境提供实践参照。由主观幸福感无法显著预测我国公众的环境态度,可能是由于一些更为复杂的因素造成了个体幸福感对环境关心的影响路径因环境议题而异,例如一些研究发现人们的幸福感与空气污染的关心呈现负相关,但与物种灭绝关心呈现正相关(Ferrer-i-Carbonell & Gowdy, 2007)。上述机制究竟如何作用,尚待研究者对环境关心进行进一步细化,对主观幸福感与特定类型的环境关心之间的关系深入开展分门别类的探讨。本研究还发现,个体感知的主观健康程度与环境观念或行为之间并无关联,这一结论与之前的研究者在日本发现的情况类似(Jussaume & Higgins, 1998)。若真如其所言,那么亚洲国家的公众对于健康的关心将更多地导致其对个体健康生活方式的追求,而非对公共环境参与的兴趣和承诺。上述现象也亟须引起相关领域研究者的关注和重视。

最后,研究确认了权威主义人格对个体环境参与的阻碍作用。一般而言,高度权威主义的个体拥有更少的认知资源和政治知识(Lavine, Lodge, & Freitas, 2005),因此较不可能参与到现代政治生活中(Janowitz & Marvick, 1953; Peterson, Duncan, & Pang, 2002),反而更倾向于反对环境主义,支持优先保障经济增长(Schultz & Stone, 1994)。上述在西方语境下发现的结论不仅与当下的中国具有一定程度的理论机制相似性,而且对我国的文化和制度而言,尤其需要警惕权威主义人格在个人、家庭、组织和文化中的传承和蔓延,以及其本身可能对于整个社会环境主义思潮及运动造成的不可挽回的损害。

综上所述,在以中国为代表的发展中国家,对后物质主义理论所表述的环境友好型社会成因进行再阐发,不仅可能与西方工业化国家有着重要区别,也会在国家内部的地区差异上有所体现。本研究的关键结论可以提炼为中国公众环境观念的结构化和环境参与的个人化。具有特定文化价值以及经济和环境特征的地区，其公众可能共享一套相似的环境价值观念，但其关于是否参与环境行动、如何参与环境行动的决定，则更可能出自个体自身因素的影响和个人状况的考虑。这可能是因为全球比较研究定义的"环境参与"在现阶段的中国，本身可能意味着未知的社会风险。这也造成了本研究一则较为悲观的结论，即当前我国公众的环境保护呈现出强观念（Mean＝0.46，S.D.＝0.04）和弱参与（Mean＝0.05，S.D.＝0.02）的双重面向，人们环境参与的平均卷入水平极低。另一则不容忽视的结论则是，与前人的相关研究相似（如：Roberts & Bacon，1997），本文也未能在我国公众的环境态度和环境行为之间建立起连续性的解释（β＝0.0034，p＞0.05）。有研究者比较了数百项相关研究，考察了传统美国线性模式，利他、同情与利社会行为模式，以及社会逻辑模式等最具影响力的理论框架，发现上述框架对环境意识和环境参与之间关系的解释力取决于其所处的不同情境（Kollmuss & Agyeman，2002）。可见，环境保护行为的形塑的确是一个非常复杂的社会过程，很难通过单一的理论框架或范式来达成统摄性的理解。后续研究可进一步考察 Blake(1999)列举的环境态度和环境参与之间的障碍性影响，包括懒惰和缺少兴趣等个人性因素，缺乏效能感、需求或信任等责任性因素，以及缺少时间、信息、激励或手段等实践性因素在环境关心与环境行为之间制造的鸿沟，以期对这一迷雾重重但极为关键的问题做出深入的本土化理论阐释。

本研究的主要创新之处和理论贡献在于，将建立于西方工业化社会、致力于国际比较的后物质主义理论假设，尝试性地运用于我国这一幅员辽阔、国情复杂的发展中国家，开展地区之间的比较，以此阐释当下中国各地环境情况的丰富现状。同时，研究结合了信息机会、科学态度、社会资本和权威主义等一系列个人因素，全面地解释了我国公众环境观念和环境参与形成过程中的外在形塑和内在动力。此外，本文突破了既有研究以环境关心为核心的取向，代之以计划行为理论中的"态度—意向—行为"路径（Ajzen，2001；2002），将因变量区分为环境态度和环境行为两个维度，采用多层次统计方法，通过个人层次和结构层次变量的比较，避免了当前环境行为主义研究或聚焦于地区间描述比较，或将个人视为单一分析单位的局限，从而对后物质主义理论作用于我国公众环境主义理念及行动的不同机制展开了进一步的细化。

然而，由于二手数据分析本身的条件限制，本研究在若干变量的操作化上，以及理论假设与概念测量的衔接问题上,尚存在着难以避免的缺陷和不足。另外,作为一项跨国研究,世界价值观调查在各国的样本更为强调对该国家的总体代表性,就我国的情况而言,各省级行政单位内部的抽样环境可能较为集中,或将无法全面反映该地区的总体状况,加之部分地区样本或统计数据有所缺失,可能导致总体样本的数量和质量有所降低,影响本研究结论的可推广性。后续研究可考虑自行设计并开展全国性调查,有针对性地考察核心自变量的效应,提高因变量测量的信度、效度和离散程度,寻求对我国公众环境观念和环境参与更有解释力的理论和数据模型。最后,尽管本研究开展了各地区之间公众环境态度与行为的横向比较,但由于使用了截面数据,因此,研究结论仅能反映 2012 年末调查开展时的变量关联和理论解释。特别值得追问的是,在此之前,特别是在我国总体经济规模更为有限的时期内,人们的环境观念和环境参与情况如何受到地区经济发展水平和文化价值的制约? 个体性因素如何与结构性因素互动,共同影响公众的环境关心、环保态度、环境知识、环保意向与环境运动参与行为? 对于上述问题的回答,后续研究尚须结合纵向数据,开展时序性的比较研究,揭示出我国公众环境态度和行为的个体差异和结构影响及其随时间发展的变化趋势,以期勾勒出一幅动态、完整的全息理论图像。

参考文献

期刊论文

[1] 洪大用(2006),"环境关心的测量:NEP 量表在中国的应用评估"。《社会》,2006 年第 26 卷第 5 期,页 71—92。

[2] 洪大用,范叶超(2013),"公众环境风险认知与环保倾向的国际比较及其理论启示"。《社会科学研究》,2013 年第 6 期,页 85—93。

[3] 洪大用,卢春天(2011),"公众环境关心的多层分析——基于中国CGSS 2003 的数据应用"。《社会学研究》,2011 年第 6 期,页 154—170。

[4] 刘晓沛(2011),"中国各省碳排放量与经济增长的实证分析"。《中国证券期货》,2011 年第 10 期,页 129—130。

[5] 邱鸿峰(2014),"新阶级、核风险与环境传播:宁德核电站环境关注的社会基础及政府应对"。《现代传播》,2014 年第 10 期,页 26—32。

[6] 石发勇(2005),"关系网络与当代中国基层社会运动——以一个街区环保运动个案为例"。《学海》,2005 年第 3 期,页 76—88。

[7] 王怡(2012),"我国碳排放量情景预测研究——基于环境规制视角"。

《经济与管理》,2012 年第 26 卷第 4 期,页 27—30。

[8] 许广月，宋德勇(2010),"我国出口贸易、经济增长与碳排放关系的实证研究"。《国际贸易问题》,2010 年第 1 期,页 74—79。

[9] 曾繁旭(2015),"环境抗争的扩散效应：以邻避运动为例"。《西北师大学报(社会科学版)》,2015 年第 52 卷第 3 期,页 110—115。

[10] 张萍，晋英杰(2016),"大众媒介对我国城乡居民环保行为的影响——基于 2013 年中国综合社会调查数据"。《中国人民大学学报》,2016 年第 4 期,页 122—129。

[11] 周娟(2010),"环保运动参与：资源动员论与后物质主义价值观"。《中国人口・资源与环境》,2010 年第 20 卷第 10 期,页 41—47。

[12] Adeola,F. O.(1998). Cross-national Environmentalism Differentials: Empirical Evidence from Core and Noncore Nations. Society & Natural Resources, 11(4), 339 - 364.

[13] Ahern, L.(2012). The Role of Media System Development in the Emergence of Postmaterialist Values and Environmental Concern: A Cross-national Analysis. Social Science Quarterly, 93(2), 538 - 557.

[14] Ajzen,I. (1991). The Theory of Planned Behavior. Organizational Behavior and Human Decision Processes, 50(1), 179 - 211.

[15] Ajzen,I. (2001). Attitudes. Annual Review of Psychology, 52(1), 27 - 58.

[16] Ajzen, I. (2002). Perceived Behavioral Control, Self-efficacy, Locus of control, and the Theory of Planned Behavior. Journal of Applied Social Psychology, 32(4), 665 - 683.

[17] Arcury, T. A., Scollay, S. J., & Johnson, T. P. (1987). Sex Differences in Environmental Concern and Knowledge: The case of acid rain. Sex Roles, 16(9 - 10), 463 - 472.

[18] Bang, H. K., Ellinger, A. E., Hadjimarcou, J., & Traichal, P. A. (2000). Consumer concern, Knowledge, Belief, and Attitude Toward Renewable Energy: An Application of the Reasoned Action Theory. Psychology & Marketing, 17(6), 449 - 468.

[19] Bekin, C., Carrigan, M., & Szmigin, I. (2007). Caring for the Community: An Exploratory Comparison of Waste Reduction Behaviour by British

and Brazilian Consumers. International Journal of Sociology and Social Policy，27 (5/6)，221 - 233.

［20］Blake，J. (1999). Overcoming the"Value-action gap"in Environmental policy：Tensions between National Policy and Local Experience. Local environment，4(3)，257 - 278.

［21］Brechin，S. R. (1999). Objective Problems，Subjective Values，and Global Environmentalism：Evaluating the Postmaterialist Argument and Challenging a New Explanation. Social Science Quarterly,80(4)，793 - 809.

［22］Brechin，S. R.，& Kempton，W. (1994). Global Environmentalism：A Challenge to the Postmaterialism Thesis? Social Science Quarterly，75(2)，245 - 269.

［23］Buttel，F. M.，& Flinn，W. L. (1978). The Politics of Environmental Concern the Impacts of Party Identification and Political Ideology on Environmental Attitudes. Environment and Behavior，10(1)，17 - 36.

［24］Buttel，F. H.，& Taylor，P. J. (1992). Environmental Sociology and Global Environmental Change：a Critical Assessment. Society & Natural Resources，5(3)，211 - 230.

［25］Chan，R. (1993). A Study of the Environmental Attitudes and Behavior of Customers in Hong Kong. International Journal of Environmental Education and Information，12(4)，285 - 296.

［26］Chan，R. (2004). Consumer Responses to Environmental Advertising in China. Marketing Intelligence & Planning，22(4)，427 - 437.

［27］Chan，R.，& Lau，L. (1998). A Test of the Fishbein-Ajzen Behavioral Intentions Model under Chinese Cultural Settings：Are There Any Differences between Prc and Hong Kong Consumers? Journal of Marketing Practice，(4)3，85 - 101.

［28］Corral-Verdugo，V. (2012). The Positive Psychology of Sustainability. Environment，Development and Sustainability，14(5)，651 - 666.

［29］Corral-Verdugo，V.，Montiel-Carbajal，M. M.，Sotomayor-Petterson，M.，FríAs-Armenta，M.，Tapia-Fonllem，C.，& Fraijo-Sing，B. (2011). Psychological Wellbeing as Correlate of Sustainable Behaviors. International Journal of Hispanic Psychology，4(1)，31 - 44.

［30］Curlo, E. (1999). Marketing Strategy, Product Safety, and Ethical Factors in Consumer Choice. Journal of Business Ethics, 21(1), 37 - 48.

［31］Davis, J. J. (1995). The Effects of Message Framing on Response to Environmental Communications. Journalism & Mass Communication Quarterly, 72(2), 285 - 299.

［32］De Young, R. (1996). Some Psychological Aspects of Reduced Consumption Behavior The Role of Intrinsic Satisfaction and Competence Motivation. Environment and Behavior, 28(3), 358 - 409.

［33］Diekmann, A., & Franzen, A. (1999). The Wealth of Nations and Environmental Concern. Environment and behavior, 31(4), 540 - 549.

［34］Diener, E. D., Emmons, R. A., Larsen, R. J., & Griffin, S. (1985). The Satisfaction with Life Scale. Journal of personality assessment, 49(1), 71 - 75.

［35］Diener, E., Suh, E. M., Lucas, R. E., & Smith, H. L. (1999). Subjective Well-being: Three decades of progress. Psychological Bulletin, 125(2), 276 - 302.

［36］Dunlap, R. E., & Mertig, A. G. (1997). Global Environmental Concern: An Anomaly for Postmaterialism. Social Science Quarterly, 78(1), 24 - 29.

［37］Dunlap, R. E., & Van Liere, K. D. (1978). The "New Environmental Paradigm". The journal of environmental education, 9(4), 10 - 19.

［38］Dunlap, R. E., & York, R. (2008). The Globalization of Environmental Concern and the Limits of the Postmaterialist Values Explanation: Evidence from four multinational surveys. The Sociological Quarterly, 49(3), 529 - 563.

［39］Dunn, E. W., Aknin, L. B., & Norton, M. I. (2008). Spending Money on Others Promotes Happiness. Science, 319(5870), 1687 - 1688.

［40］Dupont, D. P. (2004). Do Children matter? An Examination of Gender Differences in Environmental Valuation. Ecological Economics, 49(3), 273 - 286.

［41］Ellen, P. S. (1994). Do We Know What We Need to Know? Objective and Subjective Knowledge Effects on Pro-ecological Behaviors. Journal of Business Research, 30(1), 43 – 52.

[42] Engel, U., & Pötschke, M. (1998). Willingness to Pay for the Environment: Social structure, Value Orientations and Environmental Behaviour in a Multilevel Perspective. Innovation: The European Journal of Social Science Research, 11(3), 315 – 332.

[43] Escobar, A. (2006). An Ecology of Difference: Equality and Conflict in a Glocalized World. European Journal of Anthropology, 47, 120 – 137.

[44] Feldman, S., & Stenner, K. (1997). Perceived Threat and Authoritarianism. Political Psychology, 18(4), 741 – 770.

[45] Ferrer-i-Carbonell, A., & Gowdy, J. M. (2007). Environmental Degradation and Happiness. Ecological Economics, 60(3), 509 – 516.

[46] Franzen, A. (2003). Environmental Attitudes in International Comparison: An Analysis of the ISSP Surveys 1993 and 2000. Social Science Quarterly, 84(2), 297 – 308.

[47] Furman, A. (1998). A Note on Environmental Concern in a Developing Country Results from an Istanbul Survey. Environment and Behavior, 30(4), 520 – 534.

[48] Gelissen, J. (2007). Explaining Popular Support for Environmental Protection a Multilevel Analysis of 50 Nations. Environment and Behavior, 39(3), 392 – 415.

[49] Gil de Zúñiga, H., Jung, N., & Valenzuela, S. (2012). Social Media Use for News and Individuals' social Capital, Civic Engagement and Political Participation. Journal of Computer-Mediated Communication, 17(3), 319 – 336.

[50] Gonzalez, R., & Griffin, D. (2002). Modeling the Personality of Dyads and Groups. Journal of Personality, 70(6), 901 – 924.

[51] Good, J. (2007). Shop'til We Drop? Television, Materialism and Attitudes about the Natural Environment. Mass Communication & Society, 10(3), 365 – 383.

[52] Grunert, S. C., & Juhl, H. J. (1995). Values, Environmental Attitudes, and Buying of Organic Foods. Journal of economic psychology, 16(1), 39 – 62.

［53］Harris, P. G. (2004). "Getting rich is glorious": Environmental Values in the People's Republic of China. Environmental Values, 13(2), 145 - 165.

［54］Hines, J. M., Hungerford, H. R., & Tomera, A. N. (1987). Analysis and Synthesis of Research on Responsible Environmental Behavior: A meta-analysis. The Journal of environmental education, 18(2), 1 - 8.

［55］Holbert, R. L. (2005). Television News Viewing, Governmental scope, and Postmaterialist Spending: Assessing Mediation by Partisanship. Journal of Broadcasting & Electronic Media, 49(4), 416 - 434.

［56］Hormuth, S. (1999). Social Meaning and Social Context of Environmentally-relevant Behavior: Shopping, Wrapping, and Disposing. Journal of Environmental Psychology, 19(2), 277 - 286.

［57］Howard, M. M., & Gilbert, L. (2008). A Cross-national Comparison of the Internal Effects of Participation in Voluntary Organizations. Political Studies, 56(1), 12 - 32.

［58］Inglehart, R. (1995). Public Support for Environmental Protection: Objective Problems and Subjective Values in 43 Societies. Political Science & Politics, 28(01), 57 - 72.

［59］Inglehart, R. (1997). Modernization and Postmodernization: Changing Values and Political Styles Among Western Publics. Princeton, NJ: Princeton University Press.

［60］Janowitz, M., & Marvick, D. (1953). Authoritarianism and Political Behavior. The Public Opinion Quarterly, 17(2), 185 - 201.

［61］Jones, R. E., & Dunlap, R. E. (1992). The Social Bases of Environmental Concern: Have they changed over time? Rural Sociology, 57 (1), 28 - 47.

［62］Jussaume, Jr, R. A., & Higgins, L. (1998). Attitudes towards Food Safety and the Environment: A comparison of consumers in Japan and the US. Rural Sociology, 63(3), 394 - 411.

［63］Kaiser, F. G., Wolfing, S., & Fuhrer, U. (1999). Environmental Attitude and Ecological behavior. Journal of Environmental Psychology, 19(1), 1 - 19.

［64］Kanagy, C. L., Humphrey, C. R., & Firebaugh, G. (1994). Surging

Environmentalism: Changing Public Opinion or Changing Publics? Social Science Quarterly, 75, 805 - 819.

[65] Kemmelmeier, M., Krol, G., & Kim, Y. H. (2002). Values, Economics, and Proenvironmental Attitudes in 22 Societies. Cross-Cultural Research, 36(3), 256 - 285.

[66] Kilbourne, W., & Pickett, G. (2008). How Materialism Affects Environmental Beliefs, Concern, and Environmentally Responsible Behavior. Journal of Business Research, 61(9), 885 - 893.

[67] Kidd, Q., & Lee, A. R. (1997). Postmaterialist Values and the Environment: A Critique and Reappraisal. Social Science Quarterly, 78(1),1 - 15.

[68] Kingston, R., Carver, S., Evans, A., & Turton, I. (2000). Web-based Public Participation Geographical Information Systems: an Aid to Local Environmental Decision-making. Computers, Environment and Urban systems, 24(2), 109 - 125.

[69] Klineberg, S. L., Mckeever, M., & Rothenbach, B. (1998). Demographic Predictors of Environmental Concern: It does Make a Difference How it's Measured. Social Science Quarterly, 734 - 753.

[70] Kollmuss, A., & Agyeman, J. (2002). Mind the Gap: Why do People Act Environmentally and What Are the Barriers to Pro-environmental Behavior? Environmental Education Research, 8(3), 239 - 260.

[71] Konisky, D. M., Milyo, J., & Richardson, L. E. (2008). Environmental Policy Attitudes: Issues, Geographical Scale, and Political Trust. Social Science Quarterly, 89(5), 1066 - 1085.

[72] Kvaløy, B., Finseraas, H., & Listhaug, O. (2012). The Publics' Concern for Global Warming: A Cross-national Study of 47 Countries. Journal of Peace Research, 49(1), 11 - 22.

[73] Landry, P. F., & Shen, M. (2005). Reaching Migrants in Survey Research: the Use of the Global Positioning System to Reduce Coverage Bias in China. Political Analysis, 13(1), 1 - 22.

[74] Lavine, H., Lodge, M., & Freitas, K. (2005). Threat, Authoritarianism, and Selective Exposure to Information. Political Psychology, 26(2), 219 - 244.

［75］Lee，C.，& Green，R. T. (1991). Cross-cultural Examination of the Fishbein Behavioral Intentions Model. Journal of International Business Studies，22(2)，289 - 305.

［76］Lee，K. (2011). The Role of Media Exposure，Social Exposure and Biospheric Value Orientation in the Environmental Attitude-intention-behavior Model in Adolescents. Journal of Environmental Psychology，31(4)，301 - 308.

［77］Leighley，J. (1996). Group Membership and the Mobilization of Political Participation. The Journal of Politics，58(02)，447 - 463.

［78］Lewicka，M. (2005). Ways to Make People Active：The Role of Place Attachment， Cultural Capital， and Neighborhood Ties. Journal of Environmental psychology，25(4)，381 - 395.

［79］Lindström，M.，Hanson，B. S.，& Östergren，P. O. (2001). Socioeconomic Differences in Leisure-time Physical Activity：the Role of Social Participation and Social Capital in Shaping Health Related Behaviour. Social Science & Medicine，52(3)，441 - 451.

［80］Litina，A.，Moriconi，S.，& Zanaj，S. (2016). The Cultural Transmission of Environmental Values：A comparative Approach. World Development，84，131 - 148.

［81］Lounsbury，J. W.，& Tornatzky，L. G. (1977). A Scale for Assessing Attitudes toward Environmental Quality. The Journal of Social Psychology，101(2)，299 - 305.

［82］Major，A. M.，& Atwood，L. E. (2004). Environmental Risks in the News：Issues，Sources，Problems，and Values. Public Understanding of Science，13(3)，295 - 308.

［83］Maloney，M. P.，& Ward，M. P. (1973). Ecology：Let's Hear from the People：An Objective Scale for the Measurement of Ecological Attitudes and Knowledge. American Psychologist，28(7)，583.

［84］Maloney，M. P.，Ward，M. P.，& Braucht，G. N. (1975). A Revised Scale for the Measurement of Ecological Attitudes and Knowledge. American Psychologist，30(7)，787.

［85］Marquart-Pyatt，S. T. (2008). Are There Similar Sources of Environmental Concern? Comparing Industrialized Countries. Social Science Quarterly，

89(5), 1312 – 1335.

[86] McAllister, I., & Studlar, D. T. (1999). Green versus Brown: Explaining environmental commitment in Australia. Social Science Quarterly, 80 (4),775 – 792.

[87] McClurg, S. D. (2003). Social Networks and Political Participation: The role of social interaction in Explaining Political Participation. Political Research Quarterly, 56(4), 449 – 464.

[88] Mostafa, M. M. (2007). A Hierarchical Analysis of the Green Consciousness of the Egyptian consumer. Psychology & Marketing, 24 (5), 445 – 473.

[89] Mostafa, M. M. (2013). Wealth, Post-materialism and Consumers' Pro-environmental Intentions: A Multilevel Analysis across 25 Nations. Sustainable Development, 21(6), 385 – 399.

[90] Niinimäki, K. (2010). Eco-clothing, Consumer Identity and Ideology. Sustainable Development, 18(3), 150 – 162.

[91] Newhouse, N. (1990). Implications of Attitude and Behavior Research for Environmental Conservation. The Journal of Environmental Education, 22(1), 26 – 32.

[92] Oreg, S., & Katz-Gerro, T. (2006). Predicting Proenvironmental Behavior Cross-nationally Values, the Theory of Planned behavior, and Value-belief-norm theory. Environment and Behavior, 38(4), 462 – 483.

[93] Osborne, J., Simon, S., & Collins, S. (2003). Attitudes towards Science: A Review of the Literature and its implications. International Journal of Science Education, 25(9), 1049 – 1079.

[94] Paek, H. J., & Pan, Z. (2004). Spreading Global Consumerism: Effects of Mass Media and Advertising on Consumerist Values in China. Mass Communication & Society, 7(4), 491 – 515.

[95] Peterson, B. E., Duncan, L. E., & Pang, J. S. (2002). Authoritarianism and Political Impoverishment: Deficits in Knowledge and Civic Disinterest. Political Psychology, 23(1), 97 – 112.

[96] Quintelier, E. (2008). Who is Politically Active: The Athlete, the Scout Member or the Environmental Activist? Young people, Voluntary En-

gagement and Political Participation. Acta Sociologica, 51(4), 355 - 370.

[97] Pelletier, L. G., Legault, L. R., & Tuson, K. M. (1996). The environmental Satisfaction Scale: A Measure of Satisfaction with Local Environmental Conditions and Government Environmental policies. Environment and Behavior, 28(1), 5 - 26.

[98] Roberts, J. A. (1996). Green Consumers in the 1990s: Profile and Implications for Advertising. Journal of Business Research, 36(3), 217 - 231.

[99] Roberts, J. A., & Bacon, D. R. (1997). Exploring the Subtle Relationships between Environmental Concern and Ecologically Conscious Consumer Behavior. Journal of Business Research, 40(1), 79 - 89.

[100] Postmes, T., & Brunsting, S. (2002). Collective Action in the Age of the Internet Mass Communication and Online Mobilization. Social Science Computer Review, 20(3), 290 - 301.

[101] Pretty, J., & Smith, D. (2004). Social Capital in Biodiversity Conservation and Management. Conservation Biology, 18(3), 631 - 638.

[102] Pretty, J., & Ward, H. (2001). Social Capital and the Environment. World Development, 29(2), 209 - 227.

[103] Roberts, J. A. (1996). Green Consumers in the 1990s: Profile and Implications for Advertising. Journal of Business Research, 36(3), 217 - 231.

[104] Rundmo, T. (1999). Perceived risk, Health and Consumer Behaviour. Journal of Risk Research, 2(3), 187 - 200.

[105] Ryan, A. M. (2000). Peer Groups as a Context for the Socialization of Adolescents' motivation, Engagement, and Achievement in School. Educational Psychologist, 35(2), 101 - 111.

[106] Rydin, Y., & Pennington, M. (2000). Public Participation and Local Environmental Planning: The Collective Action Problem and the Potential of Social Capital. Local Environment, 5(2), 153 - 169.

[107] Sarigöllü, E. (2009). A Cross-country Exploration of Environmental Attitudes. Environment and Behavior, 41(3), 365 - 386.

[108] Schahn, J., & Holzer, E. (1990). Studies of Individual Environmental Concern the Role of Knowledge, Gender, and Background Variables. Environment and Behavior, 22(6), 767 - 786.

［109］Scherhorn, G. (1993). Consumers' concern about the Environment and its Impact on Business. Journal of Consumer Policy, 16(2), 171 - 191.

［110］Scheufele, D. A., & Shah, D. V. (2000). Personality Strength and Social Capital the Role of Dispositional and Informational Variables in the Production of Civic Participation. Communication Research, 27(2), 107 - 131.

［111］Schultz, P. W. (2001). The Structure of Environmental Concern: Concern for Self, other People, and the Biosphere. Journal of Environmental Psychology, 21(4), 327 - 339.

［112］Schultz, P. W., Oskamp, S., & Mainieri, T. (1995). Who Recycles and When? A Review of Personal and Situational Factors. Journal of Environmental Psychology, 15(2), 105 - 121.

［113］Schultz, P. W., & Stone, W. F. (1994). Authoritarianism and Attitudes toward the Environment. Environment and Behavior, 26(1), 25 - 37.

［114］Singh, S. P., & Dunn, K. (2015). Authoritarianism, Socioethnic Diversity and Politicalparticipation across Countries. European Journal of Political Research, 54(3), 563 - 581.

［115］Shanahan, J., & McComas, K. (1997). Television's portrayal of the Environment: 1991 - 1995. Journalism & Mass Communication Quarterly, 74 (1), 147 - 159.

［116］Shen, J., & Saijo, T. (2008). Reexamining the Relations between Socio-demographic Characteristics and Individual Environmental Concern: Evidence from Shanghai data. Journal of Environmental Psychology, 28 (1), 42 - 50.

［117］Stern, P. C. (2000). Toward a coherent theory of Environmentally Significant Behavior. Journal of Social Issues, 56(3), 407 - 724.

［118］Stern, P. C., & Dietz, T. (1994). The Value Basis of Environmental Concern. Journal of Social Issues, 50(3), 65 - 84.

［119］Stone, G., Barnes, J. H., & Montgomery, C. (1995). Ecoscale: A Scale for the Measurement of Environmentally Responsible Consumers. Psychology & Marketing, 12(7), 595 - 612.

［120］Stone, W., Gray, M., & Hughes, J. (2004). Social Capital at Work. The Economic and Labour Relations Review, 14(2), 235 - 255.

［121］Strong，C. (1996). Features Contributing to the Growth of Ethical Consumerism-a Preliminary Investigation. Marketing Intelligence & Planning，14(5)，5 - 13.

［122］Sturgis，P.，& Allum，N. (2004). Science in Society: Re-evaluating the Deficit Model of Public Attitudes. Public Understanding of Science，13(1)，55 - 74.

［123］Szreter，S.，& Woolcock，M. (2004). Health by Association? Social Capital，Social theory，and the Political Economy of Public Health. International Journal of Epidemiology，33(4)，650 - 667.

［124］Tapia-Fonllem，C.，Corral-Verdugo，V.，Fraijo-Sing，B.，& Durón-Ramos，M. F. (2013). Assessing Sustainable Behavior and Its correlates: A Measure of pro-ecological，Frugal，Altruistic and Equitable Actions. Sustainability，5(2)，711 - 723.

［125］Tendler，J.，& Freedheim，S. (1994). Trust in a Rent-seeking world: Health and Government Transformed in Northeast Brazil. World Development，22(12)，1771 - 1791.

［126］Torgler，B.，& Garcia-Valiñas，M. A. (2007). The Determinants of Individuals' attitudes towards Preventing Environmental Damage. Ecological Economics，63(2)，536 - 552.

［127］Uyeki，E. S.，& Holland，L. J. (2000). Diffusion of Pro-environment Attitudes? American Behavioral Scientist，43(4)，646 - 662.

［128］Valenzuela，S.，Park，N.，& Kee，K. F. (2009). Is There Social Capital in a Social Network Site? Facebook Use and College Students' life Satisfaction，Trust，and Participationl. Journal of Computer-Mediated Communication，14(4)，875 - 901.

［129］Van Liere，K. D.，& Dunlap，R. E. (1980). The Social Bases of Environmental concern: A Review of Hypotheses，Explanations and Empirical Evidence. Public Opinion Quarterly，44(2)，181 - 197.

［130］Waddock，S. A. (1993). Lessons from the National Alliance of Business Compact Project: Business and Public Education Reform. Human Relations，46(7)，849 - 879.

［131］Weaver，A. A. (2002). Determinants of Environmental Attitudes: A

Five-country Comparison. International Journal of Sociology，32(1)，77 - 108.

[132] Weigel, R. H. & Weigel, J. (1978). Environmental Concern: The development of a measure. Environment and Behavior，10(1)，3 - 15.

[133] Witzke, H. P., & Urfei, G. (2001). Willingness to Pay for Environmental Protection in Germany: Coping with the Regional Dimension. Regional Studies，35(3)，207 - 214.

[134] Wong, K. K. (2001). Taiwan's environment, Resource Sustainability and Green Consumerism: Perceptions of University Students. Sustainable Development，9(4)，222 - 233.

[135] Xiao, C., & Dunlap, R. E. (2007). Validating a Comprehensive Model of Environmental Concern Cross-nationally: A US-Canadian Comparison. Social Science Quarterly，88(2)，471 - 493.

[136] Xiao, J. J., & Li, H. (2011). Sustainable Consumption and Life Satisfaction. Social Indicators Research，104(2)，323 - 329.

[137] Yao, Q. (2008). Media use, Postmaterialist Values, and Political Interest: The making of Chinese Environmentalists and Their Views on Their Social Environment. Asian Journal of Communication，18(3)，264 - 279.

[138] Zhao, X. (2012). Personal Values and Environmental Concern in China and the US: The Mediating Role of Informational Media Use. Communication Monographs，79(2)，137 - 159.

书籍

[1] 国家统计局能源统计司(2013),《中国能源统计年鉴(2013 卷)》。北京：中国统计出版社。

[2] Abramson, P., & Inglehart, R. F. (2009). Value Change in Global Perspective. Michigan: University of Michigan Press.

[3] Altemeyer, B. (1981). Right-wing Authoritarianism. Winnipeg: University of Manitoba Press.

[4] Bandura, A. (1986). Social Foundations of Thought and Action: A Social Cognitive Theory. New York, NY: Prentice-Hall.

[5] Coleman, J. S. (1990). Foundations of Social Theory. Cambridge, MA: Belknap-Harvard University Press.

[6] Esty, D. C., Levy, M. A., Srebotnjak, T., de Sherbinin, A., Kim, C.

H.，& Anderson，B.（2006）. Pilot 2006 Environmental Performance Index.
New Haven：Yale Center for Environmental Law & Policy.

［7］Fishbein，M.，& Ajzen，I.（1975）. Belief，Attitude，Intention，and
Behavior：An introduction to Theory and Research. Reading，MA：Addison-
Wesley.

［8］Goldstein，H.（2011）. Multilevel Statistical Models. John Wiley
& Sons.

［9］Inglehart，R.（1977）. The Silent Revolution：Changing Values and Po-
litical Styles among Western Publics. Princeton，NJ：Princeton University Press.

［10］McKibben，B.（2007）. Deep Economy：The Wealth of Communities
and the Durable Future. New York：Henry Holt and Company，LLC.

［11］Nordhaus，T.，& Shellenberger，M.（2007）. Break through：From
the Death of Environmentalism to the Politics of Possibility. New York：Hough-
ton Mifflin Company.

［12］Potter，J.，& Wetherell，M.（1987）. Discourse and Social
Psychology：Beyond Attitudes and Behaviour. London：Sage Publications.

［13］Raudenbush，S. W.，& Bryk，A. S.（2002）. Hierarchical Linear
Models：Applications and Data Analysis Methods. Sage：Newbury Park.

［14］Putnam，R. D.（1993）. Making Democracy Work：Civic Traditions in
Modem Italy. Princeton，NJ：Princeton University Press.

［15］Putnam，R. D.（2000）. Bowling Alone：The Collapse and Revival of
American Community. New York：Simon & Schuster.

［16］Shaffer，D. R.（1994）. Social and Personality Development. Pacific
Grove，California：Brooks/Cole Publishing Company.

［17］Starch，R.（1996）. Green gauge survey. In Frankel C.（Ed.）In
Earth's Company：Business Environment and the Challenge of Sustainability.
New Society Publishers：Gabriola Island，BC，Canada.

［18］Stenner，K.（2005）. The Authoritarian Dynamic. New York：Cam-
bridge University Press.

［19］Tittle，C. R.（1980）. Sanctions and Social Deviance：The Question of
Deterrence. New York：Praeger.

文集篇章

［1］Dunlap, R. E., & Jones, R. (2002). Environmental Concern: Conceptual and Measurement Issues. In R. Dunlap., & W. Michelson. (Eds), Handbook of Environmental Sociology (pp. 482 - 524). Westport, CT: Grenwood Press.

［2］Gerbner, G., Gross, L., Morgan, M., & Signorielli, N. (1986). Living with Television: The dynamics of the Cultivation Process. In J. Bryant., & D. Zillman. (Eds.), Perspectives on Media Effects (pp. 17 - 40). Hilldale, NJ: Lawrence Erlbaum Associates.

［3］Lai, O. K. (2000). Greening of Hong Kong? — Forms of Manifestation of Environ-mental Movements. In S. W. K. Chiu., & T. L. Lui. (Eds.), The Dynamics of Social Movement in Hong Kong (pp. 259 - 296). Hong Kong: Hong Kong University Press.

［4］Longford, N. T. (1995). Random Coefficient Models. In Handbook of Statistical Modeling for the Social and Behavioral Sciences (pp. 519 - 570). Springer US.

［5］Raudenbush, S. W. (2004). HLM 6: Hierarchical Linear and Nonlinear Modeling. Scientific Software International.

［6］Brown, B B.(1990). Peer Groups and Peer Culture. In S. S. Feldman., & C. R. Elliott. (Eds.), At the Threshold: The Developing Adolescent (pp. 171 - 196). Cambridge, MA: Harvard University Press.

［7］Cohen, J. (1988). Statistical Power Analysis for the Behavioral Sciences. Hillside. NJ: Lawrence Earlbaum Associates.

［8］Shah, D., & Gil de Zúñiga, H. (2008). Social capital. In Paul J. Lavrakas (Eds.). Encyclopedia of Survey Research Methods, (pp. 454 - 455). Thousand Oaks, CA: Sage Publications.

网上文章/文件

［1］中华人民共和国环境保护部、中国科学院(2013),"中国生物多样性红色名录——高等植物卷评估告"。引自:http://www.zhb.gov.cn/gkml/hbb/bgg/201309/W020130912562095920726.pdf。

［2］中华人民共和国环境保护部、中国科学院(2015),"中国生物多样性红色名录——脊椎动物卷评估报告"。引自:http://www.zhb.gov.cn/gkml/hbb/bgg/201505/W020150525496758954804.pdf。

Structuralized Consciousness and Individualized Participation: A Multi-Level Analysis on Information Opportunity, Environmental Attitudes and Environmental Behavior of the Chinese Public from a Post-Materialism Perspective

Liu Yusi

Abstract: Environmental issues became increasingly important in developing countries. With the inequality of the environmental quality and economic growth among different areas in China, the ways to increase the public environmental consciousness as well as their participation should be explored in both individual and regional level. Based on the sixth wave of World Values Survey ($N=2300$), the current study conduced a multi-level analysis on the factors affecting public environmental attitudes and behavior in China. Results showed that, the public environmental consciousness is constrained primarily by the social structural factors such as the level of economic growth, the effectiveness of environmental management, and the ecological fragility in a certain area, whereas the major predictors of public environmental participation are including their personal socio-economic status, information opportunities, attitudes toward science, and the social capital factors, etc. This research detects double gap existing in the environmental protecting campaign in Chinese society, which is the gap between developed and developing areas in one hand, and between the environmental attitudes and their actions in another. The findings also clarifies the mechanism of how the individual and regional factors influence the public environmental attitudes and behavior respectively, shedding some light on the practical solutions to the environmental-social problems in China today.

Key words: Environmental Conscious; Environmental Participation; Post-Materialism; Information Opportunity; Multi-Level Modeling

附录 1　各地区变量描述性统计

地区	样本量	人口 （万）	人均 GDP （元/人）	CPI （上年 ＝100）	废水 排放量 （吨/人）	空气污染物 排放量 （千克/人）	温室气体 排放量 （吨/人）
北京	54	2069	87475	106.6	67.80	16.34	1.25
河北	166	7288	36584	108.1	41.96	59.53	2.46
山西	126	3611	33628	112.6	37.19	100.15	5.07
辽宁	99	4389	56649	110.4	54.40	64.28	3.53
吉林	26	2750	43415	110.7	43.46	45.24	2.44
黑龙江	58	3834	35711	105.8	42.41	52.01	2.41
上海	62	2380	85373	106.0	92.12	30.13	2.15
江苏	142	7920	68347	114.2	75.53	36.80	2.22
浙江	68	5477	63374	106.0	76.86	30.83	1.82
安徽	36	5988	28792	106.6	42.47	31.78	1.37
福建	32	3748	52763	107.0	68.37	29.11	1.48
江西	37	4504	28800	110.5	44.67	33.35	0.89
山东	229	9685	51768	110.4	49.47	43.19	2.73
河南	105	9406	31499	110.4	42.92	37.23	1.54
湖北	144	5779	38572	109.7	50.22	27.89	1.59
湖南	141	6639	33480	109.2	45.82	23.99	1.08
广东	167	10594	54095	108.3	79.15	22.95	1.28
广西	171	4682	27952	110.3	52.45	27.81	1.07
四川	72	8076	29608	112.2	35.12	22.53	0.92
贵州	86	3484	19710	109.2	26.25	54.51	2.01
陕西	75	3753	38564	114.1	34.31	56.33	2.79
重庆	38	2945	38914	111.9	44.97	38.36	1.34
甘肃	110	2578	21978	111.8	24.37	48.62	1.86
青海	56	573	33181	115.2	38.38	76.14	2.31

附录2　各地区变量描述统计（续）

地区	突发环境事件（次）	垃圾无害化处理率（%）	森林覆盖率（%）	自然保护区面积（%）	受威胁动物种数（%）	受威胁植物种数（%）	后物质主义指数
北京	21	99.1	35.8	8.0	10.3	2.3	0.35
河北	10	81.4	23.4	3.6	12.6	2.5	0.33
山西	0	80.3	18.0	7.4	10.2	2.6	0.52
辽宁	15	87.2	38.2	12.4	13.3	2.7	0.14
吉林	1	45.8	40.4	12.4	13.2	3.3	0.32
黑龙江	0	47.6	43.2	14.9	12.6	2.6	0.46
上海	192	83.6	10.7	5.2	13.1	1.3	0.10
江苏	77	95.9	15.8	4.1	15.2	3.6	0.46
浙江	23	99.0	59.1	1.5	15.0	4.8	0.39
安徽	20	91.1	27.5	3.8	26.3	4.3	0.68
福建	4	96.4	66.0	3.1	15.2	4.5	0.44
江西	1	89.1	60.0	7.6	13.9	4.1	0.32
山东	3	98.1	16.7	4.7	11.2	1.9	0.41
河南	14	86.4	21.5	4.4	12.6	3.0	0.49
湖北	4	71.5	38.4	5.1	13.1	5.2	0.57
湖南	3	95.0	47.8	6.1	16.0	4.8	0.41
广东	23	79.1	51.3	6.7	16.9	6.7	0.62
广西	20	98.0	56.5	6.0	19.3	9.3	0.42
四川	16	88.3	35.2	18.5	15.3	6.2	0.09
贵州	4	91.9	37.1	5.4	14.0	6.6	0.51
陕西	23	88.5	41.4	5.7	11.5	3.9	0.64
重庆	25	99.3	38.4	10.3	12.6	7.1	0.00
甘肃	8	41.7	11.3	16.2	12.9	3.2	0.45
青海	4	89.2	5.6	30.2	13.7	2.1	0.25

被建构的环境风险：雾霾高转发微博的话语表征与权力关系

李思思 *

【摘 要】 社会化媒体发展出多元的风险沟通方式，极大地促进了公共参与和信息传递，是当今环境风险建构的重要路径之一。本文采用内容分析和话语分析方法对新浪微博上有关雾霾的高转发微博进行探讨，旨在以此为切入点探究社会化媒体如何呈现与建构环境风险。研究发现，社会精英、主流媒体等传统话语力量仍然主导着风险议题的呈现与建构方式。与此同时，社会化媒体中存在的对抗性解读、碎片化呈现和消费主义逻辑在很大程度上解构了环境风险议题，使风险自身消解于无形。在雾霾风险的话语建构过程中，话语秩序与权力关系的博弈重构了雾霾风险，影响了大众的风险感知。

【关键词】 环境风险；雾霾；高转发微博；话语；权力

在当代中国，伴随经济跨越式发展而生的环境风险成为当前关注的焦点。在所有的环境风险议题中，作为当前中国最为频发的气象灾害——雾霾，以其影响的广泛性成为当下最受重视的公共议题之一。从早期的官方界定，到雾霾危害的进一步扩大，再到此过程中因不同的雾霾相关事件而引发的多方探讨，以及政府各项政策的出台，"雾霾"已经由最早的环境风险议题逐步发展为融合经济、社会、政治和文化等多方面的综合性风险议题。

现代风险的一大特质是它叠加在"媒介化"社会的基础之上，由大众媒介所予以呈现（庹继光，2008：38）。一直以来，媒体都是人们理解风险本身以及理解自身与风险关系的一种实用性和建构性工具，是人们用来建构风险感知的一种象征性途径。网络社会的进一步深化使社会化媒体在风险传播中的重要性逐步提升，社会化媒体开始成为当前年轻受众感知风险的重要载体。然而，目前学界对社会化媒体与风险传播的研究大多集中于特定的风险事件当中，对于日常话语的探讨相对较少。由于"雾霾"议题已逐渐脱离特定的环境事件，进入人们的日常生活之中，因而，本文选取新浪微博中的雾霾高转发微博作为研究文

* 【作者简介】李思思，湖北经济学院新闻与传播学院，联系方式：sisimedia @ 163.com。

本，探索当前雾霾风险建构的符号表征与话语策略，以此来进一步理解日常语境下社会化媒体对于风险的建构机制以及其内在的权力关系。

一、　被建构的环境风险

环境风险不等同于环境问题，它不仅包括直接的环境与生态破坏，也包括由此引起的一系列社会、政治、经济和文化议题，在此意义上，环境风险具有广泛的公共性，是现代风险社会的主要风险类型。现代风险包括两部分，一是技术性的可被量化的物理风险；二是由心理认知所建构的感知风险（Covello & Sandman，2001）。已有研究发现，事件的风险程度与人们的风险感知程度并不总是对等，一些实际危害较小的风险可能引起强烈的社会恐慌与抗争，而一些危害较大的风险却被忽视（Kasperson et al.，1988：177 - 187）。风险感知是人们对风险的态度和判断的直观感觉，而大众媒介几乎是公众感知风险的唯一途径（薛可等，2016：163）。现代风险自身的复杂性与专业性使公众无法亲身经历与轻易理解风险，因此，被媒介化的风险成为现代风险的主要表现形式（Perko，2014：86 - 91）。然而，在环境风险的信息传播过程中，媒体并不简单地复制风险信息，而是不断地进行话语的修饰与重组。这样一来，风险不仅在工业化的进程中被制造出来，也在赋予意义的过程中更多地被生产出来。风险本身经过媒介建构而导致的放大和隐匿可能形成新的社会风险，被媒介化的风险"深刻地影响了公众话语中处理风险的方式"（全燕，申凡，2011：67）。总体而言，媒介对于风险的社会界定、责任归属和意义建构决定了公众感知风险的方式，极大地影响了人们对风险的态度和行为。

有别于传统媒体，社会化媒体不仅扮演了环境信息传达的使者，还在极大程度上促进了公共参与，其特殊的传播机制符合公众对现实环境风险进行"发言"和"协商"的内在要求。王宇琦与曾繁旭（2015）认为，社会化媒体扮演着"主要的社会话语场域的信息桥节点"和重要的社会话语动员角色，它通过与民众的互动和对科学话语的日常化表达实现了对民众风险感知逻辑的吸纳与赋权。

然而，也有一些研究指出，微博对环境风险议题的建构产生了消极影响。王庆与余红（2015）发现，娱乐元素在主体、修辞和情绪等方面对于微博雾霾风险话语的渗透使官方风险话语权力的对抗和解构得以形成，从而隐匿了风险本身的重要信号，并为其他社会风险的放大埋下隐忧。邱洪峰（2016）指出，新浪微博上气候风险微博对于风险强度的强调和浓缩视觉符号的呈现传递出含混的地理概念和时空印象,影响了网民对于气候风险的感知,最终降低了公民适应风险的积极性和动力。

微博对于风险的建构归根结底是通过话语来完成的。福柯将话语视作权力再生产的社会化过程。话语,与意识形态一样,是一套理解世界的囊括意义、符号和修辞的社会网络。在这一网络中,谁掌握了话语权,谁就掌握了创造"意义"的权力。在话语秩序的重建过程中,为了在话语实践中获得主导权,不同社会立场的个体通过对文本的占有、控制和改写而不断参与到话语权的争夺当中,他们"通过对语言的象征交换与委婉表达来实现自身观念、行为和价值的合法化表征"(刘涛,2015:59)。在此意义上,"任何一种环境话语都在竭力创造一种内含话语诉求的想象与规范,竭力表明自身话语的'正当性',以期实现人们以'这种'而非'那种'方式来认识与改造世界。这实质上就是环境话语权力的生产过程"(刘承城,2014:86)。

不同话语主体对话语权力的争夺导致的可能后果就是对于风险的放大和隐匿。风险的放大即风险有时可能"引发大规模的公众关注和重大社会影响,甚至经由'涟漪效应'而波及不同的时间、空间和社会制度"(Kasperson et al.,2003:47)。风险的隐匿则指风险可能由于不符合媒介运作的价值追求和市场逻辑而隐于媒介议程之外,或由于媒介话语建构策略的消解而成为"不可见的存在"(波兰尼,2007)。风险的放大和隐匿与风险自身危害性的大小并无必然联系,而取决于媒介对大众风险感知的影响。而要探讨媒介如何影响大众的风险感知,则首先要探究媒介对风险自身的建构。与特定的风险事件或环境抗争运动不同,关于雾霾风险的话语建构更多地立足于日常语境。因此,作为一种日常化与常规化的环境风险,雾霾在微博话语空间内的意义表征可能体现出与其他风险不同的建构方式与权力关系,为当代风险的媒介化重塑提供另一种思考。

二、 研究材料与方法

本研究以 2015 年 6 月 1 日至 2016 年 5 月 31 日一整年的新浪微博为采样基础,通过新浪微博的"微博搜索"功能,将"雾霾"和"霾"作为关键词进行搜索,将转发量超过 200 的微博定义为高转发微博,以此构成本文的研究样本。由于新浪微博的微博搜索功能仅能显示前 50 页，因此本文通过"高级搜索"中的时间设置，以月为单位进行多次样本搜索。本文主要着眼于社会化媒体中的雾霾话语，因此进一步将内容与"雾霾"毫无联系的样本删除。同时，在内容相同的高转发微博样本中，仅保留发布时间最早的微博。最终，本文得到有效样本 280 篇，在不同时间段中样本微博分布如下：

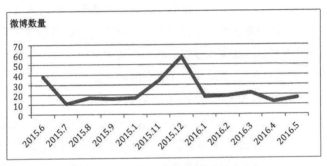

图 1　雾霾高转发微博的分布情况

从图 1 中，我们发现，除 2015 年 6 月因某产品借雾霾之名进行的推广使 6 月整体雾霾高转发微博数量大幅度升高外，样本微博数量在雾霾高发期的 11、12 月达到最高值，1 月逐步下降，而在此前和此后均保持着一个相对较低但稳定的数值分布，体现出风险微博的实时性与热点化。显然，雾霾作为一种日常性的风险形式，如果不是在风险频率与危害达到最大化的时期并不是微博话语空间内能持续引起广泛关注的焦点话题。

针对这 280 条雾霾高转发微博，本研究将主要从内容分析和话语分析的角度来予以展开：

1. 对这些微博样本进行内容分析，意在呈现以雾霾为主题的高转发微博的发布者身份、内容指向和议题呈现。首先，记录样本微博发布者：区分发布者是否是经过认证的"V"级用户或普通用户，将发布者身份按照媒体机构、政府机构、商业机构、公益服务机构、社会精英、公众及其他来进行分类，并通过转发量均值的比较来探究不同话语主体的影响力。其次，通过对高转发量微博的前十进行简要分析，试图以管窥豹，探索当前雾霾微博主要的关注议题。最后，通过对微博样本的内容进行简要概括，以归因对象和应对主体分别进行划分，为风险话语提供直观数据。采集数据后，用 SPSS 进行编码，经检验，各类目的信度均超过 0.8。

2. 对微博内容进行批判话语分析。从话语分析的视角出发,任何语言都是一种话语的建构。隐藏在语言背后的主观性通过削弱、突出或暗示来影响人们对话语意义的理解和认知。本研究借鉴了费尔克拉夫的三维度分析框架。费尔克拉夫的三维度分析框架包括文本特征的描述、话语的生产过程以及话语实践与社会情境之间的关系,然而,这三种层次的分析并不孤立进行,而往往相互融合。在费尔克拉夫(2003)看来,批判性话语分析意在将话语从文本中解放出来,通过对话语生产与再生产的考察来厘清其背后的意识形态与权力关系。换言之,我们既要考察话语在文本形式上的内在结构逻辑,与此同时,我们也要借助于语言结构的相互作用,借助于更加宽泛的社会意义,来对其做出分析,并通过这样的分析来揭示这种逻辑背后隐藏的社会意义与权力博弈。

基于上述,本文希望将微博视为一个话语权力争夺的场域,以此探讨和考察它是如何与不同的权力主体勾连使雾霾的叙事话语发生挪移、解构与重构。本研究将试图探讨以下议题:谁是雾霾微博的主要话语表征主体? 他们如何探讨雾霾? 话语主体对于雾霾的解读与呈现背后隐藏着怎样的权力关系与意识形态? 在微博平台上人们主要是从三方面来对雾霾风险展开言说与谈论的:第一,什么是雾霾? 雾霾产生了哪些危害? 即对已经发生的风险进行界定。第二,为什么会产生雾霾? 谁应对雾霾负责? 即对中国当下的雾霾现状进行反思与探讨。第三,我们应如何应对雾霾? 即对我国未来的雾霾治理提出建议与期待。因此,本研究的话语分析也将从这三方面来展开。

三、 雾霾风险的话语表征主体: 传统话语权威的再现与重构

经过对样本微博的数据分析,在 280 条雾霾微博的发布者中,仅有 8.6%(24 条)为非加 V 用户。虽然新浪微博的加 V 用户申请条件并不算苛刻,加 V用户并不一定全是名流,但不可否认的是,此类用户大多仍是各行各业的专业人士与意见领袖,与普通受众相比,享有更高的话语权与社会地位。换言之,在雾霾议题的社会化媒体呈现中,精英话语占据压倒性优势。相较之下,普通草根民众在此类环境风险日常话语中的影响力极低。

通过对发布者身份进行归类,研究发现,在雾霾议题的高转发微博中,社会精英占据最大比例(134 条,48.2%),媒体机构(70 条,25%)与商业机构(42 条,15%)次之,而政府机构(7 条,2.5%)所占比例最低。可见,在社会化媒体的环

境风险传播中,社会精英取代主流媒体成为微博话语空间中最主要的话语主体,但媒体机构仍然是设置社会议程的重要话语力量,而商业机构则运用资本来提升自身影响力,从而获取话语权。

不同发布者微博转发量的均值比较分析显示,社会精英($F=11.3$,$p<0.001$)与商业机构($F=9.7$,$p<0.001$)发布的雾霾微博往往具有较高的转发量,媒体机构发布的雾霾高转发微博数量最多,但转发量均值远逊于前两者。政府机构发布的微博数量与转发量均值($M=237$,$SD=42.37$)则最低。

对 280 条样本微博的数据分析显示,雾霾高转发微博的平均转发量为 506.53($SD=289.54$),最小值为 204,最大值为 22638。转发量最大的十条雾霾微博如表 1 所示。通过对这十条雾霾微博的呈现,我们发现,转发量最高的十条微博的发布者全部为经过认证的社会名人和社会机构,即所谓的“大 V”。与此同时,雾霾微博中仅有 2 条为媒体机构发布的与雾霾紧密相关的信息与社会议题,其余 8 条微博基本均为商业推广与娱乐性质的内容,其中有 6 条由娱乐明星发布。换言之,排名前十的雾霾高转发微博体现出一种强烈的消费主义与娱乐导向的特性。

表 1　转发量排名前十的雾霾微博

转发量	日期	内容	发布者
22638	2015 - 12 - 8	雾霾“自拍”	王凯 V
18844	2015 - 11 - 16	中国节博会推广	海尔中央空调 V
18305	2015 - 12 - 8	航拍雾霾图片	电影票君 V
15011	2015 - 11 - 30	杂志大片	欧豪 V
14673	2015 - 8 - 18	欧莱雅洗脸仪	赵丽颖 V
12475	2016 - 3 - 8	潘婷“抗霾”产品推广	张瀚一 V
11376	2015 - 8 - 24	欧莱雅洗脸仪	唐嫣 V
10011	2015 - 12 - 29	学校是否安装空气净化器	财经网 V
9950	2016 - 1 - 2	雾霾天别戴隐形眼镜	华西都市报 V
8151	2015 - 11 - 16	生活日常	秦岚 V

总体而言,诸如社会精英、媒体机构这些传统的话语权威仍然在微博风险话语场域中占据重要的话语地位,公众作为传统话语权的弱势群体在雾霾话语中也并未获得更多的话语权,商业机构则通过资本的力量获得了一定的权力,但议题较为局限,多为与雾霾相关的产品推广与商业宣传。而政府,作为传统

话语场中最重要的权威主体之一,在雾霾风险的建构中仅有极少数的话语进入样本,在一定意义上呈现出一种"沉默"和"缺席"的状态。

四、 雾霾风险的内涵界定:对抗性话语生产中的权力博弈

雾霾,是雾和霾的组合词,是一种因多种污染源混合作用而形成的灾害性天气,会对人体造成巨大伤害。由于近年来雾霾天气的普遍性和多发性,雾霾风险已经转化为一种日常性的风险形式,具有广泛的话题性。风险界定是微博雾霾话语中风险建构的首要言说主题,在新浪微博中,不同话语主体对于雾霾风险的界定主要从两方面进行展开,分别是基于雾霾相关的媒体报道而展开的对抗性解读与戏谑调侃的娱乐性表述。

(一)权威的对抗性解读

对于雾霾风险的界定在很多时候体现为直接的对抗性话语。对抗性话语的出现根源于现实的社会矛盾长期得不到解决。面对潜在风险的焦虑情绪使人们在建构话语时往往会采取一种特定的表征方式,即对官方话语的对抗式解读。在互联网时代,社会化媒体为民间话语提供了表达的渠道,使对主导话语和官方话语的重新诠释与解读成为可能。罗伯特·考克斯(2006)认为,只要有主导性话语存在的地方,就会有对主导性话语进行反抗的某种替代性的话语形式,这种话语即"对抗性话语"。在这种话语建构的过程当中,受众理解了主导话语所赋予的含义,但却选择以一种截然相反的方式来解读信息。在雾霾风险的界定中,这种对抗性解读表现得尤为明显:

郑在索律师 V:一直以为雾霾是"天灾",可"阅兵蓝"告诉我们一个赤裸裸的现实:"是人祸"!

陈业文新大都 V:@石讷 shine:"将北京雾霾与伦敦雾霾混成一谈是有问题的。在科学与经验未知的条件下,人们犯错误,与已知而故犯,具有完全不同的性质。"……结果在科技与经验都迥异于那个时代的今天,却有过之而无不及。

以上两段文本都建立在对媒体信息和权威主体的对抗性诠释之上,以一种强烈的对抗情绪来进行表述。不同的文本表述背后针对的事件虽然不同,但都

是基于对主流媒体和其他话语权威的抵抗情绪来进行话语建构。在此过程中，媒体事件被隐含的对立情绪反复书写与表述，主导型话语的合法性与正当性受到挑战。对主流媒体和部分政府机构的不信任导致一种具有固定范式的对抗性话语体系得以生成。网络空间中对抗性话语的实质是当下中国底层抗争的形式之一，而且是成本最低的一种抗争方式，它不仅以一种直接宣泄的方式进行表述，而且更多地采取一种戏谑、调侃的娱乐性方式予以呈现。

（二）风险的娱乐化呈现

戏谑是当前网络平台上最为常见的话语表征方式之一，它与"悲愤"一起构成了当前中国网络对抗性话语的主要情感来源（王佳鹏，2016：84）。戏谑话语的背后是网民与现实社会的紧张关系，一方面，政治参与渠道不畅与社会转型期对社会矛盾的焦虑与不满使大众急于寻找一个宣泄口，而网络的匿名性加剧了这种对抗性情绪和表达的意愿；另一方面，严格的网络监管使大众不能无所顾忌地表达情绪，娱乐化的表达方式提供了一种婉转的话语对抗手段。因此，在对雾霾风险的界定与诠释过程中，话语主体也往往倾向于使用一种戏谑、调侃的方式来进行表达：

> 袁立 V：雾霾，我只吸江南的。相比于京霾的厚重，冀霾的激烈、粤霾的阴冷，我更喜欢江南霾的醇厚、真实和独一无二的家乡味道。脱硫低温湿润的煤烟与秸秆焚烧的碳香充分混合，加上尾气催化和低气压的衬托，经过袅袅硫烟的勾兑，使得它经久而爽口，干冽绵长，欲罢不能。雾为帝都厚，霾是江南醇。江南霾，好霾！
>
> 平安中原 V：据＠大河报，连日来雾霾不断，记者走上街头采访：请问你对郑州连续几天的雾霾有何想法？市民：我能说郑州话吗？记者：可以啊！市民：……这成天这眼就给迷住样，出 you 门啥都看不清，喉咙眼儿跟蜀黍杆 la 过一样，再这好劲儿并叫俺活了。记者：能否用普通话再说一下？市民：人间仙境，最美郑州。

在以上两条微博中，话语主体通过比喻、对比、借代、夸张等修辞手法的运用来调侃雾霾，体现出微博话语的娱乐化特质。话语主体借用看似轻松幽默的语言来达到反讽的效果，话语行间隐含着对无处不在的雾霾的担忧与无奈。虽然雾霾风险本身作为严肃的环境议题并无娱乐化因素，但是网民通过对于修辞符号和表达逻辑的选择赋予这一议题新的社会意义。正是因为传统的政治和社会表达规制在微博话语空间中得以延续,在不对称的权力关系中,受制的下层群体不可能与社会权威机构进行公开的对抗,因此他们的抵抗以一种隐晦、曲折和暧昧的"隐蔽文本"的方式来进行(Scott,1987)。于是,戏谑作为社会化媒体时代的新兴表达方式而形塑了新的风险话语表达。

雾霾这一环境议题在风险界定的过程中被赋予了政治意义与符号逻辑,开始转变为一种综合性的社会话语形式。网民通过戏谑和直接的对抗性话语来抗衡传统的话语权威,满足自身对于参与权和话语权的渴望,塑造了独特的网络风险话语景观。中国网民通过在网络空间中改写、加工、重塑新的风险话语,在一定程度上颠覆了传统话语的固化结构,是话语权博弈的产物。然而,对抗性话语的背后隐藏着极大的不确定性与危机。当占据弱势的群体将话语作为一种抗争的重要方式,民众极可能走向泛娱乐化和民粹主义的极端。一方面,社会化媒体将原本具有巨大威胁的环境风险置换为滑稽的笑料,严肃讨论与公共议题被逐渐边缘化,娱乐狂热可能加剧政治冷漠(Turner,2010)。另一方面,民众在微博场域的狂欢氛围下日趋非理性,将风险本身搁置一旁,为对抗而对抗,阻碍了风险的合理建构。最终,在潜移默化中,环境风险自身被削弱乃至消解,人们的风险感知失灵,公共政策的制定与执行无法得到支持与认可(王庆、余红,2015:21-23)。

五、 雾霾风险的归因话语: 民间话语与媒介话语的框架之争

风险的归因,即探讨风险产生的缘由,寻找风险责任的对应主体。在对雾霾的风险归因中,普通民众、社会精英与媒体机构作为最重要的话语表述者,塑造了归因话语的意义框架。通过对风险归因主题下不同话语主体的归因对象进行分析,我们发现,不同话语主体在归因取向上有明显的差异($\chi^2=22.31$,df$=35$,p$=0.001$):以公众为代表的民间话语和以媒体机构为代表的媒介话语选择了不同的风险归因对象。其中,政府机构、商业机构与公益服务机构在风险归因话语中的微博样本数极小,几乎没有建立归因话语。相较之下,公众将政府视为主要的风险归因对象(76.5%),而媒体机构和社会精英的归因对象则极为泛化。在此,我们将不同话语主体对于风险的归因视为一种框架的建构,普通民众通过将自身与政府设立为二元对立的风险主体而形成了"政府责任"框

架,而主流媒体则通过对不同新闻事实的选择与建构搭建起多元的"事件归因"框架。

表2　不同话语主体的风险归因

话语主体	无归因	政府	企业	燃煤	气候
政府机构	1(100%)	0(0%)	0(0%)	0(0%)	0(0%)
媒体机构	2(10%)	2(10%)	1(5%)	2(10%)	3(15%)
商业机构	2(100%)	0(0%)	0(0%)	0(0%)	0(0%)
公益服务机构	0(0%)	0(0%)	0(0%)	0(0%)	0(0%)
社会精英	2(5.1%)	7(17.9%)	3(7.7%)	4(10.3%)	3(7.7%)
公众及其他	0(0%)	13(76.5%)	2(11.8%)	0(0%)	0(%)
合计	7(88.6%)	22(27.8%)	6(7.6%)	6(7.6%)	6(7.6%)

话语主体	机动车	秸秆焚烧	其他	合计
政府机构	0(0%)	0(0%)	0(0%)	1(100%)
媒体机构	3(15%)	4(20%)	3(15%)	20(100%)
商业机构	0(0%)	0(0%)	0(0%)	2(100%)
公益服务机构	0(0%)	0(0%)	0(0%)	0(100%)
社会精英	6(15.4%)	5(12.8%)	8(20.5%)	39(100%)
公众及其他	1(5.9%)	0(%)	1(5.9%)	17(100%)
合计	10(12.7%)	9(11.4%)	12(15.2%)	79(100%)

注:$\chi^2=22.31$,df$=35$,p$=0.001$,括号内为行百分比。

(一)民间话语的"政府责任"框架

通过对雾霾高转发微博话语主体的内容分析发现,在280条样本微博中,仅有24条(8.6%)为非加V用户所发布,虽然新浪微博的某些非加V用户也拥有较高的关注度与影响力,与普通民众不可相提并论,但为便于区分,我们还是将这一部分话语主体视为民间话语力量,以与官方话语和媒介话语相区别。在雾霾风险的归因话语中,相较于风险界定与风险应对,非加V用户发布的微博量最多,为17条,且主要呈现为一种将政府视为责任主体的归因框架,我们将之定义为"政府责任"框架。在这一框架下,少数媒体机构与社会精英也参与了意义的建构,但仍以公众为表征主体。与此同时,媒体机构与社会精英在这一框架下的话语言说也主要基于民众的立场而予以展开,因此,我们将其视为一种民间话语的表征。在这一表征框架下,话语主体基于民众的立场参与风险诠释与言说,这种身份天然地赋予了他们道德权威。而政府作为占有最多社会管理资源的社会机构,被视为环境治理最重要的责任主体,即风险主要的归因对象:

凌虚铺子:[去城中霾易,除心中霾难]阅兵节期间,京城又现蓝天白云,人们戏称"阅兵蓝"。此前祸害京城民众的雾霾突然消失得无影无踪。阅兵节一结束,"阅兵蓝"又消失了。它神秘而来,又神秘离去,挥挥袖不带走一片云彩! 可见,京城不仅知道雾霾从何而来,也知道这样驱它而去,治理雾霾非不能,而不为也!

慕朵生:[到底谁应该先减排?!]……有何脸面,要求其他国家先行减排? 我宁可生活在一个物质生活相对简单质朴但蓝天碧水的国家,亦不愿生活在一个……雾霾满天的国家!

以上两段微博文本虽然谈论的具体话题有所不同,其中蕴含的情绪与情感也程度各一,但是他们都将政府视为雾霾风险责任的主体。在这一话语建构的过程中,民众与政府作为风险的两端被建构起来,二元对立结构成为其关键内核。当民众与政府被作为"受害者—责任人"和"弱势群体—强势权威"的风险主体予以塑造,在表述过程中,民众与政府即被置于对抗关系的两端。如果说在风险的界定中,话语主体通过娱乐性的委婉表达和情绪性的对抗性抒发来初步建构起一种对抗性话语体系,那么在风险的归因过程中,这种对抗性话语通过广泛的二元对立叙事框架的建立来得以强化。这种二元对立的叙事框架在很大程度上来源于风险界定中的对抗性解读,又反之加深了这种对抗性表述。

我们可以认为,民间话语所建构的"政府责任"框架是一种单一框架,不论话语主体基于什么样的事实材料与社会情感来进行表述,政府都是唯一的归因对象和责任主体。相较之下,媒介话语所建构的"事件归因"框架则更为复杂,它虽然延续了二元对立叙事框架的表征体系,但是基于不同的新闻事件,话语背后归因和归责的对象也在不断变化、调整与改变。

(二) 媒介话语预设的"事件归因"框架

"事件归因",顾名思义,就是根据具体的事件来选择归因的对象。相较于"政府责任"框架下的雾霾归因话语,"事件归因"框架下雾霾微博的数量要多得多。媒体机构与社会精英作为这一框架下最主要的话语主体,在大众媒介预设的意义框架下展开话语权的争夺。

大众媒介,作为公众获知信息和形成观点的主要信息载体,是公众认知和理解风险的建构主体之一。在此意义上,大众媒介拥有设定议题与框架的权力,通过对新闻事件的选择为舆论场中不同探讨的开展预设主题与范围。以"焚烧秸秆"为例,部分媒体机构将其视为雾霾形成的主要原因之一,引发了大

量关注与探讨,成为一时的热议话题:

　　财经网 V:[媒体评论:解决秸秆焚烧,别用"城里人看乡下人"的视角]
通过政策倾斜和技术扶植,让农民从秸秆回收获得远比"秸秆取灰"更多的
利益,焚烧才能得到遵守。秸秆焚烧是雾霾的成因之一,工业废弃、车辆尾气
等都是重要的污染源,单单对农民"屡禁",治理效果恐难如愿,也有欠公平。
　　王志安 V:农民焚烧秸秆,和汽车尾气的污染一样,都是富裕带来的新
问题。早年间,秸秆是资源,烧火做饭喂牲口都靠它。现如今农民都用上
煤气了,农户也不养牲畜了,秸秆才从资源慢慢变成负担,这是经济发展到
一定阶段的必然。虽然机动车尾气对雾霾的贡献数倍于秸秆,但很少有人
指责城里人开车,农民却频繁被拘留。

　　从媒体机构到社会精英,多元的话语主体围绕"秸秆焚烧"、"城市"、"乡
村"、"农民"等关键词展开言说,通过不同的修辞策略和表征方式来建构共同的
二元对立——农村人 VS 城里人。在这一议题下,政府与公众的二元对立暂时
地被农村与城市的二元对立所置换,原有的风险责任主体——政府从舆论场中
被剥离。

　　大众媒介求新求异的天性决定了其议题设置的时效性与新鲜性,这也导致
它大多数时候都并不致力于问题的解决与风险的完整深入剖析。基于媒体机
构在微博话语场域中的话语霸权,雾霾风险议题的转移也体现出碎片性与瞬时
性。因此,雾霾风险的话语体系也不断基于议题的转移而发生挪移与转换。

　　每一条雾霾微博都是根据主体的需要对语言进行的一种加工与建构。在
雾霾风险的话语建构过程中,大众媒体作为发布雾霾高转发微博最多的话语主
体,在话语场域中扮演着强而有力的意见领袖的角色。与此同时,在众多的讨
论与争议背后都不难发现媒体建构的身影。不同的话语主体之间的争论与博
弈并没有破坏对某一议题或话语体系的建构,因为这种建构实质上仍是围绕大
众媒体所设置的社会议题以一种预先设定的模式来予以展开。因此,我们可以
认为,在微博话语空间中,政府和大众在雾霾议题上所呈现的二元对立格局由
立场不同的社会精英基于特定的新闻事件对话语权展开争夺而建构形成,其
中,大众媒介作为议题的建构者,在一定程度上预先设定了意义体系,而社会化
媒体中的话语主体往往只能在大众媒体所框定的议题范围内进行话语的重组。

多元话语主体通过对话语的冲突与协商形成秩序并确定位置,建构具有现实性的话语秩序。这种话语秩序的不断重构在很大程度上模糊了风险对应的责任主体,使风险议题被分裂为层出不穷的新闻事件。一方面,大众媒介通过其支配性的话语地位控制雾霾风险话语的内容与方向,绕开了民间话语对政府的指控与期待,从而弱化了将政府视为主要责任人的指向;另一方面,大众媒介又通过多元而碎片化的议题生产淡化了风险责任,使雾霾风险话语更多地沉浸在对气候情境的自怨自艾中,对风险的社会根源并不具体深入追寻,导致风险强度被削减。这种话语表征进一步延伸到风险的应对话语中,导致作为弱势者和受害者的民众成为风险的主要承担者。

六、 雾霾风险的应对话语:风险责任的偏离与溢散

在新浪微博对于雾霾风险的议题设置当中,风险的应对与解决是十分重要的一个部分。数据显示,在 280 条雾霾高转发微博中,有 110 条谈及如何应对风险,占三大主题中的最大比例(36.1%)。在现代认知心理学的知识性分类中,不同于"是什么"和"为什么","怎么办"是一种策略性知识,具有一定的专业性与指导性(安德森,2012)。通过对不同话语主体所建构的风险应对主体的数据分析,本文发现,媒体机构与商业机构成为风险应对话语中最重要的话语建构者,公益服务机构与社会精英次之,而政府机构与公众在此议题下几近"沉默"。与此同时,不同话语主体对风险应对主体的选择上并无明显差异($\chi^2=71.43$,df = 10,p = 0.357),公众取代企业与政府成为风险的主要承担者(87.3%)。

表 3　不同话语主体的风险应对主体

话语主体	政府	民众	企业	合计
政府机构	1(33.3%)	2(66.7%)	0(0%)	3(%)
媒体机构	5(22.7%)	16(72.7%)	1(4.5%)	22(%)
商业机构	0(0%)	67(95.7%)	3(4.3%)	70(%)
公益服务机构	0(0%)	5(71.4%)	2(28.6%)	7(%)
社会精英	2(33.3%)	4(66.7%)	0(0%)	6(%)
公众及其他	1(50%)	1(50%)	0(0%)	2(%)
合计	8(7.3%)	96(87.3%)	6(5.4%)	110(100%)

注:$\chi^2=71.43$,df = 10,p = 0.357,括号内为行百分比。

（一）风险责任的主体置换

在全球范围内，"民众适应"与"政府调控"已经成为应对气候变化的两大策略（邱鸿峰，2016：88）。然而，不同于风险归因中政府被建构为首要的风险责任主体，在雾霾的应对话语中，民众成为主要的承担者，"民众适应"取代"政府调控"成为这一议题下的主导叙事。这种适应性话语首先体现在倡导民众自行购买防霾物品和调整生活方式以减轻风险对日常生活的负面影响上：

> 果壳网 V：［雾霾橙色预警，你的口罩选好了吗？］今天，北京启动了2015 年第一个空气重污染橙色预警。为保护自己的呼吸系统，你需要选择好口罩——是能够过滤掉空气中脏东西的那种，不是纱布、棉布之类。如何选择？这个点儿还在外面的人要小心了，你们回家可能会迷路。
>
> 人民日报 V：#过大年#［人民微评：过一个少放或不放鞭炮的春节］乱扔垃圾，苦了环卫工；任性放鞭炮，有了"年味"，多了污染。过一个风清气正的春节，除了廉洁自律，在个人方面，不妨也干干净净。无论日常生活还是政治生活，少一些雾霾都是好事。去除雾霾，神清气爽；一尘不染，满面春风。

虽然"民众适应"并不是唯一的叙事框架，政府和企业也仍然被偶尔提及，但这种建构更多地表征为一种长期的、宏观性的政治话语：

> 央视新闻 V：#两会微视频#［王国庆：治理雾霾是一场持久战］大会发言人王国庆说，治理雾霾是一场持久战，更是一场人民战争。治理雾霾要在三个层面共同发力：政府要转变发展方式；企业要转变生产方式；公众要转变生活方式。经过全社会不懈努力，"白天蓝天白云，夜晚繁星闪烁"的常态化不会遥远。

媒介机构作为雾霾风险应对话语的主要建构者，却无法提出持续可行的风险解决路径，而更多的是在不断地发掘新事件和新现象，这就导致了风险责任的局部化和溢散化。以"政府是否应该在学校安装净化器"这一讨论为例，不同的媒体机构基于各自的立场参与了意义的建构，虽然在表面上似乎赋予了政府更高的责任主体性，但是其实质不过是一场无益于风险解决的话语权博弈，最终也只能不了了之。

财经网 V：[检察日报：教室装净化器是政府责任 应尽快出方案]不少人呼吁在教室安装空气净化设备。孩子是最容易受到雾霾伤害群体之一，红色预警听课，而蓝、黄、橙色预警条件下不听课，污染对孩子伤害也不小。当然，从安装到维护，需很大一笔费用，但测算工作应该马上做。这是政府责任。

环球时报 V：[单仁平：学校装不装空气净化器，舆论不应管]雾霾问题非常复杂，应对这个问题不可能是简单的，做得能不能令大众满意，也不仅仅是政府有没有责任心的事情。针对雾霾煽情是最容易做的。但那样除了让社会上泛滥更多情绪之外，不会有任何实际作用。

雾霾应对话语中风险责任主体的偏离归根到底在于话语权的挪移。在雾霾风险的话语建构过程中，话语权的争夺直接影响到风险归因与应对的表征，由此引导风险形成与言说。一方面，个体话语主体，特别是民众话语主体的缺席以及风险决策自身的专业性使雾霾应对话语几乎完全被媒介机构与商业机构所把控；另一方面，大众媒介主导的风险话语表征，通过社会热点事件来展开言说，在很大程度上削弱了风险自身的紧迫性与危害性，对风险根源与责任的探讨浅尝辄止甚至一带而过，再现了贝克提出的风险的"有组织地不负责任"现象，如在"秸秆焚烧"事件中将农民焚烧秸秆与汽车尾气排放视为罪魁祸首，而不追究产业结构的不合理与政府宏观调控的失灵。不同于风险界定中社会精英的批判性表述，也有别于风险归因中民间话语的情绪性表达，在风险应对这一议题下，媒体机构通过"民众适应"主导框架的建立来倡导公民行动，将"政府调控"这一宏观议题转化为个体化的消费行为，为商业话语的侵入提供了可乘之机，而商业话语中隐含的消费主义进一步强化了这一叙事框架。

（二）消费话语的乘虚而入

媒体机构将民众建构为主要的风险承担主体，这样一来，个体行为取代政府决策成为应对风险的主要方式，这就为市场力量的强势植入打开了方便之门。数据显示，在 110 条涉及如何应对雾霾的高转发微博中，有 70 条的内容为各类产品推广和商业活动，占据了该主题的绝大多数。

海尔 Uhome 智能家居 V：#会呼吸的痛#你懂吗？你造，雾霾是什么？雾霾是空气中的灰尘、硫酸、硝酸等颗粒物组成的气溶胶系统造成视觉障碍。So,在雾霾天会引发咽喉炎、哮喘、呼吸不畅等健康问题！所以,你需要一台拥有强劲除霾功能 PM2.5 去除率高达 99.98% 的♯海尔智能空气净化器♯,来守护你健康！

　　在此类雾霾应对话语中,风险本身不再重要,商品才是值得关注的内核。严肃的雾霾风险被置换为琳琅满目的商品,风险自身的危害性与权威性消失殆尽。商业力量在雾霾风险话语建构体系中采用的主题置换策略在很大程度上可能导致受众的注意力偏离元风险议题,这样一来,雾霾的社会危害性被极大地消解,渐渐隐没于庞杂的信息海洋之中。于是,继对雾霾的含义与责任的探讨后,本应最重要的可以直接转化为行动力的"如何应对雾霾"的讨论反而被市场力量所消解,普通民众对环境的担忧被转化为消费行为,社会行动力消解于无形,最终可能造成风险自身的隐匿与消失。

　　值得注意的是,在雾霾风险话语的不同议题之下,话语权的分布是不平衡的。在风险界定话语中,社会精英成为最重要的风险诠释者,他们通过委婉的娱乐性话语与直接的对抗性解读来界定雾霾风险,体现出强烈的抵抗性与批判性色彩。在风险归因话语中,公众获得了一定的话语力量,他们通过预设二元对立的叙事框架,将政府视为主要的风险责任主体。但是在此过程中,更为强势的媒介话语通过对不同新闻事件的筛选与建构使风险责任碎片化呈现,社会精英在不同的媒介议题下随波逐流,丧失了独立性与批判性,看似获得了最大份额的话语权力,实则不过是在大众媒介所预设的框架中展开言说。在风险应对话语中,大众媒介与商业机构通过绝对的话语权威主导了风险的表征,公众被建构为承担风险与应对风险的主要对象。这样的后果就是,雾霾风险的话语权博弈弱化了环境风险的严重后果,遮蔽了企业作为"风险制造者"和政府作为"风险管理者"的治理责任,官方话语与民间话语形成脱节,进一步加深了民众的抵抗情绪,强化了公众对于权威主体的反抗性解读。最终,元风险在一次次的对抗性解读中被置换,官方话语被解构,政府行为得不到有效的支持与推行。

七、结语

　　微博话语主体通过娱乐化呈现、预设框架和悬置语境等策略,对雾霾风险进行了表征与重构。在一定程度上,雾霾风险话语的娱乐化呈现与对抗性解读体现了多元话语主体渴望获得话语权,参与到公共议题的探讨与建构中的意愿。但是,传统的话语权威主体仍然通过对风险议题的把控牢牢控制着风险话语的发布、解释和建构,而底层话语虽然试图通过修辞实践和对抗式解读来进行一种"迂回的、游戏式的、赌博式的批判性修辞实践",但这种对抗策略在很大程度上消解了风险议题自身的严肃性与危害性,与雾霾话语中深深嵌入的消费主义逻辑合力将环境风险置换为情绪性表达和商业性消费。

微博话语空间中各主体对话语权的争夺与话语权的不平衡分布使各方观点与不同立场无法得到应有的反映,大众媒介通过设置议题来预设框架,其不断追求新奇的天性使风险呈现体现出碎片化与表层化特点,大众的风险认知和风险决策受到严重干扰。一方面,社会化媒体的激进与情绪化的表达方式极可能导致风险感知的放大,加剧社会冲突,使社会矛盾激化。另一方面,社会化媒体中对于风险表征的娱乐化、碎片化和消费导向遮蔽了有关风险自身的知识与信息的流动,阻断了民众正确的风险感知,环境风险被置换为无关痛痒的日常话语或夸张激烈的情感宣泄,风险元议题被消解于无形。

最后,本研究具有一定局限性。首先,由于样本均为转发量超过 200 的高转发微博,对普通民众的雾霾话语策略无法进行全面的考量,限制了我们对于微博话语空间中环境风险建构的理解。第二,尽管本文在一定程度上超越了单一的事件研究,但研究对象局限于雾霾这一议题,因此在多大程度上能够推广到一般的环境风险议题值得进一步研究。最后,由于本研究仅截取了 2015 年 6 月 1 日到 2016 年 5 月 31 日一整年的微博样本,这亦限制了我们对于环境风险建构的动态发展的深入探讨。

参考文献

[1] 庹继光(2008),"拟态环境下的'媒介化风险'及其预防"。《西南民族大学学报(人文社科版)》,2008 年第 4 期,页 38—40。

[2] Covello, V & Sandman, P. Risk Communication(2001), Evolution and Revolution. In Wolbarst, A, *Solutions to an Environment in Peril*. John Hopkins University Press.

[3] Kasperson, R., Renn, O., Slovic, P., Brown, H., Emel, J., Goble, R., Kasperson, J. &Ratick, S. (1988). The social Amplification of Risk: A Conceptual Framework. *Risk Analysi*,1988,8(2):177-187.

[4] 薛可、王丽丽、余明阳(2016),"受众对 PX 项目的风险感知模型建构研

究——基于社交媒体使用的视角"。《西南民族大学学报（人文社科版）》，2016年第 3 期，页 163。

[5] Perko T(2014). Radiation risk perception：a discrepancy between the experts and the general population. *Journal of environmental radioactivity*，2014(7)：86 - 91.

[6] 全燕、申凡(2011)，"媒介化生存下"风险社会"的重构与反思"。《国际新闻界》，2011 年第 8 期，页 67。

[7] 王宇琦、曾繁旭(2015)，"谣言澄清与民众赋权——社会化媒体在风险沟通中的角色担当"。《当代传播》，2015 年第 2 期，页 14—18。

[8] 王庆、余红(2015)，"泛娱乐化与自媒体雾霾环境风险传播"。《当代传播》，2015 年第 5 期，页 21—23。

[9] 邱鸿峰(2016)，"激发应对效能与自我效能：公众适应气候变化的风险传播治理"。《国际新闻界》，2016 年第 5 期，页 88—103。

[10] 刘涛(2015)，"接合实践：环境传播的修辞理论探析"。《中国地质大学学报(社会科学版)》，2015 年第 1 期，页 59。

[11] 沈承城(2014)，"论环境话语权力的运行机理及场域"。《学术界》，2014 年第 8 期，页 86。

[12] 卡尔·波兰尼(2007)，《大转型：我们时代的政治与经济起源》。杭州：浙江人民出版社。

[13] 费尔克拉夫(2003)，《话语与社会变迁》。北京：华夏出版社。

[14] Cox,R.(2006). Environmental Communication and Public Sphere. London：Sage,2006.

[15] 王佳鹏(2016)，"在狂欢感受与僵化结构之间——从网络流行语看网络青年的社会境遇与社会心态"。《中国青年研究》，2016 年第 4 期，页 84。

[16] Scott,J,C(1987). Weapons of the Weak：Everyday Forms of Peasant Resistance. Yale University Press.

[17] Turner,G(2010). Ordinary People and the Media：The Demotic Turn. Nottingham Trent University：Sage.

[18] 约翰·安德森(2012)，《认知心理学及其启示》。北京：人民邮电出版社。

论 文

T H E S I S

社会化问答网站的跨文化协作生产与效果分析

——以 QUORA 为例

周　翔　彭雨蒙*

【摘　要】　在 Web2.0 技术发展的助推下,以数字化形式展开的知识协作生产方式发生了极大的变化。本文以国际性社会化问答网站 Quora 为研究对象,以跨文化视角探讨文化差异和刻板印象等跨文化因素如何被纳入具体的协作方式与动作中,并进而考察其协作生产效果。通过内容分析辅之以案例分析发现,Quora 上常见的协作生产方式包括原始提问、针对性作答、提出质疑、回应他人、表示认同、纠正错误、内容扩充、延伸问题和延伸议题探讨等 9 种。在知识协作生产中,将交互性、同理心、批判性思维等知识建构的要素更多地展现于协作生产中,有助于协作取得更好的生产效果。不同国别的 Quora 用户进行社会化问答互动已经营造出一个跨文化交流的环境,而在讨论与某一国家相关的知识时,这一跨文化语境会更加显著,积极地采取不同的交流策略有助于不同国别的用户克服语言障碍、文化差异、先入之见等不利于交际和知识习得的因素,进而能够获得更积极的答案反馈。"纠正刻板印象"这一跨文化协作动作所产生的反馈效应显著。

【关键词】　社会化问答网站;知识生产;在线协作;跨文化分析;QUORA

一、引言

Web2.0 技术的发展不仅优化了传统的信息生产过程,也革新了传统的知识传播模式,促使以数字化形式展开的知识协作生产方式发生变化。在社会化网站的支持下,人们得以通过互联网实现大范围、大规模、群体性的协作,从而达成知识的协作生产、共享与聚合。在此背景下,基于知识传播的新型社交网

*　【作者简介】周翔,女,1968 年生,武汉大学新闻与传播学院教授、博士生导师,最终学历:博士(美国);彭雨蒙,女,1991 年生,武汉大学新闻与传播学院 2013 级研究生,现工作于华中科技大学国际交流处,最终学历:硕士。

本文是国家社科基金项目"网络空间语境下'一带一路'跨文化分众传播与话语策略研究"(项目编号:17BXW103)的阶段性成果之一。

站/应用——在线问答社区应运而生。自 2002 年诞生以来,在线问答服务经历了两个主要发展阶段:第一阶段采用的是搜索问答模式,以信息内容为核心;第二阶段则凸显了人的主体地位,是在社交网络和即时通信的基础之上,辅之以搜索互动问答(刘高勇、邓胜利,2013)。社会化问答网站 Quora 便是后者的一个典型代表。Quora 由查理·切沃和亚当·安捷罗于 2010 年创办(百度百科,2016),是一个国际性的社会化问答社区,其创建目标是深入挖掘出网络上未有的维基知识,并赋予其强烈的社交媒体属性。随着 Quora 的走红,国内的许多互联网公司也纷纷试水。2011 年,知乎、者也、司南等社会化问答网站先后建立。

社会化问答网站,又称社交问答或互动问答网站,它是一种基于社交关系、互动行为从而帮助用户获得更好的问题和答案的在线社区。Shah 等人把社会化问答定义为包含如下三个方面的服务:(1)提问者可以用自然语言(主要是问题而非一组关键词)呈现其信息需求的方法;(2)其他用户可以回应某用户信息的场所;(3)基于这种参与式服务而形成的社区(Shah, Oh, & Oh, 2009)。杨喆(2014)则根据社会化问答网站的服务内容,归纳了其四个特性:广泛交互性、共享性、知识性和社交性;其目的在于营造一个高质量的信息交流环境,吸引对同一主题感兴趣的用户在讨论区内公开地发表意见、分享经验以及交换信息(Xu & Ma, 2006)。

一般而言,社会化问答网站共包含话题、问题和用户三大板块:话题的建立使得相关联的问题和回答会被归类在同一个话题之下,提升了问答的效率;问题的提出和解答形成了用户互动的最基本的形式;而用户则构成了社会化问答平台上最为重要的节点之一,平台通过引入其他社会化网站的"关注"功能,使得社会化问答网站上的用户也可以关注其他用户、话题和问题,从而以不同的路径发现和探索感兴趣的内容,并且网站上的订阅功能也实现了用户对某一问题、答案或其他用户及其活动的实时关注(程雪颖、张彪,2011)。因此,与其他在线问答网站相比,社会化问答弥补了传统搜索智慧性和互动性的不足,以社区为基础、重视用户需求、强调人际交流,真正实现了信息与人的对接。

目前,虽然对于社会化问答网站的研究和探讨日渐增多,但国内研究主要以知乎这一国内网站为研究对象,较少聚焦于较知乎更早的 Quora 这一国际化平台。作为一个国际性的网站,Quora 与知乎最大的不同便在于其用户具有更多元的国家身份背景。目前 Quora 上的用户主要来自印度、美国和英国,其他国家的用户也有广泛分布,华人群体在 Quora 上也保持着活跃的参与度。尤其是在关于"China"话题的讨论中,华人用户在撰写答案方面有着突出的表现和贡献。话题构成了社会化问答网站知识库的核心组织工具(Maity,Sahni,&Mukherjee,2015),用户所提的每一个问题都会依据所属领域而确定话题标签。Quora上关于"China"这一话题的提问数量相当多,目前累计已超过41300个,并有558700多位关注者(Quora,2016),问题内容涉及中国政治、经济、文化、社会生活等方方面面。

　　本文将抓住这一平台特性,探讨不同国家的用户在围绕一个特定国家的话题进行知识生产时将采取哪些协作生产方式,其生产效果又如何。此外,本文还将尝试在这一情境中把跨文化因素纳入考量,以期从提升用户的跨文化交流效果层面提供策略上的建议,这也将是本研究相较以往研究的推陈出新之处。

二、 文献综述

(一) 社会化问答协作生产方式与效果测量

　　目前国内外学者对于社会化网站上的知识协作生产的研究主要聚焦于用户的动机和协作生产内容的影响因素、协作生产方式及效果这几个方面。本文主要围绕协作生产方式和效果展开。

　　社会化问答网站上的内容生产是一种基于在线协作的知识生产,它具备大规模协作的特征,因此会受到用户、内容等多重因素的影响。这种大规模协作通常以广泛分布的形式出现,相互合作的协作者之间往往原本没有联系和交集,但协作激发了远程的协作与跨时空智慧的交汇,因此是一种发达而高效的集体生产方式(Elliott,2016)。一般而言,互联网在大规模协作中扮演了重要的角色,为了同时开展而又相互独立地完成同一个项目,参与者通常会借助由电脑和互联网辅助的交互和协作工具,因此这种数字化的集体生产行为,打破时间和空间的阻隔,展现出前所未有的生产价值(Wikipedia,2012)。大规模在线协作具有两个显著特点:一是由大范围和大数量的参与者构成,既不存在固化的组织结构,也不存在强制的权力关系,协作者得以采用高效灵活的方式进行沟通协作,呈现去中心化的特点(赵夫增、丁雪伟,2009);二是由于这种协作活动是由许多参与者一起参与,发挥集体的效应(姚宏霞,2008),因此社会化问答网站上的协作生产通常在某一共同任务的指引下达成。

　　协作行为广泛存在于不同类型的在线社区中,如维基百科、众包平台、社会化问答网站等,不同类型的在线社区所采取的具体的协作行为会有所不同。Kane(2011)在研究维基百科上的协作方式时,将协作划分为内容扩充、格式调整、语法更正、事实错误更正、维基百科规则引用、管理、延伸讨论和添加文献等八类。参考这一研究,国内学者黄梦婷和张鹏翼(2015)在研究知乎上的协作方式时,通过对 220 例协作案例进行分析,按照答案修改和评论的具体内容把用户的协作行为分成九种类别:提出问题、纠正错误、内容扩充、提出质疑、回应质疑、新的实例、相关问题探讨、语法修辞和观点探讨。

从知识协作生产的效果来看,目前许多学者采用的是通过第三方来进行质量评估的方法,例如邀请大学生作为评估者,要求从答案的准确性、自信程度、实用性、演绎推理、经济补偿、个性化程度以及作答者的努力程度等角度对样本做出评估(Harper, Raban, Rafaeli, & Konstan, 2008)。对答案可信度的评估则主要包括三个方面的指标:信息来源与作者的可信度、信息本身的可信度和网站整体的可信度(Soojung,2010)。虽然通过第三方来研判文本是学者在评价答案质量时经常采用的一种方法,但也有另一些学者试图通过非文本特征,例如评分(投票)、推荐等反馈信息,来间接反映答案质量(Gazan, 2007)。他们认为在社区问答系统中判断用户产生内容的质量时,应该主要依据社区统计信息(用户积分、答案票数、点击次数等)给予评价(Jeon, Croft, Lee, & Park, 2006)。而投票这一行为则促进了用户识别和生产优质内容(Paul, Hong, & Chi, 2012)。因此,本研究将从用户在问答网站上的反馈来衡量协作生产的效果。

(二) 文化差异、刻板印象与跨文化协作生产

跨文化研究的主要议题是来自不同文化背景的人如何互相交流,如何相互理解或发生误解,以及他们是如何跨越性别、国家、种族、语言和文化的分歧而交流的。从现有文献来看,尚缺乏专门针对社会化问答中知识协作生产而展开的跨文化研究,但是在社会化媒体的相关研究中,部分研究的结论和成果却给予了本研究启示和参考。例如,研究者通过对媒体事件的在线讨论的质性分析表明,意识形态的对立以及文化差异是跨文化冲突的深层次原因(Xiao, Li, & Daily, 2012)。此外,学者们认为,跨文化交际的积极结果不仅包括跨文化交流能力以及语言水平的提升(Bauer, de Benedette, Furstenberg, Levet, & Waryn, 2005;O'Dowd, 2003),还可减少刻板印象和歧视(Hewstone, & Brown, 1986;Maio, Willis, Hewstone, & Esses, 2003)。因此如果能在知识生产的跨文化协作生产中消除刻板印象等因素的影响,将获得更为积极的知识生

产效果。

鉴于此,本研究试图基于某一媒介、事件或任务,研究不同国别的群体是如何交往、沟通与协作,希望结合跨文化因素对知识生产的一般性协作方式进行再度审视和扩展,尤其关注的是文化差异以及刻板印象这两个因素在知识协作生产方式中有何具体的体现。

所谓文化差异,霍夫斯泰德在其文化维度理论中从五个文化维度来对文化差异进行了阐释和比较:个人主义/集体主义是为了衡量某一社会总体主要关注的是个人的利益还是集体的利益;权力距离指某一社会中地位低的人对于权力在社会或组织中的不平等分配的接受程度;不确定性的规避则是衡量一个社会受到不确定事件和非常规环境的威胁时是否通过正式的渠道来控制和避免不确定性;刚性/柔性倾向主要是考察在某一社会中,是代表男性的品质(如竞争性、独断性)更多,还是代表女性的品质(如谦虚、关爱他人)更多,以及对男女职能的界定;最后,短期/长远取向是指某一文化中的成员对于延迟其物质、情感、社会需求上的满足,其所能接受的程度如何(Zhou,2008)。

文化差异的体现当然不仅限于上述五个方面,但是差异的产生都离不开价值观的影响。赫斯科维茨认为文化是"被一个群体中的人所共享的价值观念系统"(Herskovits,1956)。霍夫斯泰德也指出,文化就像洋葱一样是由多层次组成的,每一层次都会对更高的层次产生影响,因此在他的分析中,价值观被认为是文化这一概念最核心的部分,它是植根于人们的头脑中,但并没有被意识到的价值、假设、信仰等(李文娟,2009)。基于此,在本文的跨文化语境中,文化差异主要体现为包括个人主义/集体主义等前述维度在内的价值观层面的差异,这将导致跨国群体在进行讨论时,针对同一内容可能存在截然不同的理解出发点。因此,文化差异在许多议题中成为需要进行补充与阐释的背景信息。Kim和Bonk(2002)在研究美国和芬兰学生的跨文化协作学习时曾指出,应该在线上协作中关注文化差异的问题,并通过消解差异的影响以促进在线协作的有效性;补充交代与深入阐释是知识协作生产中的常用方式和动作(Gunawardena,Lowe,& Anderson,2001)。本研究将进而考察在特定知识语境的协作生产中,用户是否通过内容扩充等协作方式以期对文化差异这一因素进行消解。

本研究所涉及的另一个跨文化要素是刻板印象,也即通过高度简单化和概括化的符号对指称对象所做的类型化和"一律化判断"(undifferentiated judgment),这其中暗含了个人态度与偏见(O'Sullivan,Hartley,Saunders,Montgomery,& Fiske,1994)。虽然刻板印象本身在一定程度上包含了社会真实,但是这种近乎固化的认知方式不但有可能造成片面的认识,也很难随着现实境况的发展而发生变化。因此刻板印象具有负面影响,会阻碍人们认清新的现实,接受新的观点,甚至会使人们形成对某类群体的成见。正如李普曼指出的,在我们意识中或多或少存储了一些由外界输入的固定成见,这些先入之见极大地影响乃至支配了我们整个的知觉过程,以至于使我们对世界的认知形成偏见(转引自 Zhang, 2014)。比如,Rehling(1996)从性别的维度展开研究时,发现性别刻板印象对协作写作产生影响。

而在跨文化交流中,存在着更多显著的个体无意识的先入为主和偏见。正如前文所述,不同的文化培植出了自身一套独特的价值判断标准,这种标准的健全和确立与文化的发展相辅相成,进而才有利于维护处于这一文化之中的群体的繁衍和稳定。所以,出生在某一文化背景中的人在实现个体社会化的过程中,不可避免受到该文化价值体系的潜移默化的影响,便很有可能形成一种固化的思维模式和固定的道德价值标准,并将其应用于与他文化群体交往的过程中,这便是一种典型的文化维度的刻板印象(程茹军,2007)。在 Quora 中,当各国用户围绕"China"这一话题展开讨论并产生观点碰撞时也会带入刻板印象的痕迹。因此,本研究关注的另一个问题是,为了获得更佳的知识生产效果,参与知识生产的多国用户是否在诸如纠正错误等的协作方式中加入了澄清、纠正刻板印象等这些带有跨文化意图的协作动作。

三、 研究问题

现有文献表明,用户在论坛等在线知识生产社区中以采用解释和澄清等这些类型的协作方式为主,冲突和协商的协作方式则相对较少(Gunawardena, Lowe, & Anderson, 2001;Hara, Bonk, & Angeli, 2000)。但是总体而言,在社会化问答社区中,采取多元化的协作方式,相对于单一的生产方式,对答案质量的完整性、信息量和细节性有显著提升(黄梦婷、张鹏翼,2015)。因此,本研究意在探讨社会化问答网站上用户最常采取的协作方式,以及协作方式的多样性是否与协作生产的反馈效果之间具有相关性。

此外,针对协作方式下属的具体协作动作,前人研究表明在协作中调用外部参考源将影响到协作生产的效果。Rughiniş 等人在研究社会化问答可视化问题时发现,协作生产的答案所获得的投票数部分取决于答案是否采用图片,并发现是否引入外部链接与答案所获投票数没有关系(Rughiniş, Rughiniş,

Matei，& Nenciu，2014)。然而 Gazan(2010)的研究却表明,在"医药类"话题的社会化问答中,带有外部文章链接的答案获得的投票数普遍较高。因此本文将进一步在跨文化的话题语境中,检视这些特定类型的协作动作的采用与否是否会有不同的反馈效果。

基于此,本文提出如下第一套研究问题和假设:

RQ1:在围绕"China"话题进行知识生产时,用户最常采用的是哪些协作方式,它们的反馈效果如何?

H1-1:协作方式的多样性与反馈效果之间具有正相关性。

H1-2:在调用外部参考源这一协作动作中,采用调用图片这一动作与否,在反馈效果上会有差异。

H1-3:在调用外部资源这一协作动作中,采用调用网页链接这一动作与否,在反馈效果上会有差异。

从跨文化的视角来看,本文认为,与不同国家的用户探讨"与某一国家相关的知识"时,用户若能在具体的协作动作中纳入化解跨文化交流冲突的因素,则形成了跨文化的协作动作。因此本研究要探索的另一个问题是,在关于"中国"这一话题的语境中,跨文化的因素是否被整合至协作中,形成固定的跨文化的协作动作;其中,将尤其关注"文化差异"以及"刻板印象"等可能降低跨文化交流及协作有效性的因素。

本研究中的知识话题为探索这些跨文化因素提供了适宜的语境。首先,现有研究结果(黄梦婷、张鹏翼,2015)已表明用户在协作中会采取内容扩充的协作方式,如补充交代背景信息等,而除了历史、社会等方面的背景信息外,用户在针对国家议题进行探讨时不可避免会牵涉一些文化维度的背景信息,并通过补充交代原议题背后所辐射出的价值观层面的文化差异,以期增进多元国籍的用户对于该议题的理解。其次,在西方媒介等信息的渲染下,西方国家对于中国、中国国民等持有一些典型的刻板印象,常见的比如"中国女性都很传统"、"中国企业只会抄袭仿冒或者剽窃"等,因此在讨论相关议题时,一些协作者也会选择采取纠正错误的协作方式,有针对性地澄清这些刻板印象。

据此,本研究提出相应的第二套研究问题和假设:

RQ2:在围绕"China"话题进行知识生产时,用户是否采取了跨文化的协作动作,其反馈效果如何?

H2-1:跨文化的协作动作的多样性与反馈效果之间具有正相关性。

H2-2:在跨文化的协作动作中,采用补充交代文化差异这一动作与否,在反馈效果上会有差异。

H2－3：在跨文化的协作动作中，采用纠正刻板印象这一动作与否，在反馈效果上会有差异。

最后，本研究将从用户身份的维度探讨跨文化协作的特点。Fiore 等人的研究发现，揭示作者的背景资料与用户的信任以及进一步阅读该作者的帖子的欲望之间具有相关关系（Fiore，Tiernan，& Smith，2002），用户的国籍身份是其重要的背景资料之一。此外，前人研究表明，跨文化的用户在协作中可能不同程度地展现出对不同协作方式的倾向性。例如黄荣怀等学者曾对不同地域的学习者的网络协作学习情况进行了研究，他们发现中国学习者与英国学习者交互协作的主要目的有所不同，前者多在维持和谐的学习氛围中分享浅层次的信息，而后者协作的目的主要在于深层次地意义协商，因此相较中国学习者，英国学习者会有较多质疑、提问和批判，并且更善于提出问题，再通过分析性思考解决问题，从而建构意义（黄荣怀、张振虹、陈庚，2007）。

考虑到本研究中有关"China"的知识话题与中国用户直接相关联，因此本文想要探索这一特殊的话题语境是否会调动起中国用户更深层次的意义协商以及更多的批判性思维。作者认为，在问题回应中补充交代文化差异是一种深层次意义协商的动作，而纠正刻板印象则体现了一种批判性思维。因此，本文提出第三套研究问题和假设：

RQ3：在"China"话题下参与协作生产的用户的国籍身份分别是什么？ 不同国籍身份的用户在协作中是否表现出对特定跨文化协作动作的偏好？

H3－1：中国用户比非中国用户更倾向于采取能够补充交代文化差异的协作动作。

H3－2：中国用户比非中国用户更倾向于采取能够纠正、澄清刻板印象的协作动作。

四、 研究方法：内容分析与案例分析

（一）分析单位与抽样

在内容分析中，分析单位取决于研究主题和研究问题（周翔，2014）。结合本研究的实际目的，确定分析单位为一次协作。本研究参照前人研究（Shah，& Kitzie，2005）把两名用户发生一次一问一答的交互对话为一个协作案例。例如，如果一个问题下有 5 个答案，那么这一个问题便对应着 5 个协作案例。

本研究的总体是"China"为话题关键词在 Quora 上所搜索出来的所有问答。在本研究开展时,相关问题已达 40000 余条,且每个问题下的答案又有若干,总体量庞大,难以采取简单随机抽样的方式。因此,本研究抽样将分为问题和答案两个层次分步进行。考虑到 Quora 社区总在实时更新,笔者首先以连续日期抽样的方法在总体中抽取出 30 个问题:在 2016 年 3 月 18 日至 3 月 22 日这五天内,每天在"China"话题主页中自上而下抽取前 6 个包含 10 条及以上答案的问题,如此获得 30 个问题样本。再在每个问题下选择前 10 个答案:一方面,本研究需要保证同一问题下有足够数量的答案样本可以进行横向比较,基于前期观察,笔者发现一个问题下至少要有 10 个及以上的答案才能形成相对多样化的答案;另一方面,前人的研究已经表明答案的页面排序会影响到其所获的评价(Shah,& Kitzie,2005),因此,为了尽量减少页面排名影响,笔者在每个问题下仅选择前 10 个答案进行编码和研究。如此,共计由 30 个问题、300 个答案构成 300 个协作案例,即为本次研究的样本,随后进行编码和内容分析。

(二)案例选择

为了对本研究中的问题做出更直观的考察和分析,本研究在 30 个样本问题中挑选出了其中的一个问题(Q28)及其答案作为样本协作案例,对其进行质性案例分析。Q28 号问题的题目是关于西藏人民步入现代化生活的情况的提问者的作者身份未知,但是他在对于问题的描述中插入了两张图片,一个印度的网页链接以及一段补充性的陈述。打开网页链接可以发现,这是一则 The Indian Express 于 2016 年 2 月 1 日发布的英文新闻,讲述的是两个西藏的年轻男女拍摄了一组分别展现现代和传统生活方式的结婚写真照,而这组照片迅速在中国的社交媒体上走红。该提问者在问题描述中插入的两张图片也源自这则新闻,是两张展现了两位年轻人伴有香车、咖啡等现代化生活方式的照片。因此,提问者如此描述"These Tibetan young people are so used to modern life that they only practice traditions for wedding photos, which is very sad"(这些西藏的年轻人太习惯于过现代化的生活了,以至于只有在拍结婚照时才会回归一些传统的习俗,这是多么令人悲哀)。该问题得到了 48 条答案回复。

(三)变量、类目建构与信度测试

内容分析编码表的类目建构主要参考了黄梦婷和张鹏翼(2015)研究中的编码表,并吸纳了 Gunawardena 等人(Gunawardena, Lowe, & Anderson, 2001)以及 Pena-Shaff 和 Nicholls(2004)的研究中关于在线讨论知识建构的分析框架中的类目。前者考察"问答"形式的组合信息,后者的分析单位多为句子、段落或一般性的消息(如论坛帖子),且它们大多侧重于分析意义的生产和语言的策略,而非着重衡量体现了信息传播领域交互性的协作形式。因此本研究选择性地将后者的分析类目整合至协作方式及协作动作中。在这一基础上,再将文化差异、刻板印象等因素纳入具体的协作动作中,并以此为主要维度对协作动作的类别进行了区分。据此,形成本研究的编码表主体架构,主要由协作者身份(指协作者的国籍身份是什么,是否为中国人,包括外籍华人)、协作方式(包括九类,详见表 1)和反馈效果这三大部分构成。

表 1　协作方式类目建构

一级类目:协作方式	二级类目:协作动作	三级类目:分类动作	说　明
原始提问	—	—	提出原始问题
针对性作答	—	—	在原问题框架下作出有针对性的答复
提出质疑	措辞质疑	—	对于其他协作者文字表述的正确性提出质疑
	观点质疑	—	对于其他协作者观点的正确性提出质疑
	动机质疑	—	对于其他协作者行动(如提问)的意图和动机提出质疑
回应他人	提问	—	回应其他协作者对本人的提问(如 A2A 功能)
	质疑	—	回应其他协作者对本人的质疑
	其他	—	回应其他提及本人的信息
表示认同	—	—	认同、评价其他协作者的表述或观点
纠正错误	措辞纠正	—	纠正原问题框架下错误的文字表述
	观点纠正	跨文化的刻板印象	指出并澄清原问题框架下存在的对于某国、某种族、某文化等持有的刻板印象
		其他一般性认知错误	纠正一般性的由于认知不足而导致的观点错误
内容扩充	解释说明	跨文化关键词	解释原问题所涉及的体现了国情特色的情境性关键词以增进理解
		其他术语或细节性信息	其他在原问题框架下的术语或专有名词等细节性信息进行的解释
	补充交代	文化差异	补充交代原问题框架背后存在的价值观层面的文化差异作为背景信息
		其他背景信息	补充交代其他原问题框架下的背景信息(如历史背景、法律规定等信息)

续　表

一级类目： 协作方式	二级类目： 协作动作	三级类目： 分类动作	说　　明
内容扩充	列举实例	本人文化经历	列举作者在中国与(或)其他议题相关国家的生活及国民交往的文化经历
		其他实例	列举其他实例
	比较信息	国情比较	通过引入他国国情进行类比或对比,增进对原问题的理解
		其他信息比较	通过引入其他相关信息与原问题框架下内容进行比较讨论,增进对原问题的理解
	调用外部资源	图片	引用图片信息,并统计数量
		音视频	引用音视频,并统计数量
		网页链接	引用网页链接的数量,并统计数量
		外部言论	引用名人、书籍、媒介信息,并统计次数
延伸提问	—	—	作答者在撰写答案时提出新的问题
延伸议题探讨	—	—	延伸讨论原问题框架外的议题

其中,协作方式是指协作者在社会化问答网站上进行知识建构时所采取的相互协助和交互生产的方式,并且不同的协作方式将由具体的协作动作构成(如表 1 所示)。在不同协作方式的组合基础上形成本研究的关键变量之一“协作方式多样性”,它是指每一次协作中不同种类协作方式的数量。在每一协作方式中,只要有一种协作动作被采用了,即认定这种协作方式被采用,最后将所有被采用了的协作方式的种类数累加起来。

对于其中的“纠正错误”和“内容扩充”这两类协作方式,本研究将其所属的五类涉及文化差异内容的协作动作(观点纠正、跨文化关键词的解释说明、补充交代、列举实例和国情信息比较)划定为跨文化协作动作,也即在协作中纳入了化解跨文化交流冲突的因素的动作。这五类协作动作的具体说明如下:

(1)“观点纠正”:如果指出了某观点完全是一种刻板印象,并进行澄清和纠正,则归为一类,剩下的情况则单独归为一类。比如“纠正刻板印象”的例句:“Chinese people are generally more rational and better informed than the American press may give people credit for.”(相比美国媒体报道所展现出来的样子,中国人实际上要更理性、获取的信息也更丰富的多。)

(2)“解释说明”:有研究表明,在跨文化语境中对于关键词解释的不足是导致跨文化冲突的重要原因(Xiao, Li, & Daily, 2012)。因此在本文中,如果所解释的细节信息属于跨文化的关键词则归为一类,剩下的需要解释的术语或细节性信息归为另一类;而所谓"跨文化关键词",是指那些与特定的中国国情、政治历史、传统习俗、生活习惯等现象有关的关键词,如"广场舞"等词。

(3)"补充交代":如果对议题所涉及的文化差异作为背景信息进行了交代则分为一类,剩下类型的背景信息的补充作为另一类。除了霍夫斯泰德提出的文化差异的五个维度之外,凡是所讨论议题所折射出的"态度、价值观和信念"层面的差异也都被归为本研究中所关注的文化差异。具体实例如:"Now to the more philosophical issue behind this event...China has a long tradition of collectivism. We associate our individual value with the group we belong to. It started out as our family, our company, our community, our city, and our country. It is generally accepted as a great virtue to sacrifice self interests for the greater good...This is somewhat different from western culture."("现在来探讨这一事件背后的哲学层面的问题……中国长久以来都有集体主义的传统。我们把我们的个人价值与所从属的集体联系在一起。集体主义的思想生发于我们的家庭、公司、社区、城市以及国家。牺牲自我、顾全大局通常被视为一种美德……这与西方文化不太一样。")

(4)"列举实例":本研究将列举"本人文化经历"和其他一般性实例分别划分为两类。前人研究曾发现,交换更多的个人经历信息有助于提升在线跨文化交流的有效性(Xia,Lin,Li,& Wang,2009)。这一结论可以追溯到 Lin 和 Bransford(2010)曾开展的一个对照两组美国学生的实验:一组观看了关于中国文化的视频,另一组观看了教授在中国文化浸润下成长和发展的个人经历的视频。结果发现,后一组学生比前一组学生对教授态度的改观更大,并且更愿意参与到教学中的跨文化交流和协作中。这说明,个人文化经历作为一种深入的个人信息,比起一般性的"总体文化"知识,能够取得更好的跨文化交际效果。而基于前期观察,笔者也发现提及"本人文化经历"是本研究中的协作者经常会采取的协作动作:例如提及他们自己在多国生活或与多国人民交往的文化经历。理论上来说列举这些实例在一定程度上可以增强协作者的可信力,但是其实际表现如何还需要实践的检验。"列举本人文化经历"的具体实例如"I have lived and worked in China for seven years now and only once have I felt slightly threatened"(我在中国生活和工作了 7 年了,期间只有一次我感觉受到了一点轻微的人身威胁)。

(5)"比较信息":通过引入他国的国情信息与中国国情比较的这种动作被

归为一类，余下的信息比较则归为另一类。"比较国情"这一动作的提出是基于笔者前期对于研究总体长期的观察，许多协作者都善用引入他国的方式进行类比或对比的手段来强化某一论点和认识。例如："Indeed without the war turning out the way it did, Japan would in all probability not have developed such a model of governance. Their model was not even of sustainable colonies like the British, it was simply plundering."（确实，如果没有那样的战争，日本很可能不会逐步发展出这样一种统治模式。日本的这一模式甚至都不像英国对其殖民地那样可以忍受，他们的模式简直就是侵吞掠夺。）

　　每个协作案例中，这五类跨文化协作动作的种类数累加即为"跨文化协作动作的多样性"这一变量的衡量指标。为了建立编码员间信度的数据，两名训练有素的双语编码员通过培训从所有问答样本中简单随机抽取了10%进行编码。本研究使用斯科特 pi 系数来测量信度系数，上述主要变量的斯科特 pi 系数均为 0.81 到 0.94 之间，均超过一般可接受的信度水平。

　　（四）协作效果操作化

　　本研究中，协作效果指的是协作生产出的答案的好评度和浏览度。前人研究主要通过"支持数（upvote）"来反映社会化问答答案的质量。在 Quora 上，upvote 代表你认为这个答案值得更多人阅读，即认为这个答案的质量较高，你愿意它进入自己的时间线（Quora，2016）。本研究将结合浏览数和支持数来计算"反馈效果指数"，以此作为衡量协作效果的指标：反馈效果指数＝支持票数×1000/浏览数。

　　以此方式定义"反馈效果指数"，是为了更客观地体现出答案所获得的好评度。从直观上来看，Quora 上直接给出的支持数虽然反映了答案的好评度，浏览数也反映了答案的影响力，但是将它们孤立地横向对比却意义不大。因为在 Quora 上，有的问题的答案浏览数可达数十万，支持数也为上千；而有的答案的浏览数可能仅为数百，支持数则以个位记。换言之，每个答案的浏览数受该问题页面排名、问题话题、答案撰写时间等因素的影响显著，浏览数并不能真实反映该答案自身文本信息吸引人浏览的程度。相应地，支持票数也将受到浏览数上下浮动的较大影响。因此本文将"支持票数×1000/浏览数"确立为"反馈效果指数"，它反映了平均每一千次浏览中用户投出的支持票数，从这一角度对不同作答时间、不同问题下、不同页面排序的答案之间作横向比较，更为合理。

五、 研究结果

(一) 协作方式的多样性及其反馈效果

从对各种协作方式的使用频次统计来看,"原始提问"(300,100%)可被视作协作的起点,其有效解决的核心协作方式是"针对性作答"(295,98.3%),在抽样的 300 次协作中,有 5 次答案未能给出针对性的答案,或是答非所问,或是作答了但没有给出确切的答案,缺少参考价值。而在其他协作方式中,主要以内容扩充(280,93.3%)、纠正错误(103,35.7%)、提出质疑(63,21%)和表示认同(33,11%)等这样一些具有批判性和认同性意味的方式为主,其他协作方式还包括回应他人(26,8.7%)、"延伸议题探讨"(19,6.3%)和"延伸问题"(7,2.3%)。

在 Quora 上,虽然用户贡献的是原创性的思想内容,但仍然会或多或少调用外部资源来进行知识信息的生产和加工,比如调用网页链接(69,38.3%)、图片(63,35%)、外部言论(44,24.4%)和音频视频(4,2.2%)等。但是外部资源的媒介形态以静态为主,当需要综合性的富媒体信息时,用户更倾向于以加入链接的便捷方式来完成。

从协作方式的整体多样性来看,在 300 次协作样本中,用户采取协作方式的平均种类数为 3.77 种($SD=1.0428$),其中最少的协作方式为 1 种(即只提出了原始问题,没有"针对性作答"和其他回应),而最多的时候包含了 7 种协作方式。此外,在每一次协作中,用户平均会调用 0.58 种参考源($SD=1.4175$),总体而言种类较少。

从 300 个答案所获得的反馈来看,浏览数($Min=10$,$Max=209300$,$M=10203.6$,$SD=25527.308$)和支持数($Min=0$,$Max=21000$,$M=187.31$,$SD=1527.792$)的数值范围波动较大,离散程度也非常大,说明不同答案的浏览及支持情况悬殊。这与笔者先前预期一致,反映了诸如页面排名等系统性因素对于这些孤立指标的影响;但是,反馈效果指数的离散程度相对集中($Min=0$,$Max=233.33$,$M=10.718$,$SD=14.781$),这说明这一复合计算得出的指数,比起孤立的浏览次数和支持票数而言,在反映答案所获评价方面更具有参考价值。Spearman 秩相关分析结果显示,协作方式多样性与反馈效果指数之间存在着显著的正相关性($\sigma=0.581$,$p<0.0001$)。研究假设 H1-1 成立。

至于采取特定的协作动作(如调用图片和网页链接)是否会有不同的反馈效果,本研究利用独立样本 T 检验来考察。结果显示,调用图片所获得的反馈效果指数($M=16.3215,SD=28.0101,n=67$)显著高于不调用图片($M=9.107,SD=6.8328,n=233$)($t=2.09,df=68.272,p=0.04,MD=7.2145$),研究假设 H1-2 成立;但是否调用网页链接在反馈效果指数上没有显著差异,研究假设 H1-3 不成立。

在案例分析中,针对 Q28 号问题的前 10 条答案中,支持指数排在前列的 A2、A4 和 A7 这三条答案均调用了图片这一外部资源,引入图片最多的 A7 获得了较高支持指数,其评论数也最高。A2 引入的图片为反映西藏人民朝圣的摄影照片,是为了从视觉上体现西藏人民的传统生活习俗,以表明当下的西藏年轻人可能很少会有人做出类似"朝圣"这样传统的举动了。A4 引入的图片为该走红事件中的结婚照片,只不过是未被提问者在问题中引用的该情侣着传统西藏服饰拍摄的结婚照片,以此说明提问者不该忽略这组照片中既有现代的风格,也有传统的元素这一事实,并且年轻人选择这样拍摄说明他们并没有忘却传统。而 A7 答案则一共引入了 13 幅图片,前 10 幅呈现的都是中华人民共和国成立前西藏地区的一些陋习,如严酷的私刑,而最后 3 幅色彩艳丽的照片呈现的是西藏人民现在开放而文明的现代化生活场景,图中人民开怀的笑容在视觉上极富感染力。通过这些图片的对比,A7 的作答者试图说明西藏人步入现代生活是他们一种自主的选择。

(二)跨文化协作动作与反馈效果差异

对"跨文化的协作动作"进行频次分析,结果显示,各类跨文化协作动作的使用频率都相对较高。在 300 次协作中,使用频率由高到低依次为"比较国情"(157,52.3%)、"列举文化经历"(137,45.7%)、"解释跨文化关键词"(115,38.3%)、"纠正刻板印象"(53,17.7%)和"补充文化差异"(48,16%)。从跨文化协作动作的多样性来看,在这 300 个答案中,平均每个答案采取跨文化的协作动作为 1.73 种($SD=1.15023$)。其中,有的答案未采取任何跨文化的协作动作,最多的则采取了所有 5 种协作动作。这一结果说明在探讨与中国有关的问题时,协作者的确有意识地将跨文化的因素纳入了具体的协作动作中。Spearman 秩相关分析显示,"跨文化协作动作种类数"和"反馈效果指数"之间存在显著的正相关关系($\sigma=0.642,p<0.0001$),研究假设 H2-1 成立,说明跨文化协作动作越多样,协作效果越好。

就"补充交代文化差异"和"纠正刻板印象"这两种具体的跨文化协作动作而言,独立样本 T 检验显示,前一动作的采用与否不会在"反馈效果指数"上产生差异,研究假设 H2-2 不成立;而后者则产生了显著效应($t=3.107,df=$

$52.759, p = 0.003, MD = 0.1$),纠正刻板印象所获得的反馈效果指数($M = 21.6192, SD = 30.91515, n = 53$)显著高于不纠正刻板印象($M = 8.3791, SD = 5.69411, n = 247$),研究假设 H2 - 3 成立。

就 Q28 号这一关于西藏的协作案例而言,在前 10 条答案的作答者中,7 名为中国用户,3 名为非中国用户。在这前 10 个答案中,答案 A5 采取的协作方式及动作最少,仅为 1 种,获得的反馈效果指数也最低,仅为 3.33;而其他答案均采取了 4 个以上的协作方式和动作,因此获得的反馈效果指数普遍相对较高,均在 8 以上。例如,A4 在答案中首先便纠正了问题中存在的对于中国国民的误解,具体说明了西藏人民是主动选择现代化生活方式的;接下来,作者交代了他在西藏旅行并且与当地人交流的经历,以实际文化交往经历增强自己叙述的可靠性及说服力;最后作者指出反思对待"传统"的态度并不只是西藏地区乃至整个中国的特例,美国人、欧洲人等同样面临这样尴尬的问题,以这种横向信息比较的思维有助于他国用户在这一涉及国家话题的讨论中完成文化身份上的换位思考。

(三)协作者国籍与跨文化协作动作偏好

对提问者和作答者的国籍分别进行考察。描述性统计分析发现,这 30 个问题大多由非中国人(19,63.3%)提出,而在 300 个答案中,则以中国用户(179,59.7%)撰写的为主。当然由于抽样方式及数量的限制,不能认为这一国籍分布情况能够代表总体特征,但是由此我们依然可以得出一个直观的认识:虽然在探讨与中国有关的问题时,不同国家的协作者都会参与到这一议题的知识建构中来,甚至大多数问题的提出可能都是非中国人,但是在真正的撰写答案这一知识建构的过程中,通常仍是中国用户居多。

至于不同国籍的作答者是否在使用补充交代文化差异这一协作动作上存在差异,卡方检验显示,这二者之间不具有关联性,因此研究假设 H3 - 1 不成立。但作答者国籍与刻板印象纠正这一协作动作显著关联($\chi^2 = 6.834, p = 0.033$),中国作答者比非中国作答者更倾向于在作答中使用"刻板印象纠正"这一协作动作(22.3% vs. 10.4%),研究假设 H3 - 2 成立。

不同的中国作答者从不同方面纠正、澄清着某些关于西藏自治区的刻板印象。例如在答案 A1 中,作答者指出外界对于西藏自治区生活方式存在刻板印象,即一提起西藏,脑海中浮现出的就是"酥油茶、糌粑、很少沐浴、像游牧民族一样住在帐篷里"的人,作者指出这是一种对西藏人的刻板印象,因为事实上许多藏人的生活方式早已与现代接轨。相比之下,在讨论这一问题时,参与回答的非中国用户也对一些措辞或者"一般性的认知错误"进行了纠正,但是更多的是停留在现象层面的个体性"误解",例如 A3 的作答者在答案中指出,所谓的"转向现代生活"其实是一种"西方化",并且该作者认为"西方化"是一种非被动的、自主接受发生的过程。值得注意的是,在这 10 条答案中,相比中国作答者,没有任何一名外国作答者指出并纠正、澄清了刻板印象方面的不准确信息。

六、 讨论与结语

在 Quora 上,不同的协作方式和动作展现了不同的知识建构思维;"回应他人"这一方式体现了较强的交互性以及协作者的同理心,而"提出质疑"则反映了协作者的一种较强的批判性思维。本研究结果说明,在知识协作生产中,将交互性、同理心、批判性思维等知识建构的要素更多地展现于协作生产中,有助于协作取得更好的生产效果。协作方式的种类越多,答案所获得的支持指数越高;而且,跨文化协作动作的种类越多,答案所获得的反馈也越积极。不同国别的 Quora 用户进行社会化问答互动已经营造出一个跨文化交流的环境,而在讨论与某一国家的知识时,这一跨文化语境会更加显著,积极地采取不同的交流策略有助于不同国别的用户克服语言障碍、文化差异、先入之见等不利于交际和知识习得的因素,并且增进彼此之间的了解,建立信任,因而能够获得更积极的答案反馈。

在具体策略上,调用图片这一协作动作有助于获得积极的协作生产效果。李普曼曾指出,"图画一直是最有保证的传递思维方式,其次才是唤起记忆的文字"(Lippmann, 1946)。图像在跨文化交流中更是具有自身的传播优势,它通过诉诸视觉的表达方式,即使在语言相异的跨文化语境中也能触动人们的共同情感,以直观形象的特性以及易于理解的方式将原本具有文化隔阂的人们连通了起来。在社会化问答网站上,知识生产相对于不同人群原本就是具有认知壁垒的信息生产活动,而对于来自不同国家的用户而言,跨文化交际能力的欠缺以及跨文化冲突等问题更会放大这一壁垒,因此图像作为一种外部资源,以其直观性和普世的视觉信息系统,在跨文化语境的知识生产中展现出了显著的协作生产价值。

至于调用网页链接与否在协作效果方面并没有发现差异,可至少从两个方面予以解释:首先,这可能是因为网页链接信息的到达效果不如图片直接,即用户即使看到了链接,也不一定会进一步点击该链接获取更详细的信息,因此不如图片能够确保提升信息量;其次,社交问答本质上也属于一种用户生产内容,而在知识性的社会化社区中,信息内容的权威可靠性是保证知识生产质量的前提。在协作中引入外部资源,虽然一方面能够增加协作的信息量,提升内容的丰富度,但另一方面也意味着引入权威性不足的外部资源的风险增加。图片作为参考源形式更加简洁,内容更加明了,而网页链接则来源纷杂,内容烦琐,权威与否的不确定性更高。

在跨文化协作动作方面,纠正刻板印象有助于取得更积极的反馈效果,而补充交代文化差异并未产生差异化反馈效果。究其可能的成因:首先,刻板印象更多停留于现象和认识层面,而文化差异等背景信息则属于价值观、信念、态度等需要进行阐释和信息挖掘的层面,因此前者比后者更易获得有效地传达;其次,纠正刻板印象属于具有批判性的行为,并直接决定了受众能否达成正确的认知,而补充文化差异属于一般性的内容扩充的行为,该动作的有无并不会影响到认知观点的正确性。或许正是出于上述两个方面的原因,前者比后者展现了更显著的协作生产效率。

在跨文化情境中,不同国籍身份的用户对于特定的协作动作展现出了不同程度的使用偏好。这一研究结果与前期笔者对于研究总体的长期观察相吻合。在讨论与中国有关的问题时,无论问题中是否体现出提问者对于中国及其国民、种族持有某种刻板印象,在撰写答案时,中国用户都较容易将当下所论述的中国事务与长期存在的某些刻板印象发生关联,甚至似乎形成了一种“敏感”。当一些非中国用户把问题的症结归于“误解”的时候,一些中国用户则可能会选择从更深层次指出错误认识,澄清某一看法其实是一种长期形成的刻板印象。这或许是因为,在讨论中国话题时,中国用户很多时候发现自己是被包括于讨论的话题之中的,因此出于某些自文化认知的敏感性,更迫切需要澄清任何表述背后潜藏的刻板印象,破除受众可能失实的先入之见,以便更为有效地进行观点的建立和输出。

总之,在本研究聚焦的话题语境中,即在围绕“中国”话题进行知识生产时,协作者的具体协作动作体现出了跨文化的视角,例如澄清纠正刻板印象,以及补充交代文化差异都是协作者会经常使用的协作动作,这是因为在跨文化的语境中,有针对性地将跨文化的因素纳入观点纠正、解释说明、补充交代、列举实例、信息比较等协作动作中,有助于扫清跨文化交流的障碍,提升知识协作生产的效果。不同种类的协作生产方式及效果实际上代表了协作者之间不同的交互方式及知识建构思维,因此本研究说明,过于单一的交互方式与知识建构思维不利于社会化问答知识的协作生产的有效性以及内容意义的生产与传达。本文的研究成果为跨文化语境下社会化问答网站的协作生产方式的框架及效果研究提供了一定的借鉴与参考。

参考文献

期刊论文

［1］Gazan，R.（2007）. Specialists and Synthesists in a Question Answering Community. Ideas Y Valores，43(1)，1 - 10.

［2］Gazan，R.（2010）. Micro Collaborations in a Aocial Q&A Community. Information Processing & Management，46(6)，693 - 702.

［3］Gunawardena，C. N.，Lowe，C. A.，& Anderson，T.（2001）. Analysis of a Global Online Debate and the Development of an Interaction Analysis Model for Examining Social Construction of Knowledge in Computer Conferencing. Journal of Educational Computing Research，200(s 1 - 6)，261 - 269.

［4］Hara，N.，Bonk，C. J.，& Angeli，C.（2000）. Content Analysis of Online Discussion in an Applied Educational Psychology Course. Instructional Science，28(2)，115 - 152.

［5］Kane，G. C.（2011）. A Multi-method Study of Information Quality in Wiki Collaboration. ACM Transactions on Management Information Systems，2(1)，1 - 16.

［6］Lin，X.，& Bransford，J. D.（2010）. Personal Background Knowledge Influences Cross-cultural Understanding. Teachers College Record，112(7)，1729 - 1757.

［7］Maio，G. R.，Willis，H.，Hewstone，M.，& Esses，V. M.（2003）. Intergroup Attitudes and Attitudes towards Devolution: Field and Laboratory Experiments. British Journal of Social Psychology，42(4)，477 - 493.

［8］O'Dowd，R.（2003）. Understanding the "other side": Intercultural Learning in a Spanish-English E-mail Exchange. Language Learning & Technology，7(2)，118 - 144.

［9］Pena-Shaff，J. B.，& Nicholls，C.（2004）. Analyzing Student Interactions and Meaning Construction in Computer Bulletin Board Discussions. Computers & Education，42(3)，243 - 265.

［10］Rehling, L. (1996). Writing Together: Gender's Effect on Collaboration. Journal of Technical Writing & Communication, 26(2), 163－176.

［11］Shah, C., & Kitzie, V. (2005). Social Q&A and Virtual Reference—Comparing Apples and Oranges with the Help of Experts and Users. Journal of the American Society for Information Science& Technology, 50(63), 2020－2036.

［12］Shah, C., Oh, S., & Oh, J.S. (2009). Research Agenda for Social Q&A. Library & Information Science Research, 31(4), 205－209.

［13］Soojung, K. (2010). Questioners' credibility Judgments of Answers in a Social Question and Answer site. Information Research, 15(2), 432.

［14］Wever, B. D., Schellens, T., Valcke, M., & Keer, H. V. (2006). Content Analysis Schemes to Analyze Transcripts of Online Asynchronous Discussion Groups: A Review. Computers & Education, 46(1), 6－28.

［15］Xiao, J., Li, H., & Daily, C. C. (2012). Online Discussion of Sharon Stone's Karma Comment on China Earthquake: The Intercultural Communication of Media Events in the Age of Media Convergence. China Media Research, 8(1), 25－39.

［16］Zhang, X. (2014). Talking about Stereotype in Intercultural Communication: A Case Study of Amish Community in Lancaster. International Journal of Science Commerce and Humanities, 2(5), 138－144.

［17］Zhou, X. (2008). Cultural Dimensions and Framing the Internet in China: A Cross-cultural Study of Newspapers' coverage in Hong Kong, Singapore, the US and the UK. International Communication Gazette, 70(2), 117－136.

［18］程茹军(2007),"全球化背景下的文化,跨文化交流与文化休克"。《河北师范大学学报:哲学社会科学版》,2007 年第 30 卷第 2 期,页 150—154。

［19］程雪颖、张彪(2011),"基于互动问答平台的图书馆虚拟参考咨询研究"。《新世纪图书馆》,2011 年第 11 期,页 32—35。

［20］黄梦婷、张鹏翼(2015),"社会化问答社区的协作方式与效果研究:以知乎为例"。《图书情报工作》,2015 年第 12 期,页 85—92。

［21］黄荣怀、张振虹、陈庚(2007),"网上学习:学习真的发生了吗"。《开放教育研究》,2007 年第 13 卷第 6 期,页 57—61。

［22］李文娟(2009),"霍夫斯泰德文化维度与跨文化研究"。《社会科学》,2009 年第 12 期,页 126—129。

［23］刘高勇、邓胜利(2013),"社交问答服务的演变与发展研究"。《图书馆论坛》,2013 年第 33 卷第 1 期,页 17—21。

［24］杨喆(2014),"国内社会化问答网站研究综述"。《网络安全技术与应用》,2014 年第 9 期,页 181—183。

［25］赵夫增、丁雪伟(2009),"基于互联网平台的大众协作创新研究",《中国软科学》,2009 年第 5 期,页 63—72。

研讨会论文

［1］Maity, S. K., Sahni, J. S. S., & Mukherjee, A. (2005). Analysis and Prediction of Question Topic Popularity in Community Q&A sites: A Case Study of Quora. Paper presented in the Ninth International AAAI Conference on Web and Social Media, 2005.

［2］Xia, Q., Lin, X., Li, F., & Wang W. (2009). Exploring the Factors Affecting the Effectiveness of Online Intercultural Communication. Proceedings of the International Conference on E-Learning in the Workplace. New York: ACM.

［3］Xu, G., & Ma, W. Y. (2006). Building Implicit Links from Content for Forum Search. Proceedings of the 29th Annual International ACM SIGIR Conference on Research and Development in Information Retrieval. New York: ACM.

书籍

［1］Bauer, B., de Benedette, L., Furstenberg, G., Levet, S., & Waryn, S.(2005). The Cultural Project. In J. A. Belzand S. L. Thorne (Eds.). Internet-mediated Intercultural Foreign Language Education. Australia: Thomson Heinle.

［2］Elliott, M. (2016). Stigmergic Collaboration: A Theoretical Framework for Mass Collaboration. In Cress, U., Moskaliuk, J., Jeong H. (Ed.), Mass collaboration and education. Switzerland: Springer International Publishing.

［3］Hewstone, M. E., & Brown, R. E. (1986). Contact and Conflict in Intergroup Encounters. Oxford: Basil Blackwell.

〔4〕 Herskovits，M. J.（1956）. Man and His works：The Science of Cultural Anthropology. New York：Alfred A.

〔5〕 Lippmann，W.（1946）. Public Opinion. New Jersey：Transaction Publishers.

〔6〕 O'Sullivan，T.，Hartley，J.，Saunders，D.，Montgomery，M.，& Fiske，J. K.（1994）. Concepts in Communication and Cultural Studies. London：Routledge.

〔7〕 Paul，S.A.，Hong，L.，& Chi，E.H.（2012）. Who is Authoritative? Understanding Reputation Mechanisms in Quora. Proceedings of Collective Intelligence Conference. Massachusetts：MIT.

〔8〕 Rughiniș，C.，Rughiniș，R.，Matei，Ș.，& Nenciu，A. P. M.（2014）. Digital Rhetoric in Collaborative Knowledge-making. Proceedings of the International Conference on Human-Computer Interaction. Cham：Springer International Publishing.

〔9〕 周翔（2014），《传播学内容分析研究与应用》，页 135—136。重庆：重庆大学出版社。

文集篇章

〔1〕 Fiore，A. T.，Tiernan，S. L.，& Smith，M. A.（2002）. Observed Behavior and Perceived Value of Authors in Usenet Newsgroups：Bridging the Gap. In Wendy E. M.（Eds.）. Proceedings of the SIGCHI Conference on Human Factors in Computing Systems. New York：ACM.

〔2〕 Harper，F.M.，Raban，D.，Rafaeli，S.，& Konstan，J. A.（2008）. Predictors of Answer Quality in Online Q&A sites. In Proceedings of the SIGCHI Conference on Human Factors in Computing Systems. New York：ACM.

〔3〕 Jeon，J.，Croft，W. B.，Lee，J. H.，& Park，S.（2006）. A Framework to Predict the Quality of Answers with Non-textual Features. International ACM Sigir Conference on Research & Development in Information Retrieval. New York：ACM.

译著

〔1〕 唐·泰普斯科特；安东尼·D.威廉姆斯（2007），《维基经济学——大规模协作如何改变一切》（何帆、林季红译），页 78。北京：中国青年出版社。

学位论文

［1］姚宏霞（2008），《互联网大规模协作知识网络的知识共享模型与仿真》。湖南大学工商管理学院硕士论文。

［2］Kim，K. J.，& Bonk，C. J.（2001）. Cross-cultural Comparisons of On-line Collaboration. Journal of Computer-Mediated Communication，8（1）. Retrieved from：http：//www. blackwell-synergy. com/doi/full/10.1111/j.1083－6101.2002.tb00163.x.

［3］Wikipedia. Mass collaboration. Retrieved October 31，2012，from http：//en. wikipedia. org/wiki/Mass_collaboration.

［4］百度百科（2016 年 3 月 10 日），Quora. 引自：http：//baike. baidu. com/link? url ＝-NE3ei7wCaE6Bk8cKgBapJxnM9N7sx8vumjJYAZV vXsd4GUPns 742BiNTwUlV-dTuwK3ZaOMpv3yZKrOjBsH0K.

［5］Quora. Retrieved February 24，2016，from：https：//www. quora. com/topic/China.

［6］Quora 网站使用导览。Retrieved March 10，2016，from：https：//www. quora. com/topic/Quora～Upvoting～and～Downvoting～Policies～and～Guidelines.

A Cross-Cultural Analysis of the Modes and Effects of Collaborative Production of Knowledge on Social Q&A Site: A Case Study of Quora

Zhou Xiang & Peng Yumeng

Abstract: With the development of Web 2.0 technology, the digital ways of collaborative production of knowledge have tremendously changed. This paper examines Quora, an international social Q&A site, investigating how cross-cultural elements such as cultural difference and stereotype are integrated into collaborative modes and acts, and further exploring what are their corresponding effects. Combining content analysis with the analysis of a case, this study reveals that there are nine modes of collaborative production of knowledge on Quora, namely initiative questioning, pointed answering, raising doubts, responding to others, consenting with others, correcting mistakes, enriching contents, further questioning and further exploring issues. In the process of collaborative knowledge production, to incorporate more knowledge construction factors such as interaction, empathy and critical thinking will lead to achieve better collaboration effect. The social Q&A interaction among users of diverse nationalities on Quora has already created a cross-cultural environment, which will be more remarkable when users discuss on a topic about a certain country. Adopting various communication strategies will help users from different countries overcome language barriers, cultural differences, preconceptions and other unfavorable communication and learning factors, thus obtaining more positive feedback to answers. Feedback effect as a result of the collaborative act of correcting stereotype is statistically significant.

Key words: social Q&A sites; knowledge production; online collaboration; cross-cultural analysis; Quora

虚拟身份认同的社会基础和身份政治的有限性：对新生代农民工网络媒介使用中杀马特亚文化现象的分析

姚晓鸥 * **

【摘　要】 本文以 2008 至 2013 年间网络虚拟社区中的杀马特亚文化现象为研究对象，基于批判理论的视域，通过访谈、文本分析和虚拟民族志观察来呈现杀马特的亚文化特征。我们发现，杀马特具有产生于网络媒介、反抗主流文化、强的身份认同和识别度以及被城市排斥和隔离甚至同化等鲜明的社会学特征。通过分析互联网中杀马特的兴衰流变，我们希望以此透视新媒介对新生代农民工身份认同和社会生存样式诉求的影响。本文的结论是新生代农民工在商业化网络中形成的文化身份无法为其现实政治经济处境赋权，相反商业媒体对其亚文化现象具有收编和利用的作用。在城市化过程中，新生代农民工需要的是保障其现实政治权利的媒介或组织。

【关键词】 杀马特；新生代农民工；亚文化；身份认同；收编

一、导论

"杀马特"一般指烫染着夸张的发型，穿戴廉价另类的服饰，以 QQ 群、YY 语音、51 社区等网站为聚居地，以秀造型、视频聊天和网络游戏为主要活动，具有强的身份认同的、以新生代农民工[①]为主要群体的青少年。杀马特现象活跃于 2008 年至 2013 年六年之中，其间伴有偶像的更替和组织的分化。兴盛时，杀马特会由线上发展到线下活动，而现在网络中杀马特社群

---

* **【作者简介】** 姚晓鸥，博士，讲师，暨南大学新闻与传播学院，媒体国家实验教学示范中心(暨南大学)。

** 本文系广东省哲学社会科学"十三五"规划青年项目"网络直播中话语交往的情感结构研究"(项目编号：GD17YXW02)的阶段性成果。

① 国家统计局(2014)定义的新时代农民工指 1980 年及以后出生的农民工。2013 年，新生代农民工占农民工总量的 46.6%，占 1980 年及以后出生的农村从业劳动力的比重为 65.5%。较老一代农民工，新生代农民工文化程度较高，偏好在大中城市务工，87.3% 的新生代农民工没有从事过任何农业生产劳动，外出务工更倾向于就地消费，月消费支出较老一代农民工高 19.3%，寄带回家的钱比老一代农民工低 29.6%。

已经衰落了。① 这自然会导致人们对杀马特存在过程的具体历史细节的可能误会,但本文的目的不在于刻画杀马特的具体演变,而是希望把握杀马特现象的亚文化特征。本文主要分为三个部分,首先我们会通过一些关键词来描述杀马特现象的一般形象,关键词的选择是基于我们后期对杀马特现象所理解的亚文化特征进行选取的。其次,我们会分析杀马特现象的产生条件,以及它衰落的原因,并将其亚文化身份的兴衰置入社会结构变迁中进行反思。具体而言,杀马特组织的消解主要有几个节点,它们都伴随着核心成员的退出以及主要社区的解散。虽然有很多外部因素导致了他们的解体,但杀马特的身份认同的社会属性是其现象存续或消解的根本原因。因此,我们希望在对杀马特现象兴衰过程的分析中反思其身份与社会的关系。此外,我们希望透过杀马特现象来讨论文化身份的认同或承认的诉求是否能改善政治经济层面的权力结构(例如非正义的社会资源再分配)问题,并进一步讨论后阶级社会中文化身份认同是否能提供给新劳工以表达政治经济权利的有效逻辑和空间。

　　本文的研究方法主要是访谈和文本分析,其次是虚拟民族志观察。因为杀马特主要流行于 2008 年至 2013 年,当下以杀马特为名的虚拟社区已经鲜有杀马特亚文化特征了,因此对当下杀马特虚拟社群的观察只能作为对比参考。我们收集反映杀马特亚文化特征的资料主要来自对曾经的杀马特成员的访谈,以及他们留在虚拟社区中的网络文本(图片、交流文字和视频)。从 2014 年 3 月起至 2014 年 10 月间,我们曾断续加入了十几个以杀马特为名的 QQ 群,其间退出过部分群,重新加入过一些新群,总结起来我们加入的仍旧活跃的并承认杀马特身份的 QQ 群有 9 个,其中千人群 1 个,过五百人的群 5 个。在我们观察的过程中,他们的虚拟社群名称有过变化,活跃成员亦有变化,其间我们对一些老杀马特进行了访谈。此外,网络中有一些杀马特的旧帖,其中有一些是杀马特自己的记录,另外一些是利用杀马特炒作的帖子,在杀马特现象逝去的当下,这些网络文本也是我们理解杀马特现象的重要资料。

---

① 我们在虚拟社区的观察中发现很多具有杀马特特征的群组和网友,但他们基本都否认自己是杀马特,这些人一些强调自己的网络身份比杀马特时尚或高级,一些认为自己只是晒一些自拍照片和网上闲聊而没有什么亚文化身份。此外,还有一些以杀马特为名的虚拟社区(主要是 QQ 群和百度贴吧。但需说明,现在杀马特的互动社群不同于杀马特亚文化被收编之前的杀马特社群,最初杀马特社群主要以 YY 语音和 51 社区等游戏社区和视频聊天网站为主),他们对成员仍有一些身份审核要求并认同自己的杀马特身份,但其活动已经很少,而其核心成员主要是利用杀马特的名义做一些网络生意,如代刷网络人气、设计网站、广告宣传等。

二、 杀马特现象描述

我们对杀马特现象的呈现是通过几个关键词展开的,这些关键词基于对杀马特的亚文化特征的事后反思。事实上,这些关键词也反映了一般亚文化的特征,这也反证了杀马特是一个典型的亚文化现象。

(一)拼贴(Bricolage)

赫伯迪格(Dick Hebdige, 2009:128)指出,亚文化都有两个共同特征,一个是工人阶级属性,另一个是风格建构于拼贴。拼贴是一种对商品的另类使用方式,它建构的独特的消费仪式与风格将亚文化与正统文化区分开来,并表达某种认同和被禁止的意义。杀马特风格的拼贴特征是很明显的。他们在对自身身份的叙述中,都会认为杀马特形象来自日本和欧美流行音乐市场上的视觉摇滚/Visual Rock,但删掉了 VR 的音乐表演。他们的造型使用的是廉价的化妆品、发蜡和饰品;在身体上画文身;重新定位一些物品的使用,例如男杀马特也会穿戴女性饰品与服装,将假发、服装改造成夸张的样子。这些廉价品一般都是他们随手即得之物。后来也出现了杀马特周边的廉价商品,例如在网络游戏QQ 飞车、炫舞和劲舞团中有杀马特风格的虚拟商品和人物造型。淘宝网和城乡商店中有专门的杀马特服饰。这反映了杀马特们的混搭形成了固定的风格,而这种固定化正是在对各种商品性物品的拼贴中建构的,这种拼贴打破了商品原有的使用预期。不同于人类学研究中原始人对自然物品的拼贴,克拉克(John Clarke, 2006:150)认为亚文化风格的拼贴表达着反抗性意义。这种表达一般有两个途径,一个是通过反抗阶级,另一个是对商品自身的形式改造出反抗性意义。商品原本是针对某个市场的生产,因此已然预先表达着一种常规意义,而风格制造者对手边商品的拼贴就是对常规意义秩序的一种反抗。杀马特亚文化风格的拼贴更多只是无意识的秀,杀马特们并不对自己的拼贴有明确的意识,例如他们不知道文身和竖立的头发意味着什么,而更多的是对另类的模仿。但不能否认的是杀马特在客观上瓦解或至少触动了统治文化要求的常规秩序。

(二)偶像与组织化:身份认同的形成

偶像,或者红人(杀马特语)是杀马特社群关系的网络节点。杀马特最初的发源地和聚集地是 51 社区和 YY 语音,以几个视频直播(喊麦)的网络红人的论坛和频道为主要活动地点,成员逐渐仿效红人的造型,随着人数增加逐渐联群结党。尤其是早期 2008 年至 2010 年活跃期间,他们在百度贴吧、视频网站和 QQ 群中建立了很多虚拟社区,并且社群分为不同的派系(例如有视觉系、残血系、潮流系、守杀阁等)并设有不同等级的管理层,管理层由杀马特红人担任。各派系成员相对独立,但意见领袖则具有权力。2010 年左右,杀马特组织中一些早期的网络红人退出了网络,杀马特组织产生了分化,组织内争抢意见领袖,逐渐不再存在一个统一的组织系统。甚至很多新生的杀马特派别名字相互重复。红人现象贯穿杀马特兴衰的始末,在社交网络上每个杀马特都能成为虚拟社区的焦点人物,造型得到其他成员的认同,而这是杀马特们在现实中实现不了的。在网络中杀马特红人可以轻易让普通杀马特成员成为明星,因此杀马特社群中一直伴有偶像崇拜。

虽然杀马特组织内部从始至终都伴有一些成员间的矛盾,但事后看来,杀马特仍具有强烈的共同体意识和身份认同(self-identity)。他们会强调杀马特与非杀马特,包括与网络中的其他"90 后"非主流群体(例如同样使用火星文交流、组建虚拟社区、玩视频聊天和网络游戏的"90 后"网友)的区别,对外统一以贵族自称。虽然审核制度不严格,但一直保持了 QQ 群审核的传统,即便当下杀马特 QQ 群已经可以随意申请加入,但仍需要先加入形式上的审核群。审核就是他们的仪式的一部分,就像基督教的洗礼,虽然没有什么实质性的意义却加强了杀马特对共同体的认同和自身身份的认同。烫染发型和窄脚裤也是杀马特的这样一种仪式,仪式行为加强了杀马特身份认同,但这些行为本身都是空虚的(无目的和实际功能)。事实上,也正因此我们认为这些行为是一种仪式,行为本身看似没有目的,无目的的行为让人无法理解它们的存在意义,但这些行为的意义不在于它们的目的,而是作为一种仪式,把杀马特们召唤到了一起,聚会、狂欢和玩乐。中国的互联网在并不算长的时间里产生过很多的文化身份。例如"屌丝",但大多数人自称"屌丝"并不意味着表达了一种认真的身份认同,然而杀马特们有着认真的身份认同。这种认真甚至表现为一种自然,就像城市中产阶级看待自己的假期旅游一样。

2013 年后,伴随媒体对他们的关注,杀马特现象衰落,但是当下存在的杀马特社群仍旧是靠红人现象支持和维系着的,现在每个社群或派别的领袖都会展示和宣传自己与曾经杀马特红人的朋党关系。例如,一个叫"杀马特家族"的 QQ 群,群主小腾请最早的杀马特红人小旭进群与自己杀马特家族的成员互动,并将互动内容截图以宣传自己的正统性。在杀马特的兴衰过程中,陆续伴有核心成员的退出,但每一代新的杀马特社群都以自己和前代红人的朋党关系来支持自己的虚拟社群。

　　（三）休闲时间中的虚拟身份

　　休闲时间中的视频聊天，造型秀和网络游戏是杀马特们的主要活动。霍尔等人（Stuart Hall et al.，2006：45）认为，亚文化（subculture）不同于政治意识明确、革命意识强烈的中产阶级青年反文化（counter-culture），他们的亚文化身份只是短暂地存在于休闲中，而在非休闲时间（家庭、学校和工作）中则仍受统治文化的压制，而反文化成员的身份认同则混合地处在工作和自由时间中。换言之，中产阶级青年将反文化的身份认同从自由时间带进了劳动时间，因此更表现出对主流文化和主流生活方式的反抗性。而亚文化身份的反抗性则是模糊的，他们没有清晰的权利表达逻辑。杀马特亚文化现象也符合霍尔等人的这种描述。我们发现，杀马特的日常活动（例如聊天内容中）中并没有直接的社会反抗内容，杀马特们也没有利用他们团结起来的力量争取政治经济权利的表达空间。相反，他们的亚文化身份让他们暂时忽略了休闲之外的工作事务以及现实生活中的物质与意识压力。我们在杀马特的聊天中很少发现他们交流现实生活，只是会相互询问住在哪个城市、什么工作，大部分的交流内容都是与玩乐相关。但是赫伯迪克（2009：19－20）认为："亚文化所代表的对霸权的挑战，并不是直接由亚文化产生出来的，更确切地说它是间接地表现在风格之中的。……亚文化的风格蕴含着丰富的意义。它的转化'违背了自然'，打断了'正常化'的过程。就其本身而言，它们表现出了类似于演说的姿态和行动，冒犯了'沉默的大多数'，挑战了团结一致的原则，驳斥了共识的神话。"杀马特的风格体现出对政治宣传和意识形态教化的漠不关心，通过这种漠视来表达出某种意识形态层面的不合作式反抗。我们后文将会分析亚文化风格和身份认同的反抗性是否有效。

三、 社会变迁与身份认同：无身份者在城市商业逻辑下的自我表达

　　通过上述现象描述我们可以知道杀马特群体的基本样貌，以及它们鲜明的亚文化特征。然而，亚文化身份只是其闲暇时间的一种自我表达，而这种自我表达并不与其网络媒介使用之外的真实主体同一，而是曲折地反映着其生存中身份的深层本质。杀马特的主体是"80后"、"90后"的新生代农民工，他们产生于城乡二元的社会框架中，而杀马特亚文化身份的表达正是奠基于复杂的社会

结构上的。霍耐特(Axel Honneth, 2005：9)认为诉诸身份认同的斗争能够在社会生活内部产生一种道德压力,个体会因为身份承认的诉求而超越社会制度和利益动机而产生社会反抗。在霍耐特等人的影响下,传统的意识形态批判研究转向了身份认同的社会发生学(the idea of a social genesis of ego-identity)研究(霍耐特, 2005：77)。虽然杀马特的亚文化身份认同并不如女权和 LGBT 运动著名,但我们认为它更能反映出当代中国社会结构的变迁。

　　2003 年 6 月 20 日国务院颁布《城市生活无着的流浪乞讨人员救助管理办法》,并于同年 8 月 1 日废止了 1982 年以来的《城市流浪乞讨人员收容遣送办法》。自此,实行了 21 年、对农民工群体的正常务工构成威胁的收容遣送制度被废除。政府行政管理方式的调整加强了城市对乡村人力资源的吸引。此外,从新生代农民工的农业技能培训率的降低,可知乡村青少年的依赖乡土的生活方式也在城市化中被慢慢改变。国家统计局住户调查办公室的调查(国家统计局住户调查办公室, 2011)显示:"从外出从业的时间看,新生代农民工 2009 年平均外出从业时间已经达到 9.9 个月。与上一代农民工相比,新生代农民工还'亦工亦农'兼业的比例很低。上一代农民工在 2009 年外出从业之外,还从事了农业生产活动的比例为 29.5%;而新生代农民工的比例仅为 10%。换句话说,在 2009 年 90%的新生代农民工没有从事过一天的农业生产活动。而且,从农业劳动技能的角度看,新生代农民工大多没有从事农业生产活动的经验和技能,60%的新生代农民工缺乏基本的农业生产知识和技能,其中更有 24%的新生代农民工从来就没有干过农活,完全不会。因此,即使经济形势波动,就业形势恶化,新生代农民工也很少会返乡务农。新生代农民工脱离农业生产和向城市流动已经成为一个不可逆转的过程。"

　　这种改变甚至导致未达工作年龄的乡村青少年被作为潜在的城市劳动力,这进一步瓦解着乡村共同体。而乡村社会是奠基于乡村人口和乡土依赖的生活方式的。换言之,从人口结构的变迁上看,现代社会给我们展现的图景就是乡村共同体的失落与城市的扩张,这正是城市化与商业化的结果,并且乡村共同体的瓦解也将返身加强现代性的稳定性,让资本进入乡村社会的空缺空间从而介入和控制农业生产。农业生产的资本化的直接结果便是劳动力资源从农业生产部门向工业生产部门的转移,而新生代农民工的出现就是这一社会结构性变迁的直接结果。

　　我们知道,现代化的本质就是乡村社会向工商社会的转型,而城市则是现代性世界得以构建的核心材料,它支撑着商业市场的存在、金融资本的运行以及人力资源的再生产,因此一个社会共同体的现代化就是对前现代性乡村地区的城市化。并且这一趋势是现代世界经济增长的一般模式，因此是不可逆的。1950年世界人口低于30％居住于城市中，联合国人居署（unhabitat.org）预测2030年将有超过60％的世界人口居住于城市。正如国家统计局住户调查办公室2013年的调查（国家统计局，2014）显示，新生代农民工相较于老一代农民工更愿意选择就地消费，寄带回家的钱也比老一代降低近23％，甚至有高达87.3％的新生代农民工没有从事过任何农业生产劳动。国家统计局住户调查办公室2011年的调查显示，45.1％的新生代农民工不打算返回乡村，21.5％表示不确定，坚定返乡的只有11.2％，这个比例中未婚比已婚的要高一些。显然，随着农民工待遇和福利的增长，以及外出务工时间的增长，农民工返回乡村社会的可能性就会越来越低。

诺克斯和迈克卡西（Paul L. Knox & Linda M. McCarthy，2009：201）指出，世界核心工商业地区（core region）和欠发达的边缘地区（peripheral region）的城市化模式不同，前者是经济发展的后果，而后者则是城市化人口增长率高于经济增长率的后果。然而，中国则是特例，中国的经济增长和城镇化水平远高于城市化人口的增长率，直到1985年为止，中国的10亿人口中仍有70％居住在乡村。对此诺克斯和迈克卡西（2009：205）将之归因为中国政府的人口控制政策与户籍制度。换言之，在人口控制政策下，人力资源事实上已转向工商部门，并为城镇化和经济增长做出了贡献，但人口并未城市化，这导致农民工在城市生活中不仅是穷人，而且也不具有原本在乡村社会所具有的主体身份，在离开乡村社会的新的生活空间中缺乏有效的权利表达逻辑，于是无法改善他们所面临的社会资源分配的非正义处境（例如农民工在养老保险、医疗保险、教育机会等问题上的弱势地位）。而这种社会资源分配的非正义处境具体表现为城乡二元社会结构的现实。面对这一城乡结构的现实，新生代农民工的文化表达是无力的，甚至其亚文化身份的污名化也是他们无法回避的悲剧。

城乡二元社会结构下的生活处境是新生代农民工在休闲时间形成杀马特亚文化的物质根据。一方面，乡村社会的衰落和乡土依赖生活方式的丧失使新生代农民工的传统身份认同消失。例如，在熊易寒（2010：60）对上海市Y区小学四年级至初中三年级的农民工子女的问卷调查中显示，农民工子女对其身份的表达里并不使用农民工子女的身份，鲜有农民或乡下人的身份表达，而基本使用的是本地人或外地人的身份认同。另一方面，新生代农民工又认同城市身份，这表现在其闲暇时间的消费观念上。国家统计局住户调查办公室2013年的调查显示，新生代农民工相较于老一代农民工更愿意选择就地消费，寄带回家的钱也比老一代降低近23％。换言之，城市的商业文化与消费文化在慢慢被新生代农民工接受,而对商业逻辑的接受则是其乡土依赖生活方式向商业化的城市生活方式的转变。但是,城乡结构下存在的不合理的制度安排又使他们无法获得渴望的市民身份及相应福利,于是在网络休闲中便自然形成了杀马特的亚文化身份。杀马特亚文化身份就是这种无身份者在城乡二元社会结构间的一种另类表达,一种既不同于乡村价值,又不被城市主流商业文化的审美接受的、网络媒介使用中想象出的身份的表达。

但我们认为,尽管杀马特们在其亚文化体验中对主流生活方式表达了某种反抗和不合作,然而根本上这并无益于改善他们的生活处境。因为在自由时间之外,他们仍被绑定在商业社会生活方式上。而社会经济的非正义根植于城乡二元社会结构的户籍制度安排,它与文化的非正义处于不同层面。相反,这种亚文化身份一方面仍在对其乡村社会身份进行着消解,另一方面也遮蔽了农民工群体作为新工人的劳工自我意识。换言之,至少在杀马特的身份上,多元文化主义论述的承认政治学是无效的。罗蒂(Richard Rorty,2009:73)在反对新左翼的承认政治时揭示了文化研究的一个学术悖论:"为什么文化承认被看得如此重要。我认为,一个原因是,文化承认在美国学术左翼话语中变得如此重要或许是由具体的学术环境决定的。我们学者以我们特别的专业能力,所能做的唯一消除偏见的事情就是撰写女性的历史,赞美黑人艺术成就,等等。这正是致力于诸如女性研究、非洲裔美国人研究、同性恋研究等项目的学者所努力做的。这些项目是新社会运动的学术武器——正如朱迪思·巴特勒恰当地指出的那样,这些运动使美国左翼在近些年来保持活力——这些年正是富人连续在阶级斗争中取得最大优势的时期。"此外,弗雷泽(Nancy Fraser,2009:18)提出的"再分配/承认难题"也表明,承认诉求肯定了特殊性的价值、扩大了群体差异,但再分配诉求通常要求废除强化群体特殊性的经济安排。例如,女性主义者似乎无法同时为取消性别差异(如废除性别分工)和固化社会性别特殊性(尊重女性)而斗争。弗雷泽的做法似乎是将承认政治和再分配政治安置于政治正义的两个平行维度中。但我们认为,在杀马特亚文化现象上,承认与分配正义非但不是平行的,而且相互存在矛盾。杀马特亚文化身份恰恰是新生代农民工政治经济方面的自我意识的阻碍。因此,至少在非后工业社会①的当代中国,我

---

① 后工业社会指生产的末期,经济结构从生产型经济转向服务型经济,相对于工业社会中社会生产在本土进行并以财富积累为目标,后工业社会中劳动在全球化中被转移到了第三世界国家的世界工厂,资本积累不再直接依赖生产而直接依赖金融投资。后工业社会一般指西方发达国家的社会特征,其中奠基于劳动剥削的阶级对抗消失,左翼话语转向多元文化中的矛盾,例如性别、种族和性行为。

们应该做的不是对其差异身份的承认，而是对其差异身份向城乡二元的制度安排的还原。我们必须看到，城乡二元结构的制度安排若不调整、正义的政治经济福利若不实现，平等的身份认同只是无根之木。

四、 杀马特的结局：收编（incorporation）与蔑视（disrespect）

赫伯迪克（2009：116－117）敏锐地指出，多数情况亚文化风格首先会被商业媒体发现，起初伴有一种歇斯底里的反应（惊恐、好奇、赞赏或侮辱），随后会将亚文化安置在常识的统治架构内；亚文化被描述成疯子，却同时也被描述为失业的、新潮的、不成熟的；商业媒体发起的收编最后呈现出两种形式：商品化和主流意识形态的重新界定。我们发现这两种收编形式也出现在杀马特现象中。

杀马特们的主要活动是玩网络游戏和摆弄自己的另类造型，而这两个主要活动都出现了商品化。首先，商品化出现在他们的游戏中，杀马特们主要玩的网络游戏炫舞、劲舞团、QQ飞车中都出现了杀马特造型的虚拟商品和游戏人物造型。新生代农民工是杀马特的基本主体（其次也包括大中专和技校的学生，他们是潜在的新工人），虽然他们经济水平一般，但他们仍旧会购买这些网络游戏中的虚拟商品，甚至购买虚拟游戏商品的 QQ 币和游戏点卡正是杀马特社群内主要矛盾的来源之一，杀马特内部存在的欺诈现象不能说与杀马特虚拟商品的出现无关。其次，线上线下都出现了专门针对杀马特的服饰、假发等亚文化商品，有很多人主动在网络上询问哪里能购买杀马特周边。此外，杀马特自己也将自己的亚文化风格包装成商品盈利。杀马特社群中一般都设有专门负责给成员装饰博客和个人空间的"设计师"、"设计总监"，这一方面传播了他们的亚文化风格，另一方面因其风格赚得一些收入。城市的商业社会的主流意识形态是消费文化，消费文化的逻辑掌控着城市休闲和娱乐，而杀马特的发展原本是伴随着在消费文化之外寻找休闲方式和生活体验的。因此，商品化可以看作消费文化对杀马特亚文化的侵入，将亚文化身份变成了消费曲线尾部的消费者。

相比商业化，我们发现主流意识形态对杀马特亚文化的重新定义对杀马特亚文化的瓦解作用更大。例如，我们在百度知道杀马特词条的版本修改历史中发现了主流意识形态的瓦解作用。截至 2015 年 1 月 30 日，该词条已经被修改了 466 次。最初（2008 年 8 月 4 日），对杀马特词条的编辑并非是杀马特们自己，相反有很多反对杀马特的编辑者。最初杀马特词条的内容主要是将杀马特与视觉摇滚、哥特文化放在一起的简单介绍，其中几个修改版本伴有反对杀马特的人身攻击,在定义上将杀马特亚文化界定为文化程度低的叛逆青少年,将其出现界定为与父辈的价值观的矛盾,就像是"让朋克成为家务事"一样降低了亚文化的他者性(otherness)。2009 年 11 月起,杀马特群体开始参与词条编辑,并且不同的杀马特们开始争夺词条编辑权,以此来争夺杀马特创始人或领袖地位。直到 2013 年,杀马特们退出了词条编辑,杀马特词条逐渐呈现出客观的形象。杀马特的退出缘于同年 5 月的一次编辑,该次编辑加入了《南风窗》的一篇文章节选《杀马特:一个需要被了解的存在》并将之改名为"当杀马特遇上小清新"。该文将杀马特界定为低素质、危险的文化贫民,但由于"从农村来上学或打工"的形象而应该被同情。虽然这篇文章触及了杀马特亚文化现象的社会缘起,但对杀马特亚文化的否定和同情则表示该文对杀马特社会处境是非批判的,只是当作"社会发展"的客观结果看待,而发展论的实质却是对亚文化他者性的忽视和遮蔽。杀马特在百度杀马特词条编辑序列中的退出正是缘于城市主流文化对其他者性的合理化解释。在这种合理化解释中,杀马特被冠上了农民工、农村的标签,而拒斥农村标签、在想象中融入城市认同却是杀马特亚文化身份的缘起,因此在城市主流文化的合理化解释中,杀马特亚文化身份迅速消解。因此,这种合理化解读在理性的表面下暗含着评价的暴力,事实上它基于城乡二元的社会结构差异,并通过其理性的评价暴力加强了这一结构差异自身。

在杀马特亚文化的存在中,收编的形式也呈现为综合力量。具体表现,就是《杀马特:一个需要被了解的存在》一文的出现原因,即微博中"留几手"、"杀马特强子"①戏仿/parody 杀马特身份,并以此炒作自己。杀马特现象在网络中传播较广,而且 2012 年以来杀马特亚文化被丑化现象增加(例如百度李毅吧对杀马特发起的网络侮辱行动),因此他们利用微博对杀马特的讽刺和嘲弄以赢取微博粉丝。而这实质是对杀马特亚文化现象的商业利用,并且在其营销宣传中将杀马特塑造为文化程度低、低级、恶俗的形象。微博营销中的杀马特形象已经完全不同于杀马特的原本形象,他们"被转化为毫无意义的新奇事物",杀马特被界定为穷人对时尚的幼稚模仿,他者性被减低到最低程度,亚文化中蕴含的另类生活方式也被规训进日常生活的价值解释中(例如,贫穷—富有、乡下—城市的价值方程式)。

对亚文化风格的收编本质都是一种蔑视,即对其亚文化身份认同的否定。

---

① "杀马特强子"是"留几手"的微博小号,"杀"号后来删除了之前的微博,2014 年 7 月我们检索"杀"号微博记录,最早的内容中显示是"留"号对其推广的痕迹。而"留"号实质是一个以炒作为主的营销微博。

而承认的阻断可能会导致社会反抗。霍耐特（2005：171－172）认为社会反抗一般有两个条件，一方面是传统理论指出的集体利益的受伤害，另一方面是他自己强调的被蔑视的集体情感或多元文化中的身份认同危机，后者超越功利主义的社会反抗理论而强调社会反抗中的道德规则（即为身份认同而斗争的规则）；甚至，集体利益不一定是社会冲突的根本原因，"相反，它可能是在承认和尊重的规范要求留有余地的道德经验领域中被构造出来的"。但是，在杀马特亚文化的被蔑视中没有出现霍耐特所说的反抗，反而杀马特们在2013年被统治文化收编之后开始解体，曾经的杀马特们现在甚至羞于杀马特亚文化身份的认同，而认为这只是"不成熟的表现"。霍耐特（2005：172）也无奈地认为："一种社会冲突在什么程度上服从利益追求的逻辑，又在什么程度上服从从道德反应的逻辑，这永远是个经验问题。"

　　然而我们认为，在中国现代性建设的语境中，承认政治诉诸的文化身份的抗争逻辑要奠基于政治经济环境，否则承认非但不会导致正义的反抗，相反会导致劳工主体意识的物化。孔普雷迪斯（Nikolas Kompridis，2009：298－299）指出，身份政治强调对弱势群体被遮蔽的身份的承认，反而可能固体弱势群体所经历的伤害与代表权丧失前提下所导致的社会地位，因为代表权的获得并不能改变不公平的现实处境，此外弱势群体的错误承认反而能够在无法改变的现实处境中对其利益进行一定的保护。例如，有色人种因为经济劣势而话语权被限制，然而对其特殊种族差别的承认，无益于追求平等或无差异的政治经济矫正的执行；奴隶恰恰是在错误承认中获得了权利要求。

　　杀马特的命运是悲剧性的，他们对蔑视的反应只是"我们又没有伤害人"、"只是不成熟的表现"。杀马特们没有认识到自身亚文化身份的意义，即在城市扩张和乡村共同体衰落尴尬中劳动青年对新的生活方式与生活体验的探索，没有意识到他们的存在是不合理的城乡二元社会结构的结果。但是，无论这种新身份是否有实际意义，这仍是对他们脱离乡土依赖生活方式后对新生活方式的"积极尝试"。"积极尝试"是新工人最需保持的特征，只有在"积极尝试"中才能获得真正的维护其权利的身份认同，以及获得改变不合理社会结构的行动。

五、　新生代农民工杀马特现象的启示：正义的社会结构是身份政治的实现基础

　　亚文化的风格使杀马特们在离乡进城后的空虚中找到了安置自身生活体验的共同体，但这种身份认同并不能带给他们相互交流并解决现实困境的共同

体。统治文化将他们的亚文化身份严格限制在休闲时间中,而回到工作中他们仍是孤零零的单子,没有共同体能帮助他们表达权利,亚文化的力量也无法改变其生产的非正义的城乡二元社会结构。霍耐特(2005:147)说:"伴随着个人的承认要求被蔑视的经验而产生的每一种消极的情感反应,都延续了一种可能性,即那种对个人的不公正将在认识上自我展示出来,并成为政治抵抗的动机。"然而,即使他们的亚文化身份被主流文化收编、能够获得认同并继续存在,他们享受到城市的福利资源,无法完成其市民身份想象中真正欲求的资源配置,他们仍是真正意义上的社会底层。

我们认为,杀马特亚文化身份的歧视(discrimination),以及新生代农民工享受社会福利的区别对待(segregation)①都是基于在城市化和现代化过程中城乡二元社会结构的现实。这个二元现实具体体现在户籍制度、流动人口处理方式、外地人所不享有的本地人的福利制度以及就业过程中的不同工资待遇上。我们认为这种城乡二元社会结构是由工业化过程中二元经济发展导致的。费景汉和拉尼斯(John C. H. Fei & Gustav Ranis, 1992:155 - 158, 167 - 170)指出,在乡村农业部门中土地资源的有限和劳动力资源的过剩(边际产量为零的农业劳工)与城市工业部门中资本充分而劳动资源有限形成对比的情况下会导致农业部门的劳工向工业部门转移,由此形成二元经济部门的劳动力资源在市场配置中的自我调整,农业同工业部门争夺劳动力而打破了农业部门中传统的制度工资,取而代之农业劳动边际产值决定农业劳工的工资而导致的农业部门的商业化(二元经济发展的"商业化点"),这在一定的生产和市场条件下能够形成整体经济长期的平衡增长。拉尼斯-费模型(Ranis-Fei model)描述了现代世界经济增长模式,但是这个理想模型需要一些现实条件,其中就包括对中国的户籍制度的拒斥。因为户籍制度形成了农业部门和工业部门间劳动力资源流转的障碍,一方面它不利于二元经济的平衡发展,另一方面也形成了不公平的城市资源分配和歧视性的身份认同。

综上所述,我们认为新生代农民工的杀马特亚文化现象的兴衰流变根本地基于二元经济发展模式下新劳工的政治经济处境的困境,即农民工的政治权利缺场、合法权利的受侵害、城市生活的福利的缺失,等等。而这个城乡二元社会结构的困境不仅是农民工群体的困境,也是现代商业社会的二元经济发展模式的困境。因此,超越文化的视角再审视杀马特亚文化现象和农民工群体的困

---

① 歧视和区分的本质都是一种对人的不平等分类,这种分类莫基于不合理的社会资源配置。例如,将农民工子女隔离于城市儿童的义务教育之外,将农民工隔离于城市养老保险等社会福利之外,等等。

境，我们认为必须从社会的政治经济结构角度反思，户籍制度的调整、流动人口的城市管理的调整是协调农业—工业部门二元经济平衡增长以及促进农民工合理地市民化的必经之路。

参考文献

书籍

[1] 熊易寒（2010），《城市化的孩子：农民工子女的身份生产与政治社会化》。上海：人民出版社。

译著

[1] 阿克塞尔·霍耐特（2005），《为承认而斗争：社会冲突的道德语法》（胡继华译）。上海：上海人民出版社。

[2] 保罗·诺克斯、琳达·迈克卡西（2009），《城市化》（顾朝林等译）。北京：科学出版社。

[3] 迪克·赫伯迪格（2009），《亚文化：风格的意义》（胡疆锋、陆道夫译）。北京：北京大学出版社。

[4] 费景汉、古斯塔夫·拉斯尼（1992），《劳动剩余经济的发展》（王璐等译）。北京：经济科学出版社。

[5] 理查德·罗蒂（2009），《"文化承认"是左翼政治的有用概念吗?》（载奥尔森·凯文编），《伤害＋侮辱：争论中的再分配、承认和代表权》（高静宇译）。上海：上海人民出版社。

[6] 南希·弗雷泽（2009），《从再分配到承认？"后社会主义"时代的正义难题》（载 奥尔森·凯文编），《伤害＋侮辱：争论中的再分配、承认和代表权》（高静宇译）。上海：上海人民出版社。

[7] 尼古拉斯·孔普雷迪斯（2009），《关于承认含义的斗争》（载 奥尔森·凯文编），《伤害＋侮辱：争论中的再分配、承认和代表权》（高静宇译）。上海：上海人民出版社。

[8] Clarke, J.(2006). "Style", in Hall, S. and Jefferson, T. Eds., Resistance through Rituals: Youth Subcultures in Post-war Britain (2nd Edition)(pp. 147 - 161). London: Hutchinson.

[9] Clarke, J., Hall, S., Jefferson, T. & Roberts, B. (2006). "Subcultures, Cultures and Class: a Theoretical Overview", in Hall, S. and Jefferson, T. (Eds.), Resistance through Rituals: Youth Subcultures in Post-war

Britain（2nd Edition）（pp. 3 – 59）. London：Hutchinson.

网上文章/文件

[1] 国家统计局（2014），"2013 年全国农民工监测调查报告"。上网日期：2015 年 3 月 8 日，引自 http://www.stats.gov.cn/tjsj/zxfb/201405/t20140512_551585.html。

[2] 国家统计局住户调查办公室（2011），"新生代农民工的数量、结构和特点"。上网日期：2015 年 3 月 8 日，引自 http://www.stats.gov.cn/ztjc/ztfx/fxbg/201103/t20110310_16148.html。

Social Basis of Identity in Virtual World and the Limitation of Identity Politics: On the Smart Subculture in New Generation of Migrant Workers' new media Using

Yao Xiao'ou

Abstract：This paper will study Smart Subculture which generated from the internet community between 2008 and 2013. It bases on the critical theory and takes Interview Method，Text Analysis and Virtual Ethnography to describe-characteristics of Smart Subculture. It will show that the Smart Subculture have different social characteristics. To be specific，Smart Subculture generate from the Internet media，it differs from the mainstream culture，it has strong self-identity，and subjects of Smart Subculture is isolated and excluded from city life. By the analysis of history of Smart Community in the Internet，we will discuss the effects of new media on the life style and the self-identity of New Generation of Migrant Workers' city life. The conclusion is that the self-identity of subculture of NGMW cannot give their political economic conditions the real power. Rather，commercial media will incorporate and utilize their subculture identity. In the process of urbanization，NGMW need media or organization which can protect and facilitate their political economic power.

Key words：Smart；New Generation of Migrant Workers（NGMW）；Subculture；Self-identity；Incorporation

两岸数字公共领域与民族认同的建构

——以电子娱乐媒体为视角

谢清果 赵 晟*

【摘 要】 当前两岸关系的发展亟须寻求一种民间的、远离政治性议题以弱化冲突与对抗的公共空间，用以重建共同的民族"叙述"并增进两岸间的族群认同，而网络数字空间就提供了这样一种主流媒体之外的选择，尤其是其中的网络电子娱乐媒体所建构的"软公共领域"，能够在一片充满尖锐对立情绪的两岸线上交流中，潜移默化地消解盲目的对抗情绪，还以理性的交流与思考。虽然在这样的"软公共领域"中的公共讨论大多止于非政治性的议题，但其对于夯实两岸民族心理最大公约数的作用是值得关注和思考的。

【关键词】 两岸；数字公共领域；民族认同；电子娱乐媒体

当前两岸关系扑朔迷离的走向不仅仅是由于政治分歧，更多的是表现在两岸所使用话语的分歧。即使是在两岸如此相似的社会历史情境下，对同样的社会文化历史知识的使用不同，还是导致了话语发展的不同，而在一个社会文化群体中，需要每个人都遵循共同的规范、价值观和交际规则，交流才成为可能，因为话语是与语境息息相关的。Johnstone(2002:152)就认为，话语分析不但要重视说出来的话，更要重视没说出来的话和说不出来的话。两岸民众尤其是两岸青年人亟须找到更多直接交流与沟通的途径，以切实体会双方实际的生活世界，只有了解了话语背后的"沉默的背景"才能够真正体会到两岸关系何以发展至此，才能真正思考如何才能够将两岸关系的发展带上合理的轨道。而互联网新媒体的兴起带来了这样一个公共空间，让两岸民众可能在其中自由的交流思考、形成共识，Papacharissi(2002)就认为，通过为公众获取原本"不可得"的信息以及进行政治参与提供更为便捷的渠道，虚拟化的公共领域为政治性对话创造了新的可能。Y. Zheng 和 G. Wu(2005)也认为，公共领域已经是探讨中国互联

---

* **【作者简介】** 谢清果，(1975—)，男，两岸关系和平发展协同创新中心社会整合平台研究员，厦门大学新闻传播学院教授，厦门大学传播研究所所长，博士生导师，研究方向：华夏文明与媒介变迁研究；赵晟，(1985—)，男，厦门大学新闻传播学院博士生，研究方向：海峡传播研究。

本文为国家社会科学基金一般项目"海峡两岸数字公共领域与文化认同研究"(编号：15BXW060)的研究成果之一。

网民主政治的主要分析框架之一。可以说,数字公共领域已悄然兴起。所谓数字公共领域是指在数字时代,以数字技术和新媒体应用为支撑体系,私人意志、公众意志与国家意志内部相互整合的媒介公共空间。它相对独立于日常社会结构,是传统公共领域在数字化技术浪潮下的空间延伸。在数字公共领域中,信息、对话和管理完全由"数字"构成,甚至身处其中的"公众"也由数字符号组成,带有浓厚的技术色彩(谢清果、李森,2016)。正由于两岸数字公共领域具有跨越两岸自然鸿沟、超越时空的优势,为两岸民众的交流创造了一条更为便捷的路径,因此从数字(网络)公共领域的角度来关照两岸关系,包括政治关系与社会关系的发展都是十分有必要的,也是可行的。

一、 两岸政治性叙述的差异正导致民族认同上的渐行渐远

习近平在会见台湾地区前行政部门负责人萧万长时曾说:"两岸长期存在的政治分歧问题终归要逐步解决,总不能将这些问题一代一代传下去。"台海两岸长期分隔的局面让原本的政治分歧问题逐渐演化为了社会与文化的分歧问题。自 2016 年 5 月 20 日蔡英文正式就任台湾地区领导人以来对"九二共识"的回避与漠视,让两岸关系的未来走向又一次云谲波诡起来。民进党的一系列"去中国化"操作,使两岸民族与文化认同面临严峻挑战。

本尼迪克特·安德森将"民族"(nation)这一概念定义为:"它是一种想象的政治共同体——并且,它是被想象为本质上是有限的,同时也享有主权的共同体。"(本尼迪克特·安德森,2015)安德森认为"民族"本质上是一种想象的共同体,是一种群体趋同的认知倾向,是一种社会心理学上的"社会事实",它的形成需要一系列的先决条件和漫长的历史演进过程,但绝不是由血统、外貌等所谓的"客观特征"所决定的。

中华民族就是以运用共同的汉语言文字为主体,认可共同的礼仪文化、公序良俗和政权统治的一个庞大的想象的共同体。而在这一想象共同体形成的过程中,如安德森所说的关于民族历史的"叙述"(narrative)是必不可少的建构的一环。孔颖达疏《左传》曰:"中国有礼仪之大,故称夏;有服章之美,故谓之华。"又有《礼记·王制篇》曰:"中国夷狄,五方之民,皆有其性也,不可推移。东方曰夷,被发文身,有不火食者矣;南方曰蛮,雕题交趾,有不火食者矣;西方曰戎,被发衣皮,有不粒食者矣;北方曰狄,衣羽毛穴居,有不粒食者矣。"历史上中华民族的共同想象正是通过叙述一种华夏的美好与四夷的卑下而形成的。而

"叙述"正是一种意义的分享式传播,通过汉字建构出的共有语义空间,让不同地域不同口语方言的人得以凝聚成想象的共同体。近现代以来,这种以共同叙述凝结的"民族"又通过大大发展了的传播技术得以巩固,并形成了"国族"和"国家"(state)。吴叡人认为民族指涉的是一种理想化的"人民全体"或"公民全体"的概念,是一种心理的、主观的"远景",而"国家"是这个人民群体自我实现的目标或工具(本尼迪克特·安德森,2015)。而两岸现状则表现出一种错位,两岸人民有着通用的语言文字和共同认可的礼仪文化与公序良俗,但由于不同政权的统治而导致了"政治性的叙述"的差异,让两岸民众逐渐形成了不同的想象共同体。无怪曾有断言说:"两岸的根本问题是政治问题"(中共中央文献研究室,1999),"台独"势力当政期间不断通过修改课纲、操控媒体等方式进行歪曲事实的"叙述",正是这种"政治性叙述"的错位才导致了两岸民众在地理上被区隔之后,在民族的共同想象上也出现了愈发扩大的割裂。两岸民众在各类民调,尤其是网络匿名言论中所表现出来的排斥、冷漠等情绪已经愈发凸显,台湾青年人作为一个群体更是表现出一种世代整体政治倾向的泛绿化即"台独"化(陈咏江,2015),很难想象同文同种的中华民族能在极具包容性的汉文化影响下走到如此分裂的边缘境地,尼可拉斯·鲁曼的系统传播观点认为:"系统并非由身处其中的个体行动构成,而是由'传播'(communication)构成,并且唯有在'连锁的传播'中不断地实现自我维持。"(葛星,2012)这应该是最好的解释,两岸青年人间共识的撕裂并不该归因于身份、教育和背景,而是因为维持共识的"叙述"传播本身被地域和人为地阻隔了。

　　"台独"势力一意孤行片面宣传"台湾是台湾人的台湾"意图凝聚台湾的"民族意识",却不太得人心,反而造成了双方对立与割裂。随着互联网等新媒体技术的兴起和社会流动性的加强,再没有哪个政权能够完全限制住信息与文化对外的频繁接触,"族群不再依附于某一地域,不再受空间约束,不再是原来那个自我无意识,文化高度同质化的群体"(Sneed, Schwartz, & Cross, 2006)。当意欲建构的社区封闭性被打破,他们所谓的"台湾民族"的自我催眠也被打醒。民族身份的建立更多地需要建立在对于他者与自身的观照之上,台湾民众的民族意识受历史变迁之巨力的影响几经波折,反应在文学作品上如《亚细亚孤儿》中的记述:"世界上没有所谓台湾人,假如有的话,那是住在深山里的番社的人吧。普通被称为台湾人的,实在完完全全是中国人……事实虽如此,可是当时(日据时期),不但日本人,连中国大陆方面也称他们为台湾人,而加以歧视。"(吴浊流,1993)在这样一种颇显迷茫和彷徨的境地下妄言"台湾民族"的"觉醒"无疑是别有用心地乘虚而入,中国大陆可以借助无孔不入的现代传播方式,自然而然地发挥同文同种的向心力与影响力,使"台独"的"梦"破碎。"台独"势力一厢情愿的"台湾民族的觉醒"舆论操作只会给台湾民众带来更多身份认同上的彷徨,而不是台湾民众的福音。身份认同(Identity)是谋求个人完整身份的过程,是由相互联系的个人身份认同和群体身份认同组成的。它不仅是自我确认或族群归属的状态,更是一个在社会场景中,个人追寻其个人及群体身份的复杂、动态而长期的建构过程(Erik H. Cohen,2003)。为了帮助台湾民众尤其是台湾青年人重新建立起对中华民族的身份认同不可避免地要倚重媒介,尤其是大众媒介与网络媒介的力量,诚然两岸传媒作为一种"交往环境",应当要架构出两岸双边对话的共同意义空间,作为文化、经济、政治力量相互牵制的中间地带(谢清果、王昀,2014a),来构建起一个长期的互动空间和共识的"叙述"渠道。从这个意义上,新媒体情境下的两岸交流可以借以数字公共领域的营造而开创出新的弥合心灵距离的路径。这正是本研究的关切点。

二、 两岸数字公共领域开启两岸民众在国家叙事与大众狂欢中的心灵冲撞

哈贝马斯(Juergen Habermas)以历史研究方法所提出的公共领域概念与互联网络的普及相结合所产生的网络公共领域,被众多学者认为是中国国情和语境下抒发与整合民意的最佳渠道。但互联网这一新媒体技术同时具备两股相互对立的力量,一方面,去中心化的信息交换使网络受众比以往更加孤立,从而导致个人社会关系链条的断裂;而另一方面,网络与社区、社会之间协力形成的网络公共领域,其促进国族认同的整合力量亦不容小觑。两种力量的并存与相互的张力,让网络公共领域的前景充满变数。Robert A. Saunders 和 Sheng Ding(2006)的研究发现:"通过对环太平洋地区的华人华侨和原苏联地区的俄罗斯人的媒介使用情况的对比,发现互联网的使用提高了华人群体的族群认同,但却减弱了俄罗斯人的族群认同。这种不同可能是来源于一系列因素,包括对强调族群认同结果的预估、其他身份的冲突和竞争、原属国的政治和经济状况等。"这样的例子足以警醒,网络公共领域并非能药到病除地解决族群认同和身份认同的问题,而是受到了许多因素的影响和局限。就如陈静静学者所说的那样,西方研究互联网与族群认同的主要研究对象与中国研究的中华民族无论在历史渊源、地理离散分布、政治权力与关系、族群心理、社会文化谱系方面

都存在巨大差异。如何针对两岸中华民族特殊的社会和文化语境,构建一个有包容力的族群认同解释与分析框架,成为对西方族群认同概念和相关研究进行本土化观照的首要任务(陈静静,2010)。在两岸现状的基础上,在政治性思维笼罩下的两岸主流媒体对话空间中,意图通过网络公共领域来重聚两岸同属中华民族的共同想象时,有意识地打造一个极具包容性的、排斥政治话语体系的特殊的公共领域是尤为重要的。

　　在哈贝马斯看来,"近现代意义上的公共领域应当被视为一种介于私人领域与国家权力之间的'中间地带'。它因社会生活中私人的聚集而存在,又具有相对独立性,公众在此之中能够自由表达他们关于'普遍利益'的观点"(Habermas & Lennox,1975)。换句话说,真正健康的公共领域应该是能够独立存在的话语空间,能够为身在其中的公众提供一个畅所欲言、为自己利益而驱动的空间,甚至是能够排斥国家权力即政治话语体系的,哈贝马斯也曾说"举凡对所有公众开放的场合,我们都称之为'公共的'……有些时候,公共领域说到底就是公众舆论领域,它与公共权力机关直接相抗衡"(哈贝马斯,1991)。这样一种理想的公共领域在互联网新媒体兴起之前是很难想象的。在互联网时代,各类新兴媒体被认为带来了"公众"与"公共领域"认知的转向。传播学界开始有意无意地将公共领域、公共空间与网络线上环境相关联,澳大利亚学者Lincoln Dahlberg(2001)就曾将线上话语与哈贝马斯定义的公共领域理性批判话语(rational-critical discourse)做比较,认为公共领域可通过互联网实现拓展,但需要不断开放空间,吸引公众参与,克服线上商业文化与个人文化对公共审议的敌意态度。

　　由此可见,网络数字公共领域天生就具备一种与政治性议题若即若离的距离,游离于电视和报纸这样的主流媒体之外,能够十分和谐地包容进各式各样的话语体系、族群认同解释和分析框架,正是一个非常适合于两岸民众交流情感、共同"叙述"、延续想象共同体的一种途径。我们也认为两岸公共领域能够有效缓解两岸信息互动机制中的传播变形与认知误差并提升两岸理性对话与自主互动的能力(谢清果、王昀,2014b)。不久前网络热议的两岸青年脸书(Facebook)表情包大战与其中沸沸扬扬的"帝吧出征"事件就是一个明证,这是由韩国娱乐女团 TWICE 成员周子瑜被举报"台独"继而面对大陆公开道歉所引发的,两岸青年人在脸书(Facebook)上使用"表情包"这一新颖媒介进行激烈的情感交流互动的一次草根式的网络狂欢,是两岸青年之间积蓄已久的偏见与疑惑在长期得不到有效宣泄渠道和途径之后终于能借力脸书(Facebook)这样一种网络公共领域得以抒发的一次事件。在整个事件的过程中,大陆青年网民完全自发的"出征",整个过程无官方的影响,它更像是一种网上狂欢,但它的价值观基础是爱国的,在这一场两岸青年人的"激烈碰撞"中,展现出了国家认同的轮廓、潜在的政治热情、自我组织能力,等等。这一场"碰撞"是有违长期以来大陆方面出于善意对台言行谨慎,非常注意照顾台湾公众感受的话语传统的。一些人主张不仅大陆官方应当说话很注意,大陆民众在遇两岸摩擦时也应克制言行,避免损害两岸间的氛围。然而事实证明台湾舆论"很难哄",它们不太买账。而这样做又可能压制大陆民众的正常爱国情绪表达,综合效果未必好(人民日报评论,2016 年 1 月 22 日)。

民族国家叙事与流行文化两种差异非常之大的系统在数字公共领域产生了交集,便诞生了一种"软公共领域"。在这样一种新型的公共领域中,原本宏大而严肃的政治叙事被软化了,在娱乐化的流行文化式的阐释下变得更加亲民与贴近民生,尤其是更加容易被当下正自觉或不自觉地远离政治议题的青年人所接受,但并不是被消解掉了。在上述的两岸青年人脸书"表情包大战"、"帝吧远征"事件中,在台湾青年使用措辞激烈而尖锐的政治化话语攻击下,大陆青年大量使用表情图片这样的娱乐式表达予以回应,以一些诙谐表情图片传达出反讽与维护之意又不会激化矛盾,到后来更是出现了许多以大陆风景美食为主的纯图片表达,将一种不言自明的自豪感和规劝之意尽数融入其中的同时,又巧妙地化解了原本尖锐的政治立场式的冲突。在事后的总结和回顾看来,学界普遍给予了正面的评价,例如郭小安教授就认为"帝吧远征"事件是一场网络共意运动、一场民族主义运动,"并给我们提供了一个前所未有的范本"(郭小安,2016),一反过去以悲情、愤怒为主的民族主义表达,开始具备理性的思考和考量。正如哈贝马斯将公共领域的表达定义为理性批判话语(rational-critical discourse)一样,当下两岸间新兴的网络数字交互空间,大概只有进入了理性的思维范畴才能算得上真正具有公共性的有价值的公共领域。而这样的理智还应该是一种带着情绪的理智,因为过分的理智会消解掉青年人对于政治这一并不十分感兴趣话题的参与动力,而时下中国大陆的网络话语中最不缺乏的就是情绪,Jingrong Tong 就谈到"中国大陆的互联网和新媒体中正在充满仇恨、怨恨、愤怒和同情,而在这样的情感基础上,一个对抗性的公共领域正在形成"(Jingrong Tong,2015)。所以当前亟须塑造一种能将互联网上两岸青年人的满溢情绪有效纾解、引导出来的公共领域,而又不能让激烈而矛盾的对抗情绪淹没掉所有理智的成分,这一场脸书"脸书表情包大战"给出了一个很好的可能性,那就是电子娱乐媒体视域下的公共领域。

三、 电子娱乐媒体正发挥着"两岸数字公共领域"的积极作用

基于上文所述的现实,这里主要关照两个正在两岸青年人中发挥着积极作用的电子娱乐媒介:网络小说和电子游戏,借与两岸政治议题较远的网络文学与游戏,来阐明其中亦能生成"软公共领域",从而深远地形塑着两岸民众的向心力。

（一）在网络文学中涵养中华文化的共通意义

文学是讨论公共领域的话题时绕不过去的一个话题,在哈贝马斯那里,就将在咖啡馆讨论报刊与文学作品的沙龙作为一种公共领域的最佳案例。而在中国的语境下,也同样有学者将晚清以来的茶馆作为一种近现代公共领域的雏形(李莉,2013),在茶馆里听书听戏与讨论报章文学,对文学作品的关注是始终如一的。张祖群也认为"文学从来都是政治的记录,一切历史都是当代史的一部分。……在今日海峡两岸政治地理格局中,文学持有者与书写者应该发挥其'软性'文化功能,以有效促进文化认同"(张祖群,2014)。再举一例,柏杨先生和他的代表作《丑陋的中国人》在所有中国人乃至华人圈子中都具有十分庞大的知名度和影响力这应该是不容置疑的,其引发的社会热议也是有目共睹的。回到本文要讨论的网络小说的话题,网络小说经历了发轫时期的种种乱象之后,终于以网络文学正名,不论其在文学性和思想性上受到多少质疑,都已经拥有了无可否认的强大影响力。同时网络小说还拥有强大的交互与互动性,甚至在每一个章节下的留言讨论区都可以迅速地开启一场意见的互动与交锋,可以说是迄今最有生命力的文学公共领域。曾有天涯论坛台湾版块的网友统计了在台湾最知名的 PTT 论坛上,所有 34 个文学板中的前三名全都是专门登载大陆网络小说的版块,版块中的每日讨论发帖量过大难以统计而被 PTT 论坛直接标以"HOT"标签(天涯论坛台湾版块,2011 年 6 月 17 日)。文中统计的台湾青年人最喜欢看的大陆网络小说是《斗破苍穹》、《凡人修仙传》、《仙逆》、《间客》和《长生界》,等等,基本上与这些小说的原创作地"起点中文网"所统计的大陆网民点击率最高的小说排行榜相吻合。初步分析一下这几部小说,都是以中国古老的神话传说如《山海经》或者是神仙传说如《封神榜》等为创作灵感来源,以道教内丹修炼等思想体系为构思进行创作的,具有十分明显的中国式的话语特征和传统文化载体的表现形式。另一方面,台湾的青春文学作品也在大陆具有不小的影响力,从被誉为第一部网络言情小说的《第一次的亲密接触》到拍成大

电影且开创青春电影流派的《那些年,我们一起追的女孩》,都得到大陆青年人的认可和喜爱,许多大陆的年轻人正是从这些作品中才第一次了解到台湾年轻人也同样经历着与我们极为相似的升学与爱情这些青春的烦恼,从心底产生了许多的共鸣。可以大胆地设想:在传统文学作品遇冷的今天,正是这样一些通俗而又极具中国色彩的网络文学作品为两岸青年人间担负起了"共同叙述"的职能,让他们不断认同两岸民众在过去拥有共同的祖先,而今也同属于一个文化的源头。而且这样通俗文学的表现形式,又极具娱乐的精神特质,在各种文学论坛里的两岸网友互动中,看到更多的是对剧情走向的探讨,对两岸关系的话题偶尔为之又多以和缓的措辞语气结束。至此,可以看出由网络小说所建构的两岸网络文学公共领域业已成型,它不仅仅为两岸青年人提供了共同的"叙述",还正在用其通俗与娱乐的本质疏通引导两岸青年人间激烈的对抗情绪,并"软化"矛盾对立的政治议题,是一种"软公共领域"。

（二）电子游戏利于两岸玩家产生共同的"叙述"

比网络小说更加通俗和娱乐的是电子游戏,荷兰学者约翰·赫伊津哈认为游戏不仅仅是一种文化现象,而且"是一种有用意的(significant)功能——也就是说,它具有某种意义"(约翰·赫伊津哈,2014)。而国人心中根深蒂固的"玩物丧志"的心理暗示,让此前的研究一直忽略了对电子游戏领域的关照与其所能起到的各种社会影响的研究,是十分遗憾的。游戏本身就是一种对人有意义的行为,所以玩家是出于自利的行为动因去玩电子游戏的,而并不是对"电子海洛因"的成瘾症,他们在电子游戏的过程中寻找乐趣,并建构起线上游戏社区,形成了一个电子游戏公共领域,王昀就认为"线上游戏社区的传播内容存在一种包含了游戏世界、日常世界与政治世界的公共舆论气候"(王昀,2015)。尤其值得注意的一点是,文化部 2010 年出台的《网络游戏管理暂行办法》中明确规定了线上游戏均要经过文化行政部门的审查和备案,这直接导致了许多外国知名电子游戏在中国大陆上市时间表的延迟。而另一方面,台湾的电子游戏市场则自由得多,而且出于游戏服务器距离的原因,以知名网络游戏《魔兽世界》为代表,数以十万记的大陆玩家常年活动于服务器架设于台湾的各类电子游戏中,可以说早就与台湾的玩家有着频繁且密切的互动。网易记者曾采访《魔兽世界》中的台湾知名玩家代表,台服第一公会的会长"安萨",他谈道:"我并不是讨厌大陆玩家,大陆玩家中有很多技术好、有礼貌、会为人着想的,我喜欢跟他们一起玩游戏。我讨厌的是不尊重别人的人,这种人不分台湾玩家还是大陆玩家。"(网易游戏,2010 年 2 月 6 日)可以见到在电子游戏这样的娱乐化背景下,能帮助两岸青年人更好地认识对方和自己,在一种共同的"游戏目标"的指引下,进行互利合作,并对共同话题交换意见。另一名《魔兽世界》的知名玩家代表,名叫艾佛烈,他是台湾魔兽世界玩家最常访问的"魔兽藏宝箱"网站的站长,在他看来,大部分大陆玩家只要使用繁体中文输入法,再将一些大陆口语改掉,慢慢融入台服的游戏氛围,其实与台湾本土玩家并没有多大区别,相处也没什么问题。另外台湾玩家对于魔兽世界中 PVE 的游戏模式也很热衷,但缺少那股和世界一起竞争的魄力;大陆玩家的进驻有着正面的效果,能够帮助台湾玩家提升整体的游戏素质(腾讯游戏,2010 年 2 月 8 日)。由此也能看出,在共同游戏所产生的公共领域中,两岸青年玩家通过对共同游戏目标的追逐,在一个个议题的设置和交流过程中已经产生了共同的"叙述",在意识到游戏团队互补性的需求后,自发地消弭了两岸差异的政治性议题,接受并认可了对方形成了一个整体。

　　隶属于电子游戏下的电子竞技游戏,也提供了一个很好的范本。电子竞技已被体育总局列为正式体育项目,与传统的体育赛事不同,电子竞技赛事通常采用网络直播的形式播送,并在直播间直接提供给观众互动交流的场所。许多国际电子竞技赛事更是将观众直接卷入一种国际的大规模互动之中,著名直播网站 Twitch 在转播电子竞技赛事时就常常能看到多国语言交织出现的现场盛况,在一群字母文字中的简繁体中文使用者总会不由自主地抱团交流。虽然在一开始的时候总是免不了有许多措辞激烈的政治性话语,但在电子游戏本身的娱乐性面前很自然而然地就被消解了,因为周围大多数观众的话题是关注于游戏本身的,后来网名叫 kick321 的台湾网友的话就比较具有代表性:"大家看比赛就好,别战两岸好吗?"这样的例子很多,在国际电子竞技赛事的舞台上,也与传统体育项目类似,常常会出现晋级队伍中只剩下一支中国战队的情况,那么不论是大陆或台湾的观众,总是会自然而然地共同为这支队伍呐喊助威。在情感被引导统合到一起后,两岸观众会更加积极友好地交换意见。这种时候所呈现出来的正是"软化"了政治对立立场的同时又促进两岸交流的公共领域,它能够自然而然地促进两岸青年人之间的互动与理解,帮助他们在交互中重新塑造对自身处境、立场的公共判断。

四、 审思作为两岸数字公共领域的电子娱乐媒体

　　随着互联网新媒体越发深入日常生活领域,尼尔·波兹曼对媒介"娱乐至

死"的判断也越发显现,通俗而娱乐化的媒体内容已经成为新媒体的必然组成部分,两岸青年人身在其中也必然地会产生无数的交集与互动,不断地建构起不自觉忽视掉两岸标签的线上社区,形成各种新的共同体与公共领域。传统公共领域在新媒体时期面临又一次转型,前文所举的几种新兴数字公共领域或许能为我们思考这一新转型提供思路。但需要警觉的是:

（一）现实意义的问题

电子娱乐媒体始终是一种线上的虚拟社区、虚拟公共领域,其自然而然地会受到现实世界的影响并反哺现实。但正如前文所提到的网络上总是充斥着激荡的情绪表达,尤其是在政治性的议题时,理性的思考总是被逼在角落。所以在这样的数字公共领域中的公共讨论大多止于非政治性的议题,那么这些基于娱乐的"公共议题"对于现实两岸关系的政治实践而言是否有着决定性的意义还难以下一个准确的判断,但需要肯定的是,它对增进两岸人民的交流与了解是做出了许多贡献的。

（二）传播动力的问题

前文提到的几个案例,其实际参与人数应该是极为庞大的,但真正出言进行交流与讨论的只能算是其中的极少数,绝大多数的用户只是"观看"或"点赞",大概因为在他们看来正正经经的娱乐自己才是数字媒体的真正用途,这样的行为显然会对公共讨论行为产生消极的影响。正如网易新闻客户端的口号"不只是看客"一样,相关媒体的管理和从业者应该想尽办法在提供优质内容的同时引发思考和讨论,激发数字公共领域"审议议题"、"形成共识"功能的顺利开展。

（三）个人利益的问题

在哈贝马斯那里,近现代意义上的公共领域应当被视为一种介于私人领域与国家权力之间的"中间地带"。它因社会生活中私人的聚集而存在,又具有相对独立性,公众在此之中能够自由表达他们关于"普遍利益"的观点（Habermas & Lennox,1975）。在前述的两岸数字公共领域中,两岸受众出于电子娱乐的目的形成了各式各样的线上社区,并对基于娱乐形式的不同而产生的各种公共事务做出决断,这一切在两岸使用者看来是只关乎于娱乐（have fun）的,是谈不上什么公平正义的话题的。但实际上即使是娱乐性质的媒体依然免不了受到来自各方的利益侵害,例如,在电子游戏中,也早已出现了各种"账号盗取"、"外挂行为"、"代练行为"等一系列的为了"私利"而破坏和牺牲公共利益的手段。这些利益侵害的管理行为和投机行为都不仅仅是降低了受众的娱乐体验,更糟糕的是也同时损害了这些两岸数字公共领域的公信力和吸引力。对于电子娱乐媒体的管理与自律这些复杂问题,目前还缺乏有效的应对机制。

　　因此,两岸网络公共领域的建构应当从两岸民众,尤其是青年群体乐于参与的网络公共空间入手,通过媒介素养的培育,通过合理合情的管理,更好地发挥电子娱乐媒体在传播中华优秀文化中的重要作用,夯实两岸民族心理的最大公约数,承担起共同弘扬中华文化的责任。当然,更重要的是,两岸民众能够通过共同参与的网络空间来密切彼此"两岸一家亲"的情感,只要感情通了,理就易于说通,各方面的合作就能更方便地开展起来。这正是两岸网络公共空间的重要价值所在。

参考文献

期刊论文

[1] 陈咏江(2015),"对台湾青年世代'台独'倾向的观察及反思"。《中国评论》,第 215 期。

[2] 陈静静(2010),"互联网与少数民族多维文化认同的构建——以云南少数民族网络媒介为例"。《国际新闻界》,2010 年 2 期。

[3] 葛星(2012),"N.卢曼社会系统理论视野下的传播、媒介概念和大众媒体"。《新闻大学》,2012 年第 3 期。

[4] 李莉(2013),"近现代公共领域的雏形——现代小城镇小说中的茶馆"。《湖北社会科学》,2013 年第 7 期。

[5] 王昀(2015),"另类公共领域?——线上游戏社区之检视"。《国际新闻界》,2015 年第 8 期。

[6] 谢清果、李淼(2016),"文化认同视域下的两岸数字公共领域的功能与观念前瞻"。《湖南大众传媒职业技术学院学报》,2016 年第 5 期。

[7] 谢清果、王昀(2014a):"两岸政治互信中的传媒角色、功能和前景"。《厦门大学学报(哲学社会科学版)》,2014 年第 5 期。

[8] 谢清果、王昀(2014b):"两岸网络公共领域中的身份认同及其交往逻辑的功能考量"。《台湾研究》,2014 年第 5 期。

[9] 张祖群(2014),"文学何以疗伤——简论台湾族群的政治伤痕与文化认同"。《青岛科技大学学报(社会科学版)》,2014 年第 30 卷第 2 期。

[10] Erik H. Cohen(2003). Components and Symbols of Ethnic Identity: A

Case Study in Informal Education and Identity Formation in Diaspora. Applied Psychology,53(1):87 – 112.

［11］J. Habermas,F. Lennox(1975). The Public Sphere:an Encyclopedia Article. New German Critique,3(3):49 – 55.

［12］J. R. Sneed,S. J. Schwartz,W. E. Cross(2006). A Multicultural Critique of Identity Status Theory and Research:A Call for Integration. Identity,6(1):61 – 84.

［13］Jingrong Tong (2015). The Formation of an Agonistic Public Sphere:Emotions, the Internet and News Media in China. China Information,Vol.29(3).

［14］Lincoln Dahlberg(2001). The Internet and Democratic Discourse:Exploring the Prospects of Online Deliberative Forums Extending the Public Sphere. Information Communication & Society,4(4):615 – 633.

［15］Papacharissi Z. (2002). The Virtual Sphere:the Internet as a Public Sphere. New Media & Society,Vol.4(1): 9 – 27.

［16］ Robert A. Saunders, Sheng Ding (2006). Digital Dragons and Cybernetic Bears:Comparing the Overseas Chinese and Near abroad Russian Web Communities. Nationalism and Ethnic Politics,12(2):255 – 290.

［17］Y Zheng,G Wu(2005). Information Technology, Public Space, and Collective Action in China. Comparative Political Studies,38(5):507 – 536.

书籍

［1］吴浊流(1993),《亚细亚的孤儿》,村上知行序。台北:远景出版社。

［2］中共中央文献研究室(1999),《新中国重大决策纪实》,页 259。北京:中国文联出版社。

［3］Barbara Johnstone(2002). Discourse Analysis. Oxford:Black Well.

译著

［1］本尼迪克特·安德森(2015),《想象的共同体——民族主义的起源与散布》(吴叡人译),页 17—18。上海:上海世纪出版社。

［2］哈贝马斯(1991),《公共领域的结构转型》(曹卫东译),页 2—3。上海:学林出版社。

［3］约翰·赫伊津哈(2014),《游戏的人——文化的游戏要素研究》(傅存良译),页 1。北京:北京大学出版社。

网上文章/文件

[1] 郭小安(2016 年 8 月 4 日),"网络民族主义运动中的米姆式传播与共意动员——以'帝吧出征 Facebook'事件为例"。引自《国际新闻界》微信平台。

[2] 人民日报评论(2016 年 1 月 22 日),"90 后,相信你们"。引自 http://tech.163.com/api/16/0122/09/BDU4UF9I000915BF_all.html。

[3] 天涯论坛台湾版块(2011 年 6 月 17 日),"台湾最火的 PTT 论坛文学板 34 个板面前三名竟然都是大陆网络小说!!"。引自 http://bbs.tianya.cn/post-333-108771-1.shtml。

[4] 腾讯游戏(2010 年 2 月 8 日),"魔兽藏宝箱网站开发者艾佛烈评价大陆玩家"。引自 http://games.qq.com/a/20100208/000031.htm。

[5] 网易游戏(2010 年 2 月 6 日),"台服部落第一公会会长:部分大陆玩家有口皆呸"。引自 http://wow.17173.com/content/2010-02-06/20100206141718591,2.shtml。

Digital Public Sphere and the Construction of Ethnic Identity between Taiwan and Mainland—From the Perspective of Electronic Entertainment Media

Xie Qingguo & Zhao Sheng

Abstract: At present, the development of cross-strait relations urgently needs to seek a public space which away from political issues to weaken conflict and confrontation, to rebuild common national "narrative" and enhance ethnic identity between the two sides of the Taiwan Strait. Network digital space provides this A choice outside the mainstream media, especially the "soft public domain" constructed by the electronic entertainment media, it can dispel the blind confrontation and provide a rational exchange and reflection in the sharp cross-strait exchanges with sharp emotions. Although the public discussion in such a "soft public domain" is mostly concerned with non-political issues, its role in consolidating the greatest common divisor of cross-strait national psychology is worthy of attention and reflection.

Key words: cross-strait; digital public domain; ethnic identity; electronic entertainment media

基于社交需求、使用经验及
技能的微信 UGC 研究

——以武汉市高校大学生为例

佘　硕*　丁依霞*

【摘　要】　作为微信的主要使用者之一,大学生对微信的使用从开始的社交活动到在朋友圈、公众号等上进行微信用户内容生成(简称微信 UGC),其对微信的使用(需求、经验、技能)发生着变化,也对相关社会群体产生日益复杂的影响。因此,研究大学生群体的微信使用行为与影响因素及其内在联系具有理论与实践的双重意义。本文基于使用与满足理论,通过问卷调查的方式考察了武汉市大学生微信 UGC 的基本情况及其影响因素,研究发现:社交需求、微信使用经验及使用技能对微信 UGC(包括 UGC 频率、UGC 丰富程度和 UGC 原创性)均构成不同程度的显著影响,折射出我国社会年轻一代的社交媒体使用规律,进而为相关企业与管理部门提供数据参考与决策支撑。

【关键词】　微信;社交需求;用户内容生成;使用与满足

一、前言

随着互联网技术的普及和新兴媒体的发展,以手机为代表的移动互联网媒体正成为媒介研究的主要对象之一。2015 年 2 月 3 日,中国互联网络信息中心(CNNIC)在京发布第 35 次《中国互联网络发展状况统计报告》,《报告》显示:"截至 2014 年 12 月,中国网民规模达 6.49 亿,手机网民规模 5.57 亿,网民中学生群体占比最高,为 23.8%。"与此同时,根据腾讯官方发布的数据,截至 2015年第一季度末,微信每月活跃用户已达到 5.49 亿,用户平均年龄只有 26 岁,学生占 19.7%。可以说,年轻人已经是媒介的主流使用者。

* 【作者简介】佘硕,男,1979 年,湖南汨罗人,华中科技大学公共管理学院副教授,博士,研究方向:新媒体治理、公共安全管理与电子政务,电邮:shuo.seah@hust.edu.cn,电话:18971690818;丁依霞,女,1992 年,浙江嘉兴人,上海交通大学国际与公共事务学院博士研究生,研究方向:媒介与社会治理,电话:15702123038,电邮:phdyx2006@126.com。

本研究获国家社科基金项目支持,项目号 13CGL117。

大学生作为青年群体,是媒介产品的主要消费者之一。他们的媒介使用习惯不仅反映了新兴媒介的发展现状,也影响着新兴媒介的发展趋势。从传统的面对面交谈、信件来往、文艺表演到传统媒介与社交媒介的同时使用,大学生一直在选择更有效的媒介来传递和接受信息,满足自身的需求。微信的出现和普及,使得大学生用户只需要动动手指,就可以把自己想要分享的内容,以文字、语音、照片、小视频的形式分享出去,同时,也能以最快的时间了解到相隔千里外的朋友的生活动态。微信的便捷性和易用性也大大激发了大学生利用微信进行各种内容生成的热情,从聊天界面、朋友圈到私人公众号,大学生微信 UGC 的频率、丰富程度和原创性都发生着巨大的变化。

就微信的相关研究而言,主要集中在传播学视角下的微信媒介特征、人际传播中的微信传播效果、社会学视角下的微信朋友圈与社会资本构建,等等(单晓彤,2013;詹恂,2013;聂磊,2013),而针对微信 UGC 方面的研究较为匮乏,尤其缺乏对微信用户使用行为及其影响因素的分析。本文尝试以大学生群体为例来考察微信受众的使用行为及其影响因素,以期有所发现。

二、 文献综述

(一) 使用与满足

使用与满足理论(use and gratification)是传播学中用来描述传播效果的经典理论之一。该理论的相关研究肇始于 20 世纪 40 年代,而在 1959 年,卡茨在《大众传播调查和通俗文化研究》中完整地提出使用与满足的研究,他主张不仅要研究媒介对人们的影响,也要研究人对媒介的影响。

伴随着新媒介技术的发展,与传统媒介环境不同,具有互动性、选择性、分众化、超文本等特点的媒介环境的出现,使得学者们重新定义媒介和受众的关系。使用与满足理论在新媒介环境下的适用问题也引起了学者们的思考和批判(McQuail,2001)。早期学者们的研究中,使用与满足理论大多是从满足的角度解释了人们使用媒介(尤其是电视等大众媒介)的动机(Thomas E. Ruggiero,2000)。后来,学者们进一步把"动机"和"反馈"作为评估"满足"的两个指标,从而更好地评价人们的媒介使用效果(Hendriks Vettehen & Van Snippenburg,2002)。随后,也有学者尝试将别的学科的理论引入到使用与满足的理论之中,比如用社会认知论的视角来审视使用与满足理论,将人们的媒介使用行为看作一种受到自我效能影响的社会行为,从而探讨了人们"媒介使用动机"到"媒介使用反馈"的作用机制(La Rose,Eastin,2004)。

相比于国外对使用与满足理论的研究,国内的研究起步虽然比较晚,但一直没有中断,并涉及了不同的领域:比如将社会上的某一热门现象放置于使用与满足的理论框架之中,用理论的视角去解读此类的社会现象(刘建新,2011);运用使用与满足理论对特定媒介用户的动机和特点进行分析,并利用这些动机和特点来解释某些用户行为的原因(易前良、王凌非,2011);尝试用该理论解释人们使用媒介的心理动机,比如有学者指出受众在选择媒介时并不是随心所欲和明确的,而是会受到很多不同因素的影响,往往会在同质性较强的信息面前变得无所适从,人们很难根据自己的需要去选择合适的媒介(袁爱清,2006);对使用与满足理论本身的研究,从历史的角度回溯了该理论的发展脉络,指出了该理论的相关假设,并指出该理论更多地属于定性研究的范畴,而在定量方面的研究有待提高,该理论在系统化和制度化方面仍有探索的空间(陆亨,2011)。

(二)用户内容生成

用户内容生成(UGC,即 User Generated Content),是指普通人主动利用互联网技术分享和创造内容的一种信息传播活动(Veronika & Pille,2009),其主要形式包括微博客、社交媒体的图文创作、视频网站的视频制作与上传、门户网站的新闻短评等(Madden & Fox,2006)。随着传播环境的低门槛化、自由化,人们正在从信息的接受者转变为信息内容的生产者(Hall,2001)。可以说,科学技术发展、媒介形态多样化为用户内容生成的实现提供了强大的物质手段和工具,降低了人们利用互联网技术进行内容分享和原创的门槛。新媒介的出现使得原本消极的信息消费者成为积极的内容生产者,从而让人们能更多地展现自我、表达观点、参与公共事务(Bruns,2007b)。有学者进一步地指出,用户内容生成,已经越来越成为新媒体环境下影响政治民主和社会平等的重要因素,人们在网络环境中用户内容生成的频率和数量、质量,正影响着"以意见领袖为主导,信息接收者为辅"的不平等的社会公民参与体系的建立(Hargittai & Walejko,2008)。

通过对已有的关于网络内容生产的研究的分析,本文发现,以往的研究主要从内容和形式两个角度来考察,而在原创性方面却很少涉及(Hargittai & Walejko,2008)。当然,也有学者尝试从这些方面进行研究,主要集中在形式、内容和频率三个方面,其中频率主要考察内容生产的活跃程度;形式分为完全原创和对已有作品的再创作或修改；而内容生产则包括文字信息、图片、视频和音频等形式（Hagittai，2002；Hargittai & Walejko，2008；Sonia Livingstone，2008）。

国内学者也对 UGC 进行了探讨，涉及 UGC 模式研究、发展趋势研究、用户行为研究、与新媒体的互动等。比如有学者从用户的类型与角色（Who）、内容的类型与属性（What）、用户内容生成的动因（Why）以及用户内容生成的模式（How）四个维度及相互之间的联系深入解析 UGC 概念中最为本质的一系列问题（赵宇翔、范哲、朱庆华，2012）。再如比如视频分享网站、社交媒体网站、微博客空间等媒介环境下用户内容生成的具体运行情况表现，以及这些媒介环境下用户内容生成的现状和问题。比如有学者提出伴随着以提倡个性化为主要特点的 Web2.0 概念兴起的手机 UGC 将成为 3G 时代手机内容的重要来源（张建、李益，2012）。

（三）影响用户内容生成的因素

在影响用户对媒体使用和用户内容生成方面，国内外均有一些研究对其进行了探讨。已有研究发现，人们的网络内容生产（的频率、形式、内容）存在着巨大的差异（vanDijk，2004；Bucy，2000），不同学者也一直尝试从不同的理论路径研究影响人们生产网络内容的主要因素的具体表现：人们不再只是把媒介当作信息接收的工具，更多地把媒介当作自我内容生产的平台，大量具有创造新的网络内容被生产了出来；在影响青少年的网络内容原创方面，媒介获得的便利程度、性别差异、家庭经济条件等是重要的影响因素，尤其是在某个新兴媒介的兴起阶段，媒介获得的便利程度被认为是影响青少年用户内容生成最重要的原因（Sonia Livingstone，2004）；在当前媒介接触条件趋同的情况下，除了以往的网络使用经验（主要指一个人使用网络的时间和频率）和网络使用技能（主要指使用网络的能力和熟练程度），自我效能（人们对于自己实施某一行为的预期）这一心理因素是影响人们进行网络内容原创的更为重要的因素（Teresa Correa，2010）。

国内也有学者对网络使用与用户内容生成的相关问题进行了研究，并发现：网络媒介接触条件中的设备和场所对网络内容生产的频率都产生显著影响，对网络内容生产的原创性和丰富度产生显著影响；网络使用技能仅对网络内容生产的频率产生显著影响，对网络内容生产的丰富度和原创性都没有显著影响；网络使用经验中，相比于电脑上网，手机上网的频率对网络内容原创的影响更加显著；网络自我效能对大学生网络内容生产的频率、丰富程度和原创性均产生显著影响(申琦、廖圣清,2013)。另外,也有研究发现,大学生使用微信的信息需求、人际需求、表达认同需求和娱乐需求越强烈,微信依赖的程度也越严重;在接触行为上,接触的年限越长、使用的时间越长、使用的频率越高,其微信依赖的程度也越严重(王玲宁,2014)。

综合国内外的研究发现和本文的研究目的,研究者提出以下理论假设模型:

在此基础上,本文的三个假设为(如图 1):

H1:微信使用经验越丰富,大学生用户微信 UGC 频率越高、形式越丰富、原创性越强。

H2:微信使用技能越强,大学生用户微信 UGC 频率越高、形式越丰富、原创性越强。

H3:社交需求越强烈,大学生用户微信 UGC 频率越高、形式越丰富、原创性越强。

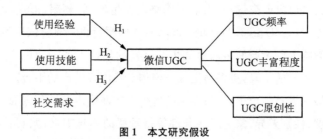

图 1　本文研究假设

三、 研究方法

(一) 数据来源

武汉市高校大学生是本文的主要研究对象。整个武汉市在读大的大学生,保守估计就有 100 万人,而且武汉市的学校类型和学生生源地都十分广泛,因此,以武汉市大学生为研究对象具有很好的代表性。

在本次研究中,为了确保问卷分析的有效性和代表性,研究者招募了 10 名调查员,并在武汉市的武汉大学(一本高校)、华中科技大学(一本高校)、湖北经济学院(二本高校)、文华学院(三本高校)等多所高校简单随机抽样了 300 名学生。通过发放纸质问卷的方式对其进行调查。最后回收的问卷数量为 278,回

收率为 92.67%。被试人口学信息(性别分布、专业分布、月生活费分布及是否使用微信情况分布)统计如下:(N＝278)

表 1　被试人口学信息

项目	分类	人数(人)	百分比(%)
性别	男	149	53.60
	女	129	46.4
专业	文科类	119	42.8
	理工科	133	47.8
	艺术类	26	9.4
月生活费	500 元以下	12	4.3
	500—1000 元	112	40.3
	1001—2000 元	121	43.5
	1000 元以上	33	11.9
微信使用状况	使用,且正在使用	226	81.3
	使用过,现在不使用	39	14.0
	从未使用过	13	4.7

从被试人口学信息来看:男女分布较为均匀(男性占 53.6%,女性占 46.4%);专业分布方面,文科类占 42.8%,理工科占 47.8%,艺术类占 9.4%;在月生活费方面,主要集中在 500—2000 元(500～100 元占 40.3%,1001—2000 元占 43.5%);就是否使用微信而言,微信使用率为 95.3%,可见微信在武汉的大学生中十分流行。

由于本文调查的是微信使用对大学生 UGC 的影响,因此,从未使用过微信的不计入本次调查。也就是说,本次问卷的有效样本数是 265 分。通过对这 265 份问卷的分析,我们可以得出被试者的微信使用基本情况(如表 2):

表 2　被试微信使用基本情况(N＝265)

使用情况	均值	标准差	取值区间	样本量
使用时间	3.49	0.917	1～5	265
使用频率	3.32	1.131	1～5	265
微信各功能使用	2.28	0.556	1～5	265
	均值	标准差		百分比%
聊天	3.77	1.153		95.8
朋友圈	3.51	1.234		92.8
订阅号	3.48	1.108		93.6
摇一摇	1.88	0.999		55.8

	均值	标准差	百分比%
扫一扫	2.39	1.146	74.3
漂流瓶	1.42	0.713	30.9
附近的人	1.37	0.640	30.2
购物	1.31	0.606	25.3
游戏	1.46	0.733	35.8

可见,武汉市大学生的微信使用时长在 3.5 年左右($M=3.45,S.D.=0.917$),使用较为频繁($M=3.32,S.D.=1.131$),对微信各功能的使用并不多($M=2.28,S.D.=0.556$),在具体功能方面,使用聊天、朋友圈和订阅号居多。

（二）变量的测量

在测量方面,本文主要从操作化和分析两个方面进行分析。操作化是对本研究各个变量具体的指标化的描述以及采用的测量方法和赋权方式的介绍,分析则是介绍本文的分析方法。

1. 使用经验测量

对微信使用经验的测量由两道题目构成,包括使用时长（1 年、2 年、3 年、4 年和 5 年及以上）和使用频率（不使用、使用较少、一般、使用较多和使用很多）。采用 5 级李克特量表,分别赋值 1—5。该量表共 2 个问项,Cronbach's Alpha 值为 0.754。

2. 使用技能测量

在微信使用技能方面,可以划分为对智能手机的操作水平、对图文的处理水平、对语音视频的处理水平和对微信相关功能的使用水平四项,从不熟练到熟练共 5 级,分别赋值 1—5。该量表 Cronbach's Alpha 值为 0.902。

3. 社交需求测量

通过对文献的总结和对微信功能的分析,本研究将社交需求划分成 6 个方面,具体变量为:我很乐于使用微信结交新的朋友;我很乐于使用微信与亲朋交流;我很乐于使用微信分享我的生活点滴（包括聊天和朋友圈等）;我经常在别人的朋友圈状态下点赞或评论;我很乐于把微信当作便于学习、工作交流的一个工具;我很乐于订阅公众号。被试通过回答 5 级李克特量表回应上述问题,从反对—赞同,分别赋值 1—5。该量表 Cronbach's Alpha 值为 0.818。

4. UGC 测量

本研究用 UGC 频率、UGC 原创性和 UGC 丰富程度三个指标来表述 UGC

的总体情况。其中 UGC 频率用"一般情况下,您会主动利用微信分享相关内容吗(包括在聊天界面和朋友圈等的分享)"一题测量,选项有从来不会、很少、较多会和十分频繁,赋值1—4。UGC 原创性用"一般情况下,您分享的内容都是自己原创的吗"一题测量,选项有都不是、很少是、较多是和全都是,赋值1—4。在 UGC 丰富形式上,根据微信的实际情况,用文字、语音、照片和小视频四种形式,考察了大学生对这些形式的使用情况,用5级李克特量表,从不使用—使用非常多,赋值1—5,最后将这四个方面的值进行平均赋权,得到 UGC 丰富程度的值。该量表 Cronbach's Alpha 值为0.662。

（三）数据分析方法

本研究利用 SPSS20.0 进行数据分析,主要采用描述性分析和回归分析两种分析方法,用以调查武汉市大学生微信 UGC 的基本状况,以及微信使用经验、微信使用技能和社交需求对武汉是大学生微信 UGC 的影响状况。

四、研究结果

（一）调查对象微信 UGC 基本状况

表3   大学生微信 UGC 情况

	均值	标准差	取值区间	样本量
UGC 频率	2.23	0.717	1~4	265
UGC 形式	2.63	0.821	1~5	265
UGC 原创性	2.19	0.752	1~4	265
	均值	标准差	百分比%	
文字	3.48	1.105	95.8	
语音	2.13	1.114	92.8	
照片	3.13	1.235	93.6	
小视频	1.79	0.980	55.8	

从表3看,武汉是大学生的微信 UGC 频率较低(均值为2.23,标准差为0.717)、UGC 形式不够丰富(均值为2.63,标准差为0.821)、UGC 原创性较低(均值为2.19,标准差为0.752)。在原创形式方面,武汉市大学生偏向于使用文字(96%)和照片(87.1%),与之相比,语音和小视频的使用率比较低,分别为:65.1%和52.5%。通过后期的访谈,我们发现随着新闻媒体层出不穷的各种"门"事件的曝光,受访大学生具有一定的个人隐私保护意识,他们认为文字相

较于语音与视频类信息而言,能给予社交媒体用户更大的安全感。

（二）武汉市大学生微信 UGC 的影响因素

表 4　武汉市大学生微信 UGC 的相关影响因素

		总体	性别		专业			月生活费			
			男	女	文科	理工	艺术	小于500	500~1000	1001~2000	大于2000
使用经验	时长	3.49 0.917			3.50* 1.064	3.40* 0.755	3.92* 0.812	3.64** 0.924	3.33** 0.859	3.49** 0.906	4.00** 1.000
	频率	3.32 1.131			3.58** 1.044	3.07** 1.182	3.32** 1.030	2.09*** 0.944	3.24*** 1.151	3.38*** 1.065	3.84*** 1.036
使用技能	智能手机操作	3.74 1.053			3.92* 0.873	3.65* 1.194	3.36* 0.952				
	图文处理	3.48 1.108			3.76** 0.925	3.28** 1.225	3.08** 0.997	2.64*** 1.748	3.18*** 1.049	3.73*** 0.988	3.84*** 1.098
	语音视频处理	3.17 1.070			3.38* 0.898	2.98* 1.177	3.20* 1.118	2.64*** 1.748	2.88*** 1.02	3.39*** 0.919	3.55*** 1.179
	微信功能操作	3.30 1.043			3.50** 0.877	3.07** 1.175	3.44** 0.870	2.64** 1.748	3.09** 0.951	3.49** 0.952	3.52** 1.180
社交需求	结交新朋友	3.12 0.917									
	与亲朋交流	3.95 0.920	3.77** 0.984	4.14** 0.804	4.13** 0.772	3.72** 1.011	4.20** 0.866	3.00*** 0.894	3.89*** 0.898	3.96*** 0.932	4.45*** 0.624
	分享自己生活	3.58 0.974									
	关心别人	3.57 0.935	3.43* 0.996	3.72* 0.844	3.73** 0.805	3.38** 1.036	3.76** 0.831				
	学习工作	3.65 0.962									
	公众号	3.60 0.973									

＊＊＊ 表示 $P<0.001$；＊＊ 表示 $P<0.01$；＊ 表示 $P<0.05$。

结果显示（见表 4）总体而言,武汉市大学生的总体微信使用经验较高,时长约 3.5 年（均值为 3.49,标准差为 0.917）,使用频率较高（标准差为 3.32,标准差为 1.31)。武汉市大学生的总体微信使用技能较好,截至 2015 年 12 月,对智能手机操作的水平较高(均值为 3.74,标准差为 1.053),其次分别是图文处理水平(均值为 3.48,标准差为 1.108)、语音视频处理水平(均值为 3.17,标准差为 1.070)和微信功能操作水平(均值为 3.30,标准差为 1.043)。

武汉市大学生的社交需求处于中等偏上水平,且在具体各项指标上有所差异。比如,相比于利用微信结交新朋友(均值为 3.12,标准差为 0.917),武汉市大学生更倾向于与亲朋交流(均值为 3.95,标准差为 0.920)。另外,武汉市大学生会把微信当作分享自己生活和关心别人生活的平台,也会把微信当作用以学习工作、获取信息的工具。

表 4 中微信 UGC 的相关因素,在性别方面,绝大部分都没有统计上的显著性差异,可以说,性别因素并没有对武汉市大学生的微信使用经验、微信使用技能和社交需求产生显著影响;在专业和月生活费方面,大部分都在使用经验和使用技能方面显示出了显著性差异,而在社交需求方面,绝大部分都没有显著差异,也就是说,专业和月生活费对微信使用经验和微信使用技能产生显著影响,对社交需求不产生显著影响。

在此基础上,我们用回归分析,考察微信使用经验、微信使用技能和社交需求等因素,对大学生微信内容生产的影响。

表 5　影响武汉市大学生微信 UGC 的因素

自变量	UGC 频率		UGC 丰富程度		UGC 原创性	
	模型一	模型二	模型一	模型二	模型一	模型二
人口学变量						
性别	0.115	0.083	0.103	0.165	−0.068	−0.016
专业	−0.050	0.066	−0.084	0.063	−0.028	0.062
月生活费	0.248***	0.058	0.249***	0.066	−0.031	−0.139*
R^2	0.080		0.061		0.004	
使用经验		0.060*		0.090		0.087
使用技能		0.052**		0.281***		0.182**
社交需求		0.063**		0.225**		0.024
R^2		0.252		0.266		0.080

*** 表示 $P<0.001$;** 表示 $P<0.01$;* 表示 $P<0.05$

结果显示(见表 5),人口学变量中的月生活费对微信 UGC 频率($\beta=0.248$,$P<0.001$)、微信 UGC 丰富程度($\beta=0.249$,$P<0.001$)和微信 UGC 原创性($\beta=$

—0.139,P<0.05)产生显著影响,而性别和专业均不对微信 UGC 的频率、丰富程度和原创性产生影响。

当控制了人口学变量以后,使用经验(β=0.060,P<0.05)、使用技能(β=0.052,P<0.01)和社交需求(β=0.063,P<0.01)均对微信 UGC 频率产生显著影响;使用技能(β=0.281,P<0.001)和社交需求(β=0.225,P<0.01)对微信 UGC 丰富程度产生影响;微信使用技能(β=0.182,P<0.01)对微信 UGC 原创性产生显著影响。综合以上结论,可以认为,本文的 3 个假设得到了验证。

五、 讨论

随着微信的出现和普及,针对微信的使用行为和动机需求方面研究也越来越受到学界的关注,但专门的实证研究相对匮乏。有学者对西安大学生微信使用状况进行了调查,并发现,大学生对微信具有较高的接受度和满意度,大学生对微信具有一定依赖性,同辈群体依然是他们微信的主要交往对象,大学生在微信朋友圈的主要行为集中于阅读、点赞和发表情。尽管不同大学生群体在微信使用和交流上存在差异,但微信已成为大学生对外沟通的主要媒介,淡化了他们学习和生活的时间边界,使得他们难以摆脱微信的影响(张志坚、卢春天,2015)。在微信使用需求方面,有针对大学生群体的研究发现,信息交流是大多数微信用户的主要动机,其次是娱乐消遣(詹恂、严星,2013)。刘振声提出受众对具有不同媒介特征的社交媒体,有不同的媒介需求(刘振声,2013)。王玲宁发现微信的媒介需求程度依次是:获取信息>人际交往的维护和拓展>娱乐消遣>自我表达和认同。张咏华等在一项针对上海市大学生社交网站的动机研究结论是,认知(信息)需求>情感需求>社会联系需求>逃避释放压力需求(张咏华,2013)。

作为针对微信使用、社交需求和微信 UGC 之间关系的一次尝试性研究,本研究基于使用与满足理论,并通过问卷调查,用实证、定量的方法考察了武汉市大学生利用微信进行用户内容生成的基本情况,探讨了微信使用经验、微信使用技能和社交需求这 3 个因素对微信 UGC(包括 UGC 频率、UGC 丰富程度和UGC 原创性)的影响情况。

影响用户内容生成的因素是复杂的,涉及社会学、传播学、心理学、管理学、人类学等多个学科的不同概念和原理。虽然已有研究也试图从不同的学科视角对其进行探讨(具体的研究发现,已经在前文中有所表述),但是并没有学者能够对这些因素进行一个系统而完整的总结和描述。

本研究一方面，借鉴了已有研究中使用经验（包括使用时长和使用频率）和使用技能（包括对新媒介新应用的熟练程度）两个影响因素，分别检验了这两个因素对武汉市大学生利用微信进行用户内容生成的影响。另一方面，本研究以微信使用者的主要需求之一——社交需求作为影响武汉市大学生利用微信进行用户内容生成的因素，具体检验了其对用户内容生成频率和丰富程度的影响情况。

在使用经验和使用技能对用户内容的影响方面，本研究发现：

1. 微信使用技能对微信 UGC 频率产生影响，对微信 UGC 丰富程度和原创性不产生影响；

2. 微信使用技能对微信 UGC 频率、丰富程度和原创性均产生影响；

3. 社交需求对微信 UGC 频率和丰富程度产生影响，对微信 UGC 原创性不产生影响。

总的来说，本文基本验证了本文的三个假设，发现：微信使用技能、微信使用经验和社交需求是影响大学生微信 UGC 的相关因素。

值得一提的是，在社交需求与微信 UGC 方面，本文发现：社交需求越强烈，微信 UGC 的频率越高、微信 UGC 的形式越丰富。可以说，作为一次创新性的尝试，本文验证了社交需求和微信 UGC 之间的关系，并发现社交需求的确是影响大学生利用微信进行用户内容生成的一个因素。

六、 研究局限与反思

本次研究还存在很多值得深入研究的地方，特别是在将社交需求作为影响用户内容生成的因素方面：在社交需求的概念化上，由于以往的研究对此概念并没有系统且统一的定义，因此在社交需求的操作化方面，本文结合社交媒体的相关理论和微信对应的用户需求，采用功能对应需求的思路，将社交需求用"建立关系"、"维系关系"、"主动分享"、"与他人互动"、"获取社会资讯"、"学习工作的需要"等指标来具体表述和测量。在以后的研究中，笔者将结合理论和实际对此问题进行更多的尝试和探讨。另外，由于研究的时空限制和研究者的个人因素，问卷的设计可能不尽完善，比如在对用户内容生成方面，直接用"一般情况下，您会主动利用微信相关内容的原创吗（包括在聊天界面和朋友圈等）"一个问题来测量被调查者的用户内容生成频率，而一般的调查者可能由于对原创概念的不够明晰而造成填写方面的困惑,从而对问卷后期的分析造成影响,这在一定程度上影响了本次调查的信度和效度。最后,本研究只调查了大学生这一群体,如果想进一步了解用户的微信 UGC 情况及其影响因素,应将样本扩展至社会的各个群体,这些都是本研究未来的努力方向。

参考文献

期刊论文

[1] 单晓彤(2013),"微信传播模式探析"。《新闻知识》,2013 年第 2 期,页53—54。

[2] 聂磊(2013),"微信朋友圈:社会网络视角下的虚拟社区"。《新闻记者》,2013 年第 5 期,页 71—74。

[3] 刘建新(2011),"网络'哥姐'风潮的传播学解读"。《传媒观察》,2011年第 1 期。

[4] 易前良、王凌非(2011),"青年御宅族的媒介使用动机研究:以南京地区为例"。《新闻与传播研究》,2011 年第 4 期。

[5] 袁爱清(2006),"使用与满足理论在新闻实践中的运用与分析"。《传媒》,2006 年第 8 期。

[6] 陆亨(2011),"使用与满足:一个标签化的理论"。《国际新闻界》,2011年第 2 期。

[7] 赵宇翔、范哲、朱庆华(2012),"用户内容生成(UGC)概念解析及研究进展"。《中国图书馆学报》,2012 年第 9 期。

[8] 张建、李益(2012),"手机 UGC——审美创造新舞台"。《新闻爱好者》,2012 年第 12 期。

[9] 申琦、廖圣清(2013),"网络接触、自我效能与网络内容生产"。《新闻与传播研究》,2013 年第 2 期。

[10] 王玲宁(2014),"采纳、接触和依赖:大学生微信使用行为及其影响因素研究"。《新闻大学》,2014 年第 6 期,页 62—70。

[11] 张志坚、卢春天(2015),"大学生微信使用情况调查"。《当代青年研究》,2015 年第 5 期,页 89—93。

[12] 詹恂、严星(2013),"微信使用对人际传播的影响"。《现代传播》,2013年第 12 期。

[13] 刘振声(2013),"社交媒体依赖与媒介需求研究——以大学生微博依

赖为例"。《新闻大学》,2013 年第 1 期,页 119—129。

[14] 张咏华、聂晶(2013),"专业对大学生社交媒体使用及动机的影响——以上海大学生为例"。《国际新闻界》,2013 年第 12 期,页 43—55。

[15] Thomas E.(2000). Ruggiero, Uses and Gratifications Theory in the 21st Century. Mass Communication & Society,3(1),3 - 37.

[16] Paul G. Hendriks Vettehen, Leo B. Van Snippenburg (2002). Measuring Motivations for Media Exporse: A thesis. Quality and Quantity, 36 (3),259 - 276.

[17] LaRose, R., Eastin, M.(2004).A Social Cognitive Theory of Internet Uses and Gratification: Toward a New Model of Media Attendance. Journal of Broadcasting and Electronic Media,48(3),358 - 377.

[18] Veornika et al.(2009).Online Content Creation Practices for Estonian School Children in a Comparative Perspective.Jouranl of Children and Media, 3(4),331 - 347.

[19] Hargittai E. (2008). The Participation Divide: Content Creation and Sharing in the Digital Age. Information, Communication & Society, 11(2), 239 - 256.

[20] Livingstone, S. (2008). Taking Risky Opportunities in Youthful Content Creation: Teenagers' use of Social Networking Sites for Intimacy, Privacy and Self Expression. New Media & Society,10(3),393 - 411.

[21] Van Dijk(2004).Divides in Succession: Possession, Skills, and Use of New Media for Societal Participation. In J. N. Newhagen & E. Bucy (Eds.). Media Access: Social and Psychological Dimensions of New Technology Use, 2004,233 - 254.

[22] Livingstone S(2004). Media literacy and the Challenge of New Information and Communication Technologies.The Communication Review,7,3 - 14.

[23] Teresa Correa(2010).The Participation Divide Among "Online Experts": Experience, Skills and Psychological Factors as Predictors of College Students' Web Content Creation.Journal of Computer—Mediated Communication,16,71 - 92.

书籍

[1] Hall J. (2001). Online Journalism: A Critical primer. London: Pluto

Press.

[2] Burns，A.(2007).Beyond Differences：Reconfiguring Education for the User-led Age.In Proceedings ICE3：Idelas,Cyberspace,Education. Scotland：Ross Priory,Loch Lomond.

网上文章/文件

[1] Madden，M.,Fox，S.(2006).Riding the waves of "Web2.0"：More than a Buzzword but Still Not Easily Defined. Retrieved November 22，2008，from http：//www.pewenternet.org/pdfs/PIP Web2.0.Pdf.

Wechat UGC Research Based on Social Needs，
Wechat Experience and Skills

She Shuo　Ding Yixia

Abstract：As the main user of Wechat，the requirements，experience，skills of Wechat's usage changes as college students' interests varying from social activities to user generate content(referred to Wechat UGC) on the public Wechat account，so it does increasing influence on relevant social groups. Thus，the research of college students' behavior of Wechat using，influencing factors and internal relations makes sense on theory and practice. Based on theory of use and gratifications，the paper does the research on the Wechat UGC and influence factors of students of Wuhan by way of questionnaire survey. Research shows that social demand，Wechat experience，usage skill for Wechat both have significant influence on Wechat UGC，which also reflects the rule of social media usage and then provides data and decision support for enterprise and management department

Key words：Wechat；UGC；Social Needs；Experience and Skills

新媒体与政治危机

于京东 *

【摘　要】　从 2010 年席卷突尼斯及阿拉伯世界的"政治危机",到 2016 年土耳其突发的军事政变,以社交媒体为代表的新媒体扮演了重要角色。对此也形成了新媒体与政治关系的两种观点:"互联网乌托邦主义"强调新媒体的解放性与民主性,而"互联网怀疑主义"则关注新媒体的非公共性与破坏性。本文认为,新媒体的政治成效需要既定的社会因素相配合。成熟稳定的政治体制中,新媒体的参与尽管会造成短时间的对立与分裂,但既有传统与制度规则会确保共同体层面的稳定。而突发性的政治危机下,新媒体的介入会加剧社会群体分化程度,在缺乏成熟机制的政治体系中易酿成严重的共同体危机。

【关键词】　新媒体;政治危机;共同体;土耳其政变

一

　　2010 年 12 月 17 日的突尼斯,26 岁的失业大学生穆罕默德·布瓦吉吉(Mohammed Bouazizi)一把火点燃了自己,也点爆了整个社会酝酿已久的政治危机。次年 1 月 14 日,总统本·阿里(Zine al-Abidine Ben Ali)宣布国家进入紧急状态,傍晚便紧急出逃,军队宣布接管政权,由总理组织联合政府。① 2016 年 7 月 15 日的土耳其,反对总统埃尔多安(Recep Tayyip Erdogan)的军人宣称"夺取政权",并且同支持政府的部队在首都安卡拉和伊斯坦布尔两座城市展开交战。然而以埃尔多安为首的政府很快控制局势,挫败了政变的阴谋,并随后在国内展开大规模的政治"肃清"。② 前者被认为是民主转型的"阿拉伯之春"序幕,后者被视作土耳其"威权政治"进一步强化的信号,而在此两种堪称"逆反走向"的政治危机中,新媒体都扮演了不可忽略的重要作用:突尼斯的"政治危机"

---

　　* 【作者简介】于京东,博士,南京大学政府管理学院。

　　① 秦天:《突尼斯"茉莉花革命"的前因后果》,《国际资料信息》,2011 年第 2 期,第 5—8 页。

　　② Turkey's coup attempt: What you need to know, BBC, 17 July 2016, accessible at: http://www.bbc.com/news/world-europe-36816045. 访问时间:2017 年 3 月 14 日。

被誉为"第一场数字革命",民众利用 Facebook、Twitter、Youtube、Flickr 等社交、资讯、视频与照片分享网站发布信息、串联活动、组织抗争,新媒体将散落的个体迅速集结成为庞大规模的群体走上街头。土耳其政变后的第一时间,总统埃尔多安利用手机视频向全国发布信息,并很快在 Facebook 和 Twitter 上得到大量转发,从而促使民众走上街头同叛军相对峙,为挫败政变做出了贡献。①

显然,无论是在专制社会的民主转型还是民选社会的政治危机中,新媒体的出现都给政治过程中的信息传播与大众参与带来了新的变化。尤其是在全球化的开放背景下,信息流通的即时、便捷、迅速与政治参与的广泛、多元与个性,不仅改变了传统新闻的生产与传播方式,也改造了政治生活的诸多方面。②一方面,"新媒体"、"网络媒体"、"数字媒体"、"社交网络"等字眼的出现总是同"民主"、"政治"相关联,Facebook、Twitter 等新兴媒介对美国总统竞选工作的影响如此之大,以至于有人称奥巴马为"社交媒体总统"或"互联网总统"。③ 另一方面,随着网络媒体对政治议题的普遍涉及,新媒体、社交网络等成为政治与传播领域研究的重点,尤其是"政治危机"与"阿拉伯之春"以后,新媒体与民主政治、治理转型之间关系研究的兴起。④ 然而这也隐含了"互联网乌托邦主义"(Cyber-utopianism)的潜在风险,在学者莫洛佐夫(Evgeny Morozov)看来,人们往往容易夸大网络时代数字媒体的影响,过于迷信在线沟通的解放性与积极性,而顽固地拒绝承认网络媒体自身的阴暗面。⑤ 在此之外,另一种思考新媒体与政治关系的观点是"互联网怀疑主义"(Cyber-skepticism),这在某种程度上同辛克利(Clay Shirky)2011 年提出的"社交怀疑主义"(social media skepticism)

---

① 山转转:《浅析新媒体在政治传播中的作用——以"阿拉伯之春"为例》,《改革与开放》,2016 年第 11 期,第 36—37 页。How Social Media Helped Defeat the Turkish Coup, Bloomberg News, 18 July 2016, accessible at, https://www.bloomberg.com/view/articles/2016 - 07 - 18/how-social-media-helped-defeat-the-turkish-coup. 访问时间:2017 年 3 月 14 日。

② 崔波:《社交媒体正在改变新闻传播方式?——美国的混合式新闻传播刍议》,《国际新闻界》,2011 年第 10 期,第 40—44 页。

③ James Katz, Michael Barris and Anshul Jain, *The social media president: Barack Obama and the politics of digital engagement*, New York: Palgrave Macmillan, 2013, p. 7.

④ 国外相关领域的最重要成果包括 Clay Shirky, "The political power of social media: Technology, the public sphere, and political change." *Foreign affairs*, vol. 90, no. 1, (2011), pp. 28 - 41. Dennis Linders, "From e-government to we-government: Defining a typology for citizen coproduction in the age of social media." *Government Information Quarterly*, vol. 29, no. 4, (2012), pp. 446 - 454. 国内这一方面的研究成果也很多,包括对新兴"微博"、"微信"、"QQ"等社交通讯网站和软件的研究,代表性的包括:王璐:《社交新媒体微博的传播学分析》,《郑州大学学报》(哲学社会科学版),2011 年第 4 期,第 142—144 页。代玉梅:《自媒体的传播学解读》,《新闻与传播研究》,2011 年第 5 期,第 4—11 页。王文:《Web 2.0 时代的社交媒体与世界政治》,《外交评论》,2011 年第 6 期,第 61—72 页。

⑤ Evgeny Morozov, *The net delusion: The dark side of Internet freedom*. New York: PublicAffairs, 2012, pp. xiii-xiv.

有异曲同工之处,它指的是对社交网络在政治实践中的作用保持怀疑,尤其是政治危机引发的社会变革往往十分复杂,除了新媒体之外,其他因素的作用也格外重要。[①] 显然,现有国内外有关"阿拉伯之春"与"政治危机"的研究中,"互联网乌托邦主义"的信奉者要多于"互联网怀疑主义"(Cyber-skepticism),学者们大都强调网络与社交媒体的积极作用。要么如雷跃捷等人所言,新媒体的出现改变了传统的新闻媒介,消弭了传统媒体所带来的传受双方不平衡关系。因而在阿曼(Mohammed Aman)与杰若尔(Tina Jayroe)等人关于中东和北非的民主化研究中,新媒体才能打破政府控制的传统媒体,促成了所谓大众参与的"网络民主"(network democracy)。[②] 另一方面,互联网在虚拟社区中的组织架构与动员功能得到进一步的关注,逐步被扩展到选举、政党与治理的具体研究领域。科布伦(Derrick Cogburn)等人就考察了美国民主党如何利用新媒体来促成选举,而奥巴马当选后又如何用其改变政治参与和公民社会的情况。[③] 在绝大部分国内学者的论述中,新媒体的出现是促成民主、助力治理的新工具,也是彰显自由理念,促进政治参与,更多地将民主政治拉近公民生活的新路径。[④] 然而,很少有学者讨论它在政治发展与政府治理过程中的负面影响。

　　显然,上述无论是探讨新媒体对民主政治的利弊问题,还是政治危机中新媒体的角色扮演问题,都可以归结为一种传媒技术与政治事件之间的关联性研究。而在这一领域,国内外学者已经积累了比较丰富的成果。[⑤] 在笔者看来,直

　　① Clay Shirky, "The political power of social media: Technology, the public sphere, and political change." *Foreign affairs*, vol. 90, no. 1, (2011), pp. 28-41.

　　② 雷跃捷、金梦玉、吴凤:《互联网媒体的概念、传播特性、现状及其发展前景》,《现代传播》,2001 年第 1 期,第 97—101 页。Mohammed Aman and Tina Jayroe, "ICT, social media, and the Arab transition to democracy: from venting to acting." *Digest of Middle East Studies*, vol. 22, no. 2, (2013), p. 317. Brian Loader and Dan Mercea, "Networking democracy? Social media innovations and participatory politics." *Information*, *Communication & Society*, vol. 14, no. 6, (2011), p. 757.

　　③ Derrick Cogburn and Fatima Espinoza-Vasquez, "From networked nominee to networked nation: Examining the impact of Web 2.0 and social media on political participation and civic engagement in the 2008 Obama campaign." *Journal of Political Marketing*, vol. 10, no. 1-2, (2011), pp. 189-190.

　　④ 例如,马小娟:《论社交媒体对公民政治参与的影响》,《中国出版》,2011 年 12 月下期,第 22—25 页。

　　⑤ 西方学界对此问题的经典研究是曼纽尔·卡斯特(Manuel Castells),他在一种网络崛起的时代背景下,分析了技术革新对社会和历史变迁的影响,目的并不在于考察技术本身,而是它同社会要素的互动与生产。详见曼纽尔·卡斯特著,夏铸九、王志弘译《网络社会的崛起》第 1 卷,北京:社会科学文献出版社,2001 年。国内学者郑保卫等人试图将数字化时代媒介技术的互动环境概括为"媒介生态",是一定事件和空间内各种传媒关系的总和。但显然这更偏重媒介系统本身内部的变化,而没有延伸到媒介技术与其他社会要素之间的关系。尽管也有部分学者从政治传播系统的完善、政治对话沟通的顺畅以及政治监督的实行等方面来解析新媒体技术的政治功能,但也并没有跳出传统的"技术作为政治过程的促进变量"的论述路径。详见郑保卫、樊亚平等:《数字化技术与传媒的数字化革命》,《国际新闻界》,2007 年第 11 期,第 6—10 页。周武军:《新技术·新媒体·新时代——浅析数字时代大众传媒政治功能发挥》,《长春理工大学学报》(社会科学版),2008 年第 6 期,第 27—29 页。

接探讨一种网络时代新媒体的利弊略显空洞。一方面,任何政治事件的解读都离不开对具体政治社会环境的考察,而考察新媒体与政治事件的关联就必须考察技术与政治在具体事件中的互动情境。另一方面,在技术与事件之间,影响政治发展与政治过程的制度因素与社会条件也是网络传媒研究的关注点。因此,在具体政治事件中考察新媒体技术与社会公共性要素的互动关系,成为本文研究的重点。由于 2010 年突尼斯的"政治危机"是新媒体影响政治剧变的典型案例,而 2016 年土耳其的政变危机又在某种程度上是"政治危机"与"阿拉伯之春"在伊斯兰世界的后续,前者成功地实现了民主转型,后者却在向威权主义的道路上迈进一步,这种截然不同的结果使得我们可以从比较的视角来考察这两次政治危机。尽管这两场危机却并未按大多学者所说的必然走向"民主",但新媒体在其中的发生节点、阶段性特点以及同社会公共性要素的互动情况都值得我们来挖掘。因此,全面考察和比较这两场政治危机,有利于我们更客观地理解新媒体在其中的运作机制、发生环境与正负效果。文章认为,在一种由单一向多元的社会转型过程中,新媒体的出现有利于各种利益协调与价值观念的引导,从而在民主转型过程中起到良性助推作用。而在一个多元社会的政治危机中,面对不够成熟完善的政治体制,新媒体对政治的介入反而会酿成严重的共同体危机。这一点在全球化的今天尤为明显,阿拉伯世界国家尽管多数拥有着传统型的政治体制与治理方式,却在全球化和对外依赖程度上水平颇高,这实际上为新媒体的作用发挥设置了既定环境。

二

新媒体相关概念的诞生源于"互联网"(Internet)这一强大的数字通信方式,最早的"互联网媒体"概念是由 1998 年联合国新闻委员会所提出的"第四媒体"概念发展而来,指的是基于互联网平台的网站、报纸、广播、电视。由于它相对于传统的纸媒、广播和电视具有一系列新的特点,人们将源于美国的"新媒体"(new media)概念同其相关联,用来指以数字技术为基础,以网络为载体的传播媒介。[①] 然而,也正是因为混杂了"数字媒体"、"网络媒体"、"社交媒体"等诸多相关概念,学界对"新媒体"一直缺少相对明晰的定义。罗杰·希尔文斯通

---

① 雷跃捷、金梦玉、吴风:《互联网媒体的概念、传播特性、现状及其发展前景》,《现代传播》,2001 年第 1 期,第 97 页。

（Roger Silverstone）侧重从"新"的维度来定义，"新技术与新媒体在一种数字化的机制中相结合，改变了社会与文化的时空"。[①] 列夫·曼诺维奇（Lev Manovich）在他那本享誉学界的《新媒体的语言》中，试图给出一个更为宽泛的定义：基于数字技术为载体的文本呈现与图像传播就是"新媒体"，而纸质印刷的就不是。[②] 笔者看来，一种明晰的对"新媒体"的界定反而不如一种"新媒体时代"整体特征的总结来得重要，尤其是新技术所带来的"个体化"与"互联化"这两个看似相反的媒介生态特征，实际上要置于新旧媒体交织的环境中来考察。所以"新媒体的报道绝不仅仅是一种技术转型，它也意味着原有技术、行业、市场、类别、公众等相互关系的变化"。[③] 因此，考察"新媒体"并非局限于概念本身，而是要考察整个新媒体环境下各种相关概念。

　　而在有关"新媒体"、"自媒体"、"网络媒体"、"数字媒体"与"社交媒体"的种种概念界定中，社交网络都构成了新型媒体的"主力"，尤其是在更为迅速、便捷的 Web 2.0 时代。新媒体允许普通大众借助网络平台，参与分享他们本身所经历的新闻事实，私人化、平民化、自主化的传播者们随时随地用文字、声音或图像在互联网上传播信息，所以新媒体往往也同"自媒体"（we media）相关联。在 Web 2.0 时代，这种结合最典型的体现便是"社交媒体"（social media）的广泛流行。安东尼·梅菲尔德（Antony Mayfield）将其定义为一种给予用户极大参与空间的新型在线媒体，具有公开、交流、对话、参与、社区化、连通性的基本特征。[④]

　　突尼斯的"政治危机"中，社交媒体便是主角之一。"政治危机"前夕，突尼斯国内的社交网络十分普及，尤其是年轻一代对于 Facebook、Twitter、Youtube 等网站的使用率很高，Facebook 的用户高达全国人口的五分之一。[⑤] 2010 年 12 月 17 日，穆罕默德·布瓦吉吉自焚后，一段手机录制的其家人在当地政府门前申诉与抗议的视频被上传到了 Youtube 网站，在不到一小时之内被浏览和转发了数千次。很快，布瓦吉吉的自焚开始成为一起政治事件，为 BBC、

　　① Roger Silverstone, *Why Study the Media*? London: SAGE Publications, 1999, p. 19.

　　② Lev Manovich, *The language of new media*. Massachusetts: MIT press, 2001, p. 43.

　　③ Henry Jenkins, "The cultural logic of media convergence." *International journal of cultural studies*, vol. 7, no. 1, (2004), p. 34.

　　④ 雷跃捷、金梦玉、吴凤：《互联网媒体的概念、传播特性、现状及其发展前景》，《现代传播》，2001 年第 1 期，第 97 页。匡文波：《"新媒体"概念辨析》，《国际新闻界》，2008 年第 6 期，第 66—67 页。代玉梅：《自媒体的传播学解读》，《新闻与传播研究》，2011 年第 5 期，第 4—11 页。曹博林：《社交媒体：概念、发展历程、特征与未来——兼谈当下对社交媒体认识的模糊之处》，《湖南广播电视大学学报》，2011 年第 3 期，第 66 页。

　　⑤ 秦天：《突尼斯"茉莉花革命"的前因后果》，《国际资料信息》，2011 年第 2 期，第 5—8 页。

CNN 等国际传媒所报道。① 22 日,突尼斯的国内形势很快演化成为多个城市的抗议示威,并且随着抗议者与警察的冲突而升级成为骚乱。抗议者的主体是失业青年、中学生、记者和律师,这些年轻人通过 Facebook、Twitter、Youtube 等社交与分享网站发布信息、串联活动与组织示威。27 日,骚乱与抗议蔓延至首都突尼斯城,总统本·阿里发表电视讲话称将严惩骚乱分子与极端势力。然而,局势的恶化与社交媒体不断传播与散布的视频以及面向民众的号召进一步吸引更多的人走向街头;与此同时,政府与民众的冲突也通过社交网站即时向国际社会"直播"。2011 年 1 月,欧盟、美国等西方国家开始给突尼斯政府施压,奥巴马呼吁突尼斯政府尊重人权,确保未来自由公正的选举能真实反映突尼斯人民的意志。欧盟外交代表阿什顿(Catherine Ashton)宣布承认和支持突尼斯人民的"民主诉求"。布鲁塞尔举行的欧盟外长会议还决定冻结本·阿里在欧盟国家金融机构的全部资金。② 1 月 13 日,本·阿里承诺不参加次年大选,并放开舆论管制,进行全面改革。14 日,宣布国家进入紧急状态,解散内阁。然而首都的暴力示威已经无法压制,民众通过社交媒体不断串联并走上街头,总统本·阿里无奈于 14 日晚出逃。此后的突尼斯国内政局动荡,一直到 2014 年 10 月才完成议会和总统选举,2015 年 1 月 5 日通过了新一届政府名单,"政治危机"后首届正式政府宣告成立,标志着突尼斯漫长的政治危机宣告结束。③

显然,从整个突尼斯政治危机的前后历程来看,基本上围绕着这样一种发生机制:一、偶然性事件的发生;二、事件经由传播媒介进入公众视野;三、群众不满情绪聚集与集体抗议;四、政府处理不当造成警民冲突与局势恶化;五、媒体传播使得事件进一步发酵并招致国际干涉。而在此过程中,作为新媒体的社交网络所扮演的角色极其重要,学者希拉兹(Farid Shirazi)概括了中东与北非政治危机中社交媒体所介入的四个关键环节:首先,初始阶段,捕捉突发性的导火索事件;其次,在社交网络内发酵,逐渐形成抗议性情绪和话语;随后,借社交媒体发布消息,组织抗议和游行;最后,冲突升级与暴力场面经由社交媒体再次传

---

①　Michal Matyasik, "Secure sustainable development: impact of social media on political and social crises." *Journal of Security and Sustainability Issues*, vol. 4, no. 1, (2011), p. 12. Tunisia suicide protesterMohammed Bouazizi dies, BBC, 5 Jan, 2011, accessible at, http://www.bbc.com/news/world-africa-12120228. 访问时间:2017 年 3 月 14 日。How a fruit seller caused revolution in Tunisia, CNN, 16 Jan 2011, accessible at, http://edition.cnn.com/2011/WORLD/africa/01/16/tunisia.fruit.seller.bouazizi. 访问时间:2017 年 3 月 14 日。

②　In quotes: Reaction to Tunisian crisis, BBC, 15 Jan 2011, accessible at, http://www.bbc.com/news/world-africa-12197681. 访问时间:2017 年 3 月 14 日。

③　秦天:《突尼斯"茉莉花革命"的前因后果》,《国际资料信息》,2011 年第 2 期,第 5—8 页。郭金灿:《"阿拉伯之春"四周年下的突尼斯政治转型》,《当代世界》,2015 年第 3 期,第 52—53 页。

播与发酵。① 突尼斯之后的利比亚、埃及、也门等国的政治危机也基本遵循这种由社交媒体参与的运动模式。因此,相当一部分学者声称是社交媒体促成了"阿拉伯之春",实现了"网络民主"。理由无非有两个:一是社交媒体作为新媒体的一种,在传统媒体之外为公众的信息沟通提供了自由空间,从而绕过了一向为政府所掌控的传统媒介,因此也改变了个体参与政治的方式,不仅有助于激化群体性的不满和冲突,还有利于组织和策划集体行动。② 这种观点无疑是有其合理之处的,事实证明,自焚事件后本·阿里探访受害者的媒体报道与恩威并施的电视讲话已经丧失了沟通民众的功能。相反,社交网络上的消息更新与行动计划构成了政府所无法掌控的虚拟空间。二是对受社会学研究的影响,在传播学领域得到应用和提倡的"弱连接"(weak ties)理论的解读。马克·格兰诺维特(Mark Granovetter)曾系统地总结过"弱连接"对于社会组织的影响,而受此启发的相关研究也指出了一种广泛的"弱连接"对于合作、协调以及一种"同质性"(homogeneity)的促成。③ 新媒体作为一种新的媒介可以在原本连接较少的群体中制造更多的沟通方式和机会,从而对"弱连接"及其网络产生积极的影响,尤其是对那些潜在但尚未被动员的连接。在网络 2.0 时代,新媒体所搭建的人与人间的关系不算"强连接",但它可以将处于"弱连接"的、数量极大的网民在最短的时间里动员起来。所以,新媒体才被一些学者称为革命的"加速器"。④

然而围绕新媒体同突尼斯政治危机的关系,学界还存在着另一种不同的看法:一种媒介的实际作用取决于具体情形,例如普遍接受的使用方式、技术特点、接触机制,所以"新媒体"并不等于"新媒体网络",后者往往需要在一种技术基础具备的情况下,基于一定的社会基础。⑤ 网络和社交媒体给埃及、突尼斯、

---

①　Farid Shirazi, "Social media and the social movements in the Middle East and North Africa: A critical discourse analysis." Information Technology & People, vol. 26, no. 1, (2013), pp. 34 - 35.

②　肯尼亚危机、埃及革命的案例研究都论证了社交媒体的作用。Maarit Mäkinen and Mary Wangu Kuira, "Social media and postelection crisis in Kenya." The International Journal of Press/Politics, vol .13, no. 3, (2008), pp. 333 - 334. Zeynep Tufekci and Christopher Wilson, "Social media and the decision to participate in political protest: Observations from Tahrir Square." Journal of Communication, vol. 62, no. 2, (2012), pp. 363 - 379.

③　Mark, Granovetter. "The strength of weak ties: A network theory revisited." Sociological theory, vol. 1, (1983), pp. 220 - 229.

④　Caroline Haythornthwaite, "Strong, weak, and latent ties and the impact of new media." The information society, vol. 18, no. 5, (2002), pp. 385, 392 - 393.

⑤　Caroline Haythornthwaite, "Strong, weak, and latent ties and the impact of new media." The information society, vol. 18, no. 5, (2002), p. 393.

利比亚等国带来了政治危机和社会变革的同时,并没有在伊朗和尼日利亚起到相同的效果。而总体性的制度转型与政治改革是更为复杂的过程,需要更多的因素相互作用才能实现,社交媒体仅仅是其中的工具和载体。[①]

　　仅以突尼斯为例,政治危机的发生不仅仅是社交媒体的作用。一方面,突尼斯长期"以发展求稳定"的政治模式无法有效应对突发性的政治事件,也无法合理疏导因此而聚集起的民意与诉求。突尼斯曾是国际社会公认的经济发展、政治稳定的治理典型,从 1957 年独立后废除君主制成立共和国以来,多党民主制徒有其表,执政党"宪政民主联盟"独大。即使宪法规定三权分立,但总统权力仍然凌驾于政府和议会之上。从 1987 年担任总统的本·阿里一直实行独裁统治,对内打击异己。而长期以来突尼斯政府一直以经济发展来换取这种体制的维持,在世界经济论坛发布的《2010—2011 全球竞争力报告》中,突尼斯位列第 32 名,为非洲国家之首。在联合国开发计划署发布的《2010 年人类发展报告》中,突尼斯的人类发展指数排名第 81 位,在非洲国家中仅次于毛里求斯,属于高人类发展水平国家。[②] 另一方面,自焚事件升级为政治危机的根本原因在于经济衰退与高失业率。突尼斯经济对外依赖程度高,2009 年突尼斯的出口总额是达到 GDP 的 47%,境外直接投资占 GDP 的 6%,经济严重依赖于国际市场,尤其是欧洲市场。[③] 而 2008 年开始的金融危机给世界范围的资本经济和产业发展造成了负面影响,尤其以后续的欧洲债务危机最为严重,突尼斯的经济在欧债危机和全球金融危机的影响下也出现严重问题。到 2010 年"政治危机"前夕,突尼斯社会失业率高升,其中绝大部分是青年大学生等高学历人群,通胀率有重新上升的趋势,沉重的就业负担和生存压力成为青年人摆脱不了的阴影,并在社会中积压了不满情绪,在政府对无证经营者的执法不当引发下爆发出来。

　　因此,我们不难看出突尼斯政治危机的背后,除了社交网络的助推作用之外,国内政治经济环境与全球化的外部因素构成了决定性的影响,而这种全球化的最强烈表现就是国际势力对突尼斯政局变动的干预。虽然突尼斯未出现如利比亚式的北约军事干涉,也没有后来叙利亚式的大国博弈,但大国势力尤

---

　　① 　Michal Matyasik, "Secure sustainable development: impact of social media on political and social crises." *Journal of Security and Sustainability Issues*, vol. 4, no. 1, (2011), pp. 13 - 14.

　　② 　以上数据转引自朴英姬:《透视"茉莉花革命"》,《中国报道》,2011 年第 2 期,第 72—73 页。

　　③ 　Joël Toujas-Bernaté, BoileauLokoand Dominique Simard, "Tunisia: Selected Issues." *IMF Country Report*, no. 10/109, (May 2010), pp. 2 - 3.

其是西方国家在危机中扮演着重要角色。首先,突尼斯的"政治危机"是美国"大中东战略"的一部分。2009 年奥巴马当选后访问埃及在开罗大学发表演讲,修复美国同伊斯兰世界的关系,其中数次提及"民主"和"自由"的话题。在突尼斯动乱发生后,奥巴马在国情咨文中公开声称美国要"站在历史正确的一边",美国驻突尼斯大使面见本·阿里时请求他放弃权力,并声称美国不会接受其政治避难。随后希拉里访问突尼斯,敦促临时政府实行政治改革。[①] 因而有人将此次突尼斯国内变局看作美国推行"大中东计划"的胜利,从其后发生的事实也不难看出,继突尼斯变局之后,埃及、也门、巴林和叙利亚的国内动乱,美国都在其中扮演着重要的幕后角色。[②] 其次,突尼斯同欧盟联系紧密,支柱产业全部依赖于欧盟,这种经济上的严重不平衡依赖使得欧盟在突尼斯局势中享有举足轻重的发言权。自焚事件后,欧盟抛弃了以往对突尼斯政府的支持立场,积极督促其国内的民主转型,并在随后为政府改革和民主选举提供咨询和帮助。而法国,实际上在危机过程中扮演了重要的施压角色,本·阿里威权统治的维持很大一部分原因是曾经多年受到法国的庇护,然而此次危机发生后法国政府拒绝他流亡法国,萨科齐(Nicholas Sarkozy)发表声明称坚决站在突尼斯人民一边,与此同时欧洲各国、各政党发表声明,坚决支持突尼斯人民的民主要求。[③] 所以,尽管我们不能否认新媒体在突尼斯"政治危机"与后续"阿拉伯之春"中的重要作用,但其作用的发挥必须拥有既定的政治经济环境。而从突尼斯的案例来看,全球化因素某种程度上构成了政治危机背后更为深刻的时代背景。

三

如果说 2010 年年底突尼斯的"政治危机"是社交媒体联通的政治运动打了统治政权一个"措手不及"的话,2016 年 7 月土耳其的军事政变向世界展示了统

① Remarks by the President on the Middel East and North Africa, 19 May, 2011, accessible at, http://obamawhitehouse. archives. gov/the-press-office/2011/05/19/remarks-president-middle-east-and-north-africa. Peter J Schraeder, "Tunisia's Jasmine Revolution, International Intervention, and Popular Sovereignty." *Seton Hall Journal of Diplomacy and International Relations*, vol. 13, no. 1, (2012), pp. 80 - 81. Clinton to stress democracy on Egypt, Tunisia trip, Reuters, 10 Mars, 2011, accessible at: http://www.reuters.com/article/us-mideast-clinton-idUSTRE7294EA20110310,访问时间:2017 年 5 月 25 日。

② 马亚男:《美国策动下的"大中东战略"》,《传承》,2011 年第 11 期,第 76—77 页。

③ Rym Ayadi, Silvia Colombo, Maria Cristina Paciello and Nathalie Tocci, "The Tunisian Revolution: An Opportunity for Democratic Transition." *Istituto Affari Internazionali working papers* 11/02, (Jan. 2011), p. 5.

治权力使用社交媒体的"娴熟技艺"。实际上,政变的发生是如此迅速而短暂,以至于传统媒体在其中仅仅扮演了"事后确认"的角色,而即时、透明、迅捷的新媒体则在报道政变的过程中成为主力。

事实上,政变者从一开始就清醒地意识到控制传播媒介的重要性。7 月 15日政变的军人集团在出动武力掌控城市与主要通道的同时,第一时间封锁了CNN、BBC 等国际通讯机构,并切断了主要社交网络的对外连接。与此同时,通过电视台向外界公布政变声明:失去合法性的政府已经被迫交权。然而政变者拙劣的公关手段使得他们依然将控制媒介和话语权的重点放到了电视台,然而即便是军人很快占据了土耳其的国家电视台和重要卫星通信频道,政变的消息依然通过不受控制的社交媒体迅速传播。并且同传统媒体不同,政变者的声明很难按照原本意图向民众传播,反而因其封锁、管控的方式使得民众有了强烈的不信任感。[①] 本质上,新媒体,尤其是社交媒体与自媒体,改变了传统媒体传播中的"传播者"与"受众"之间的主导与被主导关系,这意味着人与人、人与信息源之间的多元沟通,因而这种新闻传播是个性化的,它同传播者个体的态度、价值与观念密切相关,又因其广泛性与迅捷性的特点而难以掌控。[②] 尤其是在政变危机这样的突发环境中,很难通过广播电台的"一纸声明"来控制和引导整个民意,再加上全球化时代社交媒体与自媒体的国际化,政治危机的发生必然带来国际上的关注和主流国家的价值评判,因而在这种情况下即便控制了主流媒体,切断了社交网络,来自民间与外部的"虚拟传媒"依然能够传播不同的信息。事实证明,军方封锁消息的举动并未起到很大的效果,互联网与国际媒体的消息很快将政变者的"声明"淹没。

与政变者相比,总统埃尔多安显然更熟悉社交网络的"运用之道"。政变发生数小时之后,远在外地的总统利用手机上的 Facetime 软件同整个国民视频连线,呼吁所有的土耳其人走上街头,反对叛乱者。随后,他在 Twitter、Facebook上时刻不停地发表推文,更新政府对政变的处理情况,还鼓励 860 万的粉丝通过视频连线呼吁更多群众参与,对抗叛乱。这一消息很快经由 Facebook、Twitter、Instagram、Youtube 等社交与分享网站传播,民众在得知消息后开始纷纷

　① Failed coup in Turkey: What you need to know, CNN, 18 July 2016, accessible at, http://edition.cnn. com/2016/07/18/middleeast/turkey-failed-coup-explainer. 访问时间:2017 年 3 月 14 日。

　② Lance Bennett, "The personalization of politics political identity, social media, and changing patterns of participation." *The ANNALS of the American Academy of Political and Social Science*, vol. 644, no. 1, (2012), pp. 20‐22.James Katz, Michael Barris and Anshul Jain, *The social media president: Barack Obama and the politics of digital engagement*, New York: Palgrave Macmillan, 2013, pp. 7‐8.

走出家门,堵住了政变者的坦克和部队,而这些图片与视频消息又很快经由社交媒体再度传播和发酵,大大挫败了政变者的士气。16 日上午的 9 点,总理耶尔德勒姆(Binali Yildirim)在 Twitter 呼吁粉丝帮助政府重新控制伊斯坦布尔市的一个警察局。7 月 16 日中午,政府军宣布正式挫败政变阴谋。① 有学者称,在协助政府挫败一场政变阴谋的同时,社交媒体也助力了民主的巩固,然而在这场社交媒体助力解决的政治危机中,扮演主角的已不再是普通民众,而是善于利用新媒体的总统埃尔多安。

与突尼斯的民主转型不同,近年来土耳其的政治文化日渐朝威权主义和民粹主义演进,多党制与民主选举并没有改变土耳其社会的根本结构,相反,数次军事政变确立了威权主义的政治体系与传统。② 我们看到,在此次军事政变所引起的政治危机中,社交媒体非但没有像突尼斯一般成为民间对抗政府的助力,反而成为威权政府引导舆论、控制社会的工具。从媒介与权力的辩证关系来看,新媒体作为权力工具的潜质并不会因为是否是民主体制而有所差异。权力习惯于学习与演化,当下的政治权威已经不再简单停留于封锁与灌输这种传统的处置手段。相反,政府公关逐渐朝着引导、监控与渗透新媒体的方向来发展,以此来减少反对声音,塑造公共舆论,同时获取重要情报和社会的思潮动态。所以在一部分"互联网怀疑论者"看来,新媒体已经不再是政府统治的障碍,而是成为协助治理的工具。③ 事实上,继 2008 年奥巴马的当选之后,越来越多的政党与政治精英开始习惯于投身社交网络,利用新媒体助力选举或者实现政策意图。而经验性的案例表明,新媒体在政治实践中的运用往往是一把"双刃剑",社交网络发动的大众参与在促成选举、解决危机的同时,也可能引起谣言、仇恨与煽动性的言论,而后者极易在撕裂性的社会中造成冲突与暴力。④ 西

① How Social Media Helped Defeat the Turkish Coup, Bloomberg News, 18 July 2016, accessible at, http://www.bloomberg.com/view/articles/2016 - 07 - 18/how-social-media-helped-defeat-the-turkish-coup. 访问时间:2017 年 3 月 14 日。How Erdogan turned to social media to help foil coup in Turkey, Financial Times, 17 July 2016, accessible at, http://www.ft.com/content/3ab2a66c - 4b59 - 11e6 - 88c5 - db83e98a590a. 访问时间:2017 年 3 月 14 日。

② 相关研究详见刘义:《土耳其的政治危机:政治伊斯兰与民粹主义》,《文化纵横》,2016 年第 6 期,第 113—116 页。周术情:《试论军人政治与民主化进程——以土耳其 1980 年政变为例》,《西亚非洲》,2008 年第 8 期,第 31—36 页。

③ Seva Gunitsky, "Corrupting the cyber-commons: Social media as a tool of autocratic stability." *Perspectives on Politics*, vol. 13, no. 1, (2015), pp. 42 - 43.

④ 这种社交媒体对政党选举的作用研究很多,例如 Nnanyelugo Okoro and Kenneth Adibe Nwafor, "Social media and political participation in Nigeria during the 2011 general elections: The lapses and the lessons." *Global Journal of Arts Humanities and Social Sciences*, vol. 1, no. 3, (2013), pp. 29 - 46.

欧与北美的选举体制或许能证明新媒体的积极作用,但一味迷信新媒体的积极功能恰恰容易忽视其背后权力主体取向或集体无意识取向所能带来的不良后果。

事实证明,新媒体所推动的"阿拉伯之春"仅仅是昙花一现,叙利亚、利比亚、埃及等国在相当长时间里陷入混乱、政变与内战的恶性循环,而原本对革命与社会转型起到促成作用的网络媒体,在分裂与动乱的社会当中非但无法凝聚共识,反而为各种政治势力与利益集团所运用,逐渐显露出它更多的负面作用与影响。一方面,"伊斯兰国"(ISIS)这样的恐怖组织用 Facebook、Twitter 这样的社交媒体来大肆宣传,招募恐怖分子。另一方面,新媒体的负面作用甚至都影响了作为发达成熟政体的美国。2016 年的美国大选中,Facebook 等社交网站继续成为选战的平台,然而网络媒体的信息爆炸、价值多元使得大选期间分裂的社会共识更加恶化,Facebook 甚至在大选中存在传播虚假信息的嫌疑,这不得不引起舆论和公众对新媒体的全面反思。①

四

我们必须承认,互联网时代的传播媒介具有正反两面的政治效果,相应地,新媒体所助力和促发的政治理念和政治参与也具有建设性与破坏性的两面。原因至少有三个:第一,新媒体对传统媒体提出挑战的同时,也存在着自身难以克服的缺点。第二,新媒体"以受众为中心"的传播理念在当下环境中演化为"以大众为中心"的传播形态,容易在民粹主义的思潮下变得"时而狂喜","时而狂怒",更易酿成政治危机。第三,从"监督政治"到"介入政治",新媒体在不同的社会结构与政治环境中可能导致截然不同的政治后果。

首先,传统媒体尽管由传播机构与媒体精英所主导,不利于扁平化、自由化的新闻传受关系,然而同时也保留了两个优点。一是基于信息"把关人"、"新闻选择"理论基础上的新闻传播价值和标准,这种价值标准往往基于公共性的理念、价值与共识。二是作为民主的"护卫者"、"看门人",传统媒体往往因其客观、中立的基本立场而成为行政、立法与司法之外的"政府第四部门",19 世纪的历史学家卡尔里勒(Thomas Carlyle)之所以提出这个理念,就是为了彰显媒体

---

① Facebook's failure: did fake news and polarized politics get Trump elected? The Guardian, 10 Nov 2016, accessible at, https//www. theguardian. com/technology/2016/nov/10/facebook-fake-news-election-conspiracy-theories. 访问时间:2017 年 3 月 14 日。

在民主政治中"为民督政"的角色。[①] 互联网时代兴起的新媒体一方面在逐渐改
变了传统媒体"监督而非介入"的本职,相对于传统媒体中的行业规矩与既定传
统,新媒体更加自由的同时也更加没有边界,极易在利益多元的政治参与中迷
失方向。以社交媒体为代表的现代新媒体尽管具有公开、透明、对话与平等的
特性,但其中权力与话语的关系也更为隐蔽,看似非劝服性的信息实际上也隐
含着劝服与操控的意图,Facebook、Twitter、Youtube 等主流网络媒体中的话语
修辞模式时刻在强调一种主流的政治价值。[②] 如果说突尼斯的"政治危机"中,
社交媒体背后流动的是集体性的权利诉求的话,土耳其的军事政变过程中,权
力毫无疑问借助了新媒体才实现了统治的巩固。尤其在利益多元的现代社会,
自媒体逐渐成为利益群体的沟通渠道,而非制度化的媒介传播方式极易给政治
权力、利益集团乃至国外势力创造引导舆论与民意的机会。实际上,在很多"互
联网怀疑论者"看来,新媒体自身的政治功能是先天不足的,诸如格莱德维尔
(Malcolm Gladwell)等人所反思的,新媒体的便利性与低成本使得导致了基于
网络平台的诸多低成本政治活动(low-cost activities),这实际上在政治生活中
徒增了许多"鸡肋"的运动,也分散了正式政治活动的应有精力。[③] 此外,作为一
种参与政治和舆论动员的媒介工具,新媒体在服务于底层民众的同时,更容易
被权力阶层与利益集权所俘获。事实上,在相当一部分学者看来,新媒体的使
用不仅不能削弱政府对社会的掌控能力,反而在监控、合作与协调方面为现有
政府提供了新的思路。[④] 与此同时,政治精英对新媒体的使用尽管延长了政治
与政府的过程,大大扩展了民主运转的空间,但也带来了一种"肥胖臃肿"的民
主,甚至是更加繁杂的精英寡头制,使得传统政党政治因此恶化。[⑤] 2016 年的
美国大选似乎为我们印证了这一点,我们在声称新媒体促成了民主参与的同
时,也无法忽视它威胁民主过程的事实。

---

①　Jim Willis, *The media effect: How the news influences politics and government*. Westpoint: Library of
Congress Cataloging-in-Publication Data, 2007, p. 138.雷跃捷、金梦玉、吴凤:《互联网媒体的概念、传播特性、现
状及其发展前景》,《现代传播》,2001年第1期,第100页。

②　Robin Lakoff, "The rhetoric of the extraordinary moment: The concession and acceptance speeches of
Al Gore and George W. Bush in the 2000 presidential election", *Pragmatics*, vol. 11, no. 3, (2001), p. 310.

③　Narnia Bohler-Muller and Charl van der Merwe, "The potential of social Media to influence socio-politi-
cal change on the African Continent." Africa Institute of Sonth Africa Policy Brief, No.44, (March 2011), p.6.

④　Clay Shirky, "The political power of social media: Technology, the public sphere, and political
change." *Foreign affairs*, vol. 90, no. 1, (2011), pp. 34 - 38.

⑤　Aeron Davis, "New media and fat democracy: the paradox of online participation." *New Media & Soci-
ety*, vol. 12, no. 5, (2010), pp. 745 - 746.

　　其次,新媒体的本质,是将大众更多地引入政治过程。一,原本由媒介精英所主导的传播信息,经由个性化、原子化的自媒体汇入后,逐渐成为一种多中心、碎片化、未加工或半加工的新闻信息。这种未加工新闻与加工新闻之间的本质区别并不是未操纵与操纵,而是非合法操纵的新闻报道与合法操纵的新闻报道之间的差别。因此,新媒体的报道往往是"信息本位"而非"知识本位"的。①大众对这些信息变得更易接受的同时,也极易因立场偏见与情感唤起而产生非理性情绪。这一点在公民社会尚显稚嫩的国家尤为明显,新媒体带来的政治自由与信息解放必须要一个足够理性温和,又紧密联结的世俗公民社会来与之配合。相反,脆弱的社会力量与水平有待提高的公民素质只会在新媒体带来的信息爆炸中迷失或走偏。二,新媒体,尤其是社交媒体为代表的自媒体背后是数字时代一个个孤立的"个人",尽管在突尼斯的"政治危机"与土耳其政变中,社交媒体的动员成果都以集体行动的样貌出现,然而在本质上它们是由网络媒体技术所协调支持的大规模"个体化的集体行动"(personalized collective activities):个人"自我表达性"的政治行动取代了 20 世纪 60 年代兴起的"身份政治"的集体行动,越来越多的政治参与是个人基于自我价值与自我认同来介入政治的。然而这种原子化参与所带来的问题使多元声音无法始终保持一致,反而容易将未加工的"情感密集型"的材料在群体中大肆渲染,造成社会分裂与集体非理性,这在私有化资本所运作的新媒体空间中尤为明显。② 三,数字时代的互联网媒体不仅天真地忽视权力与利益关系在网络世界中的意图,反而坚持一种草根、民粹式的乐观主义,认为网络世界赋予人民以力量,而民众通过各种社交媒体的动员,就能够实现所期许的目标。这种理念极易助长网络民粹主义的兴起,当下学者往往聚焦于网络民粹主义的描述与应对,却很少考察这种意识形态自身同新媒体之间的关联。③ 而根据学者穆勒(Jan-Werner Müller)最新分析,民粹主义反对异质性的、多元性的、特殊性的"他者",追求所谓的"人民"

　　① Henry Jenkins and David Thorburn, *Democracy and New Media*, Massachusetts: The MIT Press, 2003, p. 42.

　　② Henry Jenkins and David Thorburn, *Democracy and New Media*, Massachusetts: The MIT Press, 2003, p. 45. Lance Bennett, "The personalization of politics political identity, social media, and changing patterns of participation." *The ANNALS of the American Academy of Political and Social Science*, vol. 644, no. 1, (2012), p. 20.

　　③ 围绕网络民粹主义的研究,参见陈尧:《网络民粹主义的躁动:从虚拟集聚到社会运动》《学术月刊》, 2011 年第 6 期,第 24—29 页。陈龙:《Web 2.0 时代"草根传播"的民粹主义倾向》,《国际新闻界》,2009 年第 8 期,第 76—80 页。李良荣、徐晓东:《互联网与民粹主义流行——新传播革命系列研究之三》,《现代传播》2012 年第 5 期,第 26—29 页。

的普遍匀质性。① 这实际上是一种自我中心主义的政治说教,而新媒体时代习惯于自我表达的"网民",极易为这种意识形态所吸纳和引导。

最后,新媒体时代的政治危机因信息传播的迅速与广泛效果,极易演化成为共同体层面的危机,而公共舆论与社会共识在多元主义的虚拟空间中又变得极其脆弱。传统媒体除了在完整报道与客观立场上具备优势之外,作为政治的"守门人"始终代表着一种社会共识与主流价值,而这在国家层面的政治危机中尤为关键,人们需要共同的立场与信念来凝聚和团结。碎片化的新媒体恰恰缺乏这种公共性的立场,更缺少将个体观念协调一致的公共理性塑造机制。这在相对成熟稳定的政治体制中尚且无碍,但在一种政治分化、利益固化、群体分裂的社会结构中,就会变得极其危险,甚至会威胁到共同体自身的存续。② 一方面,在突尼斯与土耳其的政治危机中,我们都看到了社交媒体激发的政治运动对既有政府体制的威胁与损害。另一方面,利比亚、叙利亚的事实证明,新媒体在凝聚共识、维护国家稳定与共同体统一层面上难有建树,甚至"落井下石"。

即便是在"互联网乌托邦主义者"所引以为豪的民主转型维度,新媒体的积极促成作用也需要辩证看待。实际上,新媒体所见证和参与的民主进程并不仅仅都是成功的"转型"案例,民主化过程中还时刻存在着巩固的任务与崩溃的可能。在《民主体制的崩溃》(The Breakdown of Democratic Regimes,1978)一书中,胡安·林茨(Juan Linz)认为,当一个政体的合法性、效率、效用和稳定性无法支撑民主时,民主就失败了。一是因为政治冲突缺乏妥协的空间;二是民主领袖同极端和激进团体合流;三是政治制度无法成为决策的平台,导致绩效低下。③ 而这三者在新媒体时代非但没有改观,反而存在着恶化的可能。一方面,网络空间的爆炸性言论往往充满着不确定性与非理性,缺乏制度化规范的言论平台无法起到协调冲突与矛盾的效果。另一方面,越来越多政治精英利用新媒体的做法往往使得激进人士更易通过网络触及民众,从而使得社会共识进一步面临威胁。而民主转型恰恰是关于产生选举型政府的政治程序已经达成足够共识,政府直接由自由民主选举而获得授权,新政府拥有实质性的政策决定和

---

① Jan-Werner Müller, *What is Populism*? Philadelphia: University of Pennsylvania Press, 2016, pp. 38-41.

② Henry Jenkins and David Thorburn, *Democracy and New Media*, Massachusetts: The MIT Press, 2003, pp. 45-47.

③ Gianfranco Pasquino, Review of Juan J. Linz and Alfred Stepan, *The Breakdown of Democratic Regimes* (Baltimore: The Johns Hopkins University Press, 1978). *The Wilson Quarterly*, vol. 4, no. 1 (Winter 1980), pp. 155-156.

执行能力,行政、立法和司法无须和其他任何实体分享权力。^① 因此我们不难理解为何中东北非在经历了"政治危机"与"阿拉伯之春"后,并没有实现成功的民主转型与社会发展,突尼斯迟至 2015 年才拥有正式的合法政府,埃及的选举结果很快为军事政变所取代,叙利亚的动乱与内战一直延续到今天。新媒体在创造共识这一点上缺乏足够的能力与效率,而更多习惯于在既定社会中引发爆炸性言论。

当然,我们也不能忽视新媒体同民主进程之间的积极性关联。在民主作为制度、法律和信念体系已经在相当长一段时间内成为"唯一的政治选项(the only game in town)"时,新媒体的参与不仅有利于培养一个自由活泼的公民社会,还有助于竞争性选举与民主性决策的完成。这恰恰是民主巩固的必备条件之一。^② 然而这一切的前提,是共同体层面国家统一与社会稳定的维系。首先,国家是民主的前提。没有主权就谈不上完整的民主。^③ 现代民主治理无法避开多元主义国家的民主化问题,一个国家的人口、族群、宗教、利益构成越复杂,其民主化的过程也就越困难,越危险。单一民族国家的民族构建与国家构建可以是同步的,但是多民族国家民族构建的努力往往会使公民产生怀疑和离心倾向。^④而这种离心倾向又极易在政治危机阶段,在新媒体的渲染与放大之下越发恶化,无论是克里米亚从乌克兰的分离,还是伊拉克、叙利亚如今的"四分五裂",都侧面证明了新媒体所助长的分离主义运动如何给共同体的统一造成了损害。现代国家建构理论认为,共同体合法性的核心是多元身份,而在协调多重身份过程中,公民参与和政治引导同等重要。^⑤ 在一个相对稳定的民主环境中,新媒

---

① Juan Linz and Alfred Stepan, eds., *Problems of Democratic Transition and Consolidation：South Europe，South America and Post-Communist Europe*. Baltimore：The Johns Hopkins University Press. 1996, p. 1.

② 林茨认为：民主要得到巩固需要五种相互联系并彼此作用的条件,包括自由活泼的公民社会,自治且被珍视的政治社会,法治,国家官僚体系,制度化的经济社会。Juan Linz and Alfred Stepan, eds., *Problems of Democratic Transition and Consolidation：South Europe，South America and Post-Communist Europe*. Baltimore：The Johns Hopkins University Press. 1996, p7.Juan linz and Alfred Stepan, Towards Consolidated Democracies. *The Journal of Democracy*, vol. 7, no. 2, (1996), pp. 14 - 33.

③ Juan Linz and Alfred Stepan, eds., *Problems of Democratic Transition and Consolidation：South Europe，South America and Post-Communist Europe*，Baltimore：The Johns Hopkins University Press. 1996, p. 17.

④ Juan Linz, "State Building and Nation Building."*European Review*，vol. 1, no. 4 (1993), pp. 355 - 369.

⑤ Juan Linz and Alfred Stepan, eds., *Problems of Democratic Transition and Consolidation：South Europe，South America and Post-Communist Europe*，Baltimore：The Johns Hopkins University Press, 1996, p. 33.

体对政治的介入是可以鼓励这种多元一致的探讨;然而在不稳定国家政治危机的特殊阶段,易感性、难掌控的社交媒体往往会酿成更为严重的共同体危机。

五

从突尼斯的"政治危机"到土耳其的军事政变,以社交媒体为代表的新媒体大行其道,打破传统媒体的舆论主导局面的同时,也带来了"新闻伦理"、"政治共识"层面的难题。一方面,发达与发展中国家的客观案例表明,新媒体在政治危机过程中的作用发挥呈现出一定程式的固定机制:首先,酝酿阶段为社会不满情绪提供了宣泄、沟通和彼此激发的虚拟平台,继而为社会运动营造氛围、创造基础和提供组织架构;其次,爆发阶段为政治危机中的抗争者提供快速联系、躲避监控、组织人群的有效方式;再次,扩展阶段广泛传播各种信息,并同全球信息网络相连通,进一步将政治危机的影响范围扩大。

事实上,现实政治中的典型案例表明,新媒体对政治危机的产生突出影响主要出现在两个重要阶段:一是选举期间。托克维尔(Alexis de Tocqueville)将美国的总统大选称为"分娩的阵痛",整个国家都进入一种紧急时期。① 成熟完善的选举体制中,新媒体的参与尽管会在大选阶段造成短时间的阵营对立与社会分裂,但既有的政治传统与制度规则会确保党争与民意在一个共同体的框架下得到控制。而在稍显稚嫩的选举社会中,原本存在的利益分化与社会分裂在选举阶段极易被新媒体的介入所夸大。暴力是竞争性选举的本质,撕裂性的社会遭遇多元分化的新媒体之后,极易助长选后危机。② 二是在突发性的政治事件所引发的危机中,新媒体的及时介入也因具体的社会状况而产生截然不同的效果。在单一向多元、专制向民主的社会转型过程中,新媒体的出现有利于各种利益协调与价值观念的引导,从而在政治体制民主化与民主转型过程中起到良性助推作用。然而在一个已经多元分化社会中,面对不够成熟完善的体制与规范,新媒体对政治的介入反而会酿成严重的共同体危机,尤其在"政治危机"这一特殊时段,对于政治价值的强调恰恰是一致而非多元。这意味着新媒体需要制度性的规范与价值性的引导,参与政治议程的设定,鼓动公民的参政热情,都需要保持"公共性"这一前提。正如英国《卫报》(*The Guardian*)在美国大选

---

① ［法］托克维尔著、董果良译:《论美国的民主》上卷,北京:商务印书馆,2008 年,第 165—167 页。

② Kristine Höglund, "Electoral violence in conflict-ridden societies: concepts, causes, and consequences." *Terrorism and Political Violence*, vol. 21, no. 3, (2009), p. 412.

期间 Facebook 爆出舞弊丑闻后所评论道的："Facebook 毫无体统地一头扎进媒介行业,'分享'、'点赞'、'有利可图'对它而言显然比事实的'真相'更为重要,这般介入的方式扭曲了媒体的世界,导致了'标题党'、'夸张文'与'错误信息'的传播,这种运作模式毫无疑问需要加以改造。"①

参考文献

期刊论文

［1］秦天(2011),"突尼斯'茉莉花革命'的前因后果"。《国际资料信息》,2011 年第 2 期,页 5—8。

［2］山转转(2016),"浅析新媒体在政治传播中的作用——以'阿拉伯之春'为例"。《改革与开放》,2016 年第 11 期,页 36—37。

［3］崔波(2011),"社交媒体正在改变新闻传播方式？——美国的混合式新闻传播微议"。《国际新闻界》,2011 年第 10 期,页 40—44。

［4］Clay Shirky (2011). The Political Power of Social Media：Technology, the Public Sphere, and Political Change. Foreign affairs, 90(1), 28 - 41.

［5］ Dennis Linders (2012). From E-government to We-government：Defining a Typology for Citizen Coproduction in the Age of Social Media. Government Information Quarterly, 29(4), 446 - 454.

［6］王璐(2011),"社交新媒体微博的传播学分析"。《郑州大学学报》(哲学社会科学版),2011 年第 4 期,页 142—144。

［7］代玉梅(2011),"自媒体的传播学解读"。《新闻与传播研究》,2011 年第 5 期,页 4—11。

［8］王文(2011),"Web 2.0 时代的社交媒体与世界政治"。《外交评论》,2011 年第 6 期,页 61—72。

［9］雷跃捷、金梦玉、吴风(2001),"互联网媒体的概念、传播特性、现状及其发展前景"。《现代传播》,2001 年第 1 期,页 97—101。

［10］Mohammed Aman, Tina Jayroe(2013). ICT, Social Media, and the Arab Transition to Democracy：from Venting to Acting. Digest of Middle East Studies, 22(2), 317.

---

① Facebook's failure：did fake news and polarized politics get Trump elected? The Guardian, 10 Nov 2016, accessible at, https//www. theguardian. com/technology/2016/nov/10/facebook-fake-news-election-conspiracy-theories. 访问时间：2017 年 3 月 14 日。

〔11〕　Brian Loader，Dan Mercea（2011）.Networking Democracy? Social Media Innovations and Participatory Politics. Information，Communication & Society,14(6),757.

〔12〕　Derrick Cogburn，Fatima Espinoza-Vasquez(2011).From Networked Nominee to Networked Nation：Examining the Impact of Web 2.0 and Social Media on Political Participation and Civic Engagement in the 2008 Obama Campaign.Journal of Political Marketing，10(1－2),189－190.

〔13〕　马小娟(2011),"论社交媒体对公民政治参与的影响"。《中国出版》，2011 年 12 月下期,页 22—25。

〔14〕　郑保卫、樊亚平(2007),"数字化技术与传媒的数字化革命"。《国际新闻界》,2007 年第 11 期,页 6—10。

〔15〕　周武军(2008),"新技术·新媒体·新时代——浅析数字时代大众传媒政治功能发挥"。《长春理工大学学报》(社会科学版),2008 年第 6 期,页 27—29。

〔16〕　匡文波(2008),"'新媒体'概念辨析"。《国际新闻界》,2008 年第 6 期,页 66—67。

〔17〕　曹博林(2011),"社交媒体:概念、发展历程、特征与未来——兼谈当下对社交媒体认识的模糊之处"。《湖南广播电视大学学报》,2011 年第 3 期,页 66。

〔18〕　Henry Jenkins(2004).The Cultural Logic of Media Convergence.International Journal of Cultural Studies,7(1),34.

〔19〕　郭金灿(2015),"'阿拉伯之春'四周年下的突尼斯政治转型"。《当代世界》,2015 年第 3 期,页 52—53。

〔20〕　Farid Shirazi(2013).Social Media and the Social Movements in the Middle East and North Africa：A Critical Discourse Analysis.Information Technology & People,26(1),34－35.

〔21〕　Maarit Mäkinen，Mary WanguKuira(2008).Social Media and Post-election Crisis in Kenya. The International Journal of Press/Politics，13(3),333－334.

〔22〕　Zeynep Tufekci，Christopher Wilson(2012).Social Media and the Decision to Participate in Political Protest：Observations from Tahrir Square. Journal of Communication，62(2),363－379.

［23］GranovetterMark（1983）.The Strength of Weak Ties：A Network Theory Revisited.Sociological Theory,1,220 - 229.

［24］Caroline Haythornthwaite（2002）.Strong, Weak, and Latent Ties and the Impact of New media.The Information Society,18(5),385/392 - 393.

［25］Michal Matyasik（2011）.Secure Sustainable Development：Impact of Social Media on Political and Social Crises.Journal of Security and Sustainability Issues,4(1),13 - 14.

［26］朴英姬（2011）,"透视'茉莉花革命'"。《中国报道》,2011 年第 2 期,页 72—73。

［27］Joël Toujas-Bernaté, BoileauLokoand Dominique Simard（2010）. Tunisia：Selected Issues.IMF Country Report,109(10),2 - 3.

［28］Peter JSchraeder（2012）.Tunisia's Jasmine Revolution, International Intervention, and Popular Sovereignty.Seton Hall Journal of Diplomacy and International Relations,13(1),80 - 81.

［29］马亚男（2011）,"美国策动下的'大中东战略'"。《传承》,2011 年第 11 期,页 76—77。

［30］Rym Ayadi, Silvia Colombo, Maria Cristina Paciello & Nathalie Tocci（2011）.The Tunisian Revolution：An Opportunity for Democratic Transition.Istituto Affari Internazionali Working Papers,11(2),5.

［31］Lance Bennett（2012）.The Personalization of Politics Political Identity, Social Media, and Changing Patterns of Participation.The ANNALS of the American Academy of Political and Social Science,644(1),20 - 22.

［32］刘义（2008）,"土耳其的政治危机:政治伊斯兰与民粹主义"。《文化纵横》,2016 年第 6 期,页 113—116。

［33］周术情（2008）,"试论军人政治与民主化进程——以土耳其 1980 年政变为例"。《西亚非洲》,2008 年第 8 期,页 31—36。

［34］Seva Gunitsky（2015）.Corrupting the Cyber-commons：Social Media as a Tool of Autocratic Stability.Perspectives on Politics,13(1),42 - 43.

［35］Nnanyelugo Okoro, Kenneth Adibe Nwafor（2013）.Social Media and Political Participation in Nigeria during the 2011 General elections：The Lapses and the Lessons.Global Journal of Arts Humanities and Social Sciences,1(3),29 - 46.

［36］Robin Lakoff(2001).The Rhetoric of the Extraordinary Moment: The Concession and Acceptance Speeches of Al Gore and George W. Bush in the 2000 Presidential Election.Pragmatics,11(3),310.

［37］Aeron Davis(2010). New Media and Fat Democracy: the Paradox of Online Participation.New Media & Society,12(5),745 - 746.

［38］陈尧(2011),"网络民粹主义的躁动:从虚拟集聚到社会运动"。《学术月刊》,2011 年第 6 期,页 24—29。

［39］陈龙(2009),"Web 2.0 时代'草根传播'的民粹主义倾向"。《国际新闻界》,2009 年第 8 期,页 76—80。

［40］李良荣、徐晓东(2012),"互联网与民粹主义流行——新传播革命系列研究之三"。《现代传播》,2012 年第 5 期,页 26—29。

［41］Gianfranco Pasquino(1980).Review of Juan J. Linz and Alfred Stepan, The Breakdown of Democratic Regimes. The Wilson Quarterly,4(1),155 - 156 (Baltimore: The Johns Hopkins University Press, 1978).

［42］Juan linz, Alfred Stepan(1996).Towards Consolidated Democracies. The Journal of Democracy, 7(2),14 - 33.

［43］Juan Linz (1993). State Building and Nation Building. European Review,1(4),355 - 369.

［44］Kristine Höglund (2009). Electoral Violence in Conflict-ridden Societies: Concepts, Causes and Consequences.Terrorism and Political Violence, 21(3),412.

书籍

［1］James Katz,Michael Barris,Anshul Jain(2013).The Social Media President: Barack Obama and the Politics of Digital Engagement(pp.7). New York: Palgrave Macmillan.

［2］Evgeny Morozov(2012).The Net Delusion: The Dark Side of Internet Freedom (pp. xiii-xiv).New York: Public Affairs.

［3］Roger Silverstone (1999). Why Study the Media? (pp. 19). London: SAGE Publications.

［4］Lev Manovich(2001).The Language of New media(pp.43). Massachusetts: MIT press.

［5］James Katz,Michael Barris, & Anshul Jain(2013). The Social Media

President: Barack Obama and the Politics of Digital Engagement(pp.7 – 8).New York: Palgrave Macmillan.

［6］Jim Willis(2007).The Media Effect: How the News Influences Politics and Government(p. 138). Westpoint: Library of Congress Cataloging-in-Publication Data.

［7］Henry Jenkins,David Thorburn(2003).Democracy and New Media(pp. 42,45 – 47). Massachusetts: The MIT Press.

［8］Jan-Werner Müller（2016）. What is Populism?（pp. 38 – 41）. Philadelphia: University of Pennsylvania Press.

［9］Juan Linz,Alfred Stepan,eds(1996).Problems of Democratic Transition and Consolidation: South Europe, South America and Post-Communist Europe (pp.1,7,17,33).Baltimore: The Johns Hopkins University Press.

译著

［1］曼纽尔·卡斯特(2001),《网络社会的崛起(第 1 卷)》(夏铸九、王志弘译)。北京:社会科学文献出版社。

［2］托克维尔(2008),《论美国的民主(上卷)》(董果良译),页 165—167。北京:商务印书馆。

网上文章/文件

［1］BBC（2016,17 July）. Turkey's Coup Attempt: What You Need to Know, Retrieved March 14,2017,from http://www. bbc. com/news/world-europe-36816045.

［2］Bloomberg News（2016,18 July).How Social Media Helped Defeat the Turkish Coup. Retrieved March 14,2017, from https://www. bloomberg. com/view/articles/2016 – 07 – 18/how-social-media-helped-defeat-the-turkish-coup.

［3］BBC（2011,5 Jan).Tunisia Suicide Protester Mohammed Bouazizi Dies. Retrieved March 14, 2017, from http://www. bbc. com/news/world-africa-12120228.

［4］CNN（2011,16 Jan).How a Fruit Seller Caused Revolution in Tunisia. Retrieved March 14,2017, from http://edition.cnn. com/2011/WORLD/africa/01/16/tunisia.fruit.seller.bouazizi.

［5］BBC（2011,15 Jan).In quotes: Reaction to Tunisian crisis. Retrieved March 14,2017,from http://www.bbc.com/news/world-africa-12197681.

［6］ Reuters （2011, 10 Mar）. Clinton to Stress Democracy on Egypt, Tunisia trip. Retrieved May 25,2017,from http://www.reuters.com/article/us-mideast-clinton-idUSTRE7294EA20110310.

［7］ CNN(2016,18 July).Failed Coup in Turkey: What You Need to Know? Retrieved March 14, 2017, from http://edition. cnn. com/2016/07/18/middleeast/turkey-failed-coup-explainer.

［8］ Financial Times (2016,17 July).How Erdogan Turned to Social Media to Help Foil Coup in Turkey.Retrieved March 14,2017,from http://www.ft.com/content/3ab2a66c – 4b59 – 11e6 – 88c5 – db83e98a590a.

［9］ The Guardian(2016,10 Nov).Facebook's Failure: Did Fake News and Polarized Politics Get Trump Elected? . Retrieved March 14,2017,from https//www. theguardian. com/technology/2016/nov/10/facebook-fake-news-election-conspiracy-theories.

New Media and Political Crisis

Yu Jingdong

Abstract: From the "Political Crisis" spreading across Tunisia and the Arab world in 2010 to Turkey's abrupt coup d'état in 2016, new media has played a vital role. Therefore, there comes two basic perceptions considering the relationship between new media and politics. Cyber-utopianism concentrates on the liberate and democratic nature of new media while Cyber-skepticism focus on its non-public feature and destructing potential. This paper believes that new media needs certain social elements in order to fulfill its political functions. In a mature and stable political system, the participation of new media will cause temporary confrontations and divisions, but existing traditions and institutional rules could maintain stability in the community. However, under unexpected political crisis, the engagement of new media could escalate the polarization of the society. This will cause a serious crisis of the national community in a political system which lacks certain mature institutions.

Key words: new media; political crisis; community; Turkey's coup d'état

微博空间中的性别参与：
基于"H7N9事件"微博文本的研究

金恒江*

【摘　要】　本文以内容分析法对"H7N9事件"微博文本进行研究，旨在考察两性用户在健康议题上的参与差异，以期呈现微博空间中两性发展的新景观。研究结果显示：在微博空间中，两性对健康议题的参与特征不是被定型状态，而是一种弱定型化的表现，即男性与女性之间的参与差异弱化，男性与女性的表现趋同，甚至女性参与优于男性。此外，虽从性别参与的角度无法对性别政治做出全面与深度的论述，但以性别参与关照性别政治，进而讨论性别政治的网络延伸与否的问题也得到了一些启示。这些发现不仅能够对中国社会性别的网络景观做出揭示，同时也益于中国媒介与社会性别研究的未来发展。

【关键词】　性别参与；性别政治；健康传播；H7N9

西方女性主义学者认为，"性别"具有二元存在：生物性别与社会性别。生物性别是男女的染色体、激素、内外生殖器官等与生俱来的生物属性。而性（Sex）、社会分工不同、性别角色塑造、气质呈现与能力高低等经社会磨合与约定俗成的标准属于社会性别（gender）（白玫，2006）。由此可见，社会性别是由社会传统文化形塑而成，通过复杂多元的社会文化影响而形成性别差异（于振勇，2008）。

传统的观点认为，两性在社会地位与社会资源获得上存在差异，这种差异的产生源于女性性别角色受父权制统治的结果（周东晞，2008），并且这种角色既体现在两性身份的区分（内在状态）上，还表现于生活中参与公共事务与人际关系的划分（外在表现）。在如此鲜明的性别角色分工下，男性成为生产、政治、科学、战争等公共领域的活跃者与控制者，而女性被置身于家庭服务、再生产性质的私人领域。这种对两性固定化的参与分工，逐渐成为人们的思维定式（周东晞，2008）。

大众传媒报道也呈现了性别角色定型化。传统大众媒体通过独特的话语处理体系把作为报道对象的两性特征定型，并把两性间的差异"自然化"（natu-

---

＊**【作者简介】**金恒江，博士，上海交通大学媒体与设计学院，联系方式：jinhj1989@126.com

ralization），进而将这种建构出来的"差异"固定（范红霞，2013），呈现出男性掌握更多知识、主导话语与更多地生产知识，且能够造成更大社会影响力，而女性则依附、从属于男性的状态。

相对于传统媒体受主流意识形态影响而塑造的性别刻板印象，社交媒体的发展与特质给予了公众更多的主动权。公众能够最大限度地发表自己的观点，参与议题讨论。这种线上空间带来的权力解放与赋权是消解了传统的性别参与和分工模式还是延续了传统的性别刻板呈现是"媒介与社会性别研究"需要探讨的问题。

一、文献回顾与研究问题

（一）性别政治理论

性别政治（gender politics）的概念较早见于凯特·米丽特（Kete Millett）的代表作《性政治》（Sexual Politics）（1970；2000）一书。在书中，凯特·米丽特引进了"父权制"概念，即指"男性在经济上及社会关系上占支配地位的制度"。米丽特具体分析了父权制是如何以经济、教育、宗教、暴力等手段使女性屈从，从而沦落为"二等公民"，也在一定程度上揭示了社会中男性与女性所代表的两种不同文化。米丽特在此基础上提出了"性政治"（Sexual Politics）这个概念，表明两性间的关系是一种政治关系，一种控制与被控制、支配与服从的权力关系，这种性别间的统治与反抗、压迫与解放，使得性别成为权力的场域（段成利，2013）。

米丽特继续将"政治"的含义扩大，从原始的政治含义（会议、主席和政党等的定义）中延伸，指一群体用于支配与控制另一群体的权力关系和政治结构。同时，也体现为男女两性在社会分工与社会角色上的参与不平衡与话语权的强势与弱化。

（二）新媒介与性别参与

首先，女性用户比男性用户对新媒介的态度显得更有兴趣和热情（汪漪，2010），在新媒介平台上，这些女性用户更愿意利用微博平台进行自我展示与表露（黄李明，2012），成为新媒介平台比较活跃的参与主体（何流，2013）。其中最为典型的是女性名人用户，她们因拥有较高的网络社会资本而更易受到关注，成为"眼球经济"的主体（张晨阳、郁慧玲，2011）。这体现了新媒介空间中女性在自我表露与展示上的主动性与积极性。但研究仅从女性视角出发，忽略了男性利用社交空间自我展示与表露的原因与影响,更缺乏两性间的比较研究。另外,有研究表明,新媒介中女性的爱美表现与"被观看"的形象主体(曾长秋、李斌,2015)与现实中的女性形象保持一致,并没有突破束缚看待两性间的参与差异。研究结论在一定程度上揭示了网络空间中女性形象依然刻板的状态,但看问题的视角集中于形象展现,而没有通过知识生产的角度研究具体差异问题。

其次,对于两性用户公共事务参与的研究,有学者认为男性用户在参与意愿与参与行为上均强于女性用户(肖凯,2014),男性用户在政治事件的参与中倾向于担任领导者与引导者的角色(杨岚,2015)。女性用户则在政治事务的议题上表现出了弱势的地位,参与频率较低(Harp, Tremayne ,2006;汪漩,2010)。研究结论较好地呈现了两性对政治议题的参与差异,但对于参与意愿、行为和角色的研究,是针对两性心理想象的问卷调查,而非以内容分析研究实际表现出的两性参与差异。

最后,韦路、王梦迪(2014)在对微博用户知识生产的研究后发现,得出男性比女性更多地生产事实性知识,生产更多的字数,以及男性更具理性、女性更具感性的结论。这一研究从知识生产的角度研究了网络用户对政治议题的参与度,从中也得到了一些较有意义的研究发现。但政治议题具有固定的性别参与偏向性(Harp ,Tremayne 2006;王业昭,2014),所以结论较难推广于其他性质的议题。此外,研究并没有就性别视角展开深入论述,缺乏对网络空间中性别政治理论适用与否的讨论。

综上所述,两性用户在新媒介中的参与显然有了一些新的发现,但仍缺乏从性别政治理论讨论网络空间中性别参与的研究。同时,研究不应仅集中于对政治议题的探讨,还应增加对健康议题等社会影响重大和广泛的公共事件进行讨论,以多元角度考察性别研究。

(三) 新媒介、性别与健康传播

随着新媒体的兴起与发展,新媒体健康传播的研究逐渐得到了学界的关注。KriShna 在 1997 年总结到,新媒体健康传播的出现是一种公众获取健康信息媒介渠道的延伸,一个对健康传播途径的增值补充(Institute of Medicine,2002:201)。

笔者经过对相关文献搜集与回顾发现,新媒体健康传播的研究除了传播方式变迁、网民健康信息获取研究外,还引入了年龄变量、种族变量进行延伸研究。对于年龄变量,主要涉及老年群体[Xie, B., 2009, 14(6):510-524;王雅君,2014;甘勇灿;2013;韩妹,2008]、青少年群体[Jones, R. K.;Biddlecom, A.

E.，2011，16(2)：112—123]与成年人群体(Pew Internet & American Life Project,2008)的新媒体健康传播研究,这类研究从不同年龄层次讨论分析新媒体健康传播对其带来的影响与改变,同时揭示出不同年龄阶层的群体对新媒体健康传播需求的不同与产生效果的差异。对于种族变量,在于从不同的民族与种族的差异切入,研究新媒体健康传播对其带来的不同效果[宋艳丽,2012;De-Lorme,D.E.;Huh,J.;Reid, L.N,2010,15(1):18-38]。

但将"性别"变量引入健康传播研究还有待讨论,目前仅有的研究结论多为男性与女性用户利用新媒体获取健康信息的区别[Tait,A.R., Voepel-Lewis, T., Zikmund-Fisher, B. J., et al., 2010, 15(5):487-501.]。这些研究发现较为浅显,多为描述性分析。例如黄力力(2014)在对名人堂—健康传播类微博的研究中提及微博健康传播账号博主的性别比例悬殊,男性博主高于女性博主。此类研究并没有将性别变量作为文章分析的重点,也没有相应地展开论述。由此可知,新媒体健康传播中的性别研究仍待讨论分析。

基于上述研究背景与文献回顾,本研究关心的问题包括:两性用户在健康文本呈现上存在什么差异? 两性用户呈现的健康文本是否具有不同的社会影响力? 此外,虽从性别参与的角度无法对性别政治做出全面与深度的论述,但以性别参与关照性别政治,进而讨论性别政治的网络延伸与否的问题也能得到一些启示。

二、 研究设计

(一) H7N9 案例的选定原因

笔者选取 H7N9 事件作为性别主题的研究对象,主要基于四个方面的理由考量:两性用户参与度高;两性权力关系的多元化存在;性别偏向性较弱,无预设的性别议题(如政治议题)偏向,有利于研究的精确性;舆论张力与社会影响力巨大。

此外,选取 H7N9 事件在微博上的呈现作为性别分析样本,其结论所产生的性别差异或性别无差异则在于说明:在不同议题或领域的文本生产中,对于"性别是否普通存在差异"这一理论问题的验证做出了贡献。对新媒体内容的呈现存在还是不存在性别差异做了较之以前更清晰的描摹。基于数据抓取的实证研究也打破了之前的一些印象式的、笼统的刻板认知。

（二）数据收集

研究者利用新浪微博高级搜索功能,以"H7N9"为关键词搜索样本,通过分析 H7N9 微博条数的时间变化,选取 2013 年 3 月 31 日到 2013 年 4 月 20 日作为样本收集范围,此时间段也是 H7N9 疫情的初始—发展期和信息传播的高峰时段(如图 1)。

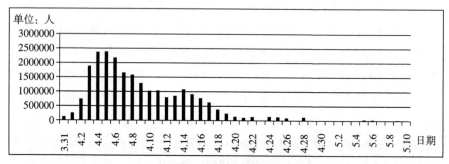

图 1　H7N9 事件微博信息量时间走势图

由于微博的功能设置,微博只显示 50 页的内容,且每页内容为 18—20 条。为了方便与合理地挑选样本,研究者以等距抽样选取每页的第一条微博作为样本(若微博内容相同,则在本页依次往后选取第二条/……/第 N 条),通过抽取 21 天内的微博内容,共得到 1050 条样本数,分析单位为条。

（三）类目建构

笔者借鉴了韦路(2014)研究微博用户知识生产沟与观念沟中的类目呈现,将本研究的研究类目设置为:

1. 性别类目:分为男性用户(49.7％)与女性用户(50.3％)。设置女性用户为参考项,以虚拟变量的形式进入模型。具体编码见表 1。

2. 文本呈现类目:

（1）是否原创,分为"原创"和"转发"。"原创"是两性用户不依赖于其他信息来源,自己"创造"信息;"转发"是两性用户转载其他用户(媒体、专家、政府等)的信息。以转发为参考项。

（2）转发评论,是对"是否原创"类目中的"转发知识"再度编码,分为:"零评论转发"——不带任何文字或者表情、图片、链接的转发形式;"带评论转发"——在转发其他微博用户信息的同时也发布自己的观点。以零评论转发为参考项。

（3）话语类型:对微博内容类型的编码,分为事实性话语、观念性话语。"事实性话语"：以事件的事实说话，不掺杂个人思想，内容客观真实。"观念性话语"：是微博用户个人观点与情感的表达。以观念性话语为参考项。

（4）情感态度：是对"观念性话语"的再次编码，分为理性、感性与中性。"理性"为观点全面、客观，利用数据或证据论述问题，看待问题从事实出发，理性分析，较少掺杂个人主观感想；"感性"从个体主观意识出发，注重个人情绪与感受，倾向于表达愤怒、恐惧等感性观念；"中性"兼具理性与感性，文本中没有明显的感情色彩偏向，态度中立。

（5）表达形式：分为"文字"与"多媒介形式"两种类型。以多媒介形式为参考项。

（6）生产渠道：两性用户以何种方式发布 H7N9 健康知识，分为网页与移动客户端。以移动客户端为参考。

（7）知识长度：两性用户发布的 H7N9 知识的字数（微博字数＜140 字符）。对于转发形式的微博，带评论转发的微博只计数转发用户生产的知识；零评论转发以"0"计数。

（8）点赞数、评论数与转发数：三者均用以衡量两性用户社会影响力的大小。

表1　类目编码

类目	编码说明
性别	1＝男性，0＝女性
是否原创	1＝原创，0＝转发
转发评论	1＝带评论转发，0＝零评论转发
话语类型	1＝事实性话语，0＝观念性话语
表达形式	1＝文字，0＝多媒介形式
生产渠道	1＝网页，0＝移动客户端

（四）编码与信度

笔者同本专业的一名学生共同参与类目编码。笔者事先从样本中随机抽取了 25％的微博信息让两位编码员独立编码，结果显示编码员间的信度为 0.87＞0.8，编码结果可信。编码结束后，对于具有争议性的样本，经过两位编码员共同讨论协商，最终达成一致。本研究的数据分析均采用 SPSS 18 统计计算。

三、研究发现

（一）健康文本呈现的差异分析

根据表 2 的结果可知，男性用户倾向于以理性的情感生产健康文本，而女性用户则倾向于发布感性的健康文本；男性用户在网页使用上比女性用户多，而女性用户则以移动客户端发布信息。此外，男性用户生产更多的知识字数。两性用户在是否原创、转发评论、话语类型、表达形式上均无差异存在。

表 2　两性用户健康文本呈现的交叉分析

		男性	女性
是否原创	原创	0.41	0.42
	转载	0.59	0.58
	χ^2	0.009	
转发评论	带评论转发	0.47	0.53
	零评论转发	0.52	0.48
	χ^2	1.46	
话语类型	事实性话语	0.59	0.41
	观念性话语	0.61	0.39
	χ^2	0.27	
情感状态	理性	0.47	0.13
	中性	0.13	0.10
	感性	0.40	0.77
	χ^2	66.13***	
表达形式	文字	0.28	0.27
	多媒介形式	0.72	0.73
	χ^2	0.15	
生产渠道	网页	0.53	0.36
	移动客户端	0.47	0.64
	χ^2	11.68**	
知识长度		55.25	45.92
	F	9.22**	

注：条目为均值。* $p < 0.05$；** $p < 0.01$；*** $p < 0.001$

为了更进一步验证上述差异的存在，研究者进行了回归分析（表 3），结果显示男性用户在生产渠道与知识长度上具有显著性，其余类目上并无显著差异性存在。

表 3   两性用户健康文本呈现的回归分析

	是否原创 Exp(B)	转发评论 Exp(B)	话语类型 Exp(B)	生产渠道 Exp(B)	表达形式 Exp(B)	知识长度 Exp(B)
男性	0.98	0.92	0.93	1.53**	1.05	0.093**
Nagelkerke R^2	0.1%	0.1%	0.1%	1.5%	0.1%	$R^2=0.9\%$

注：Exp(B)为 logistic 回归的相对危险度。微博字数条目为 OLS 回归的标准化回归系数。
* $p<0.05$；** $p<0.01$

（二）健康文本的社会影响力差异分析

研究者以方差分析"点赞数"（$M=0.48$；$SD=3.16$）、"转发量"（$M=195.84$；$SD=2894.39$）、"评论量"（$M=31.40$；$SD=479.53$）变量衡量两性用户健康文本的社会影响差异。统计结果显示（表 4）：在 H7N9 议题上，两性用户所获的社会影响力无差异存在。

为了进一步揭示两性用户社会影响力的影响因素，研究者通过回归分析加以检测（表 5），结果依然显示两性用户在点赞数、转发量、评论量上没有显著性差异。

表 4   社会影响力的方差分析

	点赞数	转发量	评论量
男性用户	0.60	242.43	43.80
女性用户	0.37	149.77	19.12
F	1.39	0.269	0.694

注：条目为均值。* $p<0.05$；** $p<0.01$

表 5   社会影响力的回归分析

	点赞数	转发量	评论量
性别（0＝女性）	0.036	0.016	0.026
R^2	0.1%	0.1%	0.1%

注：条目为 OLS 回归的标准回归系数。* $p<0.05$；** $p<0.01$

四、研究结论与讨论

研究通过内容分析法，对两性用户"H7N9"议题的微博文本进行分析，研究基本回答了文中所提出的问题。

首先,参与主体上,女性用户成为 H7N9 议题的主要参与者。这一结论未得到已有"性别与公共事务"研究结论的支撑,如男性用户比女性用户在网络上生产更多的政治信息(韦路,2012),更多地发布公共事务知识的博客(韦路,2009)。这进一步说明在政治议题与健康议题上,男性用户与女性用户存在不同的价值观念,男性用户更倾向于在政治层面更多地表达自己的声音,参与政治事务的讨论,建构政治议题的公共性。而对于健康议题,女性用户成为 H7N9议题的主要文本生产者,这也表明网络空间中两性用户并不表现出现实空间中的参与差异,女性用户也积极地参与公共事务的讨论与建设。

女性用户作为健康议题参与主体的结论得到了已有研究发现的验证,社会网络与数据挖掘公司通过对柴静雾霾调查《穹顶之下》的网络传播可视化分析得出,女性用户参与转发传播的比例为 62.7%,高于男性用户,成为该视频网络传播的主要参与者。

其次,情感态度上,男性用户更具理性,女性用户则倾向于感性。这一发现与现有研究结论一致,如韦路(2014)在其研究中发现男性用户与认证用户在知识生产的情感状态上均呈理性表达。但更为值得注意的是,通过本研究的结论与现有研究的对比发现,无论是政治事务的观点,还是健康事件的讨论,网络空间中男性用户始终处于"理性"的层面展开"对话",这体现出了两性用户的态度差异是一种固化的存在。

最后,在话语类型、表达形式与社会影响力上,两性用户间无差异存在。与研究结论"男性用户更多地生产事实性知识,而女性用户则生产观念性知识"(韦路;王梦迪,2014)相反,研究者并未在 H7N9 议题的话语类型中发现差异化的存在。且两性用户在表达形式上也并无差异,对于原创与转发,两性用户也均没有表现出明显的差异现象。而对于社会影响力无差异的结论同样未得到已有研究的支撑。韦路(2009)对美国空间中的知识霸权的研究发现,男性比女性更能引起其他博客主的注意;并且生产政治知识的女性,她们的博客所获得的社会影响力也远弱于男性。这表明议题的不同,两性间的参与效果也会不同。

总体而言,微博空间中,两性用户间在性别秩序上存在相似的格局,即男性与女性用户在内在认知与外在表现手段上都较为相近,并不是一种固定的类型化存在,而是一种弱定型化的表现,即男性与女性之间的参与差异弱化,男性与女性的表现趋同,甚至女性参与优于男性。

（一）理论讨论：性别政治的网络延伸还是弱化？

性别政治的实质是权力关系，其探讨的是性别阶层之间控制与被控制、统治与反抗、支配与服从的权力斗争关系，这种权力关系不仅体现在现实空间的约定俗成与社会文化塑造上，媒介的新闻报道也赋予了这种权力关系刻板性，并且随着媒介的不断深入与持续潜移默化地教化，性别政治本身也会发展为一种社会文化存在，서지영（2010）通过对韩国大众媒介中性别政治的研究发现，这种基于身份政治（identity politics）的性别关系是一种多元化的景观（the multi-faced scenery of gender politics），也是作为国家现代话语的理想，这种刻板化的两性关系受意识形态的影响而固定。

但是，在网络空间中，这种被刻板化的性别政治是继续延伸还是被消解？

董小飞（2012）以内容分析法研究微博性别形象的自我呈现发现，女性在微博空间中依然保持弱势与刻板印象。同样，沈瑶琦（2011）针对"女性博客"的研究也发现女性博客群传播的内容较为"女性气质"，博文的性别形象也较为刻板。由此可知，新媒体环境下，女性依然成为刻板与弱势的存在，未能显现出强烈的女性意识倾向，难以摆脱父权文化的深度影响（刘立红，2009）。

此外，新媒介的出现为男性和女性都提供了新的机会，在一定程度上使得女性话语空间得到拓展（赵绮娣，2009），但它似乎不能够改变社会的性别陈见，也未能在两性之间、在一个基本的层面上重新分配权力（胡泳，2014）。这种女性网络话语权力的扩张依然受到传统性别秩序的压制，造成女性话语权的弱势（王蕾，2011）。

所以，网络空间中的性别政治并不是绝对地被弱化，甚至消解，也不是完全地延伸，而是需要区别分析。在话语权与形象层面，性别政治关系依然存在于网络空间，而对于性别文本（知识）生产，网络空间中性别政治的控制论与男权论则得到消解。

（二）网络空间中的性别秩序新塑造？

媒介与性别参与的研究受到传统社会文化与意识形态规范的影响，两性间的性别参与被固定，呈现出一种刻板状态。这种刻板表现为两性对公共事务的参与。传统媒介中两性参与形象依然没有改变"男主外，女主内"的传统结构模式（范雪娇，2013），且男性在媒介中的参与状态依然高大且成功，是权利的代表者，活跃于各类公共领域。而女性在媒介中的参与形象则被设置为美与性，是一种被观看的注意力形象，且被赋予家庭职责与私人领域的工作角色。两性在参与公共事务的表现与方式上存在男性优于女性，男性高于女性的状态，从而体现出性别政治中的权力关系的不平衡。

那么,在网络空间中,两性间的参与秩序是否有了新的变化?

有研究表明在博客空间中,男性比女性更多地参与政治公共事务讨论(韦路,2009),女性倾向于生产日记型博客,相应地政治型博客生产较少。此外,韦路、王梦迪(2014)通过研究微博用户政治知识生产发现,男性比女性更多地生产事实性知识,生产更多的字数,以及男性更具理性,女性则感性。这些研究都在一定程度上揭示了网络空间中两性参与的差异性,而这种差异性与现实中的两性参与较为相似,所以表明了传统两性参与状态的网络延伸。但本文研究发现,两性对健康文本生产的参与呈无差异状态,两性在微博空间中存在弱定型化状态。

因此,网络空间中的性别参与状态并非固定不变,而应依据议题不同辩证看待。就目前而言,对于政治议题,网络空间中两性的参与状态延续了现实中的参与景观。而健康议题中,传统刻板化的参与状态被打破,产生了新的性别参与秩序。

(三)研究局限与未来方向

本文虽尽力完成,但仍有一些未尽之处。第一,本文所选择的 H7N9 议题属于公共卫生安全事件,对该议题的研究结论是否能够推论于其他议题(文化议题等)还有待讨论与研究。第二,未来研究还可引入认证与地域条件,纵向地呈现微博空间中两性的差异,全面地展示"社会性别阶层化"的状态。第三,由于 H7N9 微博文本中无涉入性别歧视与性别暴力的"较量",研究只分析了性别参与的表现,这对于衡量性别政治过于单一,所以后续研究可在此基础上继续探讨性别话语霸权、性别角色扮演等问题。

参考文献

期刊论文

[1] 白玫(2006),"性别公正——论社会性别理论在实践中发展"。《呼伦贝尔学院学报》,2006 年第 14 卷第 6 期,页 68—69。

[2] 于振勇(2008),"社会性别理论在研究农村社会发展中的价值"。《甘肃农业》,2008 年第 6 期,页 46—48。

[3] 张晨阳、郁慧玲(2011),"微博空间中的女性表达:契机、问题与展望"。《Press Circles》,2011 年第 5 期,页 106—110。

[4] 曾长秋、李斌(2015),"性别与传播——网络媒体中'被看'的女性形

象"。《兰州学刊》,2015 年第 3 期,页 188—191。

　　[5] Harp, D., Tremayne, M.(2006).The Gendered Blogosphere：Examining Inequality Using Network and Feminist Theory.Journalism and Mass Communication Quarterly,83(2),247‐264.

　　[6] 韦路、王梦迪(2014),"微博空间的知识生产沟研究:以日本核危机期间中国网民的微博讨论为例"。《传播与社会学刊》,2014 年,页 65—99。

　　[7] 韦路、李锦容(2012),"网络时代的知识生产与政治参与"。《当代传播》,2012 年第 4 期。

　　[8] 韦路(2009),"从知识获取沟到知识生产沟——美国博客空间中的知识霸权"。《开放时代》,2009 年第 8 期。

　　[9] 서지영,부상하는주체들(2010).Emerging Subjects：Modern Media and Gender Politics.Women and History.12,189‐230.

　　[10] 董小菲(2012),"微博性别形象的自我呈现与女性主义的传播"。《东南传播》,2012 年第 4 期,页 68—69。

　　[11] 赵绮娣(2009),"博客:女性话语空间的拓展与反思"。《新闻界》,2009 年第 1 期,页 69—70。

　　[12] 胡泳(2014),"互联网并不是性别中立的——谈网络公共空间中的性别问题"。《新闻与传播研究》,2014 年第 12 期,页 54—62。

　　[13] 王蕾(2011),《女性主义视角下的网络媒介传播——以网络女红人为例论女性表达》。《河南大学学报:社会科学版》,2011 年第 51 卷第 2 期,页 110—116。

书籍

　　[1] Institute of Medicine(u.s)(2002).Speaking of Health：Assessing Health Communication Strategies for Diverse Populations(pp.201). Washington, D.C.：National Academies press.

学位论文

　　[1] 周东晓(2008),《大众传媒在女性形象建构中的性别政治》。复旦大学硕士论文。

　　[2] 范红霞(2013),《基于性别视角的媒介暴力研究》。浙江大学博士论文。

　　[3] 段成利(2013),《论性别政治的终结》。浙江大学博士论文。

　　[4] 汪漩(2010),《女性在社交网站中的自我呈现》。辽宁大学硕士论文。

　　[5] 黄李明(2012),《微博用户自我表露研究——基于使用者特征及感知风

险视角》。浙江大学硕士论文。

[6] 何流(2013),《成都高校女大学生利用微博参与社会公共事务的研究》。电子科技大学硕士论文。

[7] 肖凯(2014),《大学生网络政治参与行为及其影响因素研究——基于武汉地区部分高校实证调查》。华中农业大学硕士论文。

[8] 杨岚(2015),《新媒体环境下大学生政治参与研究——基于上海市五所高校的实证调查》。华东理工大学硕士论文。

[9] 黄力力(2014),《以新浪微博为平台的健康传播研究》。内蒙古大学硕士论文。

[10] 沈瑶琦(2011),《我国门户网站"女性博客群"研究》。西南大学硕士论文。

[11] 刘立红(2009),《"她"博客中女性媒介形象研究——以知名女性博客内容为研究对象》。兰州大学硕士论文。

[12] 范雪娇(2013),《关于 30 年央视春晚小品中两性形象的研究(1983—2012)》。中国青年政治学院硕士论文。

Gender Participation in the Micro-blog Space：
A Case Study of health texts of H7N9

Jin Hengjiang

Using content analysis, this essay analyzes the texts on micro-blog concerning the H7N9 case, for examining the differences of participation between the sexes on health issues, with hope that it will represent a new prospect of development of both sexes on micro-blog. The results show that: in the micro-blog space, gender characteristics of the health issues involved in the state not to be setting, but a weak finalized performance, that the differences between men and women involved in the weakening performance of male and female convergence, even participation of women than men. In addition, it is unable to make in terms of gender participation in political discourse on gender and overall depth, but in order to discuss gender participation in gender politics, Therefore, the further discussion of gender politics extends in online network, and get some inspirations. These findings not only for China to make gender reveal online per-spectives, but also to benefit from the future development of Chinese Media and Gender Studies.

Key words: Gender Participation; Gender Politics; Health Communication; H7N9

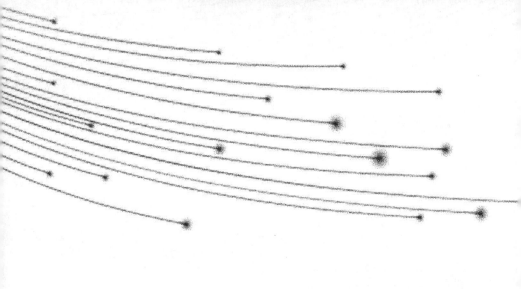

研究生专栏

GRADUATE BOX

作为社会动员过程的互联网众筹公益

——以腾讯乐捐为例

陈志聪　秦　强　王成军*

【摘　要】 互联网众筹公益项目的筹款过程是一个社会动员的过程。本文从资源动员理论的角度切入,利用从腾讯乐捐网站抓取的数据,考察了影响众筹公益项目的社会动员能力(筹款能力)的因素。本文研究发现:互联网众筹公益项目的筹款能力差异很大,筹款金额与排名的分布具有明显的长尾特征;项目自身的属性特点如项目类型、目标金额、项目发起人和地点均显著影响其社会动员能力;对社交媒体使用,能够大大地提高公益项目的资源动员能力,尤其是腾讯乐捐特有的"一起捐"机制,能够有效地发挥社会关系网络中强大的人际传播能力,以超线性增长的速度带来捐助人数的提升,从而大大提升项目的资源动员能力。

【关键词】 社会动员;资源动员理论;众筹;公益;互联网

一、 互联网众筹公益

作为技术赋权的产物,互联网众筹公益的社会影响力近年来开始逐渐发展壮大。公益组织有着上百年的历史,将互联网技术运用在公益组织的运作中是一种新生事物,公益组织也在不断地摸索从现实走到网络,再从网络回归现实的技术路径。2000年前后,众多学者开始讨论互联网技术究竟能如何帮助公益组织,以及互联网技术和公益组织内部治理的关系(Vimuktanon, 1997; Lee, Chen et al., 2001; Boeder, 2002; Spencer, 2002)。随着中国公益事业的迅速发展,传统意义上由公益组织、政府主导的公益模式正面临诸多问题,尤其是传播面窄、参与度不高等问题,造成公益活动募捐主体长期以企业、富豪、外国慈善组织为主,而普通公众类型的个人捐款仅占总体捐款的10%左右(余芳, 2016)。尤其在2011年"郭美美事件"后(张薇薇, 2011),传统公益组织的公信力遭到社会公众的普遍质疑,公众的公益参与热度降至冰点。众筹形式的公益

* 【作者简介】陈志聪,南京大学新闻传播学院硕士研究生;秦强,南京大学新闻传播学院硕士研究生;王成军(本文通讯作者),博士、南京大学新闻传播学院副教授、计算传播学实验中心研究员。

降低了每个用户的准入门槛,一方面它降低了人人参与公益的成本,更重要的一方面在于人人都可以发起公益,这使得每一个人都可以借助互联网众筹公益平台用行动改变自我、改变他人,甚至改变世界。

腾讯乐捐平台是腾讯公益提供的一个自助公益平台,是一种典型的互联网众筹公益平台。它打破了传统公益活动的垄断式行为,每个个人用户都可以自主进行项目的发起、捐赠、监督执行等活动。国外与腾讯乐捐平台相类似的众筹公益平台主要有 Kickstarter(Davidson & Poor, 2016)、Donors Choose (Wash, 2013)、SellaBand、Trampoline 和 Kapipal 等。本文聚焦于以腾讯乐捐平台为代表的互联网众筹公益平台,重点分析了影响公益项目的筹款能力的几大因素。

本文认为基于互联网公益网站所进行的捐款行为是一种众筹(crowfunding),互联网众筹公益活动的首要目标在于通过社会动员进行筹款。因而那些影响社会动员的因素将影响众筹公益项目的筹款能力。本文首先对众筹公益进行介绍,从社会动员的角度分析影响项目筹款能力的因素,并提出研究假设,然后利用腾讯乐捐平台数据验证研究假设,最后对本文的研究发现进行总结和讨论。

二、 众筹公益与社会动员

众筹是一种新型融资方式,指的是企业家通过某些中间组织从大量"受众人群"筹集外部资金,每个人只需提供少量的外部融资,而不需要企业家煞费苦心地去寻求一小部分资金雄厚的投资者(Belleflamme, Lambert et al., 2011)。近年来,随着互联网众筹的兴起,其应用正不断扩展到越来越多的领域。Lambert 和 Schwienbacher 根据众筹项目中投资者的奖励性质将众筹类型划分为捐赠、积极投资和被动投资三种类型(Lambert & Schwienbacher, 2010)。Giudici 等人根据众包和发起者目标将众筹项目分成了商业、合作、赞助和捐赠四种不同的类型(Giudici, Nava et al., 2012)。

众筹公益,作为互联网众筹的一种应用,是一种新兴的在线微观慈善模式,指的是那些需要救助资金的人们向一大批潜在的资助者要求小额的众筹捐赠。社交媒体的出现,为互联网公益众筹的传播提供了绝佳的便利和发展的契机。尽管如此,我们对在线微观慈善机构(例如众筹公益等)的个人捐赠行为的知识仍然有限。B. Duncan 等人提出了一种被称为"影响力慈善"(impact philanthropy)的模型,认为每一个慈善家都是希望自己能够大有作为(make a difference)的人,而其他捐助者的捐助往往会减少慈善家进行捐助后的所能获得的"成就感"和"社会影响力",因此,让捐助者之间进行一些合作可以更好地分配各个慈善家的捐助去向,从而避免捐助者把捐助资金集中在少数几个项目上造成浪费(Duncan,2004)。Bekkers 等人对 500 多篇研究公益捐助的文献进行了梳理,归纳出了驱动慈善捐赠最重要的八个力量,主要包括资助者对被资助人需要资助的感知程度、寻求资助者的招揽程度、资助者付出的成本和得到的福利、利他主义、声誉、心理福利、价值和功效等。这些机制可以为未来研究和解释慈善捐赠行为提供一个基本的理论框架(Bekkers & Wiepking,2011)。与之相类似,Boudreau 等人认为捐助的动机主要来源是直接心理奖励、互惠行为和社会互动(Boudreau,Jeppesen et al.,2015)。与国外学者大量立足互联网上公益组织自身发展和内部治理的实证研究相比,国内对互联网公益的研究集中于梳理和探索公益组织和政府之间的关系(周雨冰,2015;高一村,2016),尤其是互联网发展对两者关系的影响(王佳炜、初广志,2016)。周荣庭等人将互联网商务应用中的 Search-Trust-Select-Follow(STSF)模型应用到对公益组织网络传播方式的研究中,发现基于 STSF 模式的网络传播模式同样可以帮助公益组织进行众筹,且有助于组织之间的信息交流和优化资源配置(周荣庭、曹晔华,2011)。林敏华研究了广州腾讯公益的数据,认为良好的互联网传播能力能够促进公益组织发展,且公益组织拥有的资金实力和技术人才决定互联网传播能力的高低(林敏华,2014)。

本文试图从资源动员理论的视角重新认识互联网众筹公益的问题。资源动员理论是在 20 世纪 70 年代出现的社会运动的研究中的主要社会学理论。资源动员(resource mobilization),指的是使用不同的机制,实现组织的工作,从而实现预定的组织目标的过程(McCarthy & Zald,1977)。它试图以成本最低、效率最高的方式获得预期目标所需要的资源。资源动员理论倡导在正确的时间,以适当的价格拥有适当类型的资源,适当利用获得的资源,从而确保最佳利用资源。它强调运动成员一方面要自己获得资源,另一方面要动员其他人一起加入并实现预期的目标。沈阳等针对微博上"微公益"传播的不同内容层次,提出了群内动员、跨群动员和超群动员的三种动员模式,并运用社会网络分析法,证明了群内动员以公益团体为核心、"小团带动大群"的特征(沈阳、刘朝阳等,2013)。

互联网众筹公益的过程,本质上是一次"资源动员"的过程,该过程的核心目标是不断动员更多的人加入众筹公益的行动中,从而最终达成捐助和募集金额的目标。在这个资源动员的过程中,关键因素是公益项目的资源动员能力,即公益项目的筹款能力。每个项目都试图动员社会上更多的捐助人群加入,因而处在不断竞争的过程中。Meer 等人研究了竞争对于慈善捐助的影响,结论是竞争加剧降低了项目资助的可能性(Meer, 2013)。这一洞察表明,在互联网众筹公益的过程中,公众对公益项目的注意力投放是非常不均匀的,进而导致各个公益项目的筹款能力表现出巨大的差异,因此,我们提出第一个假设:

H1:不同项目的筹款能力的差异很大,少数项目的筹款能力很强,而多数项目筹款能力很弱。

除了项目的外部竞争之外,我们认为不同项目自身的筹款能力就存在着很大的异质性。为了更清晰地认识这种项目内在的异质性,我们从以下三个方面设立研究假设:第一,考虑到我国是一个地域辽阔、人口众多的国家,地区性不平衡是历史遗留下来的问题,地区性的发展不平衡一直以来都是国家和社会发展关注的重点。因此,研究公益项目的地区性分布就显得非常有必要。第二,根据 Ordanini 等人对国外的众筹网站 SellaBand、Trampoline 和 Kapipal 的研究,影响消费者加入众筹活动的因素主要有:消费者行为目的、个人品质、消费者所扮演的角色等,此外,众筹活动的投资规模(要募集的目标金额)对项目的筹款能力影响较大(Ordanini, Miceli et al., 2011)。第三,Liu 等人开发了一个模型,用来解释个人在慈善众筹中的捐赠行为,并从阅读了慈善众筹项目的 205个人中进行数据抽样和验证,结果表明,同情心因素和公益项目给人的可信度共同决定了资助者的捐款意向(Liu, Suh et al., 2017),换句话说,项目本身的内容和情境设定对捐助者的影响很大,因此,我们认为项目的筹款能力与项目发起人和项目类型也有关。基于以上的讨论,我们提出第二个假设:

H2:筹款能力受项目地点、目标金额、发起人和项目类型的影响。

一般情况下,由项目创建者的家庭和朋友构建的相对较小的强关系网络会对众筹公益项目资助力度较大。不过,在这个网络之外被动员起来的社会资助者同样不应该被忽视。Saxton 等人详细讨论了社交媒体的使用对众筹的影响。他们认为,在网络上的捐款行为所受到的影响因素与线下行为不同,因为具有更强的社会网络效应。以 Facebook 为例,上面的捐赠通常很小,且往往倾向于捐助某些特定类别的项目,特别是那些与健康有关的项目(Saxton & Wang, 2014)。Kuppuswamy 等人基于 Kickstarter 的数据,经验性地探索了众筹公益平台排序选项的集体关注效应,揭示了家庭和朋友等社会影响因素在支持项目筹款中的作用,以及项目更新在项目资金周期中的作用等(Kuppuswamy & Bayus,2015)。Davidson 等人也分析了 Kickstarter 网站上不同类别的项目数据,他们发现增加熟人朋友圈之外的社会关系对推进众筹过程至关重要,因为这将带来一连串的社会关系以及来自他们家人和朋友的经济支持(Davidson & Poor,2016)。Castillo 等人通过在互联网捐赠组织的网页中实施的实验调查表明,要想增加公益项目的募集金额,应当鼓励"朋辈捐赠"(peer-to-peer fundraising),因此,慈善组织应该充分利用人际传播效应来提高公益项目的筹款能力(Castillo,Petrie et al.,2014)。Borst 等人分析了在荷兰众筹平台 Voordekunst 上举办的 10 个文化项目,得出的结论是社交媒体上的交流能够促进众筹得到的经济收益(Borst,Moser et al.,2017)。Wojciechowski 的研究则强调了构建一个善意、和谐的捐助社区的重要性(Wojciechowski,2009)。仇筠茜通过分层随机抽样问卷调查分析发现,在社交媒体促成互联网公益参与的过程中,意愿个体以"群"(swarm)和"圈子"(clique)两种逻辑形成(仇筠茜,2015)。刘绩宏归纳了获得较好传播效果的信息发布者以及其所具有的社交网络的相关特征,强调了意见领袖在互联网众筹公益传播中的重要作用(刘绩宏,2011)。

　　以上的种种讨论都表明,在互联网众筹公益的过程中,尽管互联网在线平台已经试图消除了大部分受到地理距离影响的因素(Agrawal,Catalini et al.,2015),比如监测项目进度、展示收支明细以及信息获取,等等,它依然无法消除社会关系的影响(Agrawal,Catalini et al.,2015;Colombo,Franzoni et al.,2015)。因此,我们提出第三个假设:

　　H3:筹款能力受到社交媒体影响。

三、 研究方法与数据

　　本文从腾讯公益平台的"乐捐"栏目中抓取了 11130 个公益项目的样本数据,涵盖了 2011 年 6 月 30 日至 2017 年 8 月 31 日(项目结束日期)期间的所有公益项目。主要抓取了 5 个大类的公益项目,其数量分别为:疾病救助类 3000 个(27.0%)、扶贫救灾类 2111 个(19.0%)、教育助学类 2995 个(26.9%)、环保/动物保护类 715 个(6.4%)、其他类 2309 个(20.7%);公益项目的状态分为三类,分别为:募款中 3323 个(29.9%)、执行中 4267 个(38.3%)、已结束 3540 个(31.8%)。每个项目含有的主要属性变量见表 1。

表 1 每个项目属性变量的描述性统计

变量	均值	标准差	最小值	最大值
目标金额	23090850	59580290	66500	3000000000
募集金额	85995	344272	1.81	12000030
捐助人数	7900	150836	2	6834476
评论数	52.51	536.85	1	33719
一起捐发起者	130.04	369.69	0	8552
一起捐加入者	495.14	2746.43	0	221118

在持续时间方面,对于已经结束的项目而言,平均每个项目的持续时间为 73.4 天。我们分析并计算了每个项目的持续时长分布图,见图 1。图中对 Y 轴采用了对数坐标,从图中可以看出,大部分项目的持续时长是在 100 天以下的短期项目,其数量高达 10000 个以上,其次是 100—300 天左右的中长期项目,数量在 1000 个左右,少数的项目是持续了 300 天及以上的长期项目,其数量分布均在 100 个以下。

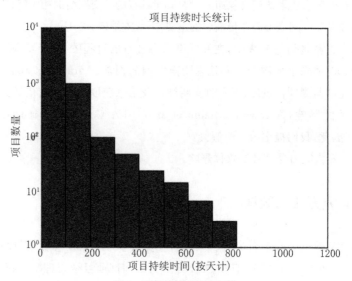

图 1 项目持续时长分布图

基于上述数据,我们采用 Python2.7 进行数据清洗和分析,主要使用的编程交互工具为 Jupyter Notebook,使用的 Python 软件有 Pandas、Matplotlib、Numpy、Scikit-learn、Statsmodel 等。在研究筹款能力受社交媒体使用的影响程度时,主要采用多元线性回归模型。

四、 研究发现

（一）众筹公益项目的筹款能力差异

H1:不同项目的筹款能力的差异很大,少数项目的筹款能力很强,而多数项目筹款能力很弱。我们用项目募集金额作为项目筹款能力的一种度量方式,为了研究不同项目筹款能力的异质性程度,我们做出了项目募集金额排名的分布,如图 2。我们发现,对 $X<1000$ 的部分做线性拟合得到的 $\beta=-0.91, R^2=0.98$,这意味着项目募集金额排名在 1000 之前的公益项目数量可以非常理想地拟合为 Zipf 分布,也就是幂律分布的一种。幂律的出现,很好地体现了项目募集金额分布的极度不均匀,从而证明了项目之间存在竞争关系。

进一步研究腾讯乐捐的网页界面设计发现,该页面上只能呈现前 100 页(每页 10 个)的那些项目,这意味着一旦项目的募集金额排名低于 1000,将无法在页面上得到展示,这也解释了图 2 中的曲线在 1000 处出现掉尾的原因。由此可见,网站的质量也会对项目的筹款能力产生一定的外部影响。

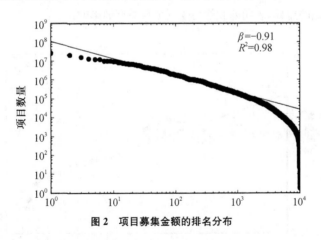

图 2　项目募集金额的排名分布

（二）项目地点、目标金额、发起人、项目类型的影响

H2:筹款能力受项目地点、目标金额、发起人和项目类型的影响。在研究这一假设时,我们把筹款能力用“募集金额”或“累计募集金额”这一指标来指代。我们分别研究了项目所在地域、目标金额、发起人和项目类型影响四个因素对公益项目筹款能力的影响。其中,地域分布影响见图 3(a),目标金额的影响见图 3(b),发起者的影响见图 3(c),项目类型的影响见图 3(d)。

　　在图 3(a)和图 3(c)中,我们分别将各省份和各项目发起者按照筹款能力排名发现均可以拟合成幂律关系,表明项目的筹款能力在项目地点和项目发起人这两个因素上表现出极大的异质性,进而证明了我们假设的正确性。其中,排在前十的省份包括北京、广东、四川、云南、上海、江苏、湖南、重庆、贵州、内蒙古;排名前十的发起人包括中国妇女发展基金会、中国扶贫基金会、壹基金、上海真爱梦想公益基金会、深圳市龙越慈善基金会、阿拉善 SEE 基金会、中国儿童少年基金会、北京新阳光慈善基金会、中华社会救助基金会、爱心家园义工联。可以看出,排名靠前的省份主要包括北上广和西南地区省份,呈现地理分布极度不均的情况;而项目的发起人则主要还是一些正规的公益性组织有着较强的筹款能力,这表明要提升个人在互联网众筹公益中的筹款和社会动员能力,还有很长的路要走。此外,从图 3(b)可以看出,尽管线性拟合的 R^2 只有 0.21,但显然募集金额与目标金额呈现正相关关系,这表明目标金额的设置能够影响捐助者对被捐助者的同情心理,从而会对人们的捐助行为产生一定的"激励"作用。图 3(d)说明环境保护类捐助金额的平均数和中位数都最高,其次是教育助学、扶贫救灾和其他,最低的是疾病救助类。不同类型的项目筹款能力之间存在较为明显的差异,表明筹款能力受到项目类型的影响。

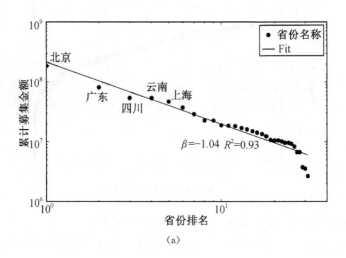

(a)

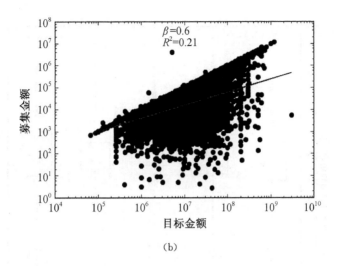

(b)

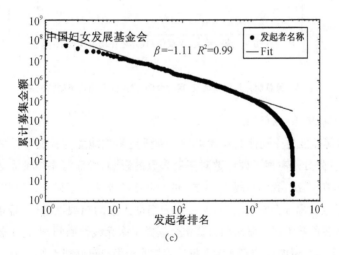

(c)

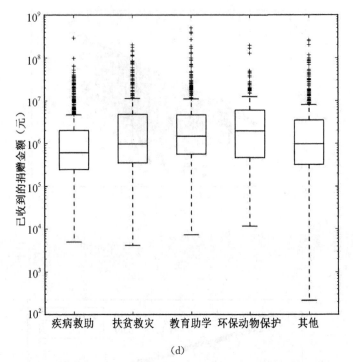

图 3　筹款能力与项目地点、目标金额、发起人和项目类型的关系

(三) 社交媒体的影响

H3:筹款能力受到社交媒体影响。为研究筹款能力与社交媒体之间的关系,我们首先分别考察了评论数对捐助人数的影响,继而考察捐助人数对募集金额的影响;其次,我们对腾讯"乐捐"的一起捐机制进行了研究,发现"一起捐"能够很好地发挥社会网络效应,实现加入捐助人数的超线性增长(幂指数大于1);最后,我们将上述变量对项目募集金额做了多元线性回归,取得了较好的效果,说明上述变量能够较好地对项目的筹款能力做出可解释性的预测。

我们发现,某个项目的评论数越多,捐助人数越多($\beta = 0.82, R^2 = 0.46$),说明捐助人数随着项目评论数的增加呈现接近线性增长的模式。另一方面,捐助人越多,筹款金额也越多($\beta = 1.13, R^2 = 0.66$),这表明筹款金额随着项目评论数的增加呈现超线性增长的模式。公益项目的评论数量其实反映的是其在社交媒体上的曝光度,以上的研究结论表明,公益项目在社交媒体上的曝光程度越高,项目的动员能力越强,所能筹得的金额越高。

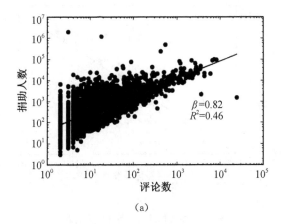

(a)

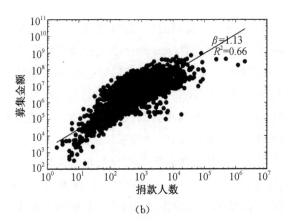

(b)

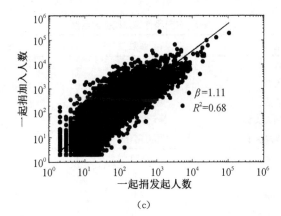

(c)

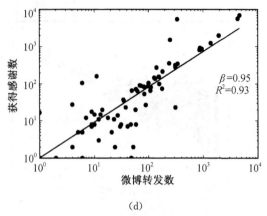

(d)

图 4　社交媒体使用对筹款能力的影响

　　此外,我们研究了腾讯公益中的"一起捐"数据。"一起捐"的意思是,每个人都可以成为一个项目的发起者(sponsor),并将这个项目扩散到自己的朋友圈或转发给好友,从而邀请好友一起捐款。我们对一起捐的机制的研究发现,发起人越多,加入人数越多($\beta = 1.11, R^2 = 0.68$),这表明:每当有一个人通过"一起捐"的形式捐赠并参与扩散某个公益项目时,往往带来加入人数的超线性增长,从而带来总人数的增加。由此可见,社会关系因素的引入,对于互联网公益项目的传播至关重要。发展网络公益事业,需要动员每个普通网民的广泛参与。对于有微博转发行为的项目,我们发现,微博转发数越多,获得感谢数越多($\beta = 0.95, R^2 = 0.93$)。这表明,社交媒体上的转发和扩散对于项目的曝光度有明显的正向影响。

表 2　多元线性回归模型的系数

变量	系数	标准差
常数	4.811***	0.079
捐助人数	0.418***	0.018
评论人数	0.135***	0.007
"一起捐"加入人数	0.310***	0.016
"一起捐"发起人数	0.096***	0.025
R^2	0.71	
Log-Likelihood	-3787.5	
Akaike Information Criterion	7585	
Bayesian Information Criterion	7615	

　　* $p < 0.05.$ ** p $<0.01.$ *** p $<0.001.$

　　最后,我们将项目捐款人数、项目评论人数、项目"一起捐"加入人数、项目"一起捐"发起人数四个变量一起作为自变量,研究它们对于募集金额的影响作用。进行多元线性回归后,得到的 R^2 为 0.71。我们列出了各个变量的系数,见表 2。可以看出,影响因子最大的变量为捐款人数和发起"一起捐"的人数,这再次印证了基于社交关系的"一起捐"这种机制对于提高募捐资金产生的重要作用。

五、 总结与讨论

　　本文从社会动员的角度分析影响项目筹款能力的因素,主要贡献在于把互联网公益网站所进行的捐款行为看作一个社会动员驱动的众筹(crowdfunding)的过程。众筹公益活动的首要目标在于通过社会动员进行筹款。在资源动员理论中,关于"资源"的理解非常宽泛。它既包括有形的金钱、资本和设施,也包括无形的领袖气质、组织技巧、合法性支持,等等(石大建、李向平,2009)。资源动员理论认为,资源的组织化程度是决定一项运动成败的关键,组织化程度越高,成功的可能性越大(冯仕政,2003)。基于上述理论视角,我们共提出了三个研究假设:第一,不同项目的筹款能力的差异很大,少数项目的筹款能力很强,而多数项目筹款能力很弱;第二,筹款能力受项目地点、目标金额、发起人和项目类型的影响;第三,筹款能力受到社交媒体影响。利用从腾讯乐捐平台抓取的实证数据分析,我们一一验证了上述假设的合理性。通过对互联网众筹这一社会动员过程的研究,我们梳理出了影响社会动员能力的一些关键因素,并利用多元线性回归模型给出了较为精细的刻画。

　　我国公益慈善事业正在经历从民间公益缺失到逐步恢复的过程,传播技术的革新、社交媒体的到来正在进一步推动官办公益向民间公益,机构公益向人人公益转型,互联网正在从慈善理念、参与形式、传播方式等多方面对公益慈善事业产生重大变革(能青青、周如南,2016),给中国慈善事业的发展带来了一系列的机遇。例如,本文发现基于互联网的公益众筹具有典型的规模经济的特点,比如"一起捐"发起人数和参与人数之间具有超线性的关系,捐款人数和捐款金额之间也具有明显的超线性关系。因而通过增加一起捐发起人数和参与人数,可以超线性地增加筹款金额。这种由于参加人数所带来的规模经济的特点,反过来也说明了采用社会动员视角来研究互联网公益众筹的必要性。

　　但是本研究同样揭示了互联网众筹公益过程中可能存在的问题。比如,不同公益项目筹款能力的巨大差异。公众容易被一些吸引眼球的公益项目所吸引,而忽视了那些小的、同样需要帮助的公益项目。此外,互联网众筹公益项目的筹款能力具有明显的地域差异,尤其是东部沿海省份与西部地区之间的项目差异很大。还有一点,公益众筹网站的视觉呈现形式也会影响公益项目的筹款能力,尤其是公益项目的在网页上排列的先后顺序。这些都说明了,互联网作为一种技术工具放大了已经存在的稀缺资源在不同群里中的差异,因而依然需要进一步优化众筹公益的流程,尤其是加大对西部地区、被忽略的慈善项目的帮扶权重。

本文依然存在一些局限。首先,由于受到腾讯乐捐平台页面上现有数据的限制,能够抓取到的数据从广度到深度都比较有限,因此只能以腾讯乐捐一个平台为例,尽可能全面而深入地观察和研究乐捐平台上互联网众筹公益的动员过程,且较为缺乏对同类其他平台的比较分析。例如,钟智锦在研究微博的"微公益"时,由于微公益提供了财务执行报告的信息公开渠道,因而她不仅研究了影响筹款能力的因素,还对公益项目的信息透明性进行了研究,挖掘了社交媒体与公益项目透明度之间的关系等问题(钟智锦,2015)。此外,本文分析的核心在于社会动员的过程。如果能够收集到在社交媒体(如微信朋友圈)内部的公益众筹信息和捐款行为的扩散信息,可以更好地揭示这种社会动员的过程。这些构成了后续研究改进的方向。

公益传播主体的个体化、内容的碎片化正在使得公益信息传播成本不断降低、效率不断提高,微信的社交关系链能够激发公益参与热情,创新公益参与形式,将公益融入公众的日常行为(能青青、周如南,2016),对研究人们在互联网上的众筹公益行为意义十分重大。本文所倡导的社会动员的视角有利于研究者更好地理解和把握公益众筹的"社会传染"(social cascade)过程,值得未来研究者投入更多的时间和精力。

参考文献

期刊论文

[1] Agrawal, A., et al. (2015). Crowdfunding: Geography, Social Networks, and the Timing of Investment Decisions. Journal of Economics & Management Strategy,24(2),253 - 274.

[2] Bekkers, R. H. F. P.,P. Wiepking(2011).A Literature Review of Empirical Studies of Philanthropy: Eight Mechanisms that Drive Charitable Giving.

Nonprofit and Voluntary Sector Quarterly,40(5), 924 - 973.

［3］Belleflamme, P., et al. (2011). Crowdfunding: Tapping the Right Crowd Journal of Business Venturing, 29(5),585 - 609.

［4］Boeder, P.(2002). Non-Profits on E: How Non-Profit Organisations are Using the Internet for Communication, Fundraising, and Community Building.First Monday,7(7),629 - 638.

［5］Borst, I., et al. (2017).From Friendfunding to Crowdfunding: Relevance of Relationships, Social Media, and Platform Activities to Crowdfunding Performance. New Media & Society,(3)1461444817694599.

［6］Castillo, M., et al.(2014). Fundraising Through Online Social Networks: A field Experiment on Peer-to-peer Solicitation.Journal of Public Economics,114(6),29 - 35.

［7］Colombo, M. G., et al. (2015). Internal Social Capital and the Attraction of Early Contributions in Crowdfunding. Entrepreneurship Theory and Practice,39(1),75 - 100.

［8］Davidson, R.,N. Poor (2016).Factors for Success in Repeat Crowdfunding: Why Sugar Daddies are Only Good for Bar-Mitzvahs.Information,Communication & Society,19(1),1 - 13.

［9］Duncan, B.(2004). A Theory of Impact Philanthropy.Journal of Public Economics,88(9 - 10),2159 - 2180.

［10］Boudreau, K., et al.(2015).Crowdfunding as "Donations": Theory & Evidence.Social Science Electronic Publishing.

［11］Giudici, G., et al. (2012). Crowdfunding: The New Frontier for Financing Entrepreneurship? Available at SSRN: http: // ssrn. com/abstract = 2157429 or http: // dx.doi.org/10.2139/ssrn.2157429.

［12］Kuppuswamy, V.,B. L. Bayus(2015).Crowdfunding Creative Ideas: The Dynamics of Project Backers in Kickstarter.Social Science Electronic Publishing.

［13］Lee, T. E.,et al. (2001).Utilizing the Internet as a Competitive Tool for Non-Profit Organizations.Journal of Computer Information Systems.

［14］McCarthy, J. D.,M. N. Zald (1977).Resource Mobilization and Social Movements: A Partial theory. American Journal of Sociology, 82 (6),

1212 - 1241.

[15] Meer, J. (2013). Effects of the Price of Charitable Giving: Evidence from an Online Crowdfunding Platform. Journal of Economic Behavior & Organization,103(C),113 - 124.

[16] Ordanini, A., et al. (2011). Crowd-funding: Transforming Customers into Investors through Innovative Service Platforms. Journal of Service Management,22(4),443 - 470.

[17] Saxton, G. D., L. Wang (2014). The Social Network Effect: The Determinants of Giving through Social Media. Nonprofit and Voluntary Sector Quarterly,43(5),850 - 868.

[18] Spencer, T. (2002). The Potential of the Internet for Non-Profit Organizations. First Monday, 7(8).

[19] Vimuktanon, A. (1997). Non-profits and the Internet. Fund Raising Management,28(8).

[20] Agrawal, A., et al. (2015). Crowdfunding: Geography, Social Networks, and the Timing of Investment Decisions. Journal of Economics & Management Strategy,24(2),253 - 274.

[21] 仇筠茜(2015),"'群'与'圈子':互联网公益行动组织机制的实证研究"。《全球传媒学刊》,2015 年第 3 期。

[22] 余芳 (2016),"移动互联网时代下公益筹款的趋势"。《新闻传播》,2016 年第 4 期。

[23] 冯仕政(2003),"西方社会运动研究:现状与范式"。《国外社会科学》,2003 年第 5 期,页 66—70。

[24] 刘绩宏(2011),"利他网络与社交网络的拟合——关于微公益信息传播效果的改进"。《新闻界》,2011 年第 8 期,页 85—91。

[25] 周荣庭、曹晔华(2011),"基于 STSF 模型的公益组织网络传播新模式——以 NGO2.0 地图为例"。《今传媒》,2011 年第 11 期,页 19—21。

[26] 周雨冰(2015),"公益新时代:互联网＋公益"。《社会与公益》,2015 年第 11 期,页 16—21。

[27] 张薇薇(2011),"网络突发事件的舆论引导——以郭美美事件为例"。《青年记者》,2011 年第 35 期,页 20—21。

[28] 林敏华(2014),"对公益组织互联网传播能力的实证研究——以广州

本土公益组织为例”。《青年研究》,2014 年第 1 期,页 31—39。

[29] 沈阳 等(2013),“微公益传播的动员模式研究”。《新闻与传播研究》,2013 年第 3 期,页 96—111。

[30] 王佳炜、初广志(2016),“论互联网公益众筹对公民参与的促进作用”。《西部学刊》,2016 年第 14 期,页 56—58。

[31] 石大建、李向平(2009),“资源动员理论及其研究维度”。《广西师范大学学报哲学社会科学版》,2009 年第 45 卷第 6 期,页 22—26。

[32] 能青青、周如南(2016),“社交媒体时代的公益传播——以腾讯公益为例”。《新闻世界》,2016 年第 6 期,页 51—53。

[33] 高一村(2016),“慈善法背景下的互联网公益筹款之路如何走?”。《中国社会组织》,2016 年第 9 期,页 26—27。

[34] 钟智锦(2015),“社交媒体中的公益众筹:微公益的筹款能力和信息透明研究”。《新闻与传播研究》,2015 年第 8 期,页 68—83。

研讨会论文

[1] Liu, L., et al.(2017). Donation Behavior in Online Micro Charities: An Investigation of Charitable Crowdfunding Projects. Paper presented at the 50th Hawaii International Conference on System Sciences, Hawaii.

[2] Wash, R.(2013). The Value of Completing Crowdfunding Projects. ICWSM - 13, 7th. Ann Arbor.

书籍

[1] Wojciechowski, A.(2009). Models of Charity Donations and Project Funding in Social Networks. Berlin: Springer Berlin Heidelberg.

Online Crowd-Funding as Social Mobilization Process A Case Study on Tencent Charity

Zhi-Cong Chen, Qiang Qin, Cheng-Jun Wang

Abstract: The Crowd-funding process on the Internet can be seen as a social mobilization process. This paper tries to explore the factors that affect the social mobilization ability (fundraising ability) of the public charity project from the perspective of the resource mobilization theory. In this paper, the data sources

are from Tencent Online Charity Websites. It is found that the fund-raising abili-
ty on the Internet is various between different projects, and the distribution of
fund-raising amount and their rankings has obvious long-tailed features. The
project's own characteristics such as project type, target amount, project
sponsor and location can significantly affect the social mobilization ability; the
use of social media, can also greatly improve the ability to mobilize the resources
of public resources, especially, the "donate together" mechanism of Tencent
Online Charity can effectively take advantages of social networks and interper-
sonal communication and lead to the super-linear growth in the increase of the
number of contributors, thereby greatly enhancing the resource mobilization ca-
pacity of the project.

Key words: Social Mobilization; Online Crowd Funding; Web Research,
Resource Mobilization Theory; Online Charity

外倾性人格、使用动机与
微信上的自我呈现

袁蔚然　赵文琪　张艳慧[*]

【摘　要】　在移动互联网的背景下,微信已经成为当下最受欢迎的社交媒体之一。微信用户在微信上通过语音、文字、图片、视频等形式进行人际交流与自我呈现。本文基于戈夫曼的自我呈现理论以及使用与满足理论,在文献梳理的基础上进行问卷调查,问卷样本为200份,探究微信上的自我呈现与用户外向型人格特征及微信使用动机之间的关系。研究结果显示,外倾性越高的个体在微信朋友圈的自我呈现程度也越高,更适用于"富者更富"理论;不同使用动机的用户在微信上的自我呈现情况也有所差别,情感的需要与用户微信上的自我呈现相关性最高。

【关键词】　微信;使用动机;自我呈现;外倾性人格

一、引言

微信自2011年1月问世以来,逐渐成为继QQ、微博之后又一大社交媒体。根据微信2015年白皮书的数据,2015年9月微信平均日登录用户达5.7亿人次,在一线城市的覆盖率达到93%。美国《纽约时报》更是把微信的出现评价为"正积极尝试扭转中国本土互联网产品无法推向世界的命运",微信已逐渐成为现代人们日常生活中不可或缺的一部分。

随着科学技术的发展,人与人之间的互动从面对面的交流变为计算机媒介交流(computer-mediated communication ,CMC),即通过两台或两台以上联网计算机进行的人际互动(Mc Quail,2005),比如电子邮件、网上聊天室,以及使用通信软件,甚至包括手机收发短信等(Thurlow,Lengel,& Tomic,2004)。而近几年,CMC又逐渐向基于社交软件支持架构的社会网络网站(social network sites,SNS)转变。而SNS区别于以往CMC在于:其一,SNS允许人们在有限制的网络系统内建立公开或半公开的个人页面;其二,SNS允许人们清晰展示出

＊【作者简介】南京大学新闻传播学院传播学2015级传播学研究生。

一份与其共享互联的其他用户的列表;其三,SNS 允许人们在该系统内看到或追溯到与之互联的其他用户的好友列表(Boyd & Elllison,2008)。SNS 独特之处在于将自己依然存在的社交网变得有形可见。而微信作为 SNS 的一种,在微信上,个人可以通过与好友通话、朋友圈留言以及寻找陌生人进行人际交流。微信支持语音、视频、图片、文字等形式,个人可以自由对自己的微信资料、个人主页进行设置。用户可以根据自己的喜好,选择想呈现给微信好友的头像或者照片;也可以根据自己的心情,在朋友圈发布状态,而微信好友则"可能"会给予评论或点赞。用户在微信上既联系他人又呈现自我。在以微信为代表的 SNS 网站中各种功能的使用灵活性很大,使得人们能够对自我呈现或印象管理有更大的控制感。

此次研究基于自我呈现理论,旨在通过量化研究的问卷调查法了解微信用户的外倾性人格特征与微信使用动机对其在微信上的自我呈现行为的影响。

从理论意义上来说,目前对于 SNS 的自我呈现研究大多是针对特定的社交网络网站,如 Facebook、Myspace,等等,但是由于不同的 SNS 社交网站的特性、功能不同,使得现在的研究成果并不具有普适性。此次对于微信用户的自我呈现的研究通过将 SNS 的研究对象扩展到更多的 SNS 网站,对于之后得出总结性的结论,分析不同网站之间的差异及原因研究,能够起到奠基作用。再者,对于 SNS 网站上用户外向型倾向对自我呈现的影响,目前存在"社会补偿理论"及"富者更富理论"两种假说,此次研究更利于了解在微信用户群体中,究竟更适用于哪种理论,以期填补该研究空白。

从社会意义上来说,以微信为代表的社交网络在我们日常生活中无处不在,了解人们在微信中的自我呈现行为,对于进而了解微信对于现代人的生活的影响至关重要。只有充分了解人们的性格特征以及使用动机如何影响其在微信中的自我呈现,以及由于这样特殊的自我呈现存在,人们如何被他人所感知(Gosling,Gaddis,Vazire,2007),人们如何处理,并且这种自我呈现又是如何影响人们的日常生活,我们才能更加充分地理解人们的社交网络生活。值得注意的是,此次研究由于研究者身份的特殊性,在问卷调查着重考察了青年群体在微信上的自我呈现行为,这样也更有利于了解在现代移动互联网时代下,作为微信主要用户的青年群体本身。

二、　文献综述

（一）"使用与满足"理论

美国传播学家卡茨(1959)首次提出"使用与满足"的概念,把研究视角从传播者转向受众,开启受众研究的新范式。该理论站在受众立场上,通过分析受众对媒介的使用动机和获得需求满足来考察大众传播给人类带来的心理和行为上的效用。它强调受众的能动性,突出受众的地位。

受众研究的奠基人麦奎尔(1972)经过分析,认为人们主要是基于四种根本性动机去收看电视,这四种动机为消遣娱乐、促进改善人际关系、加强自我认同、守望环境等。

之后,卡茨、格里维奇和赫斯(1974)从关于大众传播媒介的社会及心理功能的文献上选出 35 种需求,并把它们分为五类:认知的需要(获得信息、知识和理解);情感的需要(情绪、愉悦或美感体验);个人整合的需要(加强可信度、信心、稳固性和身份地位);社会整合的需要(加强与家人、朋友等的接触);舒解压力的需要(逃避、转移注意力)。

卡茨在《个人对大众传播的利用》中正式阐明了"使用与满足"理论。卡茨谈道:"受众成员主动利用媒介内容,而不是被动接受媒介的控制,因此,它所假设的并不是媒介与效果之间的直接关系,而是推定受众成员能够利用信息,他们对信息的利用也会影响到媒介效果。"使用与满足理论的前提是受众是有着媒介选择权的自由主体,在特定的生活环境下,有着特定的媒介使用需求和动机。这种使用通常有两种结果:一是媒介需求得到满足,会对其后续的媒介使用行为提供经验和参考;二是需求没有得到满足,受众会转向其他媒介以寻求替代性的满足。

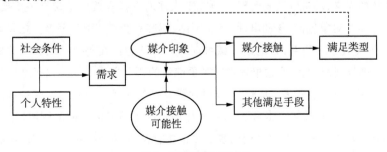

图 1　使用与满足模式图

在卡茨的影响下,一些研究者开始聚焦"使用与满足"理论对于传播学现实命题的影响。比如,格林伯格在关于《英国儿童对于电视收看的满足和相关因素》(1974)一文中,就以"使用与满足"理论作为指导,研究发现英国孩子收看电视的原因包括:打发时间、逃避现实中的困难、学习新事物、了解自我、寻求感官刺激、放松紧张情绪、排解寂寞以及出于习惯。伊士曼在《电视收看与消费方式———一种多变量的分析》(1979)一文中,通过设置的多变量研究,得出生活态度也已经成为电视受众在媒体选择做出判断时的因素之一的结论。

根据鲁宾的描述,20 世纪 80 年代的"使用与满足"研究者们正尝试系统地修正重复和扩展既有研究,包括:校正研究方法,对不同的研究的结果进行比较,回应对"使用与满足"研究的相关批评,以及在整合传播的视角下检视作为社会现象的大众媒体的使用。他在《对六十分钟受众动机的多元分析》(1983)一文中,探讨了受众使用电视的多种原因,例如消磨时间、陪伴、寻求刺激、为了某项电视内容、放松、追求资讯及学习、逃避、娱乐和互动社交等九项原因。在稍后的 1985 年,鲁宾等人(1985)在《大学中肥皂剧收视的探究》中,研究了媒体选择的不同与年龄之间的关系,并且认为年龄也是媒介选择中的影响因素之一。

之后,有更多的学者在此理论基础之上进行相关实证研究。帕尔马格林和雷波恩等人(1985)在《满足模型与媒介满足的比较》一文中,建立了用于满足研究的实证比较分析的模型,并通过建立的模型对效果满足进行了分析。刘易斯(1987)等人在《媒介使用的社会与心理缘由———一种生活模式分析》一文中,通过对四种不同的并且有着显著差异性的生活模式的研究,来探讨报纸和杂志的读者以及收看有线电视观众的使用与满足。

21 世纪以来,"使用与满足"理论已经成为传播学尤其是媒介效果研究的主流路径,特别是在当下新媒体环境中,新的媒体扩展了人们媒介选择的范围,使得个体的需求、动机以及满足对于研究新媒体的选择和接触来说至关重要,这些新媒体的对象包括:移动电话、社交网站、博客和微博、BBS,等等。托马斯·鲁杰罗(斯坦利·巴兰、丹尼斯·戴维斯,2004)认为:"在每个新的大众传播媒介产生初期,使用与满足总能提供一种最前沿的研究方法。"他提出了互联网的三个特性,即交互性、去一体化、异步性对受众产生主动性、自主性、能动性的影响。缘于 SNS 的兴起,"使用与满足"理论用于 SNS 网站研究的范例增多(Facebook、微博、人人等),而微信相比较于之前的社交媒体在中国当下的情境有独特的身份特点,因此通过"使用与满足"理论再进行研究显得尤为必要。

（二）自我呈现理论

1. 自我呈现理论回溯

自我呈现（self-presentation）的概念最早是由社会学家戈夫曼（1959）在《日常生活中的自我呈现》中所提出的，其主要采用戏剧隐喻来解释人们在不同生活情境中表现自我的方式。他把在不同情境下的个体称作"表演者"，表演者通过强调和隐藏某些与自身相关的事情而有策略地给其"观众"呈现特定的印象。

戈夫曼所提出的自我呈现理论最开始是用来解释在面对面人际交往中的自我呈现行为，从那以后就有很多研究将其应用到各种互动场景中，包括日常生活情境（Nezlek & Leary, 2002）以及间接的互动（Dominick, 1999；Papacharissi, 2002）。科学技术的发展使得人与人的交往不再局限于当面交往，以计算为媒介的 CMC（computer-mediated communication）逐渐兴起。Papacharissi（2002）根据戈夫曼的理论认为个人主页是自我呈现的又一个平台，因为在个人主页上的表述都是经过其所有者仔细控制的。戈夫曼认为，作为一个表演者，人们在不同情境或面对不同观众时会扮演不同的角色，他将这称之为区域行为和观众隔离。区域就好像是剧院的前台和后台，大多数人工作和生活的区域就决定了他们日常的行为。社交网站被认为就是这样一个线上区域，而在社交网上行为的标准也和面对面的情景有很大的不同（Key, 2007）。在这样一个新区域里，用户会根据其目标受众的情况来塑造自我呈现。

Gibbs 等（2006）对网上交友的自我呈现进行研究。他们通过在 Match.com 上的采样得到网上交友的自我表露（self-disclosure）的分析结果。自我表露是从诚信度、暴露信息的数量以及网上暴露的目的等几个常见的问题来测量的。而此处的自我表露和自我呈现意义基本一致。

除了以上，关于 CMC 的研究还涉及电子邮件（Gradis, 2003），个人网站（Dominick, 1999；Kim & Papacharissi, 2003；Papacharissi, 2002），博客（Bortree, 2005；Trammell & Keshelashvili, 2005）以及线上交友（Ellison, Heino & Gibbs, 2006；Gibbs, Ellison & Heino, 2006）。Dominick（1999）所做的一项研究在其中具有里程碑般的意义，他用内容分析法来透析在个人主页上的自我呈现。他总结了个人主页的共同特点并调查出人们在网上如何有策略地进行自我呈现。他用 Jones（1990）的五大自我呈现策略对网站主页进行分类，并且测量在人们主页上个人信息的暴露程度。他发现性别差异对主页上的自我表露有影响，和在面对面交往中一样，女人比男人更倾向于暴露信息。

而随着社交软件的不断发展，越来越多的研究者开始从 CMC 逐渐转向社会网络网站（DeGraaf,2011;Kane,2008;Mehdizadeh,2010;郝若琦,2010;梁丹、李丽涛、王芳、邸秀娟,2011;徐晓蕾,2010;殷葳,2011）。研究表明人们在 SNS 中的表现区别于以往的 CMC 情境下的表现（Boyd,Ellison,2008;Ellison et al.,2006）。Banczyk 等人（2008）运用内容分析法,总结了在 Myspace 上的目标受众与自我呈现策略之间的关系。而 Hsu、Wang 和 Tai（2011）考察了 Facebook 上用户和目标观众的关系。针对人人网以及 QQ 空间的自我呈现研究也有一定的数量。而对于微信上的自我呈现研究,目前只有童慧（2014）等少数几篇,且其研究方法和研究关切点也与本文不尽相同,"因此对微信平台自我呈现的研究显得尤为重要"。

2. 外倾性人格与自我呈现

随着社交网络的兴盛与普及,研究者对社交网络个体行为研究更为关注。社交网络基于网络平台,相较传统面对面的互动有诸多不同特性,异步性、固定性等特点让个体能够更为主动和有效地控制自我呈现,研究者对社交网络中用户的行为及影响因素越发关注,其中个体人格因素对行为的影响被特别关注。

学界已经统一认为,社交网络的使用者与非使用者的心理特质并不存在明显差异（Buffardi & Campbell, 2008;Anderson, Fagan, Woodnutt, & Chamorro-Premuzic, 2012）。因而,研究者关注特定的心理特质是如何影响个体社交媒体具体行为。

(1) 外倾性人格特质

西方心理学家对人格的定义基本上来自拉丁文,即面具的含义,包括表现在外的行为特点和蕴含于内部而外人无法直接观察的特点两部分。但不同的研究者对于人格的理解不同,采用的人格的定义和分类也不尽相同,出现了三因素模型、七因素模型以及五因素人格模型等。在过去的二十年中,心理学界通过对大五人格的研究构建了五因素模型,其模型结构为大多数学者接受。英国心理学家艾森克则提出了以人格结构层级说和三维度人格类型说为主要内容的人格理论,他认为真正支配人行为的人格结构只有少数几个,精神质、内外倾性和神经质是三个基本维度,每个人在三个维度上的不同表现,构成了千姿百态的人格结构。

在大五人格和三因素人格中,都包含共同的基本性格特征,即外倾性。外倾性被认为是个体与他人交往的适应能力,也是人际互动的数量密度、对刺激需要及获得愉悦的能力。McCrae & John（1992）描述外倾性时认为低外倾性的个体表现为安静、缄默、不善交往、害羞、沉默和孤僻;高外倾性的个体表现为群居的、冒险的、活泼的、健谈的。具有较高外倾向的人在群体中更为健谈、自信，喜欢引起他人注意和刺激冒险，但是较低外倾向特征的人相对更为安静，他们无须太多刺激，不喜欢与外界有更多接触。

外倾性的人格维度是一直稳定存在的，学界种种研究表明，外倾性与自我表露行为有较高联系，因而其对于网上社交行为也是重要影响因素。

（2）外倾性对社交媒体自我呈现影响研究

Amichai-Hamburger 早在 2000 年就提出互联网使用与人格紧密相关的看法，学者在研究 CMC 时提出两种关于外倾性与使用行为之间的假设，对外倾性与网上行为有两种理论给予解释，分别是"富者更富理论"和"社会补偿理论"。

"富者更富理论"由 Kraut 等人（2002）提出，他们认为本身有着更强社交能力的人会通过网上社交收获更多。通过研究，Kraut 等人发现外向者使用互联网能获得更多的积极结果，如增强他们的幸福感、自尊等，内向者则不然。但是社会补偿理论持有相反的观点，Anderson、Butcher 等人（2010）认为在现实生活中有社交忧虑的人可能在互联网异步、符号化的环境中更有优势，从而通过线上的社交行为弥补线下社交，因此该理论认为在 SNS 中有更多自我呈现行为的更应该是外倾性较低的个体。Goby（2006）在研究中发现，更有内向性倾向的个体认为网络环境有更多自由，他们表现出比外倾向性个体更高的与朋友互动的意愿；Stritzke、Nguyen 和 Durkin（2004）在研究也发现，生活中害羞的人在网上进行社交时，害羞水平会降低，被抛弃感也会降低，并且他们表现出较高水平的社交能力。

上述两种假设是学者在研究 CMC 时提出的，在研究 SNS 时延续了上述假设，考虑到社交网络环境多是基于线下朋友关系建立的，外倾性的个体似乎更能参与其中。Sheldon（2008）的研究印证了这一理论，他发现经常光顾 SNS 的人多是本在现实生活中就愿意沟通交流的人；Ross（2009）的研究发现外倾性高的用户会更多地加入 Facebook 群，但未发现外倾性与好友数量、使用时间及沟通等功能的关系，上述研究印证了富者更富理论。但是 Orr（2009）研究发现 SNS 对于内向的人吸引力更大，他们更喜欢用其沟通，同时也比外向的个体花更多的时间使用 SNS，这一研究结果支持了"社交补偿"假设。Amichai-Hamburger（2010）考虑到问卷法获得的数据可能与实际情况有偏差，于是采用直接观察统计法调查，研究发现外倾性高的用户比外倾性低的用户拥有更多好友，但在加入群组行为方面无差异，并且得到与直觉相悖的结论是外倾性高的个体的自我表露反而更少，他认为这是因为外倾性较高的用户不需要通过自我表露表现自己导致的结果。Amichai-Hamburger 发现个体是通过自我表露进行社交补偿,而 Orr 的结论认为个体并不是通过自我表露进行社交补偿的方式而是通过其他方式进行补偿。Chen.B.(2012)发现外倾性对自我表露行为的态度有显著影响,Ong(2011)的研究证明了外倾性与自我表露行为的关系,外倾性高的人会更多地更新状态,好友数量、照片上传数量也更多。

　　国外对外倾性的研究多是基于大五人格的框架,考察外倾性是否会对个体使用频率、时间、沟通功能和自我表露等方面产生影响。Ross 和 Amichai-hamburger 发现性格与 Facebook 使用频率、时间无关,与使用功能以及自我表露方面有显著关系。但是性格与自我表露的关系并不总是在其他研究中被证实,在部分学者研究中发现性格与自我表露无关。性格与自我表露间的无关或者存在线性关系的情况在不同的研究中会分别用不同的理论进行解释。

　　由于中国社交网络的起步较晚,近几年才陆续有个别对社交媒体的研究,但研究整体依旧整体呈现散点化趋势。张维晨(2013)和熊朋迪(2013)通过大五人格模型研究 SNS 社交行为,张维晨发现外倾性高的个体社交网络活跃度更高,熊朋迪发现外倾性高的个体的好友、分享、照片数量,高于外倾性低的个体,两者的研究都支持了富者更富理论。国内有关对社交媒体自我呈现的影响的研究较多,但以其他标准的外倾性研究社交媒体自我呈现的较少,对于自我呈现多以描述为主。

　　因此,在此提出一个假设和一个研究问题:

　　H1:外倾性程度越高的人更愿意在微信上进行自我呈现。

　　RQ1:微信的自我呈现究竟更适用于社会补偿理论还是富者更富理论?

　　(3) 使用动机与自我呈现

　　使用动机会影响人们在 SNS 中的自我呈现行为(Jung,2007)。Jung 等人在对 Cyworld 网站的用户的调查中发现,娱乐、自我表达、职业提升、消磨时光,以及与家人、朋友的沟通这五个是人们在 SNS 上的使用动机。从他们维持 Cyworld 的费用、更新频率以及在上面表达情绪和想法的深度来考察其自我呈现发现,不同的动机对于自我呈现的影响得分也有高低之分,比如越是以自我表达为目的的人,其相册就越多,在自我呈现上的得分也就越高。

　　Banczyk 等人(2008)在此基础之上对 Myspace 中的自我呈现影响因素进行研究,把提供信息、娱乐、消磨时光、从众、与家人和朋友沟通这 5 个作为使用动机(Daugherty,Lee,Gangadharbatla,Kim, Outhavong,2005),发现只有与家人和朋友沟通这一种动机对自我呈现有影响。

于是，在此提出此次研究的第二个研究问题：

RQ2：在微信中，使用动机对于自我呈现是否有影响？

三、 研究方法

（一）研究对象

本研究的调查对象为在校大学生，整体有效样本数为 199，其中包括男性 63 人，占总样本量的 31.7％，女性为 135 人，占总样本量 67.8％，有 1 份缺失值。为达到更好的扩散效果和答题效果，本次研究分别采用了线上线下相结合的方法收集数据。通过线上线下相结合的方式共发放问卷 200 份，线上回收 100 份问卷，线下回收 100 份问卷，共回收 200 份，剔除无效问卷，有效数据 199 份，全部数据采用 SPSS 17.0 进行统计分析。

（二）研究工具

本研究采用问卷调查法，问卷中包含外倾性量表、使用与满足动机量表以及微信朋友圈自我呈现量表，具体如下：

1. 外倾性量表

该量表摘自艾森克人格问卷（EPQ）工具，该问卷系列由英国伦敦大学的艾森克教授等经过大量实验研究编制而成，相对于其他人格问卷，EPQ 问卷涉及概念少，施测方便，有较高的信度及效度。由于本研究将外倾性人格选择为自变量之一，因而选择了 EPQ 问卷中有关外倾性的相关题项，共 17 道题。并且为方便测量与检验，笔者将外倾性的题项原先的"是"或"否"维度修改为李克特量表的 5 分维度，从 1～5 题项的同意程度逐次增加。经研究检验，外倾性量表的信度为 0.784，效度为 0.859，信度效度都较好。

2. 使用与满足动机量表

本部分"使用与满足"量表共有 20 题，包含 6 个因子，分别为认知的需要、情感的需要、个人整合的需要、社会整合的需要、舒解压力的需要、微信特征所带来的满足。其中前 5 个因子的测量问题，源自 Dholakia、Bagozzi 和 Pearo（2004）发表的高被引（至今 611 次）文章（A Social Influence Model of Consumer Participation in Network and Small-group-based Virtual Communities），此量表也与卡茨 1973 年提出的媒体基本的满足类型非常契合；对本研究中聚焦媒体微信而言，其用户的使用满足与传统大众媒介存在不同，因此有必要提出针对微信特征而带来的新使用与满足。结合郑晓娜（2014）对全国 208 所高校大学生微信使用的实证研究,谢新洲、安静等(2013)学者对微信特征探索等,本研究提出以主动性、真实性、流行性作为测量变量。经检验,使用与满足动机量表整体信度为 0.899,效度为 0.848,信度效度都较好。

3. 自我呈现量表

自我呈现量表在众多文献中并没有一个较为统一的量表,此处主要参考 Banczyk 等人(2008)以及 Kane(2008)的论文,文中采用内容分析将自我呈现行为量化操作化,笔者将文中量表结合微信作为新型 SNS 的特征进行修改以及简化,最终将自我呈现大致分成头像自我表露、个人信息自我表露、个人主页自我表露、微信状态自我表露等 4 个维度来进行考量。经检验,自我呈现量表的整体信度为 0.844,达到了较好的可信度。

四、 分析结果

为了回答假设 1 和 RQ1,本研究对问卷数据进行了四次回归分析,因变量分别为头像自我表露、个人信息自我表露、个人主页自我表露和微信状态自我表露,分析结果如表 1。

在因变量为头像自我表露的回归分析中,第一组是控制变量,包括性别、问卷采集方式、微信好友数量、微信讨论组数量和微信使用时长;第二组自变量为外倾性人格;第三组为微信使用动机,包括认知的需要、情感的需要、个人整合的需要、社会整合的需要、舒缓压力的需要、自主性、真实性和流行性。回归结果显示在控制了性别、问卷采集方式、微信好友数量、微信讨论组数量和微信使用时长后,被访者的外倾性人格与自我头像表露呈正相关($\beta=0.190, p<0.05$),即越外向的人在微信上的自我表露程度越高,这部分验证了假设 1,也部分回答了 RQ1,即在微信头像的自我表露上更适用于富者更富理论。回归结果还显示了被访者情感的需要与微信头像的自我表露呈负相关($\beta=-0.222, p<0.05$),而个人整合的需要与微信头像的自我表露呈正相关($\beta=0.241, p<0.05$),这些都部分回答了 RQ2。【另外,控制变量问卷的采集方式与微信上头像的自我表露成负相关($\beta=0.23, p<0.01$)。】

在因变量为个人信息自我表露的回归分析中,分组自变量与上组相同。回归结果显示在控制了性别、问卷采集方式、微信好友数量、微信讨论组数量和微信使用时长后,被访者的外倾性人格与个人信息自我表露呈正相关($\beta=0.191, p<0.01$),即越外向的人,在微信上的个人信息自我表露程度越高。这部分验

证了假设 1,也部分回答了 RQ1,即在微信个人信息的自我表露上,更适用于富者更富理论。回归结果还显示了被访者情感的需要与微信个人信息的自我表露呈负相关($\beta=-0.224, p<0.05$),而社会整合的需要与微信个人信息的自我表露呈正相关($\beta=0.343, p<0.01$),这些都部分回答了 RQ2。【另外,控制变量受访者性别与微信上个人信息的自我表露呈负相关($\beta=-0.205, p<0.01$)。】

在因变量为个人主页自我表露的回归分析中,分组自变量与上组相同。回归结果显示在控制了性别、问卷采集方式、微信好友数量、微信讨论组数量和微信使用时长后,被访者情感的需要与微信个人主页的自我表露呈正相关($\beta=0.045, p<0.01$),而微信的流行性与微信个人主页的自我表露呈负相关($\beta=-0.206, p<0.05$),这些都部分回答了 RQ2。【另外,控制变量受访者性别与微信上个人主页的自我表露呈负相关($\beta=-0.196, p<0.01$);控制变量采集方式与微信上个人主页的自我表露呈负相关($\beta=-0.246, p<0.01$);控制变量微信讨论组数量与微信上个人主页的自我表露呈正相关($\beta=0.049, p<0.05$);控制变量微信使用时长与微信上个人主页的自我表露呈负相关($\beta=-0.183, p<0.05$)。】

在因变量为微信状态自我表露的回归分析中,分组自变量与上组相同。回归结果显示在控制了性别、问卷采集方式、微信好友数量、微信讨论组数量和微信使用时长后,被访者的外倾性人格与微信状态表露呈正相关($\beta=0.299, p<0.001$),即越外向的人,在微信状态上的自我表露程度越高,这部分验证了假设 1,也部分回答了 RQ1,即在微信状态上的自我表露上,更适用于富者更富理论。同时,被访者认知的需要与微信状态的自我表露呈负相关($\beta=-0.230, p<0.05$),情感的需要与微信状态上的自我表露呈正相关($\beta=0.254, p<0.05$),而微信的自主性与微信头像的自我表露呈正相关($\beta=0.168, p<0.05$),这些都部分回答了 RQ2。【另外,控制变量微信好友数量与微信上个人信息的自我表露呈正相关($\beta=0.220, p<0.01$);控制变量微信使用时长与微信上个人信息的自我表露成呈正相关($\beta=0.243, p<0.01$)。】

表 1　使用动机与微信自我呈现的线性回归数据

	Model 1 头像自 我表露	Model 2 个人信息 自我表露	Model 3 个人主页 自我表露	Model 4 微信状态 自我表露
性别	0.016	-0.205^{**}	-0.196^{**}	0.016
采集方式	-0.230^{**}	0.121	-0.246^{**}	0.023
好友数量	-0.008	0.027	-0.147	0.220^{**}

续　表

	Model 1 头像自 我表露	Model 2 个人信息 自我表露	Model 3 个人主页 自我表露	Model 4 微信状态 自我表露
讨论组数量	0.045	0.110	0.049 *	0.039
使用时长	−0.148	−0.098	−0.183 *	0.243 **
R^2 变化	0.096 **	0.091 **	0.130 ***	0.151
外倾性人格	0.190 *	0.191 **	0.092	0.299 ***
R^2 变化	0.030 *	0.030 *	0.007	0.074 ***
认知的需要	0.028	−0.026	0.024	−0.230 *
情感的需要	−0.222 *	−0.224 *	0.045 **	0.254 *
个人整合的需要	0.241 *	0.087	0.200	0.148
社会整合的需要	0.056	0.343 **	0.141	0.150
舒解压力的需要	0.093	−0.002	0.086	0.155
自主性	0.146	0.002	−0.075	0.168 *
真实性	0.036	−0.100	−0.051	0.154
流行性	−0.077	−0.017	−0.206 *	0.056
F 值	2.952 **	4.026 ***	3.248 ***	6.782 ***
df	0.172	172	172	172
总调整 R^2	0.059	0.142 ***	0.086 *	0.151 ***

* $p < 0.05$，** $p < 0.01$，*** $p < 0.001$

五、结论与讨论

（一）外倾性和自我呈现行为的关系讨论

通过研究发现，除了微信个人主页的自我表露之外，外倾性对自我呈现意愿和自我呈现行为都有着正向影响，因而本次研究的结果支持了"富者更富"理论。

此前在社交网络自我展示的研究中，学者考察了社交网络自我展示与现实自我之间的关系，显示出两种观点：一种是社交网络中自我呈现的是个体理想化虚拟身份（如 Manago，Graham，Greenfield，& Salimkhan，2008），另一种是社交网络的自我呈现是个人现实生活在网络世界的延伸（Pempek et al.，2009）。但是当前的实证研究更多地支持社交网络中的自我呈现是现实生活延伸的这一观点。Back 等(2010)比较了 Facebook 用户真实人格、理想人格以及个人主页展现人格之间的关系,得出的结果显示评估人格与真实人格显著相关,而与理想人格无相关关系。因此在 Facebook 社交网络中的自我呈现更多还是基于个人现实情况,这可能与用户个人的身份认同、归属以及 Facebook 朋友相关。在微信的使用动机中,社会整合和真实性的使用动机得分是最高的两项,从中能够看出个体使用微信主要动机与真实生活、熟人朋友有关,因此微信朋友圈的自我呈现也更多是作为个人现实生活延伸立足的。

根据戈夫曼(1959)的印象管理理论,个体在自我呈现的过程也是一个自己通过信息过滤从而管理别人对自己印象的过程。研究发现,Facebook 的用户大多会运用一些印象管理策略,比如不发有损形象的帖子,取消发布的照片等,用户在社交网络中的自我呈现有自我提升的特点。Facebook 用户并没有表达非现实的自我,而是保留了真实自我的某些方面,选择他们想要表达的信息(Carmody, 2012)。

根据社会信息加工理论(Walther & Burgoon, 1992)和线索减少理论(Walther & Burgoon, 1992),线索是信息加工的前提,因而基于网络的自我表露与现实生活中的自我表露有所不同,网络的自我表露更多依赖于文字、图片等信息,因此文字、图片信息的线索是信息加工的前提,通过网络自我表露补充与其他伙伴之间的互动沟通。网络本身包含匿名性的特质,但是微信有其熟人社交的定位,因而在朋友圈中表露信息的意愿线索基础也都会受到上述因素的限制,加上个人在自我呈现时有自我提升的印象管理动机,因此生活状态丰富、生活情况较好的个体更容易有自我呈现行为。外倾性高的个体在生活中熟人朋友多,并且由于社交广、生活丰富,其能展现的线索也会相对较多,他或她在朋友圈自我呈现的意愿以及行为都高于外倾性低的人。

(二)使用动机和自我呈现的关系讨论

根据表1,可以看出情感的需要与微信头像自我表露、个人信息自我表露呈现负相关,与个人主页自我表露、微信状态自我表露呈负相关,即情感的需要与自我呈现存在关联。所以我们可以得出微信用户在使用动机上,情感的需要是影响其在微信自我呈现上的一个重要因素,但在不同的微信自我呈现行为上所带来的影响效果有差异。依照卡茨的分析(1973),个人整合的需要包含情绪的、愉悦的或美感的体验等方面,Ozkaya & LaRose(2014)指出,相对于其他的网络应用,个体在社交网站中能获得更多的情感支持和陪伴,社交网站中的自我呈现对个体心理社会适应的积极影响得到许多研究的证实,Kim 和 Lee

(2011)针对 Facebook 的研究表明在社交网站中进行真实和积极的自我呈现对个体的主观幸福感都有显著的正向预测作用,使得自己获得积极愉悦的情感的愿望会影响到自我呈现。而积极的自我呈现同样也能够反作用于情感,正如有的学者指出,积极的自我呈现会使个体产生一种过于乐观的积极错觉(Kim&Lee,2011),并且网络中的自我呈现具有塑造自我评价的功能,在社交网站中进行积极的自我呈现会营造一种正面积极的自我形象和自我概念(Toma,2010),从而使个体体验到更多的积极情绪。于是,在个人主页自我表露、微信状态上的自我表露都印证了以上的研究结果。但在微信头像自我表露和个人信息自我表露上,用户情感需求越强烈,该自我呈现行为越不显著,这可能是由于微信头像和个人信息属于较为固定的版块,用户基本上无法从这两块功能上满足其情感的需求。

而认知的需要、个人整合的需要、社会整合的需要、自主性和流行性都在某一方面与自我呈现行为相关联,只有微信的真实性需求和舒缓压力的需要与自我呈现行为的四个方面没有显著相关性。认知的需要与微信状态的自我表露呈正相关,即认知的需要与自我呈现存在强关联。获取和接收信息是微信最为基本的功能。在微信中,可以通过与好友之间的聊天以及在微信上发布状态与其他好友保持联系、交换信息,也可以通过服务号与公众号定期推送的消息来获取信息,微信这种多种方式并存的信息传递方式更促进了用户在微信上进行自我呈现行为。

个人整合的需要与头像自我表露呈现正相关,即个人整合的需要与自我呈现存在强关联。个人整合的需要包含强可信度、信心、稳固性和身份地位等方面,而 Kramer 和 Winter(2008)发现自我效能感与自我呈现之间存在强关联,印证了此项研究发现。对个人整合的强烈需要会使自我呈现强烈的原因可能在于社交网络的交流与面对面交流的不同,在面对面的互动中,人们进行自我呈现时,会受到各种限制和阻碍,比如由于场所或者个人心理问题造成的非理想状态。许多学者都提出在虚拟环境中个人可以有效控制,并适于具有策略复杂性的自我呈现(Chandler,1998;Karlsson,1998)。在微信中,个人有机会充分且较少受到干扰地表达自己,呈现出自信、专业、富有幽默感的自我,以满足个人整合的需要。

社会整合的需要与个人信息自我表露呈现正相关,即社会整合的需要与自我呈现存在强关联。于婷婷和窦光华(2011)认为人们使用社交网络实际上是一种社会交往需要,其中的"弱连接"能使人们获取所需的有价值的社会资本。

Ellison 等(2007)认为 Facebook 的使用与社会资本的衔接之间存在正向关系；IBM 公司内部社交网络的使用也和社会资本存在着显著正向关系(Steinfield，DiMicco，Ellison & Lampe，2009)。这些学者的观点都印证了本项研究发现。而 2000 年传播学者帕彻瑞斯与鲁宾对互联网的使用动机做了调查研究并发现，维持人际关系仅仅是用户使用互联网的次要动机。与本次研究的结论相比，这个差异说明越来越多的年轻网络用户开始将互联网纳入维系日常人际关系的重要工具之中，微信所代表的社交网站所扮演的角色也与普通的网络虚拟社区不同，它对于现实中人际关系的建立以及维系起到了协助和支持的作用。新媒体时代，互联网与生活的关系逐渐变得密切起来。

真实性的需要与微信各方面的自我呈现均没有显著相关。随着个人在网络上的形象更趋于完整，社交网络经历了从早期概念阶段到结交陌生人阶段到娱乐化阶段(创造个性化交间吸引注意力)直到的社交图阶段(复制线下的人际关系网络到线上)的发展。Lenhart & Madden(2007)调查发现，大多数社交网络使用者会通过社交网络来维护线下的社交关系和在网络中拓展新的人际关系。这种线下关系到线上关系的转移使得社交网络中的社交功能更加真实，更接近现实生活中的社会交往。Boyd(2005)认为社交网络使用者的使用黏度很高。而此次研究结果并没有证明以上这些结论，这可能由于随着人的交际圈的扩大，微信广告、微信营销等新形式的出现，微信相对于微博、QQ 等社交媒体所表现出的真实性逐渐消失，故而用户因为微信具有真实性的需要而进行自我呈现的行为也逐渐减少。相比之下，微信的自主性和流行性所带来的用户自我呈现行为则表现较为明显。

（三）研究局限

1. 调查对象上：传播学研究者对网络使用动机研究表明，人口统计学因素会对媒介使用产生一定程度的影响，而地域因素为位列其中，而在本次研究中，被调查者绝大部分是来自南京大学的学生，且以研究生为多，具有明显的地域局限性和身份局限性，因此其问卷所得结果也应受到部分影响，这会影响最后的分析结果。

2. 样本收集上：本次调查中，研究者采用的是线上线下两种方式，其中线上通过问卷星在微信上传播，这是一种非概率抽样；在线下则在图书馆进行发放，亦为非随机概率抽样，这种方式或多或少会影响本研究结论的有效性。

3. 样本数量上：本研究中得到有效问卷 199 份，从数量上来说，研究范围有限，对于达到研究目的中所提到的了解青年微信用户的自我呈现行为仍有一定的距离。

（四）研究展望

通过反思和设想,未来研究可以在以下方面做更为深入的探讨:

1. 对大学生的微信使用状况不应局限于南京大学校内,日后可以进行大规模跨地域的定量研究,有利于更为客观地了解大学生微信使用状态,分析其自我呈现行为的群体特征。

2. 在本次研究中,有很多控制变量与因变量有莫大的关系,由于文章篇幅原因并没有进行展开描述,在日后的研究中,可以有针对性地针对问卷的采集方式、受访者性别等因素进行深入研究。

3. 在本次研究中,由于选取样本的局限,研究对象具有较高同质性,缺乏与不同个体的行为方式之间的比较,日后的研究可以沿此方向进行。

4. 本研究中,"使用与满足"理论部分已经出现倾向于心理层面的"观战表演范式",以心理因素来探究微信用户使用与满足和自我呈现之间关系亦为一条有益路径。

参考文献

期刊论文

[1] 于婷婷、窦光华(2011),"社交网络服务兴起的社会学意义"。《当代传播》,2011 年第 6 期,页 55—57。

[2] 张维晨,等(2013),"大学生社交网络行为与大五人格的相关研究"。《中华行为医学与脑科学杂志》,2013 年第 22 卷第 1 期,页 46—49。

[3] 陈浩、赖凯声、董颖红、付萌、乐国安(2013),"社交网络(SNS)中的自我呈现及其影响因素"。《心理学探新》,2013 年第 6 期,页 541—553。

[4] 姚琦、马华维、阎欢、陈琦(2014),"心理学视角下社交网络用户个体行为分析"。《心理科学进展》,2014 年第 10 期,页 1647—1659。

[5] 娄熠雪、蔡阿燕、杨洁敏、袁加锦(2014),"内—外倾人格对情绪调节的影响及神经机制"。《心理科学进展》,2014 年第 12 期,页 1855—1866。

[6] 梁丹、李丽涛、王芳、邸秀娟(2011),"大学生社交网站使用特征及心理原因分析"。《社会心理科学》,2011 年第 26 期,页 813—815。

[7] 蒋索、邹泓、胡茜(2008),"国外自我表露研究述评"。《心理科学进展》,2008 年第 1 期,页 114—123。

[8] 童慧(2014),"微信的自我呈现与人际传播"。《重庆社会科学》,2014

年第 1 期,页 102—110。

[9] 焦璨、张敏强、张洁婷、吴利、张文怡(2011),"EPQ 信度概化的跨文化比较及其启示"。《心理科学》,2011 年第 6 期,页 1488—1495。

[10] 谢笑春、孙晓军、周宗奎(2013),"网络自我表露的类型、功能及其影响因素"。《心理科学进展》,2013 年第 2 期,页 272—281。

[11] 熊朋迪等(2013),"大学生五大人格与社交网络主页信息的关系研究"。《中华行为医学与脑科学杂志》,2013 年第 22 卷第 5 期,页 432—435。

[12] Amichai-Hamburger, Y. (2002). Personality. Computers in Human Behavior, 18(1), 1 - 10.

[13] Bortree, D. (2005). Presentation of Self on the Web: An Ethnographic Study of Teenage Girls' weblogs. Education, Communication & Information, 5(1), 25 - 39.

[14] Boyd, D.M., Ellison, N.B. (2008). Social Network Sites: Definition, History, and Scholarship. Journal of Computers in Human Behavior, 26, 1392 - 1399.

[15] Brunet, P. M., Schmidt, L. A. (2007). Is Shyness Context Specific? Relation between Shyness and Online Self-disclosure with and without a Live webcam in Young Adults. Journal of Research in Personality, 41(4), 938 - 945.

[16] Brunet, P. M., Schmidt, L. A. (2008). Are Shy Adults Really Bolder Online? It Depends on the Context. Cyberpsychology and Behavior, 11, 707 - 709.

[17] Chen, B. and J. Marcus (2012). Students' self-presentation on Facebook: An Examination of Personality and Self-construal Factors. Computer in Human Behavior.

[18] Dominick, J.R. (1999). Who Do You Think You Are? Personal Home Pages and Self-presentation on the Worldwide Web. Journalism and Mass Communication Quarterly, 76, 646 - 658.

[19] Boyd, D.M. (2006). Friends, Friendsters, and Top 8: Writing Community Into Being on Social Network Sites. First Monday.

[20] Eliison, Steinfeld, Lainpe. (2007). The Benefits of Facebook "Friends": Social Capital and College Students' use of Online Social Network Sites. Journal of Computer Mediated Communication, 12(4).

[21] Ellison, N., Heino, R., Gibbs, J. (2006). Managing Impressions

Online: Self Presentation Processes in the Online Dating Environment.Journal of Computer Mediated Communication,11,415 - 441.

[22] Gibbs,J.,Ellison,N.,& Heino, R.(2006).Self-presentation in Online Personals: The Role of Anticipated Future Interaction,Self-disclosure, and Perceived Success in Internet Dating.Communication Research,33,152 - 177.

[23] Hsu,C.W.,Wang,C.C.,& Tai,Y.t.(2011).The Closer the Relationship,the More the Interaction on Facebook? Investigating the case of Taiwan users.Cyberpsychology,Behaviors and Social Networking,14,473 - 476.

[24] Kim, H.D., & Papacharissi, Z.(2003).Cross-cultural Differences in Online Self Presentation: A Content Analysis of Personal Korean and US Home pages.Asian Journal of Communication,13(1),100 - 119.

[25] Kim.J.& Lee.J.E.(2011).The Facebook Paths to Happiness:Effects of the Number of Facebook Friends and Self-presentation on Subjective Well-being. Cyberpsychology,Behavior,and Social Networking,14(6) ,359 - 364.

[26] Krmer,N.C.& Winter, S.(2008).Impression Management 2.0: The Relationship of Self-esteem, Extraversion, Self-efficacy and Self-presentation within Social Networking Sites.Journal of Media Psychology,20,106 - 116.

[27] Lewis Donohew,Philip Palmgreen,& Raybum J.D.(1987).Social and Psychological Origins of Media Use: A Life Style Analysis.Journal of Broadcasting and Electronic Media,31(3),255 - 278.

[28] Manago, A.M., Graham, M.B., Greenfield, P.M., & Salimkhan, G.(2008).Self-presentation and Gender on My Space.Journal of Applied Developmental Psychology,29,446 - 458.

[29] Nezlek,J.B.,&Leary,M.R.(2002).Individual Differences in Self-presentational Motives in Daily Social Interaction.Personality and Social Psychology Bulletin,28,211 - 223.

[30] Ong, E. Y. L., et al. (2011). Narcissism, Extraversion and Adolescents' Self-presentation on Facebook. Personality and Individual Differences,50(2),180 - 185.

[31] Ozkaya,E & Larose,R.(2014).How does Online Social Networking Enhance Life Satisfaction? The Relationships among Online Supportive Interaction,Affect,Perceived Social Support,Sense of Community,and Life Satisfaction.

Computers in Human Behavior,30(3),69 - 78.

［32］Papacharissi, Z. (2002a). The Presentation of Self in Virtual Life: Characteristics of Personal Home Pages. Journal of Mass Communication Quarterly,79,643 - 660.

［33］Papacharissi, Z. (2002b). The Self Online: the Utility of Personal Home Pages. Journal of Broadcasting and Electronic Media,46,346 - 368.

［34］Ross, C., et al. (2009), Personality and Motivations Associated with Facebook use.Computers in Human Beavior,25(2),578 - 586.

［35］Trammell, K., & Keshelashvili, A. (2005).Examining the New Influencers: A Self Presentation Study of a-list Blogs.Journalism & Mass Communication Quarterly,82,968 - 982.

［36］Walther, J. B. &Burgoon, J. K. (1992). Relational Communication in Computer-mediated Interaction. Human Communication Research,19,50 - 88.

研讨会论文

［1］Banczyk,B.,Kramer,N.,& Senokozlieva,M.(2008)."The wurst"meets "fatless" in MySpace: The Relationship between Self-esteem, Personality, and Self-presentation in an Online Community.Paper presented at Conference of the International Communication Association.Montreal,Quebec,Canada.

［2］Gosling,S.D.Gaddis,S.,&Vazire,S.(2007,March).Personality Impressions based on Facebook Profiles.Paper presented at International Conference on Weblogs and Social Media.Boulder,Colorado,USA.

［3］Gradis, M. (2003). Seniors and Friendship Formation Online. Paper Presented at the Annual Conference of the International Communication Association.

［4］Steinfield, C., DiMicco, J. M., Ellison, N. B., & Lampe' C. (2009). Bowling online: Social Networking and Social Capital within the Organization. Paper presented at the Fourth International Conference on Communities and Technologies.

［5］Toma, C. L. (2010). Affirming the Self through Online Profiles: Beneficial Effects of Social Networking. Paper presented at the SIGCHI conference on human factors in computing systems.

书籍

［1］Goffman, E. (1959). The Presentation of Self in Everyday Life. New York：Anchor Books.

［2］Jones, E. (1990). Interpersonal Perception. New York：W. H. Freeman and Company.

［3］Jay G. Blumler & E. Katz Eds. (1974). The Uses of Mass Communications：Current Perspectives on Gratifications Research. Beverly Hills, CA：Sage.

［4］D. Mcquail, Eds. (1972). Sociology of Mass Communication. Harmondsworth：Penguin.

［5］Thurlow, C., Lengel, L., & Tomic, A (2004). Computer Mediated Communication：Social Interaction and the Internet. London：Sage.

译著

［1］斯坦利·巴兰、丹尼斯·戴维斯(2004),《大众传播理论:基础、争鸣与未来(第三版)》(曹书乐 译),第 261 页。北京:清华大学出版社。

学位论文

［1］李加强(2009),《重庆高校青年教师应对方式、EPQ 人格特征对主观幸福感的影响研究》。西南大学硕士论文。

［2］张嘉宁(2015),《外倾性对社交网络使用动机与发布行为关系的调节作用研究》。北京邮电大学硕士论文。

［3］郝若琦(2010),《美国大学生社交网站使用动机研究》。西北大学硕士论文。

［4］徐晓蕾(2010),《自我同一性状态和自我呈现技巧与大学生社交网站受欢迎程度的关系研究》。复旦大学硕士论文。

［5］殷崴(2011),《SNS 社交网站成员在不同信任模式下使用动机与行为研究》。北京邮电大学硕士论文。

［6］谭文芳(2003),《286 名大学生网络使用行为、使用动机与人格之关系研究》。湖南师范大学硕士论文。

［7］DeGraaf, M. M. A. (2011). The Relationship Between Adolescents' Personality Characteristics and Online Self-presentation. Unpublished Master's Thesis. University of Twente.

［8］Kane, C. M. (2008). I'll See You on MySpace：Self-presentation in a Social Network website. Unpublished Master's Thesis, Cleveland State University. Cleveland, OH.

报纸

[1] Key，B.（2007，Oct. 17）. Living Life by Facebook Rules. National Post，p. A21.

网上文章/文件

[1] Lenhart，A.，Madden，M.（2007）. Social Networking Sites and Teens：An Overview. Washington, DC：Pew Internet and American Life Project，from：www. pewinternet. org.

Extroverted personality，motivation and presentation of self on Wechat

Yuan Weiran　　Zhao Wenqi　　Zhang Yanhui

Abstract：WeChat has been one of the most popular social media in this mobile internet age. The users are using audio，text，photos and videos to communicate and to present themselves. This completion of this article is based on Goffman's Presentation of Self theory and Use and Gratifications theory. A questionnaire survey with a size of 200 samples is used to find out the relationship among self-presentation，extroverted personality and user motivation. It turns out that the extent of self-representation is positively correlated with that of extroverted personality. Therefore，the rich get richer theory is more applicable on extroverted people. Different motivation also leads to different self-presentation. The need for emotions is the most associated factor in influencing self-presentation.

Key words：WeChat；user motivation；self-presentation；extroverted personality

互联网空间中的"讽刺"与公共实践：以"雾霾"议题为例

郑峰山[*]

【摘　要】 本研究将"网络讽刺"视作网络公共领域中一种充满情感的异议表达实践,基于话语整合的视角,以"雾霾讽刺"为例,主要探讨了以下几个问题:"网络讽刺"兴起的社会背景与原因,"网络讽刺"的主要形式与策略,"网络讽刺"的公共意义与局限。研究发现,"网络讽刺"的兴起与繁殖是技术、历史文化、政治等相互作用的结果。"网络讽刺"大致可以分为笑话、恶搞与戏仿、其他形式的讽刺这三种形式,而每种形式的讽刺策略都各有不同。"网络讽刺"的公共意义在于,它可以充当共同体的情感纽带,也是网民实现其公民权的一种实践,同时作为一种"counter-discourse"(逆反话语),它可能会形成强大的舆论压力,甚至推动政府做出改革。

【关键词】 网络讽刺;公共领域;笑话;恶搞与戏仿;公共实践

在当下中国网络空间中盛行着"讽刺"这种充满激情的话语行为,网民利用网络媒介的扩散性、及时性、互动性、草根性等特征,广泛地对社会现实、政治、群体或个人进行讽刺。"讽刺"已经成为网络世界中一种流行的文化现象(Meng B.,2011;杨国斌,2013;Tang L.,2013;Yang G.,Jiang M.,2015)。诸多研究(杨国斌,2009;Meng B.,2011;林郁沁,2011;林宇玲,2014;袁光锋,2014;克劳斯,2015)指出,哈贝马斯的公共领域理论,过于强调理性话语以及意见的一致性,而忽略了情感成分或者异见。很多研究(杨国斌,2009;Meng B.,2011;林郁沁,2011;袁光锋,2015;等)也的确证明了情感在公共领域中扮演着重要角色,具有重要的社会影响与意义。袁光锋(2014)认为,我们应该把"情感"纳入网络公共领域的研究中来,诸如怨恨、同情、愤怒、讽刺之类的情感在网络公共领域中扮演着重要角色。

中国存在贪腐、食品安全、环境污染等诸多社会问题,但是空气污染——雾霾与它们相比更具特殊性。雾霾让中国人无处可逃,更加激发了他们的不满、无奈等情感。因此,网友们创作了各种充满讽刺与戏谑意味的恶搞、段子,形成

---

* **【作者简介】** 南京大学新闻传播学院传播学专业2015级硕士。
本文系国家社科基金青年项目《基于"情感"视角的当代中国公共舆论研究》(16CXW021)研究成果。

了一种"雾霾文化"。很多研究（Thornton P. M.，2002；Meng B.，2011；Tang L.，2013；Marzouki M.，2015；Yang G.，Jiang M.，2015；等）都探讨了"讽刺"这种充满激情的异见表达的影响和意义，这些研究表明，"讽刺"有利于批判社会问题、扩展人们的话语空间、建构情感联系与归属感、推动社会变革等。本研究以"雾霾讽刺"为例，来探讨以下几个研究问题："网络讽刺"兴起的社会背景与原因有哪些？"网络讽刺"主要有哪些形式、策略？"网络讽刺"这种饱含激情的表达异议的话语实践，具有什么样的公共意义与局限？

一、"讽刺"的概念

在探讨"网络讽刺"之前，有必要弄清楚"讽刺"的概念。我国第一部以语词为主、兼收百科的大型综合性词典《辞源》强调"讽刺"是一种隐晦的讥刺人的言语行为，将"讽刺"定义为"以婉言隐语讥刺人"（转自郭莉敏，2007）；《中华大字典》对"讽刺"的定义更为综合："以婉言隐语相讥刺"，该定义与《辞源》的定义类似；第二个定义强调"讽刺"是一种文学表现手法，指出"讽刺"是"文艺创作中的表现手法之一，用讥刺或嘲讽的笔法，描写社会生活中的种种"。在英文中，"讽刺"对应的单词为"satire"。《牛津高阶英汉双解词典》对"satire"的定义是：a way of criticizing a person, an idea or an institution in which you use humor to show their faults or weaknesses; a piece of writing that uses this type of criticism（以幽默的方式批判人、思想或机构的错误与弱点；使用这种批评方法的作品）。根据中英文词典对"讽刺"的定义，我们可以发现，这些定义都强调"讽刺"的批判性，但是英文侧重幽默，而中文侧重间接性和隐晦性。

而修辞学和文艺学领域的学者对"讽刺"的定义也大致可以分为以下两类：强调"讽刺"是一种贬损性的、间接的批评人的言语行为（唐善生，2004；郭莉敏，2007）；或者是一种运用这种言语的表现手法或艺术手段（金泰万，1997；杨艳，2004）。由于本研究的研究对象是"讽刺"这种言语行为或实践，所以排除把"讽刺"看作一种艺术手法或表现手法的解释。

虽然"讽刺"有着较为明确的定义，但是当下诸多有关现实讽刺的研究（Meng B.，2011；杨国斌，2013；Highfield T.，2013；Marzouki M.，2015；Ofengenden A.，2015；Yang G.，Jiang M.，2015；等）对"讽刺"都缺乏严格的概念界定。Yang G.和 Jiang M.（2015）指出，当下有关中国"网络政治讽刺"的研究覆盖广泛，这些研究将模仿、笑话、顺口溜、诗歌、歌曲、恶搞等都视为政治讽刺而进行研究,该研究也采用了这个广泛意义上的"讽刺"概念。值得注意的是,Yang G.和 Jiang M.(2015)指出当下学者一般聚焦于"网络政治讽刺"的内容,而该研究认为"讽刺"的生产与传播比内容本身更重要,因此将网络政治讽刺视为一种网络实践活动。琳达·哈琴(Linda Hutchen,2010)不仅将反讽视为动态的交际过程,也详细探讨了话语共同体以及反讽的语境对反讽的理解与发生的重要影响。她认为主要由情景、互文与文本三者构建的语境和话语共同体的相互作用,提供了反讽的诠释框架,决定了反讽的发生和理解。基于以上研究者的启发,我们采用广泛意义上的"讽刺"概念,并将"讽刺"视为一种动态的实践活动,也关注"讽刺"发生的语境问题。

二、"网络讽刺"作为话语实践

(一)反思公共领域理性主义范式

在公共领域的研究中,以哈贝马斯为代表的理性主义范式占据主导地位,但是这一范式遭到越来越多的反思和批判(袁光锋,2016)。诸多研究(杨国斌,2009;Meng B.,2011;林郁沁,2011;林宇玲,2014;袁光锋,2014;克劳斯,2015;等)指出哈贝马斯的公共领域理论,过于强调理性话语以及意见的一致性,而忽略了公共领域中的情感成分与反抗话语。

有研究者(杨国斌,2009;Meng B.,2011;林郁沁,2011)通过分析现实案例,指出我们应重视公共领域中的情感与异议。杨国斌(2009)分析了网络事件中的两种情感动员风格——悲情与戏谑,指出哈贝马斯所说的公共领域排斥底层人的参与,而且过于强调理性话语而忽略了情感和修辞等成分。他认为公共领域未必是冷冰冰的话语,激情反而给公共领域带来活力。活跃的公共领域和公民社会应该是有激情的公共领域和公民社会,中国网络文化的活跃,在很大程度上也正是因为网络空间中充满了激情的表述。网络事件中的情,表述的往往是网民对社会问题的愤怒与对权贵的嘲讽。Meng B.(2011)通过分析"人血馒头"、"草泥马"这两个案例探讨了恶搞这种非理性的反抗话语的政治意义与影响。研究最后指出了只关注理性话语的网络公共领域研究的不足,认为任何试图消除情感、争议这些"非理性因素"的传播模式最终其本身可能就是非理性的,政治中存在的争议、情感与共识、理性同等重要。林郁沁(2011)分析了媒介的煽情报道和情感在"施剑翘复仇案"审理过程中的作用与意义,反对把理智和情感、理智和道德进行二元划分的做法,认为高度商业化的传媒和高涨的大众情绪也包含了哈贝马斯所说的公共空间的"理性交往"元素。林认为，"公众"并不是一种实在的空间，而是"通过呼唤而存在的"，媒体的煽情与炒作以及由此催生出的集体情感推动了批判性公众的形成，并促进公众探讨正义的内涵以及对社会问题和政治进行批判与思考。但同时，林指出了公众情感——同情的不稳定性，例如它容易被政治权力所操控。

　　还有研究者（林宇玲，2014；袁光锋，2014；克劳斯，2015）从理论层面对哈贝马斯的公共领域理论进行了反思、批判。林宇玲（2014）以文献回顾的方式，回顾检视了哈贝马斯的审议模式，认为该模式由于过于强调沟通理性和共识，不适合多元价值的社会和虚拟的网络空间。她建议采用 Fraser 提出的多元公众模式，从"权力竞逐"角度将研究焦点从当下"网络民主"研究的焦点"网络能否成为公共领域"，转移至"网络对公共领域的冲击"，进一步把握网络公众和参与的民主意义和内涵。林宇玲指出："多元公众模式强调公共领域不仅在结构上朝向多元、竞争性，且在参与形式上，除了理性论辩和审议外，也开始关切认同形成和集体行动（包含公民的不顺从实践）。这导致公共领域的转向，转而探究：在权力不均且多元竞争的公共领域底下，被边缘化或缺乏资源的参与者以何种方式形成另类论述，尤其是对抗性论述？其特色为何？有何民主含义？能否有效挑战既存的去权力结构？"克劳斯（Sharon R. Krause，2015）反对将情感与理性二元对立起来，她认为在道德判断与民主商议中，情感与理性是可以有效结合在一起的，而且情感对于道德判断与公共商议起着重要作用。克劳斯提出了一种对情感性的并且不偏不倚的判断的阐释，同时也就情感在道德判断与公共商议中扮演的角色提供了一种系统说明。此外，克劳斯还明确了把情感恰当地纳入不偏不倚的判断之中的标准，这就解决了情感的规范性问题。袁光锋（2014）指出："我们应该把'情感'纳入网络公共领域的研究中来，诸如怨恨、同情、愤怒、讽刺之类的情感在网络公共领域中扮演着重要角色。'情感'表达了网民的某种期待，它还可以推动网民的政治参与，连接着媒体的商业炒作以及职业理念。"

　　前人的这些研究，启发我们应重视网络公共领域中的情感与异议，探讨它们在网络公共领域中的角色，反抗主流权威的过程、策略和影响，还有存在的局限性等诸多问题。

　　（二）讽刺：一种充满情感的表达异议的话语实践

　　"讽刺"是一种充满情感的异议表达实践。人们借助"讽刺"表达幽默、嘲笑、不满甚至愤怒等情感和异议，对他人、机构、社会问题等进行批判、攻击。很多研究(Thornton P.,2002;Meng B.,2011;Tang L.,2013;Marzouki M.,2015;Chen Y.,2015;Ofengenden A.,2015;Yang G.,Jiang M.,2015;等)都把"讽刺"视为批判和抵抗权力的重要话语或者情感表达实践。这些研究表明,人们利用讽刺批判社会问题、扩展话语空间、反抗文化霸权、塑造认同、推动社会变革等。杨国斌(2013)的研究还表明,"讽刺"能十分有效地动员愤怒、喜乐、同情、幽默和欢笑等情感,并进一步有效地动员集体行动。

（三）话语整合的视角

本研究采用话语整合的视角探讨"网络讽刺"。Baym(2006)提出了"discursive integration"(话语整合)这个概念,指出我们处于一个话语整合的时代,新闻和娱乐、公共事务和流行文化的界限日益模糊。Baym 认为,笑话背后隐含着人们对政治话语中的事实、问责,以及理性的严肃需求,在节目中将新闻与讽刺、幽默、喜剧、恶搞等元素融合在一起,使节目的批判质询变得更有生机,也推进了审议民主模式。Baym 进一步指出,我们必须从两个方面来理解"Entertainment"(娱乐)这个概念:它意味着有趣,让人愉悦,也意味着让人参与和思考。所以他认为这种情况是可能存在的:娱乐既能够让人感到愉悦也能让人进行严肃思考,而且这两个方面可以相互促进。而 Carpini 和 Williams(2001)也认为,政治是建立在根深蒂固的文化价值观和信仰之上的,这些文化价值观和信仰嵌入看似非政治的公共和私人生活之中,因此,娱乐媒体往往提供重要的文化资源,这些文化资源能够刺激人们讨论社会和政治问题。Meng B.(2011)认为,由于新闻与娱乐的日益整合,我们应认识到政治参与远非信息的获取和理性辩论,现在越来越多的学者已经注意到了这种话语整合现象及其对政治参与的意义。因此,认识到这种话语整合现象对于分析"网络讽刺",是十分必要的。很多研究(Thornton P.,2002;Meng B.,2011;Tang L.,2013;Chen Y.,2015;Yang G.,Jiang M.,2015;等)也都证明了恶搞、戏谑、段子、讽刺等,不仅仅是简单的娱乐,还具有重要的社会与政治意义和内涵。基于这些研究的启发,本研究采用话语整合的视角来探讨"网络讽刺":网络空间中流行的各种"讽刺"言语表面上看是网民肤浅的戏谑、笑话、娱乐,但它也蕴含着丰富的社会与政治意义和内涵。

本研究以"雾霾讽刺"为例,主要探讨"网络讽刺"主要有哪些形式、策略,"网络讽刺"兴起的社会背景与原因有哪些,"网络讽刺"这种饱含激情的表达异议的话语实践,具有什么样的公共意义与局限。

三、"网络讽刺"兴起的社会背景和原因

"网络讽刺"作为一种新兴的网络文化现象,我们需要考察其在互联网中大量繁殖的社会背景和原因。Yang G.和 Jiang M.(2015)就曾指出,"网络政治讽刺"的繁殖与历史、文化、互联网技术、政治等因素相关。下面就以"雾霾讽刺"为例,来探讨"网络讽刺"兴起的社会背景与原因。

互联网技术的发展。"雾霾讽刺"的流行,反映了新的传播技术的发展。网络媒介的扩散性、及时性、互动性、草根性等特征,不仅为网民之间的互动交流提供了便利,也使得广大网民都能参与信息的生产与传播,这使得"雾霾讽刺"在互联网的大量繁殖得以可能。Meng B.(2011)指出,互联网的互动性、互联能力为网民反抗主流话语和进行互动提供了便利,互联网也使网民能够对文本进行再创作并进行传播。而且,互联网的草根性、匿名性等特征,使其天然就是一个狂欢广场,让网民能够在此肆意嘲讽与戏仿主流话语和权威。不过,Yang G.和 Jiang M.(2015)指出:"互联网技术对于网络政治讽刺繁殖是必要的,但是它不能解释网络政治讽刺独特的中国形式。"该观点也同样适用于"雾霾讽刺"。"雾霾讽刺"在网络的繁殖,还和历史文化、政治等其他因素有关。

中国悠久的"讽刺"历史以及丰富的文化资源。Yang G.和 Jiang M.(2015)指出:"中国悠久的政治讽刺和民间创作历史为网络政治讽刺提供了资源和技巧。"金鑫荣(2006)探讨了中国古代诗教中的讽谏精神,指出儒家诗教中"兴、观、群、怨"中的"怨",就含有讽刺的本义。他指出孔子特别强调讽谏的方式,"上以风化下,下以风谏上",就是孔子把先秦讽刺歌谣删编成《国风》、《小雅》的初衷。因此,从诗经开始,讽刺的精神就深入中国人的血液之中了。此外,中国的诗词歌赋、相声等文化艺术,为恶搞和段子提供了文化资源和技巧,例如段子就来源于中国的传统艺术——相声。

"雾霾讽刺"具有一定的政治容忍性。Yang G.和 Jiang M.(2015)认为,笑话、讽刺在网络的流行,与网络的话语审查机制有关。此外,"雾霾讽刺"能够在网络空间中繁殖还和它具有一定的政治容忍性相关。杨国斌(2013)指出,政治结构对某些抗争议题更开放,而开放的程度取决于议题的重要性和社会背景,"环境污染"等7种议题享有一定程度的政治合法性。"雾霾讽刺"就属于环境污染议题,所以能够得到国家一定的容忍。但是,"雾霾讽刺"要在网络空间繁殖,"除了具有一定的政治容忍性,还要引起公众的共鸣"(杨国斌 2013)。

社会原因:"雾霾讽刺"引发公众广泛的情感共鸣,迎合了网民表达不满、戏谑、无奈等情感的需要。相比食品安全、土地污染、贪污腐败等问题,雾霾的特殊性在于它范围的广泛性以及可见性,雾霾让国人无处可逃,而且它的每一次到来都是可见可感的,所以更加容易激发国民的无奈、不满、戏谑、嘲讽之情。而"雾霾讽刺"则迎合了他们表达这些情感的需要。Yang G.和 Jiang M.(2015)认为"网络政治讽刺"之所以流行,就在于网民乐于接受它们,他们对于网民来说是具有诸多意义价值的。例如,"屌丝"一词的流行,就在于它迎合了网民的情感需求,表达了他们对阶层固化、"唯名利是举"的传统成功观念的不满情绪。Szablewicz(2014)认为"屌丝"这一网络戏谑语的流行与当下中国人的情感结构直接相关,它可以被视为是网民共享的情感认同与体验,这种情感认同与体验能够帮助网民想象和制订出替代性的愿望和流动形式。

四、"网络讽刺"的三种主要形式

Tang(2013)通过分析一则网易新闻报道的讽刺评论发现,这些讽刺评论大致可以分为三类:笑话、恶搞、其他形式的嘲讽(第三种占多数,往往是一个句子)。而本研究对网络上最广为流传的"雾霾讽刺"进行了收集、整理与分析,发现网络空间中与雾霾有关的"讽刺"的主要形式也大致可以分为三种:笑话、恶搞与戏仿、其他形式的讽刺,这种讽刺大多是一个简短的句子。值得注意的是,这三种形式并不是泾渭分明的,有些会存在交集。

在探讨三类"雾霾讽刺"之前,我们还需要认识到,由于"讽刺"是一种委婉、隐晦的言语行为,话语共同体和语境对讽刺的理解至关重要。琳达·哈琴(2010)将反讽视为动态的交际过程,指出话语共同体以及反讽的语境对反讽的理解与发生具有重要影响。她认为话语共同体和主要由言说的情况或情景、言语的完整文本、其他相关的互文本三者构建的语境相互作用,提供了反讽的诠释框架,决定了反讽得以发生和被理解。琳达·哈琴的研究启发我们,在探讨"讽刺"时,应重视语境和话语共同体的作用,由于缺乏语境或者处于不同话语共同体的讽刺者与诠释者交集过少,诠释者就可能无法理解讽刺文本,或者对其做出违背讽刺者意向的解读。

(一)笑话

雾霾笑话是传统笑话在网络媒介中的变体。《苏联百科全书》认为,笑话是指短小的、带有俏皮的出人意料的结尾的口头滑稽故事(转自王继红,2007)。

而《简明民间文艺学教程》指出："笑话又称'民间趣事'或'滑稽故事'，是富于喜剧色彩的讽刺故事。民间笑话是民间的讽刺文学，带有揭露性，具有尖锐的政治内容。它抓住了现实生活中最富有戏剧性的场面，三言两语刻画出来，使人恍然大悟，发出会心的笑意。"（转自王继红，2007）根据这两个定义，我们可以总结出笑话是指滑稽的带有讽刺意味的短小故事，具有讽刺性、滑稽性、篇幅短小、故事性这几个主要特征。雾霾笑话与传统笑话相比，除了其生产、传播与记录的媒介都是网络之外，两者在本质上还是相同的，是传统笑话在网络媒介中的变体。本研究对网络上最广为流传的雾霾笑话进行了整理和分析，表格如下：

雾霾笑话

序号与作者	具体内容	说明
1. @袁腾飞	话说今晨，在雾霭中摸索出门，朦胧中看到路旁一老者，独坐桌旁，肩披白褂，桌子上摆一小圆筒，里面都是签。我上前去拿起圆筒晃了半天，抽出一支递上前去，说："老先生，人生如雾，何处是路？给解一卦吧！"老头说："我就卖个早点，你晃我筷子弄啥？"	这条微博转发量达到 10749，被网友评选为微博雾霾段子最佳。
2	到公园约会，等了半天没见女友来，一打电话她说她也坐在那个椅子上，我一摸身边还真有一袭皮大衣美女，亲了一阵后，发现是条哈士奇。	
3. @二混子- Stone	《雾霾到底有多厉害》 儿子："妈妈，为什么你那么漂亮，我却那么丑？"妈妈："因为空气太差。"儿子："骗人，我从来没听说过空气差会影响孩子的长相！"妈妈："会的孩子，我认识你爸爸的那天，根本就看不清他长什么样。"	出自《一般不扯淡》漫画，该作品以幽默搞笑的语言，以及无奈和自嘲的态度，引发了很多读者的共鸣。
4	下了车碰上记者采访，他问："大妈，雾霾对你影响大么？"对方回答说："影响能不大么，首先你得看清楚，我是你大爷！"	
5	刚才听北京交通台的广播，一个哥们打电话和主持人交流，都快哭了，说外面雾太大看不清红绿灯，车开到中间看清是红灯了，都连闯了四五个了，咋办啊？主持人安慰他说："没事，雾大，照不清你车牌号！"	
6	某人到呼伦贝尔旅游，一下飞机来个深呼吸，哗，空气太新鲜，质量太好，身体一时接受不了，立马晕了过去。急救人员来到了问：哪来的？答：北京。急救员将氧气筒的管接到汽车的排气管上，让他溜了几口，醒了！	后来各地网友将呼伦贝尔和北京替换成其他城市，改编成各地方版本。

续　表

序号与作者	具体内容	说明
7.@澄蝶漪	北京又从卫星地图上消失了,奥巴马愤怒地把绝密报告摔在桌上,到底是什么先进武器,这么大的城市说不见就不见啦?北京雾霾究竟有多可怕?连你们都不敢去?钢铁侠、绿巨人、蝙蝠侠等羞愧地低下头。忽然,金刚狼提议:擎天柱可以!他不需呼吸!擎天柱默默地说:我限号!	作者身份现已不可考。
8.@江上渡	京城的菜市口,跪着一溜即将被处决的犯人。"午时三刻已到,行刑!"话音刚落,蒙面的刽子手上前,扯下了犯人的口罩……	江上渡为微博知名段子手,粉丝高达237 万。
9.@曹云金	唐僧:"悟空,那是北京市区!如此仙境,难怪是全国幸福指数最高的城市了!要不,你留下吧!"悟空:"师父,我要去西天!"唐僧:"徒儿不知,留在此地是去西天最快的方式。"	作者为著名相声演员,后来网友将此版本改编出了各个地方版本。

这十条笑话,大都使用了夸张这一修辞手法。"在笑话和幽默中,夸张是用得最多的一种表现方法。夸张是指说话时故意夸大客观事实。"(龙海鹰,2003)第 1、2、3、4、5 条笑话,夸大了雾霾"空气能见度低"这一特征,从而导致了故事结尾中出现的戏剧性后果,最终达到了戏谑、搞笑、讽刺等效果。而第 6、7、8 条则更深入,夸大了雾霾对人身体健康的危害进而导致的戏剧性后果来戏谑雾霾。第 7 条笑话扩大了讽刺议题的范围,它不仅讽刺了雾霾,也连带着讽刺了"汽车限号政策"。而第 9 条笑话不仅使用了夸张这一修辞手法,而且分别戏仿了中国古代的行刑场景和《西游记》中的场景,深层含义是雾霾能够直接危害人的生命,所以它的讽刺与戏谑效果尤其强烈。

(二) 恶搞与戏仿

由于在现实中恶搞与戏仿这两个概念日益趋同,因此本研究将它们归入一个类别。程军(2013)认为,戏仿与恶搞这两个概念在诸多方面具有相当密切的亲缘关系和相似性:首先,二者都属于非原创的寄生文本或二手文本,都是依托于源文本所进行的再创造;其次,二者对源文本都带有讽刺和批评意图,戏仿曾经长期被看作一种讽刺体裁和一种文艺批评的独特形式,而恶搞对源文本的嘲讽、攻击意图则更加直接而明显;再次,二者往往都不同程度与喜剧幽默、诙谐密切相关;最后,二者身上都带有解构、颠覆、亵渎等异端精神和离经叛道的气质,常常被视为一种反抗传统、主流或官方意识形态的激进力量。这些共同点,使得人们难以区分戏仿和恶搞,往往混同使用。本研究在收集、整理与分析网络上最广为流传的"网络讽刺"过程中,也发现与雾霾有关的恶搞与戏仿高度相似,很难加以区分,因此将它们归入一个类别进行分析研究。本研究对网络上最广为流传的与雾霾相关的恶搞与戏仿进行了整理和分析,表格如下:

雾霾恶搞与戏仿

序号与作者	具体内容	说明
1.@谢文	要充分认识治理污染的复杂性和不确定性,要警惕外来势力利用污染搞颠覆活动,要注意所谓舆论领袖借题发挥,适度的污染其实有其合理性和必然性,人民要去适应污染而不能反对污染。	作者谢文为知名IT评论人,微博粉丝高达106万。该条微博是对常用官方话语的戏仿与恶搞。
2.@张泉灵	同事今天一直对着电脑屏幕深呼吸,我等厚德载雾,自强不吸,霾头苦干,再创灰煌的同学深以为讶。突然发现她设了一新屏保,做精神安慰疗法。还感叹:"北京也有好时候。"	"厚德载物、自强不息"出自《周易》,而"埋头苦干,再创辉煌"是常用官方口号,作者对其进行了戏仿。后来"厚德载雾、自强不吸、霾头苦干、再创灰煌"这几个词语走红网络,网友使用它们造出了各种语句。
3.@热门生活小百科	上联:厚德载雾,自强不吸!下联:霾头苦干,再创灰黄!横批:喂人民服雾!	作者粉丝高达519万,她根据中国成语以及官方口号改编的对联走红网络。
4.@雅杰露水	网上大家都在议论要给PM2.5取中文名字。严肃点就叫(公雾源)。高端点就叫(京尘)。霸气点就叫(尘疾思汗)。乐观点就叫(尘世美)。娱乐点就叫(尘惯吸)。但总是觉得差了点什么,直到那五个字映入眼帘,我才明白了中文的强大:喂人民服雾	作者为微博普通网友,恶搞与戏仿了职业名称、古地名、知名人物以及官方口号等。
5.@吴京	《沁园春·雾霾》 北京风光,千里朦胧,万里尘飘,望三环内外,浓雾莽莽,鸟巢上下,阴霾滔滔!车舞长蛇,烟锁跑道,欲上六环把车飙,需晴日,将车身内外,尽心洗扫。空气如此糟糕,引无数美女戴口罩,惜一罩掩面,白化妆了!唯露双眼,难判风骚。一代天骄,央视裤衩,只见后座不见腰。尘入肺,有不要命者,还做早操!	作者为知名影视剧明星。这个微博戏仿毛泽东《沁园春·雪》的诗词在网络上广为流传,网友们将北京版本改编成各地版本,而且后来政协委员姚檀栋,在2013年两会期间当着习总书记的面背诵了《沁园春·雾霾》。
6	《江城子·十面霾伏》:十里雾霾两茫茫,大雾天,人抓狂。千里雾都,无处话凄凉。纵使相逢应不识,尘满面,如糟糠。下班驱车返回家,看车窗,已成脏。相顾无言,惟有泪千行。料得基友见面时,无话说,眼凄凉。	这是对苏轼的名作《江城子》的戏仿与恶搞。

序号与作者	具体内容	说明
7. @Tank桑	世界上最远的距离,不是生与死的距离,而是我在街头牵着你的手,却看不见你的脸。	这句话是对泰戈尔的诗歌《世界上最远的距离》的戏仿与恶搞。
8. 微录创始人(秒拍视频)	恶搞《三国演义》影视剧中"挥泪斩马谡"桥段,视频链接地址: http://www.miaweiluopai. com/show/uB ～ JHNh-moAKhR - 6 - AEk - Xw＿.htm	经济学家王福重在《财经郎眼》节目中将北京、天津的雾霾归咎于河北,节目一经播出,迅速蹿红网络,并引发较大争议。该恶搞视频是对王福重的反击与讽刺,也反映了地区之间的利益纠葛与冲突。
9. @光远看经济	《舌尖上的中国:雾霾篇》 　　相比于冀霾的激烈、沪霾的湿热、粤霾的阴冷,我更喜欢京霾的醇厚、真实和具体。黑土的甜腥与秸秆焚烧的碳香充分混合,加上尾气的催化和低气压的衬托,最后再经袅袅硫烟的勾兑,使得它干冽适口,吸入后挂肺、绵长,让品味者肺腑欲焚,欲罢不能。雾是帝都厚,霾还是北京纯……	作者为微博经济学者、微博签约自媒体,粉丝高达 185 万。这条微博是对《舌尖上的中国》这档饮食节目中的一段台词的戏仿,后来网友将这个"北京版本"改编出了各地版本,甚至还有网友用此台词,创作了恶搞视频。
10. @刘咚咚	大雾版《北京北京》 　　内容反映了北京雾霾降临时的生活景象,号召人们关注与思考雾霾问题,也批判政府环境保护不力。虽然是一种戏仿与恶搞,但是内容其实较严肃、深刻,也强烈表达了不满、无奈甚至痛苦挣扎的情感。视频链接地址: http://news. cntv. cn/2013/01/14/AR-TI1358125398757895.shtml	2013 年 1 月,北京的空气污染指数更是再三"爆表"。恶搞专家刘咚咚改编了汪峰的《北京北京》,创作出大雾版《北京北京》,得到了凤凰网、央视网、新华网、安徽卫视等媒体的关注。

　　通过分析发现,互文是与雾霾有关的恶搞、戏仿常用的话语策略。"互文是篇章与篇章之间的一种相互联系。读者在解读文本的过程中,通过文本互用来激活相关记忆以及自身对相关文化背景的认知。读者作为具有能动性的主体,主动检索提取大脑中已有相关互文本,从而获得某个篇章意义以外的信息。……徐赳赳等把互文分为'意义互文'和'形式互文',意义互文类似隐性互文,指篇章和篇章之间只有意思上的关联;形式互文指的是篇章和篇章之间在词句、结构、叙述者等形式上互文。"(毛浩然、徐赳赳,2010)与雾霾有关的恶搞、戏仿就属于形式互文,主要仿拟官方话语或口号、诗词、成语、影视剧、歌曲等的结构。金茹花和欧阳护华(2015)指出:"在人际功能方面,创作者通过以俗戏雅互文策略,借助情态表达刻画偏离常态的事件与人物等现象,凸显语义与逻辑

上的悖论,形成矛盾或落差,制造幽默讽刺,消解权力阶层的合理性与权威性。"

　　与雾霾有关的恶搞与戏仿大致可以分为三类:恶搞与戏仿官方话语(第1、2、3、4条);恶搞与戏仿诗词、成语、名人、对联等(第2、3、4、5、6、7条);恶搞与戏仿现代影视剧和歌曲(第8、9、10条)。

　　恶搞与戏仿官方话语。一些官方话语,有时会成为恶搞与戏仿的对象。表格中的第一条,就恶搞与戏仿了官方常用的话语结构"要充分认识……的复杂性和不确定性,要警惕……,要注意……,……有其合理性和必然性……",形成了结构互文,间接地指责官方漠视雾霾问题和民众呼声。第三条恶搞与戏仿既有对古成语和官方口号的词句互文,也有对中国传统文化——对联的结构互文。讽刺者利用谐音字替换原有成语和官方口号中的字词,形成了与原有文本完全不同的含义,再以国人熟悉的对联形式表达出来,就大大增强了文本的讽刺与戏谑效果,也使信息接收者更容易记忆与传播。谐音字替换是网民常用的一种恶搞与戏仿手法:蒜你狠、糖高宗、欺实码等网络流行语,都运用了该手法。

　　恶搞与戏仿诗词、成语、名人、对联等。中国的诗词、名人、对联、成语等,为恶搞与戏仿提供了丰富的历史文化资源。第五条就大胆地戏仿与恶搞了毛泽东的《沁园村·雪》,这首词形象地表达了雾霾天的生活景象以及人们的无奈、凄凉之情,在网络上广为流传。政协委员姚檀栋,在2013年两会期间更是当着习总书记的面背诵了《沁园春·雾霾》,该事件得到了媒体的广泛报道。除了中国的诗词,网友也恶搞了印度诗人泰戈尔的诗歌《世界上最远的距离》,利用原有诗句"世界上最远的距离,不是生与死的距离,而是……"的结构形式,将"我在街头牵着你的手,却看不见你的脸"嫁接到了后半句中。原有文本的唯美性和艺术性,与改编文本描述的离谱生活景象形成强烈对比与反差,凸显了雾霾的严重性,增强了恶搞与戏仿的讽刺效果。

　　恶搞与戏仿现代影视剧和歌曲。自胡戈恶搞陈凯歌导演的电影《无极》,创作的《一个馒头引发的血案》于2006年初迅速蹿红网络后,恶搞与戏仿现代影视剧和歌曲就逐渐成为网络中一个非常流行的现象。在恶搞与戏仿现代影视剧和歌曲的"雾霾讽刺"中,大雾版《北京北京》最为深刻。2013年1月,北京的空气污染指数再三"爆表"。在此背景下,恶搞专家刘咚咚改编了汪峰的《北京北京》,创作出大雾版《北京北京》。恶搞视频反映了北京雾霾降临时人们的"悲苦"生活景象,呼吁人们关注与思考污染问题,为环保出份力,也批判了政府环境保护不力。虽然是一种戏仿与恶搞,但是内容其实较严肃、深刻,也强烈表达了不满、无奈、悲苦等情感,具有很强的讽刺性与情感感染力。

（三）其他形式的讽刺

第三类"雾霾讽刺"往往是一个简短的句子,本研究对网络上最广为流传的这类讽刺进行了整理和分析,表格如下:

其他形式的雾霾讽刺

序号与作者	具体内容	说明
1	今天的成都雾霾里有种冷锅鱼的味道,昨天是钵钵鸡,我希望明天是酸辣粉。	
2	我一拉窗帘,以为我瞎了呢。	
3. @聚美陈欧	雾霾太大,找不到公司,迷路了……	作者为聚美优品 CEO,微博粉丝 3910 万。
4. @高晓松	二十岁站在德胜门能看见西山,三十岁站在德胜门能看见西直门,四十岁站在德胜门,连德胜门也特么看不见了。	作者为知名音乐人、导演、主持人,微博粉丝 3801 万。
5	从鼻孔抠出来的东西,可以当煤烧。	
6. @kisukecats	今天帝都这天气,要赶上个白内障拆线,大概会以为手术失败了吧!	作者身份现已不可考。
7. @老徐时评	风,是北京的抹布。西伯利亚,是北京的清洁工。让西伯利亚的西北风快些到来吧!	作者为独立评论人,微博签约自媒体,粉丝 80 万。
8	我骑电动车,赶脚像开飞机,两边全是祥云!	
9. @叫兽易小星	不是我心理阴暗啊,我就觉得这个空气污染是那帮口罩生产厂家制造出来的。	叫兽易小星为著名网红,粉丝高达 737 万。该微博的意义不明确,可以存在多种解读。
10	一句话表达对北京的感觉:想你到无法呼吸。	
11	OPEC 蓝	最初作者现已不可考,@王石、@闾丘薇露、@作家崔成浩、@互联网那点事等人都发表了与"APEC 蓝"有关的微博。

第三类"雾霾讽刺"往往会运用夸张、比喻等修辞手法,形象生动地表达雾霾的严重性,而且句子简短、生活化,便于记忆与传播。不过,与前面两类"雾霾讽刺"相比,第三类"雾霾讽刺"更像是一种简单的吐槽,既不像第一类——笑话拥有完整的故事情节和戏剧性的结尾,也不像第二类——恶搞与戏仿会对原有

文本进行精心改编与解构,所以总体上,它的讽刺与戏谑效果与前两种相比相对较弱。

值得注意的是,第9条存在多种意义解读的可能性。由于包括本研究者在内的诠释者所处的话语共同体和讽刺者"叫兽易小星"所处的话语共同体之间的交集过少,并且缺乏足够的语境,所以难以确定第九条"雾霾笑话"的确切含义。这个微博的意义不明确:可能是一种简单的自嘲与戏谑,也可能是讽刺卖口罩的商家,等等。本研究分析该条微博下的评论发现,网友们对该条微博做出了多种不同解读,有的人认为这是一种"高级黑",有的人单纯从字面意思来理解等,这也证明了话语共同体以及语境对讽刺的发生与理解具有重要影响。

通过分析以上三类"雾霾讽刺",我们可以发现,在最初阶段,网络意见领袖创作了大部分最广为流传的"雾霾讽刺"。由于拥有强大的话语权和庞大的粉丝群,他们在最初阶段对"雾霾讽刺"的兴起扮演着重要角色。在网络意见领袖创作出了最初的"网络讽刺"文本后,网民会对这些文本进行解读、传播或改编,他们对"雾霾讽刺"在网络的繁殖最终起到了决定性的作用。正如袁光锋(2014)所说:"意见领袖在'情感'基调的建构上扮演重要角色。但单单是意见领袖还难以建构起情感性的网络社群,它的建构离不开无数网民的参与。"

五、"网络讽刺"与公共实践

(一)作为共同体情感纽带的"网络讽刺"

"网络讽刺"塑造了共同体。诸多研究(林郁沁,2009;Meng B.,2011;琳达·哈琴,2010;袁光锋,2014)表明,讽刺或者情感有利于塑造共同体。林郁沁(2009)认为,"公众"并不是一种实在的空间,而是"通过呼唤而存在的",媒体的煽情与炒作以及由此催生出的集体情感推动了批判性公众的形成,并促进公众探讨正义的内涵以及对社会问题和政治进行批判与思考。Meng B.(2011)认为,人们参与或者分享带有讽刺意味的恶搞内容,以及他们对这些讽刺内容的共同理解建构起了归属感;而网络互动又进一步加强了网民之间的情感联系,最终促进了公众和网络公共领域的形成。袁光锋(2014)指出:"互联网中的'情感'具有仪式性的特征,在仪式中,网民通过相似的情感、语言和修辞结成特定的社群。"他以段子为例,认为段子表达的是一种调侃、戏谑和反讽的情感,通过"段子"文本的生产、改写、链接和传播,网民形成了带有戏谑和讽刺色彩的"诠释社群"。"雾霾讽刺"表达网民了无奈、不满、戏谑等情感,满足与迎合了广大深受雾霾影响的网民的情感需求,这些情感最终成为一种集体情感。同时,网民对"雾霾讽刺"的共同理解,并且共同参与传播、再创作以及互动,进一步加强了彼此之间的情感联系,最终塑造了一个"想象的共同体"。

（二）作为公共实践的"网络讽刺"

"网络讽刺"是网民实现其公民权的实践。Marzouki M.(2015)指出,Toby Miller 提出了"文化公民权"(cultural citizenship)的概念,它是指生产与消费信息的权力。Marzouki 通过分析 Youtube 上用户创作的两个政治讽刺节目发现,两档流行节目成为节目生产者与消费者实现其文化公民权的空间,而这种权力曾一直被国家媒体所垄断。就网络上的恶搞行为,Meng B.(2011)认为,恶搞是提供政治批判与情感联系的公民文化的重要组成部分。Highfield(2013)则指出,在公共讨论中,推特上的恶搞是一个更广泛的趋势——"silly citizenship"(戏谑公民权)的一部分,对于该权力而言,戏谑元素是表现政治自由与参与的关键元素。在中国,虽然公民拥有言论自由和政治参与的权利,但是由于目前还没有具体的制度保障,所以公民并没有充分享有这些权利。在传统媒体上,公民缺乏就公共议题进行发言的机会;而互联网虽然"为普罗大众敞开了公共领域的大门,第一次将这么多的人带进公共的空间"(袁光锋,2014),但是它也受到诸多限制,导致人们的话语空间十分狭小。"网络讽刺"作为一种较为隐蔽的言语行为,成为人们实现其公民权的替代性手段。人们通过对"网络讽刺"进行传播、再创作,来间接地进行政治参与、发出自己的声音,表达自己无奈、不满、戏谑的情感,要求政府做出改变。

（三）作为"counter-discourse"(逆反话语)的"网络讽刺"

作为"counter-discourse"的"网络讽刺"的流通,创造了"counter-publics"(反公共领域),可能会形成强大的舆论压力,推动官方进行改革。Marzouki M.(2015)借鉴了 Warner 的"counter-publics"(反公共领域)这个概念,将 Youtube 上用户创作的两个政治讽刺节目视为"counter-discourse"(逆反话语),认为这种逆反话语的流通创造了"counter-publics"。"counter-publics"具有"替代性公共领域"的含义,它是指部分批判性公众由于感觉自身被边缘化,选择替代性或另类的媒体和行为来获得公众关注(Wimmer,2005)。Marzouki M.(2015)指出人们仪式性地消费和再生产网络讽刺的标记、象征、意义的时候,会促成其政治、社会与文化身份的建构与转变,进而推动社会变革。"雾霾讽刺"在网络空间的盛行,也同样有利于创造一个"counter-publics"(反公共领域),并且可能会形成强大的舆论压力,迫使政府回应与解决问题。网民借助"网络讽刺"形成共同体,实行其表达意见与情感的权利,对社会问题进行反思与批判,建构起了反公共领域。而网民的意见与情感,也可能会形成强大的舆论压力,迫使政府做出回应。以"雾霾讽刺"为例,诸多媒体都有报道关于雾霾的笑话、段子、调侃,甚至连人民日报、广州日报等党媒都有刊发评论文章,以及网友创造的新词"OPEC 蓝"最终得到官方的认可,成为官方所高度强调的治理目标,这些都说明网络空间中"雾霾讽刺"的确推动了政府确重视有关雾霾治理的民意述求。

　　"网络讽刺"虽然有着丰富的社会与政治意义和内涵,但是它也可能存在一些潜在的问题与局限性。琳达·哈琴(2010)在其研究中指出了"反讽"的危险性问题,即反讽者的真实本意可能会被诠释者有意无意地曲解,从而给反讽者带来麻烦或产生负面社会影响。而"网络讽刺"也同样存在这个问题。一方面,由于"讽刺"的间接性、隐晦性,要确保诠释者能够按照讽刺者的意向解读"讽刺文本",就对两者所处的话语共同体以及语境提出了很高的要求;另一方面,诠释者具有能动性,能够有意利用"讽刺"在表达意义上的不明确性,按照自己的需要来解读"讽刺文本"。所以,这就决定了讽刺者的真实本意很有可能被曲解。以兰蒂·纽曼发行的唱片《矮人没有活着的理由》为例,这张唱片原本是为了讽刺所有的偏见,但是由于该真实本意没有得到公众的理解,最终导致了公众的强烈抗议与指责。"网络讽刺"存在的第二个问题就是它可能制造了反抗的幻觉,使绝大多数人停留于言语或情感层面的表达与宣泄,而很少为解决实际问题——例如雾霾,做出实际行动。以网络空间中的"雾霾讽刺"为例,它既可能具有强大的情感感染力以及行动动员力,但它也可能使我们陷入反抗的幻觉,弱化我们深入思考和行动的能力。网民通过"讽刺"来表达自己的不满、批判主流权威,但在宣泄完自己的不满情感之后,他们并没有为解决雾霾问题做出多少实际行动,导致最终一切如故。

参考文献

期刊论文

　　[1] 程军(2013),"戏仿与恶搞——当代文化批评领域两个家族相似概念的比较分析"。《贵州师范大学学报》,2013 年第 6 期,页 100—104。

　　[2] 金泰万(1997),"讽刺理论初探"。《国外社会科学》,1997 年第 6 期,页 67—72。

　　[3] 金鑫荣(2006),"明清讽刺小说之流变及艺术图式"。《江苏社会科学》,2006 年第 3 期,页 211—215。

［4］金茹花、欧阳护华(2015),"弱势群体舆情智慧段子的互文应用策略研究"。《福建师范大学学报》,2015 年第 6 期。

［5］龙海鹰(2003),"中国笑话和西方幽默"。《四川外语学院学报》,2003 年第 1 期,页 129—132。

［6］林宇玲(2014),"网络与公共领域:从审议模式转向多元公众模式"。《新闻学研究》,2014 年第 1 期,页 55—85。

［7］毛浩然、徐赳赳(2010),"单一媒体与多元媒体话语互文分析——以'邓玉娇事件'新闻标题为例"。《当代修辞学》,2010 年第 5 期,页 13—20。

［8］唐善生(2003),"褒扬、恭维与讽刺言语行为构成分析"。《当代修辞学》,2003 年第 4 期,页 15—17。

［9］袁光锋(2015),"公共舆论中的'同情'与'公共性'的构成——'夏俊峰案'再反思"。《新闻记者》,2015 年第 11 期,页 31—43。

［10］袁光锋(2014),"互联网空间中的'情感'与诠释社群——理解互联网中的'情感'政治"。《中国网络传播研究》巢乃鹏(编),页 89—97,南京大学出版社。

［11］杨国斌,"悲情与戏谑:网络事件中的情感动员"。《传播与社会学刊》,2009 年第 9 期,页 39—66。

［12］Baym,G.(2005).The Daily Show: Discursive Integration and the Reinvention of Political Journalism. Political Communication,22(3),259 - 276.

［13］Highfield,T.(2013). News via Voldemort: The Role of Parody and Satire in Topical Discussions on Twitter. Selected Papers of Internet Research,14,1 - 3.

［14］Meng,B.(2011). From Steamed Bun to Grass Mud Horse: E Gao as Alternative Political Discourse on the Chinese Internet. Global Media & Communication,7(1),33 - 51.

［15］Marzouki,M.(2015).Satire as Counter-discourse: Dissent,Cultural Citizenship, and Youth Culture in Morocco. International Communication Gazette,77(3),282 - 296.

［16］Ofengenden,A.(2015).National Identity in Global Times: Therapy and Satire in Contemporary Israeli Film and Literature. The Comparatist,39(1),294 - 312.

［17］Thornton,P.(2002).Framing Dissent in Contemporary China: Irony,

Ambiguity and Metonymy. China Quarterly,171,661 - 681.

[18] Szablewicz, M. (2014). The "losers" of China's Internet: Memes as "Structures of Feeling" for Disillusioned Young Netizens. China Information,28 (2),259 - 275.

[19] Tang,L. (2013).The politics of Flies: Mocking News in Chinese Cyberspace. Chinese Journal of Communication,6(4),482 - 496.

[20] Wimmer,J(2005).Counter-Public Spheres and the Revival of the European Public Sphere. Javnost-The Public: Journal of the European Institute for Communication and Culture,12(2),93 - 109.

[21] Yang,G.,Jiang,M.(2015).The Networked Practice of Online Political Satire in China: Between Ritual and Resistance. International Communication Gazette,77(3),1 - 17.

研讨会论文

[1] 袁光锋(2016年3月),"情为何物？——反思公共领域研究的理性主义范式"。"第三届中外新闻史高峰论坛"论文,南京。

书籍

[1] 林郁沁(2011),《施剑翘复仇案:民国时期公众同情的兴起与影响》。南京:江苏人民出版社。

[2]《牛津高阶英汉双解辞典》(2004)。北京:商务印书馆。

[3]《中华大字典》(2014)。北京:商务印书馆。

[4] Carpini, M., Williams, B. (2001). Let Us Infotain You: Politics in the New Media Age. In W. L. Bennett(Ed.),Mediated Politics Communication in the Future of Democracy(pp.160 - 181). New York : Cambridge University press.

译著

[1] 克劳斯(2015),《公民的激情》(谭安奎译)。南京:译林出版社。

[2] 琳达·哈琴(2010),《反讽之锋芒:反讽的理论与政见》(徐晓雯译)。南京:河南大学出版社。

[3] 杨国斌(2013),《连线力》(邓燕华译)。桂林:广西师范大学出版社。

学位论文

[1] 郭莉敏(2007),《汉语讽刺言语行为的语用学研究》。暨南大学硕士论文。

[2] 王继红(2007),《网络笑话初探》。四川大学硕士论文。

［3］杨艳(2004),《论〈围城〉的讽刺性》。天津师范大学硕士论文。

［4］Chen,Y.(2015).E Gao and Diaosi：Satire as New Chinese Internet Cultural Phenomena. Unpublished master's thesis,California State University,East Bay,America.

"Satire"in Internet Space and Public Practice: a Case Study of "Haze" Issue

Zheng Fengshan

Absract：The study regards "internet satire" as a practice of expressing dissent full of emotion in public sphere. Given the viewpoint of the discursive integration of politics and entertainment,it mainly discusses the following questions: the main forms and strategies of "internet satire",the social background and the reasons of its rise,its public implications and limits. "Internet satire"can be divided into three forms including joke,spoof and parody and other forms of satire, and each form's sarcastic strategies are different. Besides,the study finds that the rise and reproduction of "internet satire" is the result of the interaction of technology, history, culture, politics, and so on. The study also finds that "internet satire"has following public implications: it is community's emotional bond and netizens' practice of achieving their citizenship,and at the same time,as a "counter-discourse",it may form a strong pressure of public opinion,and even promote the reform of the government.

Key words：internet satire; Public sphere; jokes; spoof and parody; public practice

社会化问答网站受众信息偏好与分享行为研究

——以"知乎"为例

张　烨*

【摘　要】 互联网技术改变了人们获取知识的方式,受众对知识的欲求也在发生改变,社会化问答网站应运而生。本研究通过问卷调查的方法,探究了社会化问答网站的受众在评估答案时可能参考的种种因素。研究发现社会化问答网站中受众对"干货"类实用性强、信息量大的信息更为青睐,而受众对信息的偏好也在一定程度上影响了他们的分享行为,对网站和社区的形象正面认知引发了受众更为积极的信息行为。

【关键词】 社会化问答网站;知乎;信息偏好;社区氛围

一、 绪论

(一)研究背景

互联网以及移动媒体的普及,降低了知识沟通的成本,也相应刺激了知识的流动,改变了人们获取信息和知识的方式,网络已然成为当今人们获取信息和知识的主要渠道。最初人们使用搜索引擎进行资料搜索,但随着网络信息的增多难免会受到垃圾信息的干扰,且搜索到的信息虚实难辨。第一代问答平台百度知道的出现以及与之相配合的百科类产品,无疑对网络搜索领域起到了变革性的作用。然而过低的门槛无法隔离低价值的信息,答案的层次参差不齐,显然无法满足受众的需求。

美国学者克莱·舍基在《认知盈余:自由时间的力量》中提出了认知盈余[①]的概念。他认为,将拥有丰富的知识背景以及强烈分享欲望的人的自由时间汇聚在一起,将产生巨大的社会效应。在以提倡个性化为主要特点的 Web2.0 环

---

* 【作者简介】南京大学新闻传播学院 2016 级硕士研究生。

① （美）克莱·舍基（Clay Shirky)著:《认知盈余:自由时间的力量》,胡泳(译),中国人民大学出版社,2011 年。

境下,人们似乎已经不再满足于浏览网页消遣时光,越来越多的人积极地在网络上分享自己的知识和信息储备。他们既是网络内容的浏览者,也是网络内容的创造者,通过 UGC(用户生产内容,User Generated Content)的方式生产了大量的社会信息资源。随着人们分享欲和对高质量信息需求的高涨,一系列社会化问答网站和社区应运而生。社会化问答网站,是基于社会化网络关系形成的网络知识问答社区。它介于百科与传统问答之间,通过网络协作的方式将用户组成高效的社会协作网,互相提问并解答问题。近年来,社会问答系统(Social Question & Answering Community,SQA)类社区逐渐走入公众视野并迅速走红,成为时下热门的网络问答社区形式。不同于传统问答平台"人—信息"的服务类沟通方式,社会化问答网站融合了知识问答与社交服务的功能,重建了人与信息的关系,注重凸显人在问答行为中的价值。

社会化问答网站"知乎"创立于 2011 年 1 月,其口号为"与世界分享你的知识、经验和见解"。不同于百度贴吧、新浪爱问等传统问答网站,知乎更加强调分享与社交,通过关系社区的形式帮助用户找到高质量的问题和答案。用户不仅可以在社区内就自己感兴趣的问题进行搜索和问答,也可以通过对问题进行评论、关注其他用户和话题、私信等方式与社区内其他用户进行沟通。知乎的创始人也曾明确提出知乎的发展目标在于"连接",这种"连接"就是塑造知乎用户间的社会化关系,他们通过分享知识和见解进行沟通,并建立社区内的人际网络。2013 年开放注册,不到一年,注册用户从 40 万升至 400 万。截至 2015 年 3 月,知乎注册用户达 1700 万,月独立用户 8000 万,月 UV(unique visitor,访问某站点的不同 IP 地址的人数)接近 1 亿。强大的用户构成,以及专业化的社区形象,以及日益扩张的知名度,使知乎已然成为社会化问答网站中的代表。

(二)研究目的及意义

有关"社会化问答网站",国内相同或类似的表述有:"互动问答平台"、"在线问答社区"、"社会化问答平台"、"社会化问答社区"、"知识问答网站"等。近几年随着社会化问答网站的走红,相关的研究也呈现了增长的趋势。其研究范围涉及网络社区环境构建,社区用户的信息搜寻,知识分享及信息采纳行为等方面。其中国内探究用户知识贡献动机的研究居多,但对于受众的信息搜索采纳行为更多的是基于意见领袖及传播关系的角度出发。因此本研究希望更多站在受众的视角考察社会化问答社区的答案构成,并通过多维度的指标来衡量出受众的信息偏好标准。前人对网络问答社区的答案评估中一般是提出一个评估信息质量的维度系统,然后通过文本分析法进行比较分析、相关性检验等。

该方法具有将答案的评估方式量化,具有很强的可操作性,但问题在于目前尚未形成一套相对统一的指标体系。本研究将对前人的维度进行整理和总结,并基于社会化问答社区的特征建立一套有针对性的评估系统,同时将受众的情感因素,以及社区氛围对受众认知的影响情况纳入其中。

知乎最为人称道的当属其优质的问答信息资源。知乎早期采用邀请制的实名注册方式,汇聚了一个由各行各业的精英群体组成的高质量客户群,可以说成功地在创立之初为社区树立了较高的门槛和信息优质专业的社区形象。2016 年 1 月,"知乎女神'童谣'诈骗事件"爆红网络。事件主角是累积粉丝近 6 万的知乎大 V,他通过在网上编造故事博取同情而骗得网友捐款 15 万,骗局被揭穿之后"女神"的身份被证实是一名男性。此事件一经爆出迅速引发热议,知乎严谨专业的社区形象也受到了不小的冲击,同时也引发了受众对网络信息质量的反思。知乎中比例较高的"高知群体"为何在此事件中丧失了理性判断?此外,随着用户生产内容的大量累积,受众已经很容易在百度、微博乃至微信上看到从知乎中流出的答案,知乎的信息影响力正通过用户的分享行为日益扩大。互联网上受众的需要怎样的信息资源?哪些信息因素容易激发受众的分享行为?面对庞杂的网络用户,问答平台和服务如何保证信息的优质?本研究希望能通过对这些问题的探讨,为未来的网络知识信息传播以及知识类社群建设提供一些参考。

二、 文献综述

(一)有关社会化问答网站的研究

目前关于社会化问答网站的信息行为主要可以划分为三类:信息分享者动机研究,答案信息质量与受众采纳情况研究,社会化问答网站运行机制及传播环境分析。总体看来,研究信息提供者动机的居多,角度多元,研究结果基本可以达成一致;近几年研究答案信息质量及受众采纳情况的资料偏少,且多为外国文献;第三类研究多集中于探知网站内的社会关系网络,在网站运行机制方面以总结性和展望性的论述居多。

陈则谦(2011)从传播动力学的角度对社会化问答社区中的信息共享进行了分析,认为知识势能由知识的数量、质量及结构三个要素组成,传播双方存在的知识势能差传播导致了知识的流动。而经济动机、权力动机、关系动机和成就动机是个体知识传播的四类主要动机。黄丽丽等人(2014)将影响虚拟社群成员信息分享的因素划分成微观、中观、宏观三层视角,其中微观是基于个体自我呈现、自我效能感的信息分享行为;中观视角有赖于社区的关系因素,强调信任和互惠原则是维系分享的纽带;宏观则上升到互联网时代社会性格的层面上,提出分享和"狂欢"精神的刺激作用。在涉及网络社区持续知识分享方面,多数学者基于期望确认理论与期望—价值理论进行研究,得出在缺少物质奖励的社会化问答网站环境中,用户持续分享知识信息的主要动机在于互惠、自我效能、个人成长、学习、社区利益几个方面。关于宏观层面的研究虽然很少,但也提示我们社会性格因素作为社会大环境下的产物,不能被忽视在诸多影响因素之外。

　　不同的问答社区拥有不同的运行机制,针对知乎的研究文献较多集中在解读知乎运营机制的层面,如知乎的标签分类、邀请制以及点赞机制等。知乎在话题分类方面做出了延伸,几大父级话题下设有无数细小的子话题,这些话题随着网友问题的不断提出得到丰富和补充。苏素(2013)认为,知乎的话题分类与垂直搜索的结合有助于发掘深层次的问题,也帮助使用者找到更加专业和精准的答案。知乎最初的时候采用邀请认证制,建立了早期的小众精英知识分享社群,成功奠定了其专业精英的社区基调。邀请制与其特有的投票制和关注模式的结合,在有效维系社区运转维护社区环境同时,也催生了一批新型的意见领袖。王秀丽认为这些意见领袖通过专业而高质量的回答赢得社区威望,反过来他们的思路也会影响其他普通用户的认知。特别是在知乎这样分享观点集中的社区,意见领袖可能起到强势的舆论引导和改变受众行为态度的作用。刘佩通过分析知乎的社区网络发现了信息发布和吸引力分布的严重不对等,其中主导参与者更多。已有的知乎官方统计数据显示,知乎用户结构呈现金字塔型:整个知乎,有近70%是完全没有被人关注过的小透明;超过96%的人粉丝少于 10 人;83%的用户从未回答过任何问题;零关注、零提问、零回答的"三零用户"占全体用户的近 60%。可见在社会化问答网站中存在"答案获赞数集中度高,大牛影响力强"的特征。

　　社区感知以及社区关系也将影响受众的信息获取及使用行为,李枫林、陈莎莎指出了受众对社区的感知将影响到受众在社区中的分享行为,宁菁菁基于"强关系"和"弱关系"对知乎的传播环境进行了分析,发现"弱关系"在一定程度上促进了知识的多元流动,其中自我效能感是重要内在动机。与之相补充的是Panovic通过实验证实了"强关系"能够比"弱关系"的社交网络带来更为优质的信息资源。

（二）网络用户信息选择偏好相关研究

信息行为是指个体识别自身需求，并以某种方式搜寻、使用或传递信息时的活动。有学者将网络用户的信息行为概括为 3M 模型，即用户、信息内容和系统服务三者的有机互动。从信息受众的角度，个体的信息行为可以概括为"信息搜寻行为"和"信息使用行为"（T. D. Wilson，1997）。冯军（2008）认为，偏好由认知、情感、行为倾向 3 个要素构成。网络信息用户偏好的形成受到情感因素和需要因素的影响，并具有以下四个特征：易怀疑性、易惰性、对信息的追逐性、选择的习惯性（王玉君，2013）。偏好具有选择和判断的作用，在特定的网络信息平台中，受众的偏好会表现在对信息的选择和评估意向上。

受众在网络中的信息评估和选择有其特殊性。2007 年 Soojung Kim 等人，采用文本分析的方式，选取了 1200 位用户，通过分析这些用户对自己提出问题下被选出的最佳回答的评论内容来分析他们对答案的态度。他们将受众选择最佳答案的动机划分成 Content value、Cognitive value、Socio-emotional value、Extrinsic value、Information source value、Utility、General Statement 7 个维度（其下又包含 24 个小维度），并对这些答案进行评估，受众在选择自己认为最佳的答案时不仅仅要找到与自己发文最相关的信息，也会将一些社会情绪因素穿插其中。此后针对 Yahoo Answers，John，B. M.（2011）等学者又结合了信息质量和受众偏好两方面因素对答案内容进行分析，并将提问者、回答者的权威性等社会性因素纳入其中进行考量，进一步对 Kim 的模型进行了完善。

贾佳、苏环等人对"知乎"和"百度知道"的答案质量进行了量化的对比分析，其研究结果显示：知乎的完整性和说服力表现得更为明显，而完整性—信息量、易读性—简洁性、说服力—完整性、说服力—专业性，这几组指标之间的相关度较高，也发现用户认为这些因素对答案质量贡献较多。Deng 等人（2011）通过构建模型发现"有用性"和"易用性"是用户接受网络问答社区信息服务的主要影响因素，其中也包含着"期望效用"这一因素。Sussman 和 Siegal（2003）的"知识采纳模型"中，也认为"信息有用性"和"信息质量"是对受众而言最重要的两个因素。Zhang 和 Watts（2003）通过对在线实践社区用户的知识采纳行为的研究，认为"信息源可靠性"会影响到受众对信息的采纳。

本研究参考前人有关受众信息选择和评估的模型，同时结合知乎网站的特征提炼出——信息量、细节性、独创性、可读性、易读性、逻辑性、客观性、准确性、实用性、引证度、资深度、诚意度、从众心理、个人介入、感染力、意见领袖、社区说服力、社区权威度，共 18 项受众在进行信息选择时可能参考的因素。基于

Kim 和 John 的价值类别划分,将这 18 项因素依据考察特征划分成"文本价值"、"专业价值"、"社会心理价值"、"信息平台价值"四个价值类型,如表格 2-1 所示。通过考察各因素和价值在受众评估答案质量和答案信息采纳的贡献程度,判断受众在进行信息选择时的偏好。

表 2-1 答案信息价值评估量表

类型	维度	解　　释
文本价值	信息量	内容是否充分翔实完整
	细节性	是否有错字;标点是否正确
	独创性	是否让人耳目一新
	可读性	趣味性,图文并茂,文本幽默
	易读性	格式清晰,文本简洁,易懂
专业价值	逻辑性	答案是否逻辑严谨,层次清晰
	客观性	答案是否客观,不含偏见
	准确性	答案分类准确,回答切题,内容准确无误
	实用性	答案是否具有实用价值
	引证度	是否有文献引证,引证来源可靠
	资深度	答主的专业相关性
社会心理价值	诚意度	答主的努力度
	从众心理	答案已有点赞数
	个人介入	自身对答案的熟悉程度,相关度
	感染力	答案的描述的感染力能够刺激受众情感
	意见领袖	提问者、答主是否为牛人,平台自身的权威性
信息平台价值	社区说服力	知乎平台说服力,受众期待
	社区权威度	知乎对问题的权威度

(三)受众对网络信息的转发分享行为研究

国外较早开展了信息行为研究,早期信息行为研究的关注点集中于科研领域的信息运用。随着互联网的发展,信息行为的领域得以进一步拓展,研究重心转向了用户。网络信息行为的概念界定基本沿用了传统信息行为的定义,被认为是网络中用户有意为之的主体性信息活动。邓小昭、范敏(2011)将影响用户信息行为的因素分为用户个体因素、信息与信息行为因素、社会与自然环境因素,并认为网络信息环境、情景、系统以及用户个人主题都将影响消费者的信息搜索行为。

网络信息使用行为当中,技术接受模型(Technology Acceptance Model,TAM)以及任务技术适配模型(Task-Technology Fit,TFF)模型,是目前研究关注的焦点。TAM 是基于理性行动理论和计划行动理论提出,Ajzen 和 Fishbein(1973)提出理性行动理论(Theory of reasoned action,TRA),认为行为态度和主观规范影响行为意向,进而对行为产生影响。Ajzen(1991)提出计划行为理论(Theory of planned behavior,TPB),在 TRA 基础上增加了直觉行为控制的变量。Triandis(1980)认为行为的产生与意向、习惯以及便利条件有关,而意向由社会因素、情感及感知共同作用。Davis 基于 TRA 提出了 TAM 模型,探讨了情感因素对信息使用行为的作用,认为易用认知和有用认知在用户采纳和使用信息中发挥了重要作用,而一些外部因素通过影响易用认知和有用认知直接影响了用户对信息行为的使用。TFF 模型主要侧重在实际操作领域,使用者与任务和技术之间的协调关系,认为信息系统功能对用户任务需求的支持程度将影响用户在系统中的信息使用及使用效果。

转发是一个信息判断、甄别与再传播的过程,用户选取自己感兴趣的,认为优质的内容进行传递,使之进入自己构建的信道当中。目前有关信息转发的研究不多且主要集中以微博为研究对象,主要分为宏观与微观两个层面。宏观层面的研究焦点在于转发对舆论环境以及网络话语权等方面的影响。王国海等人(2014)总结了新浪热门转发微博的特征,发现被转发次数较多的热门微博具有更强的影响力,更多关注社会负面领域,并且存在话语权"中心化"的特征。李彪(2013)通过对 6025 条高转发微博的内容分析,发现信息传播可以依据"深、浅、窄、宽"的组合划分为四种不同的转发结构,转发内容不同,采取的转发结构也不同。张倩楠(2014)基于新媒体时代信息网络传播模式,认为有限理性使用者的信息分享对社会网络舆论演变有重要影响。微观层面上,分享动机是学者们关注的焦点。胡珑瑛(2015)归纳了微博用户的转发动机,通过实证得出:自我实现动机、娱乐消遣动机、环境监测动机、人际交往动机,是推动受众进行信息分享的主要因素。蔡剑(2012)基于马斯洛需求层次理论构建了信息分享行为模型,认为收藏动机、名誉声望、自身需求、利他动机、安全需要是影响研究生群体信息分享行为的主要因素。

三、 研究问题与假设

根据已有文献同时结合"知乎"网站自身情况,本研究将围绕社会化问答网站答案评估的各种影响因素以及在网站中的分享行为建立量表和模型。从中考察社会化问答网站中受众在评估问答的过程当中更为偏重哪些因素,以及这些因素是否会对受众的信息分享行为产生影响。

从用户行为的角度分析社会化问答网站信息传播,主要涉及用户、问题和答案三个基本元素(张中峰,2010),从受众角度出发一条问答的传播过程可以分为三个阶段:问题的提出、答案的评估和话题的认同及再传播。本研究将基于这三个阶段进行具体分析,并提出以下两个研究问题:

研究问题 1:社会化问答社区中,受众对信息的接受偏好和评估标准?

研究问题 2:受众对信息偏好对其分享行为产生怎样的影响?

表 3 - 1　研究框架

问题特征		类型	社会化问答社区中,受众对知识的接受偏好和评估标准? 推动受众认同乃至进一步分享知识的关键因素是什么? 受众对信息偏好对其分享行为产生怎样的影响?
		形式	
答案质量	价值评估量表	文本价值	
		专业价值	
		社会心理价值	
		信息平台价值	
分享行为	社交娱乐动机	基于社交讨论,娱乐性	
	社会因素影响	社会责任、社会情感、社会认同因素	
	信息质量因素	获取知识、自我表达的需要	
	使用偏好影响	使用习惯因素	

问答的类型与呈现形式:问答的吸引力是其走进受众视野的第一步,由于不同受众偏爱不同类型的问答,本研究通过对知乎话题广场上的话题类型进行重新整理,提炼出 12 类话题类别:自然科学(物理、化学、生命科学、医学、天文学);社会人文(历史、教育、政治、法律、心理、新闻);技能培养(学习、工作、生活技能提升);职业发展,个人成长(职场、实习、职业规划);人生经历,经验心得(人生经验、人生规划);互联网[BTA(百度、腾讯、阿里),应用软件(APP)];文化艺术(动漫、冷知识、电影、音乐);运动健康(各类运动项目、减肥);心理情感及人际交往(恋爱、婚姻);购物(商品推荐、导购);生活(旅行、生活品质、美食);社会热点讨论。同时,通过对知乎提问方式整理和答案呈现形式的总结,归纳出 4 类知乎上目前较为主流的问答形式,分别是信息提供、理论讲解型(纯粹的

专业信息提供,用专业理论解释问题);精华整理、调查推荐型(优质信息汇总,收藏和推荐);寻求建议、经历讲述型(询问经历及问题解决办法,如,……是怎样的体验?);观点提供、事件分析型(获取对某个问题或事件的看法,如,如何看待……事件?)。

陈晓宇(2015)在总结外国学者对用户信息搜索行为的研究中发现,用户会在不同的情境下产生对不同类型问答的关注和搜索策略以满足不同目的的需要。今天问答网站和社区在提问和信息搜索环节上都进行了更多的优化:在知乎中用户可以通过邀请的方式请指定的用户回答问题,问答标签分类细化使得受众可以更有针对性获取信息,等等。很多学者都指出在社会化问答网站中,受众更倾向于有目的地搜索自己需要的信息,并倾向于利用较少的经历获取较多的信息。基于计划行为理论个体意向对个人行为的影响,人们对于信息的需求会进一步影响其态度和行为,据此提出假设1:

H-1:在社会化问答网站中,受众更看重答案的专业价值和文本价值。

郭琨等人(2014)通过对社交网站用户分享行为的研究指出:"利他主义"、"自我满足"、"消遣娱乐"、"获取知识"、"工具性行为"、"习惯性行为"都有可能成为社交网络中信息分享的动机。蔡剑(2012)通过分析研究生群体的信息分享行为得出"收藏动机"、"自身需要"、"安全动机"、"社交动机"、"名誉动机"、"利他主义动机"是主要的信息分享动机。本文通过参考相关文献研究,同时结合知乎自身特点,提炼出知乎中可能的分享动机有"获取知识(自我需要满足)"、"娱乐"、"自我表达"、"社会责任(利他心理)"、"社交需要(社交动机)"、"社会认同(自尊)"几个方面的需要。郭琨(2014)的研究还发现:自尊、利他心理对知识和思想型分享具有调节作用。这里结合信息行为影响因素与计划行为理论,用户对答案的偏好和评价可能会对其再分享的信息传播行为产生影响,故据此提出以下4个假设:

H-2:受众越看重答案的专业价值,越容易因自我表达动机分享答案。

H-3:受众越看重答案的专业价值,越容易因信息优质动机为分享答案。

H-4:受众越看重答案的社会心理价值,越容易因社交性因素分享答案。

H-5:受众越看重答案的文本价值,越容易因趣味娱乐因素分享答案。

用户对社区的正向情感感知可能影响到用户在社区中的信息行为。范敏等人(2011)认为,网络系统环境及使用情境都可能影响到用户的信息搜索行为;此外,使用者对社会化问答网站的印象与信赖程度都有可能影响到受众对整个网站环境的期待值与信息有用性的感知,Venkatesh 和 Davis 对 TAM 模型进行了进一步完善,明确了外部变量的影响性。其中包括绩效期望、努力期望、社会影响以及促成因素四个核心点,包含了有用感知、成果期望等几个层面,由此产生假设 6:

H-6:个体对知乎网站的信息质量期待和正面的形象感知,会导致积极的信息行为。

四、 研究方法

本文的研究方法主要为问卷调查法,对知乎的用户使用态度与使用行为进行分析整理。问卷填答者主要为知乎使用者,共回收有效问卷 315 份。受访者覆盖范围涉及江苏、湖北、广东等 17 省,其中包含 3.8% 的海外用户。调查对象学历主要集中于大学本科生、硕士及博士,符合知乎的用户总体学历结构。

(一)自变量测量

依据研究假设,涉及的自变量包括:使用者的信息选择偏好因素,以及受众对社区形象氛围感知。本研究将依据答案价值评估量表设立四组李克特量表共设立 24 个题项,考察受众对问答信息中各因素的偏好程度以及认为这些因素对答案质量的贡献度。

答案选择偏好因素:通过五级李克特量表测量被访者对认为答案自身文本价值、专业价值、社会心理价值以及信息平台价值中各因素的偏好(1=很不符合,2=比较不符合,3=一般,4=比较符合,5=非常符合),该组量表的信度 α = 0.871,KMO 值为 0.870($p<0.001$),具有结构效度。

专业价值测量:通过一组五级李克特量表测量被访者认为逻辑性、客观性、准确性、实用性、引证度、资深度六个方面因素的偏好及其在对受访者在信息选择中的影响程度(1=很不符合,2=比较不符合,3=一般,4=比较符合,5=非常符合),该组量表的信度 α = 0.818,KMO 值为 0.836($p<0.001$),具有结构效度。

文本价值测量:通过五级李克特量表测量被访者认为信息量、细节性、独创性、可读性、易读性五个方面因素的偏好(1=很不符合,2=比较不符合,3=一般,4=比较符合,5=非常符合),该组量表的信度 α = 0.734,KMO 值为 0.746($p<0.001$),具有结构效度。

　　社会心理价值测量：通过五级李克特量表测量被访者认为共鸣性、感染力、诚意度、意见领袖、从众心理、个人介入等几个因素的偏好（1＝很不符合，2＝比较不符合，3＝一般，4＝比较符合，5＝非常符合），该组量表的信度 $\alpha＝0.631$，KMO 值为 0.700（$p＜0.001$），具有结构效度。

　　信息平台价值测量：通过李克特五级量表测量被访者对社区的期待程度，以及知乎社区形象、社区权威性对答案选择的影响（1＝很不符合，2＝比较不符合，3＝一般，4＝比较符合，5＝非常符合），该组量表的信度 $\alpha＝0.739$，KMO 值为 0.718（$p＜0.001$），具有结构效度。

　　社区形象测量：通过李克特五级量表测量被访者对知乎的形象和态度感知，包括涉及信息质量与专业层面的"信息质量高"、"专家大牛多"，以及涉及社交娱乐层面的"社交性强"和"神段子多"，让受访者选择这些题项与其内心感知的符合程度（1＝很不符合，2＝比较不符合，3＝一般，4＝比较符合，5＝非常符合），该组量表的信度 $\alpha＝0.668$，KMO 值为 0.675（$p＜0.001$），具有一定结构效度。

（二）因变量测量

　　依据研究假设以及本文研究思路，涉及的因变量有用户的使用行为以及用户的信息转发分享行为。研究中分别对两类问题设立了李克特量表，其中针对用户使用行为设立有 7 个题项，信息转发分享行为有 5 个题项。

　　用户使用行为测量：通过李克特量表考察受众在知乎中的信息使用行为，包括信息搜索行为、信息使用行为、使用程度、积极度、使用心态、接触渠道几个方面的符合程度（1＝很不符合，2＝比较不符合，3＝一般，4＝比较符合，5＝非常符合），该组量表的信度 $\alpha＝0.764$，KMO 值为 0.783（$p＜0.001$），具有结构效度。

　　分享行为：该变量分为以下几个层面：基于自我表达而产生的分享行为、基于信息优质而产生的分享行为、基于社交需要而产生的分享行为、基于社会认同而产生的分享行为、基于娱乐需要而产生的分享行为。设置过滤题，以区分分享过和没有分享过答案的使用者，通过李克特量表题进行测量（1＝很不符合，2＝比较不符合，3＝一般，4＝比较符合，5＝非常符合），该组量表的信度 $\alpha＝0.768$，KMO 值为 0.740（$p＜0.001$），具有结构效度。

五、 数据结果分析

（一）样本基本情况描述

如表 5-1 所示，样本中大学本科占比最多为 66.67%，硕士占 31.11%，博士有 4 人占 1.27%，初中 1 人占 0.32%，高中 2 人占 0.63%，基本符合知乎网站整体的使用群体特征。从对知乎的使用强度来看，近 50% 的用户每周使用 4 次以上，其中 29.52% 的用户平均每周使用 7 次或以上，属于使用程度强度较高的群体，受访者分布在各个级别的使用强度上的分布基本均匀。

表 5-1　样本基本资料

项目	选项	小计	比例
学历	初中	1	0.32%
	高中	2	0.63%
	大学本科/大专	210	66.67%
	硕士	98	31.11%
	博士	4	1.27%
使用强度	7 次或以上	93	29.52%
	4—6 次（含 6 次）	44	13.97%
	2—4 次（含 4 次）	83	26.35%
	2 次或以下	95	30.16%

在涉及提问与回答的题项上，"我会主动在知乎上提问或回答"得分最低，可见知乎符合当今网络社群主流用户结构，"观看者"居多。虽然多数用户并不愿意主动参与讨论，但是超过半数的受访者会主动上知乎搜索问题的答案，该题项得分 3.7，可见知乎已经成为他们获取信息的一项重要渠道。但涉及"知乎只是纯粹搜索答案的工具"题项上，均分不到 3 分（一般），可见对知乎搜索的使用与其在受众心中是否为工具性的地位并不对等。

在知乎信息的接触途径上，"我经常在其他社交平台（微博、朋友圈等）看到知乎内容被转发"题项得到 3.77 分，说明知乎问答被转载的概率很高，虽然知乎作为社会化问答网站其问答关系建立在弱关系基础上，但被二次传播至强关系的朋友圈和微博中的情况也是很高的。同时受众偏向于承认自己更容易被知乎上的答案改变既有认知。

表 5 - 2　用户对知乎使用情况

题目\选项	平均得分
我会主动在知乎上提问或回答	2.34
我会主动上知乎搜索信息或答案	3.70
我只是喜欢做旁观者,不喜欢参与讨论	3.77
我主要通过知乎日报等知乎周边 APP 接触知乎上的问答	2.72
我经常在其他社交平台(微博、朋友圈等)看到知乎内容被转发	3.77
我倾向于用零散空余时间刷知乎	3.50
对我而言知乎只是纯粹搜索答案的工具	2.87
相比其他知识问答社区,我对知乎上的答案质量有更高的期望和评估标准	3.88
相比其他知识问答社区,我更容易被知乎上的答案改变既有认知(刷新三观、知识结构等)	3.64

(二)受众问答信息因素偏好

表 5 - 3　受众对答案各项因素对答案质量贡献评分情况

类型	维度	得分	综合得分
文本价值	信息量	3.94	3.65
	细节性	3.48	
	独创性	3.76	
	可读性	3.75	
	易读性	3.25	
专业价值	逻辑性	4.17	3.92
	客观性	3.99	
	准确性	3.82	
	实用性	4.01	
	引证度	3.55	
	资深度	3.95	
社会心理价值	诚意度	3.99	3.64
	从众心理	3.62	
	个人介入	3.92	
	感染力	3.71	
	意见领袖	2.94	
平台价值	社区说服力	3.76	3.57
	社区权威度	3.38	

研究基于答案偏好评估模型,于不同的维度分别设置了量表作为考察题项,通过计算选项结果平均数,得到各个因素的得分数据,具体对应如表所示。从得分情况来看:在文本价值中,信息量被认为是知乎中最能够吸引受众的特征,平均得分超过 4 分(比较符合),可见受众更喜欢看到内容充实的答案;专业价值中,答的逻辑严谨性得分最高,同样超过了 4 分,并且是整个价值量表中最突出的一项指标;认知价值中,个人介入程度得分最高为 3.92 分,这基本印证了在社会化问答网站当中,与个人相关性强的信息更容易被关注;社会情感价值中,答题者的诚意度最被看重。相对而言,可读性中包含的趣味性的得分虽然不低但也并不突出,意见领袖的得分在整个量表当中最低,不到 3 分(一般),说明在知乎中受众更看重的是答案的质量而不是答案"由谁填写"。

从综合得分情况来看,专业价值得分最高综合得分最高为 3.92 接近 4 分(比较符合),文本价值得分(3.65)稍高于社会心理价值(3.64)。假设 1 基本得到证实。

(三)答案价值评估对分享行为的影响

首先,使用皮尔森相关系数对自变量——答案价值评估因素与因变量分享行为进行相关性检验,检验结果均呈现显著的正相关。之后对变量进行线性回归分析,具体结果如下表所示:其中社会心理价值($\beta=0.205$, $p=0.013<0.05$)、专业价值($\beta=0.232$, $p=0.001$),均显示出对基于个人表达因素而产生的分享行为有不同程度的影响;专业价值($\beta=0.246$, $p=0.001$)显示出对基于信息优质因素而产生的分享行为有显著影响;文本价值($\beta=0.264$, $p=0.001$)对基于趣味娱乐动机而产生的分享行为具有显著的影响;社会心理价值对基于社交讨论($\beta=0.004$, $p=0.969$)和社会认同($\beta=0.112$, $p=0.228$)均未呈现出影响。

综合数据分析结果,假设 2、假设 3、假设 5 均得到证实,假设 4 未能得到证实。

表 5 - 4　受众对答案信息偏好与分享动机回归分析

变量	个人表达	信息优质	趣味娱乐	社交讨论	社会认同
社会心理价值	0.205(.013)*	0.126(.135)	0.103(.248)	0.004(.969)	0.112(.228)
专业价值	0.232(.001)***	0.246(.001)***	0.070(.356)	0.088(.285)	0.019(.814)
文本价值	0.107(.159)	0.126(.104)	0.264(.001)***	0.145(.103)	0.165(.055)
平台信息价值	0.208(.004)**	0.228(.002)**	0.191(.015)*	0.222(.009)**	0.246(.003)**
调整后的 R 平方	37.1%	34.90%	25.4%	12.70%	20.0%

表格中为标准系数,*** 表示 $P\leqslant0.001$,** 表示 $P\leqslant0.01$,* 表示 $P\leqslant0.05$.

（四）网络社区期待与社区形象对信息偏好的影响

从受众对知乎网站品牌形象的感知层面来看，50％以上的受访者认为知乎比较符合"信息质量高"的社群形象，14.92％用户认为非常符合；近50％的受访者认为知乎"专家大牛多"；在涉及"对知乎更高期望"的题项上，70％以上的用户明确表示自己比较符合或非常符合，得分接近4分。说明知乎在受众的心中形象较为权威专业，也承载了用户更多的心理期待。

表5-5　受众对知乎的社区期待与社区形象情况

题目/选项	完全不符合	比较不符合	一般符合	比较符合	非常符合	平均分
信息质量高	5(1.59％)	9(2.86％)	94(29.84％)	160(50.79％)	47(14.92％)	3.75
专家大牛多	2(0.63％)	21(6.67％)	128(40.63％)	123(39.05％)	41(13.02％)	3.57
对社区高期待	13(4.13％)	15(4.76％)	59(18.73％)	138(43.81％)	90(28.57％)	3.88

为探知受众对社区的期待是否会影响其对网站内信息的评估，将涉及社区形象与期待的题项合并为一个变量与答案评估量表中各价值进行相关检验和回归分析。皮尔森相关系数检验显示，社区期待与四个价值均呈现显著正相关。

表5-6　皮尔森相关系数检验

		主动提问 或回答	主动搜索信 息或答案	关注到其他平台 上的知乎内容
社区形象	皮尔森（Pearson）相关	0.113*	0.221**	0.178**
	显著性（双尾）	0.046	0.000	0.001
社区期待	皮尔森（Pearson）相关	0.140*	0.584**	0.346**
	显著性（双尾）	0.013	0.000	0.000

为更清晰地看到网站形象因素对信息行为产生的影响，对网站形象中各个层面与用户积极的信息行为进行多元线性回归分析，结果显示：对网站的高期望对受众信息搜索行为（$\beta=0.543, p<0.001$）、其他平台内容关注（$\beta=0.338, p<0.001$），均有较为显著的影响；认为网站"信息质量高"对信息主动搜索行为（$\beta=0.131, p=0.041<0.05$）有影响；认为网站"神段子多"（$\beta=0.227, p<0.001$）会影响受众在其他平台上对知乎内容的关注。从数据结果来看，使用者知乎网站的高期待与优质的社区形象，会在一定程度上影响受众的信息行为。认为知乎具有"信息质量高"形象或者对知乎抱有更高期待的受众可能产生更为积极的信息搜索与关注行为，由此假设6基本得到证实。

表 5-7　受众对知乎的社区形象感知与信息行为回归分析

变量	主动提问回答	主动搜索答案	关注到其他平台上的知乎内容
信息质量高	−0.030(.70)	0.131(.041)*	0.063(.386)
专家大牛多	0.067(.374)	−0.087(.159)	0.022(.753)
社交性强	−0.017(.783)	−0.082(.098)	0.067(.234)
神段子多	0.072(.244)	0.059(.239)	0.221(.000)***
对社区的期待高	0.112(.097)	0.534(.000)***	0.338(.000)***
调整后 R 平方	1.20%	34.70%	14.90%

表格中为标准系数，***表示 $P \leqslant 0.001$，**表示 $P \leqslant 0.01$，*表示 $P \leqslant 0.05$。

六、结果与讨论

(一) 研究结果

本研究以受众在社会化问答网站中的信息行为为出发点，通过分析知乎受众对各答案特征因素的态度来推测他们对该网站信息的偏好和评估标准，以及受众信息偏好对分享行为可能产生的影响。研究主要得到以下结论：1. 社会化问答网站中，用户更倾向于获得专业性强、内容充实的信息。在答案价值评估因素当中，受众更偏好答案的专业价值；实用性强、逻辑性强、内容翔实显示出较高得分；意见领袖并不会提升答案在受众心中的可靠程度，易读性也并未显示出明显优势。2. 受众对信息的评估标准可能对信息分享行为产生影响：看重社会情感价值的个体，更容易基于社交性的动机进行信息分享；看重文本价值的个体更容易基于个人表达的动机进行信息分享；看重认知价值的个体则更容易基于趣味娱乐性因素进行信息分享。3. 受众对社区形象的感知与对社区形象的较高期待将导致受众更积极的信息行为，对社区或网站的偏向正面或专业的印象，将激发受众对网站信息的注意以及更为积极的信息搜索行为。

用户对信息的偏好一定程度上反映了用户的信息需求，闫健(2012)认为用户对网络信息的偏好形成经历了确定属性、建立等级、形成信念、形成偏好 4 个过程。用户对自身角色的感知结合特定媒介对特定用户的吸引，构成了用户对信息的偏好。因此在知乎这一以问答为主的社会化网站中，用户的信息搜索具有更强的目的性，这也反映在用户对信息的主要偏好上。Jafari 等人认为，更多用户在看重网络问答社区中快速反馈、大容量信息以及无偿(低投入)的服务特点。这也与本研究中用户更偏好答案专业价值和文本价值的结果相契合。结合本研究中受访者对问答类型及偏好的调查结果，最受欢迎的"精华整理、调查推荐型"与"信息提供、理论讲解型"的问答也普遍具有信息量大、专业性强、回答者诚意度高、实用性强的特点。

值得注意的是，虽然从受众的信息需求来看，高质量、专业性的答案依然备受青睐，但调查中不少受访者表示，在开放注册以后门槛降低，用户的大量涌入使得知乎的问答信息质量大不如前。门槛很低的大众文化和需要专业知识支撑的精英文化之间的天然矛盾是信息传播中必须正视的事实，无论是在网络平台还是现实生活，过于专业的知识显然都在融入大众方面存在巨大困难。研究中，虽然实用性、逻辑性赢得了最多的分数，但可看性（包括趣味性和生动性）、独创性也都紧随其后赢得了接近 4 分的高分，可见受众在选择专业信息的同时也对答案呈现的丰富性提出了要求。对此，知乎上有一些精彩问答给出了应对的方法。以"数学里的 e 为什么叫作自然底数？是不是自然界里什么东西恰好是 e？"的问答为例，这是一道来自数学领域的专业问题，但是答题者通过尽可能简单平实的方式对其做了解答，有效削减了大众的知识能力水平与专业知识的普及之间的矛盾，其丰富生动的陈述并未影响到知识本身的专业性。一些深度专业性的答案在社交平台上依然因其过高的门槛而存在着传播的困境，但也反映出社会化问答网站在专业信息传播方面的优势：信息的呈现方式灵活多变；可以调动强大的用户资源力量；具有更强的使用便利性。不可否认的是，不是每一位答主都有足够高的信息转换和文字驾驭能力，并且很多专业的问题依然需要用足够专业的知识或词汇来解答，但是充分利用社会化问答网站的特征，用浅显的方式解答专业知识显然更符合互联网时代"分享"的主题，也不失为一种积极的尝试。

在本研究中，受众对于信息构成因素的偏好不同态度影响了其转发分享信息的行为动机，这在一定程度上说明了心理倾向对行为可能产生的影响。不同于点赞行为，转发分享行为将获取到的信息引入了社交范围，结合前人的研究，分享行为中包含有一定的"自尊"与自我呈现的意味，因此受众对答案的质量可能存在更高的要求。研究数据也证实了这一影响：如果将受众的分享行为进行归类，可以发现"个人表达"、"信息优质"与"趣味娱乐"属于侧重信息内容的分享行为，"社交讨论"与"社会认同"属于侧重社交性的分享行为。在被调查者中认为自己分享信息符合"个人表达"、"信息优质"动机的都达到了 80% 左右，认为自己符合"趣味娱乐"动机进行分享的占据 70% 左右；而对符合"社交讨论"和

"社会认同"的则多采取中立态度。从结论 1、2 中,不难看出受众对从知乎中获取优质信息有明显的期待感,从受众对知乎网站的品牌印象中也可以看到受众对知乎具有偏向"高质量"、"专家多"的印象,这在一定程度上形成了对用户在知乎使用群体中的个人行为规范,结合 TPB 计划行为理论中认为行为意向与主观规范都将对个人行为产生影响,这也在一定程度上在理论层面解释了受众更倾向于在知乎上看到高质量的信息并在转发中采取相对理性的以内容质量为主导行为。

用户的信息行为具有"倾向怀疑"的特征,面对复杂网络的不确定性,用户会对信息的真实性、可靠性以及时效性等方面采取防御状态。用户的信息行为也具有"易惰性"和"倾向惯性"特征,即倾向于使用更便利的信息工具,并且一旦找到印象良好的信息工具,就将对其产生持续和积极的使用行为。这与结论 3 的结论不谋而合,当用户对知乎网站上的信息产生可信赖的印象之后,也会相应地采取更为积极的搜索行为,并对知乎上的内容报以更多关注。

(二) 社会化问答网站面临大众化挑战的建议

"很多讨巧类或者讲故事调侃的答案得到了超高的赞同数,反而比就事论事的认真回答更受欢迎。让人担心它的主流用户是否会变成一些时间充裕、喜欢编段子的写手,而不是那些认真回答的专家。"

上述言论表达了当前很多知友的恐慌,问卷反馈中也有受访者表达了相同的忧虑。有人说社会化问答网站和社区就像是日益发达的大城市,它拥有无限的吸引力,并满足了当前受众求知与表达的欲望和向往。它的吸引力会带来扩张和多元,参与者的水平开始变得参差不齐,有高有低,就像大城市的人口一样复杂,可是人们还是会蜂拥而来。面对这样的情况,管理和过滤显得尤为重要。结合本研究的研究结果,给出以下思考和建议:

1. 强化社区优质氛围与运营机制

怀特曾提出在大众传播领域影响深远的"把关人"理论。指出信息在通过媒体传递到大众之前,会经过"把关人"的层层审核。不可否认,"把关人"在过滤杂乱有害信息的层面上起到了一定程度的作用,然而今天网络信息传播的发展无疑对"把关人"理论产生的冲击,传统媒体中的信息过滤机制面临重组。有学者认为,网络传播时代个人"把关人"的地位开始凸显,这与互联网的交互性以及个人对信息的选择性接触有关。受众的信息偏好在一定程度上导致了其对信息的选择性接触,但由于受众过于随意和发散式的使用行为以及在网络中责任意识的缺失,导致"个人把关"薄弱。

　　结合本研究中受众对社区的正面形象所带来的积极信息行为来看,社区优质形象与氛围可以在一定程度上对用户的信息行为产生约束作用,知乎早期的精英客户群体为知乎奠定了严谨的答题范式和专业性的形象基调,加之在网络社区中人们会依照社区的语境和规则来行动,"社区规范"和"社区氛围"的"把关"形成了知乎答案质量过滤的一道重要屏障。其次,在开放注册之后,知乎自身也在社区运行机制以及信息过滤技术方面做出了不少的努力。David Weinberger 在《知识的边界》有下列论述:"现在的过滤器,不再是过滤掉什么东西了,它们是向前过滤(filter forward),把它们的过滤结果推到最前面。"知乎的答案排序机制,被认同更多反对更少的答案排在前列,更新出的比较好的答案也有机会排在前列让更多人看到;知乎日报每日向受众推送经过编辑整理的优质答案,其中不少答案虽然点赞不多,但因为社群的议程设置而有机会被更多人注意到;知乎专栏是知乎近期推出的产品,主攻长文的功能,对专业性有了更多的要求,虽然树立了与普通用户之间的门槛,但起到了保留核心用户的作用。

　　可以看到,知乎的社区氛围、社区功能、社区议程设置方面都形成了信息的过滤。基于社会认同心理,良好的社区氛围是保证优质的知识资源不被抖机灵淹没的有效方式,而优质答案在受众面前的高曝光度也进一步强化了社区答案优质的形象。核心用户是支撑一个社群的关键,知乎对核心用户的利益维护(知识产权维护、推送宣传等)反过来也促进了核心用户贡献更多的优质资源,扩大社区影响力,二者形成互利互惠的模式。社会化问答网站中,面对庞大的用户带来的庞大信息以及参差不齐的信息状况,网站的过滤和"把关"就显得尤为重要,知乎的做法在一定程度上减缓了大众化对专业性造成的冲击,可以为类似网站的经营提供参考。

　　2. 关注社会化问答网站中隐性知识的传播

　　知友"动机在杭州"在"知乎、豆瓣、果壳有什么相似之处?"的问题中表达了自己对知乎观点分享的理解:

　　观念融合了我们自身的经历、感悟和由此沉淀下来的人生智慧,它是灵活的知识,是有思想的情感,是我们自身的一部分,无法复制。而在回答中阐述观念的过程,也正是提醒我们"自己是一个什么样的人,期待成为什么样的人"的过程。

　　在对知乎问答内容的分析中其实也可以看到,不少答案所传递的都是类似上述知友表达的那样偏向隐性的知识。隐性知识是迈克尔·波兰尼(Michael Polanyi)在 1958 年从哲学领域提出的概念。他在对人类知识的哪些方面依赖于信仰的考察中,偶然地发现这样一个事实,即这种信仰的因素是知识的隐性部分所固有的。波兰尼认为:"人类的知识有两种。通常被描述为知识的,即以书面文字、图表和数学公式加以表述的,只是一种类型的知识。而未被表述的知识,像我们在做某事的行动中所拥有的知识,是另一种知识。"他把前者称为显性知识,而将后者称为隐性知识,按照波兰尼的理解,显性知识是能够被人类以一定符码系统(最典型的是语言,也包括数学公式、各类图表、盲文、手势语、旗语等诸种符号形式)加以完整表述的知识。隐性知识和显性知识相对,是指那种我们知道但难以言述的知识。显性知识和隐性知识都是知识资源,既有的专业性与答案的评判指标偏向对显性知识的测评,但是忽略了隐性知识是难以明确用编码方式传播的。部分经验性的答案确实也传播了隐性知识信息,它们应当有不同的评价标准,而不能因为表述方式的差异或者"看起来不那么专业"而被归为知识性不够强的领域。相反,很多答主虽然以讲述个人经历的方式回答问题,但他们本身的经历都与问题直接相关也具有比较高的现实参考价值,如"为什么黑猫警长五集后就停播了?"答题获赞最高者也是现身说法,因为她曾采访过该动画片的导演,听到过事件亲历者的讲述,因而比起其他分析形势或者动画片评论者来说,她的经历或许更为资深。互联网时代知识越发呈现出多样性的特点,人们在接受信息数量膨胀的同时也必须正视这种它所带来的知识形态的变化。那些曾经不被看重的经历和观点的讲述中或许正携带着隐性知识而来。

结语

胡泳曾在博文《混沌的知识,消失的边界》中说过这样一段话:"人类越来越习惯于互联网方式的思维方式,阅读则在移动终端、网页和书本当中来回切换。在这样来回地切换中,需要思考的是,究竟什么样的阅读方式能够更快吸取到知识? 又是什么样的方式能够获得更加客观的见解?"网络知识传播已经产生了深刻的变化,其中就包括隐性知识的广泛传播,网络中的知识更像是有宽度的大面积铺开,它的边界已经越发的模糊。在今天,有效的知识传播需要对受众有更为深刻的了解:受众真正看重什么类型的知识,知识以怎样的形式出现才更容易被接受,我们应该为受众营造怎样的知识传播环境,等等,都是需要被考虑的问题。

"知乎"作为在社会化问答网站中较为成功的代表,做出了积极的尝试。它通过前期的精英培植奠定基础,并在开放注册遇到答案质量下降的波动之后做出积极调整,从依靠用户维护社区规范到通过强化社区奖惩和优化技术来控制社区的成长轨迹。但是,单纯地依靠自我效能、社区地位等精神性的满足所促成的知识信息分享是否可以在弱关系社区中长久地维持高质量也是值得思考的问题。从目前知乎的情况来看,缺少物质激励的信息分享更容易导致答案分享者将自己在知乎上积累的大量读者流量引流到自己个人的宣传平台(一些知名的答主将自己公众号二维码附在文末)。虽然从短期看来,知乎通过强化对优质用户和优质答案的推广宣传刺激了他们的精神满足感,但随着愿意无偿分享的人正在逐渐流出,知乎能否通过网站自身奖惩规范的强化和过滤机制维持住答案的质量也有待长期观察。

　　研究中也存在一些不足,首先对受众态度的考察主要以调查问卷的形式进行,期间虽然与不少受访者进行了沟通和访谈,但受访者在问卷中对自我态度和行为的判断可能无法真实反映其在知乎网站中的行为。再者,隐性知识具有难以测量的特点,很难评估受众对隐性知识的态度,也很难考核隐性知识的质量价值。以上为本研究中遇到的主要问题以及对未来相关研究的建议,希望在后续的研究中能够有所补充。

参考文献

期刊论文

[1] 陈则谦(2011),“知识传播及其动力机制研究的国内外文献综述”。《情报杂志》,2011 年第 3 期,页 131—136。

[2] 黄丽丽、冯雯婷、瞿向诚(2013),“影响虚拟社区内信息分享的因素:多层分析的视角”。《国际新闻界》,2013 年第 9 期,页 20—34。

[3] 苏素(2013),“从知识传播的角度看问答型社交网站‘知乎’”。《传播与版权》,2013 年第 1 期,页 28。

[4] 王秀丽(2014),“网络社区意见领袖影响机制研究——以社会化问答社区‘知乎’为例”。《国际新闻世界》,2014 年第 9 期,页 47—57。

[5] 刘佩、林如鹏(2015),“网络问答社区知乎的知识分享与传播行为研究”。《情报、信息与共享》,2015 年第 6 期,页 109—119。

[6] 李枫林、陈莎莎(2011),“虚拟社区信息分享行为研究”。《情报研究》,2011 年第 6 期,页 48—51。

[7] 宁菁菁(2014),“基于‘弱关系理论’的知识问答社区知识传播研究——

以知乎网为例”。《新闻知识》,2014 年第 2 期,页 98—100。

　　[8] 王玉君(2013),“网络信息用户行为分析”。《科技情报开发与经济》,2013 年第 23 期,页 123—125。

　　[9] 闫健(2012),“网络信息使用中的用户偏好分析”。2012 年第 24 卷第 1 期,页 123—125。

　　[10] David Karger(2012).Tie Strength in Question Answer on Social Network sites.Research Gate.

　　[11] TD.Wilson(1997).Information Behavior: an Interdisciplinary Perspective.Information Processing & Management,33(4),551 - 572.

　　[12] Soojun Kim, Jung Sun Oh, Sanghee Oh(2007).Best-Answer Selection Criteria in a Social Q&A Site from the User- Oriented Relevance Perspective. ASIST.

　　[13] John, B. M.(2015).What Makes a High-quality User-generated Answer?.IEEE Internet Computing,15(1),66 - 71.

　　[14] 贾佳、宋恩梅、苏环(2013),“社会化问答平台的答案质量评估——以‘知乎’、‘百度知道’为例”。《信息资源管理学报》,2013 年第 2 期,页 19—28。

　　[15] Deng S.,Liu Y., Qi Y.(2014).An Emprical Study on Determinants of Web Based Question-answer Services Adoption. Journal of the Korean Society for Information Management,21(3).

　　[16] Sussman S. W., Siegal W. S.(2003).Information Influence in Organizations: an Integrated Approach to Knowledge Adoption.Information Systems Research,14(1),47 - 65.

　　[17] Zhang W, Watts S. C.(2003).Knowledge Adoption in Online Communities of Practice.Proceedings of.

　　[18] 李彪(2013),“微博中热点话题的内容特质及传播机制研究——基于新浪微博 6025 条高转发微博的数据挖掘分析”。《中国人民大学学报》,2013 年第 5 期,页 10—17。

　　[19] 张倩楠、杨尊琦、史浩(2014),“有限理性转发者的社会网络舆情演化分析”。《情报杂志》,2014 年第 9 期,页 130—134。

　　[20] 胡珑瑛(2015),“微博用户转发动机实证分析”。《中国软件科学》,2015 年第 2 期,页 175—182。

　　[21] 蔡剑(2012),“研究生群体网络信息分享行为研究”。《情报、信息与共

享》,2012 年第 2 期,页 81—86。

[22] 张中锋(2011),"社区问答系统研究综述"。《计算机科学》,2011 年第 37 卷第 11 期,页 19—54。

[23] Ajzen , I. (1991). The Theory of Panned behavior. Orgnizational Behavior and Human Process,50,179 - 211.

[24] 郭琨(2014),"个人信息、社交网络信息分享态度和分享行为——一项基于人人网的研究"。《现代情报》,2014 年第 34 卷第 1 期,页 159—166。

[25] Jafari M., Hesamamiri R. (2012). Assessing the Dynamic Behavior of Online Q&A Knowledge Markets：A System Dynamic Approach. Program, 46 (3),341 - 360.

[26] 闫岩(2014),《计划行为理论的产生发展和评述》。《国际新闻界》,2014 年第 7 期,页 113—129。

[27] Ajzen, I., Fishbein, M. (1973). Attitudinal and Normative Variables as Predictors of Specific Behavior. Personality and Social Psychology, 27 (1), 41 - 57.

译著

[1] 克莱·舍基(2011),《认知盈余:自由时间的力量》(胡泳 译)。北京:中国人民大学出版社。

[2] David Weinberger(2014),《知识的边界》。太原:山西人民出版社。

学位论文

[1] 金晓玲(2009),《探讨网上问答社区的可持续发展——以"雅虎知识讲堂"为例》。中国科学技术大学博士论文。

[2] 范佳明(2009),《网络传播对把关人理论的冲击与重组》。东北师范大学硕士论文。

网上文章/文件

[1] 唐兴通(2013 年 10 月 6 日),"五个不同的思维角度看网络社群"。引自:http://www.tmtpost.com/69077.html。

[2] 周源(2015 年 3 月 22 日),"已拥有 1700 万注册用户,将试水商业化"。引自:http://www.admin5.com/article/20150322/590093.shtml。

[3] 苏莉安(2014),"第一次民间版知乎用户分析报告"。引自:http://zhuanlan.zhihu.com/sulian/19781120。

[4] 苏莉安(2014),"民间版知乎分析报告第二期——赞同背后的秘密"。

引自：http://zhuanlan.zhihu.com/sulian/19907234。

［5］闫浩（2016 年 4 月 30 日），"认真的人永远存在：关于知乎最真诚的一篇分享"。引自：http://tech.163.com/16/0430/11/BLT87LD8000915BF_4.html。

［6］TIME WEEKLY（2015），"混沌的知识，消失的边界"。引自：http://www.time-weekly.com/html/20150414/29305_1.html。

Research on Social Q&A Sites Users' Information Preference and Message Sharing
——Take Zhihu for Example

Zhang Ye

Abstract：The development of internet has changed the way people acquiring information as well as their desire of message. Social Q&A sites rise in response to the proper time and conditions. By means of observation and sending questionnaires，this research explored several factors people may consider when they evaluating the answers in Social Q&A sites. By analysis of the data，we found that users prefer answers with more specialty value that are more practical and more professional. Users' positive impression of the site may also make them sharing information more actively. We hope the research can be combined with some new phenomena in today's network knowledge communication and can also give some suggestions to the development of Social Q&A sites and network knowledge communication.

Key words：Social Q&A sites；Zhihu；information preference；Community atmosphere

双边效应：我国电子竞技赛事
运营产业商业模式初探

李 树[*]

【摘　要】　当前电子竞技相关产业飞速发展,其核心产业电竞赛事运营产业商业模式迅速确立并不断扩大其市场规模,其商业模式核心在于对其双边市场的合理开发利用。其商业模式的核心要素应是价值创造、企业价值链结构和盈利模式。电竞赛事运营产业通过与观众共同创造产品内容完成其价值创造,通过上游电竞游戏产品研发或代理运营产生电竞项目,以中游的赛事运营为核心延长电竞游戏生命力、扩大该项目社会影响力,再以电竞赛事链接电竞俱乐部/战队、赛事节目制作、电竞媒体、赞助商,和依靠上述产业的职业选手、比赛解说、电竞主播等组成中游产业结构,而后以下游包括电视频道在内的各大直播平台作为产品最终呈现,佐以文化部和体育总局为代表的政府管理机构与赛事相一致的各大电竞行业自治协会的自治机构形成企业价值链结构,最后以电竞游戏产权归属为标志,分划出第一方与第三方赛事的不同盈利模式组成电竞赛事运营产业的商业模式。

【关键词】　电竞赛事运营产业;双边市场;商业模式;文化产业

电子竞技是电子游戏比赛达到"竞技"层面的活动。电子竞技运动就是利用电子设备作为运动器械进行的、人与人之间的智力对抗运动。关于电子竞技与电子游戏之间的关系已有多处讨论,本文暂不赘述。本文所讨论的电子竞技则是以文化产业为视角进行讨论,这里的电子竞技赛事运营产业指的是电子竞技赛事和以电子竞技赛事为核心的上下游产业链。其市场规模主要涵盖了电竞赛事收入、电竞衍生收入和电竞游戏收入三个方面。2017年3月中国音数协游戏公会(GPC)联合伽马数据(CNG中新游戏研究)发布了2016中国电竞产业报告,该报告指出2016年我国电竞游戏市场规模已突破504.6亿元,同比增长34.7%,其中PC端电竞游戏市场占有率达57.2%,移动电竞游戏市场占有率更是高达79.1%,端游电竞游戏实际销售收入333.2亿元,移动电竞游戏实际销售收入达171.4亿元,同比增长187.1%,令人瞠目结舌。

我国电子竞技早在21世纪年之初便已启程,缘何到了2016年之后才开始

---

*　**【作者简介】**李树,中南大学文学与新闻传播学院硕士生,联系方式:418729565@qq.com。

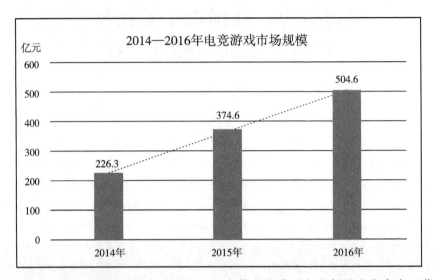

呈现一个爆发性增长？笔者认为这些巨大数字的背后奥秘便是电竞赛事运营与电竞游戏销售双边市场相互作用下的商业模式。电竞赛事运营产业属于体育产业中的一种，而体育产业的主要经济来源是倚靠企业赞助，以此为基础发展和提高赛事质量和水平；而那些生产体育服装、器材的企业如果不通过赛事的媒介作用，就不能被消费者所认知，这就产生了一个相互影响的双边市场。① Rochet & Tirole 将双边市场定义为，通过一个平台能够使最终用户相互作用，并通过合理地向每一边收费试图把双方维持在平台上的市场。② 昝胜锋、朱文雁认为双边市场是一种产业性平台，平台两边存在截然不同的两类用户，他们通过共有平台发生相互作用或影响而彼此获得价值。笔者认为，电竞产业双边市场的作用在于，游戏运营商或者其他市场受众相近甚至趋同的赞助商通过赞助该项赛事，持续扩大某一游戏或者多个游戏项目的社会影响力。游戏运营商通过电竞赛事保障了游戏用户的活跃程度，并可深度挖掘用户的消费能力，其他赞助商则可收获一个稳定的广告投放渠道；而电竞赛事运营方则在吸纳这些投入的基础上，提高赛事水准吸引新的受众群体关注、增加旧有用户黏性以打造其电竞品牌。

　　商业模式（business model），是为实现客户价值最大化，把能使企业运行的内外各要素整合起来，形成一个完整的高效率的具有独特核心竞争力的运行系

---

　　① 昝胜锋，朱文雁：《体育赛事——双边市场构建与竞争研究》，福建人民出版社，2014 年。
　　② 熊艳：《产业组织的双边市场理论——一个文献综述》，载《中南财经政法大学学报》，2010 年第 4 期。

统,并通过最优实现形式满足客户需求、实现客户价值,同时使系统达成持续赢利目标的整体解决方案。罗珉、李亮宇认为商业模式是一个组织在明确外部假设条件、内部资源和能力的前提下,用于整合组织本身、顾客、供应链伙伴、员工、股东或利益相关者来获取超额利润的一种战略创新意图和可实现的结构体系以及制度安排的集合;①魏江、刘洋、应瑛认为商业模式是一个描述客户价值主张、价值创造和价值获取等活动连接的架构,该架构涵盖了企业为满足客户价值主张而创造价值,最终获取价值的概念化模式;②龚丽敏、魏江、董忆、江诗松、周江华、向永胜在考量 1997—2010 年 SSCI 引用情况后得出当代学者对商业模式达成的一定程度的一致的来源是价值;③张越、赵树宽认为商业模式是企业创造价值的逻辑,它是企业在复杂多变的环境中用以识别机会、获得竞争优势并创造更大价值的主要法则。其主要构成要素分为目标市场、企业运营流程、核心产品、企业价值分配原则和企业价值链结构。④ 陈少峰认为思考文化产业的商业模式首先就是一种关于消费者服务的交易活动,以什么产品(含服务)满足消费者的需求以及如何满足消费者的需求,是商业模式的一个基本要素。并且他将文化产业的商业模式要素概括为核心竞争力、业务组合和可盈利方法三个部分,其中核心竞争力包括了企业的外部性优势和内部性优势两个部分。⑤笔者认为电竞赛事运营产业的商业模式的构成要素是价值创造、企业价值链结构和盈利模式。

一、 价值创造：与观众共同创造价值的体育产业

价值创造主要是描述该产业是如何在满足消费者的需求下进行价值创造的能力。电竞产业的价值创造主要是以满足该项游戏玩家为基础进而辐射整个电竞赛事观众的观赛需求,以提升电竞赛事水准,塑造电竞赛事品牌。

电竞赛事运营产业在我国的诞生,最早可以追溯到 21 世纪初的星际争霸的相关赛事,最初这些赛事是为了扩大星际争霸这一游戏的玩家群体且能迎合中国玩家中"高手"之间切磋而举办的。而后在大众媒体如"游戏东西"、"电子

① 罗珉,李亮宇:《互联网时代的商业模式创新:价值创造视角》,《中国工业经济》,2015 年第 1 期。
② 魏江,刘洋,应瑛:《商业模式内涵与研究框架建构.科研管理》,《商业研究》,2012 年第 5 期。
③ 龚丽敏,江诗松:《魏江.试论商业模式构念的本质、研究方法及未来研究方向》,《外国经济与管理》,2011 年第 3 期。
④ 张越,赵树宽:《基于要素视角的商业模式创新机理及路径》,《财贸经济》,2014 年第 6 期。
⑤ 陈少峰,张文波:《文化产业商业模式》,北京大学出版社,2011 年。

竞技世界"等节目的推动下,中国电竞产业逐渐成形并顺利成为第 99 个体育竞赛项(是我国正式开展的第 78 项运动),但是在 2004 广电总局颁布《关于禁止播出电脑网络游戏类节目的通知》后,我国电竞赛事一度陷入低谷。而后经历十余年的发展,现今逐渐成长为一个朝阳文化产业。从赫斯蒙德夫的观点来看,文化产业变迁的内核是权力与话语体系的变迁,虽然体育产业在其眼中只能算是文化产业中的边缘产业,但仍旧不能离开这个内核。英尼斯认为任何媒介都具有时间和空间的偏向性,而文化产业的变迁往往都与媒介革命有着一致性。在互联网这一媒介的大背景下,电竞赛事运营产业自然而然地呈现出 80后、90 后甚至 00 后的特质,并与之天然契合。

　　Prahalad,C.K.与 Ramaswamy, V.提出价值共同创造理论①,以商品或企业为核心的传统价值创造已无法跟上当前体验经济的发展;与之相对的是以体验为核心的价值共同创造的盛行——生产消费者(prosumer)的出现,他们同时扮演着消费者和生产者的角色,通过与企业的合作,共同设计商品与服务,同时创造出新的体验和价值。② 电竞赛事的价值创造正是是伴随着电竞观众的不断成长而一起创造的,电竞赛事的价值创造主要在于以下几个方面:其一是观众自发扩大产业链条,在整个电竞赛事产业链条中观众自发创作内容是该产业链条得以衍生的重要节点。包括视频网站、直播平台等平台上绝大多数的电竞赛事的内容都是观众自发创作的,与少量的比赛内容相互呼应为整个产业链形成长尾奠定了基础。其二是与时代共舞的青春书写,大部分电竞选手与观众几乎都是同龄人甚至比观众更小,选手在竞技赛场上所展现的特质与线下的训练生活与受众更为接近。观众与选手一起成长的过程,为电竞赛事增添了其独特魅力。其三是新媒体占据主流下的大众传播。在电竞赛事产业中,大众传媒是不可忽视的一环,其中如 PentaQ、玩加赛事、七煌、兔玩游戏、大电竞 eSportFocus等媒体几乎都不是传统意义上的大众传媒,其发声阵地亦都集中在"两微一端"上。相较于传统体育竞技赛事的报道,其形式更亲民,与观众共同创造内容从而产生价值。其四是颠覆传统体育竞技,电子竞技本身是对传统体育赛事进行了一定程度上的颠覆,由于电子竞技的竞技场域存在于一个虚拟的赛博空间之中,进言之,电子竞技几乎对选手个人的身体素质不作要求,甚至我国 JDG 俱乐部的施林江选手是一名脚部残疾的选手,这给予了受众更为广泛的适用范围。

　　①　Prahalad,C.K.&Ramaswamy,V. (2004).CO - CREATION EXPERIENCES: THE NEXT PRACTICE IN.VALUE CREATION[J].Journal of Interactive Marketing (John Wiley & Sons), 18(3), 5 - 14.
　　②　钱亦舟:《电子竞技产业发展思考》,《体育文化导刊》,2015 年第 8 期。

这样的人才选拔倾向给予了年轻一代观众更多的价值认同，使他们更愿意自发地参与到电竞赛事的价值创造中去。

二、 企业价值链结构：双边效应下的多元产业链

笔者认为，我国早期电竞赛事步履蹒跚，主要由于电竞双边市场中电竞游戏的销售盈利模式单一、容易受到盗版游戏的影响，无法对电竞赛事进行提供有效帮助，而电竞赛事本身的观众还不具备一定的消费能力，无法有效地体现电竞赛事对电竞游戏的营销作用，加之多年来电竞赛事受到社会舆论——"网瘾"的压制，一直难以拥有一个正面的社会形象，难以在产业发展初期获得政府扶持。而 2014 年左右，电竞游戏早已拥有多种消费模式，也挣脱了盗版的桎梏，而电竞赛事也随着 Web2.0 时代所带来的移动直播等技术革新和社会对其认识的逐步升级，在其受众消费能力的不断提升中渐渐形成了一个百亿级的市场，同时政府亦开始加大对该产业的扶持力度。

通过游戏厂商（也包含赛事赞助商）与电竞赛事的双边市场作用下，辅以之政府的大力扶持，如今电竞赛事运营产业迎来了其高速发展期。形成了从上游的电竞游戏产品研发或代理运营，到中游的赛事运营，以及以电竞赛事为核心链接的电竞俱乐部/战队、赛事节目制作、电竞媒体、赞助商，和依靠上述产业的职业选手、比赛解说、电竞主播，再到下游包括电视频道在内的各大直播平台，最后到以文化部和体育总局为代表的政府管理机构和与赛事相一致的各大电竞行业自治协会的自治机构的完整产业链条。

首先是双边市场的一侧——处于电竞赛事运营产业上游的电竞游戏产品研发或代理运营方面，该产业属于电竞赛事运营产业的上游产业。据工信部公布，2017 年 1—8 月，网络游戏（包括客户端游戏、手机游戏、网页游戏等）业务收入 925 亿元，同比增长 28.7％。Digi-Capital 的《2017 年游戏报告》显示，2016 年游戏行业交易额达 303 亿美元，其中游戏并购交易额 284 亿美元，游戏行业投资额 19 亿美元。2016 年游戏行业规模较大的投资交易包括：华谊兄弟投资英雄互娱 2.88 亿美元；腾讯投资斗鱼 TV2.26 亿美元；DFJ 等投资 Unity1.81 亿美元。2016 年移动应用收入增长 40％（不只包括游戏），中国成为其最大的增长动力，到 2021 年移动游戏收入将超过 800 亿美元。在 Newzoo 更新的 2017 年上半年的全球游戏收入前 20 的企业排名情况中，中国企业有三家入围前二十。其中，腾讯第一；网易第七；完美世界第二十。上游产业的蓬勃发展无疑为电竞

赛事的发展打下了坚实的基础,同时如"绝地求生:大逃杀"这样的新电竞游戏亦开始火爆全国,为电竞赛事的可持续发展注入新的血液。

双边市场的另一侧——产业链中的核心电竞赛事方面,老牌电竞赛事持续发力,新电竞赛事纷至沓来。2017 年 10 月,玩加赛事公布的在中国举办的英雄联盟世界总决赛中,RNG 对阵 SKT 的半决赛创造了全球总决赛海外收视纪录最高同时在线人数 151 万人,未审计的国内平台总在线人数为 9634 万人。而在去年 2016 年全年在国内举办的有较大影响的电竞赛事有 98 场,同比增长62%,赛事种类几乎涵盖了当前电竞游戏的所有游戏类别,如 MOBA(多人在线战术竞技游戏)、FPS(第一人称射击类游戏)、TCG(集换式卡牌游戏)、RTS(即时战略游戏)、休闲、TPS(第三人称射击类游戏)等。同年末,以"王者荣耀"为代表的移动电竞赛事横空出世,仅仅半年移动电竞整体市场规模实现了 187% 的同比增长。2017 年 4 月第一届 WCO"狼人杀中国公开赛"在北京打响,标志着休闲电竞开始进入大众视野。在电竞赛事极其抢眼的表现下,电竞赛事亦吸收到包括梅赛德斯-奔驰、吉普等国际一线品牌厂商的赞助。

政府扶持方面,自 2016 年始,国家宏观层面由文化部牵头成立电竞分会,国家发改委发布《关于印发促进消费带动转型升级行动方案的通知》中明确提及"开展电子竞技游戏游艺赛事活动",国家体育总局主办中国电子竞技嘉年华,教育部新增"电子竞技运动与管理"专业,等等,地方政府层面则如浙江省体育局、义乌市人民政府主办第二届义乌国际电子竞技大赛,银川市政府增资 2亿元举办全球最大第三方电竞赛事 WCA 等。无论是中央还是地方,处处可见我国对电子竞技赛事运营产业的大力扶持。

三、 盈利模式: 运营主体不同的盈利模式

第一类是第一方赛事,即以赛事游戏项目的游戏研发商或运营商所举办的电竞赛事,其中绝大部分都为单项赛事,其目的是通过运营电竞赛事来完成以自身产品为核心的文化品牌的构建,以期延长该电竞游戏项目的生命力和扩大该项目的社会影响力。在我国,腾讯与网易是该类电竞赛事的代表。第二类是第三方赛事,该类电子竞技相关赛事的主办方并非该电竞游戏的产权所有方,这类赛事以综合性赛事为主,以塑造该项电竞赛事品牌为主要目的,包含了政府与专门的赛事运营商如 ImbaTV 等。赛事运营商的赛事运营业务又可分为自营赛事和代理赛事。如果赛事品牌归运营商所有,则称该业务为自营赛事,

可以自主招商。如果赛事品牌不归运营方所有,那么该业务被称为代理赛事。

1. 第一方电竞赛事运营盈利模式。第一方电竞赛事在其双边市场中有其特殊性,那就是双边市场的两侧收益流向的都是同一方。而我国第一方赛事运营的核心是通过电竞赛事的举办从而更好地建立起该电竞产品的品牌和扩大该电竞产品的影响力,以获取更好的用户黏性。换言之,是否满足电竞赛事受众的观感是其成败关键,而赛事内容的品质会直接影响受众的观感进而影响该项电竞游戏的持续盈利,因此在赛事运营上运营商会更加偏重赛事的制作水准,甚至投入远大于赛事本身收入的成本,其中英雄联盟 LPL 联赛正是其典型案例。因为第一方电竞赛事运营的内部性优势在于其盈利方式更多的是通过双边市场的另一侧对其进行供给,这一点上是其他体育行业无法复制的优势。同时为了应对第一方赛事奖金的不足的问题和扩大赛事的规模需求,电子竞技赛事推出了一种新思路——众筹模式,即由消费者(观众和玩家本身)直接掏钱支持赛事的模式。在 Dota2 中每购买一份提供多种功能和服务(包括比赛竞猜,多元化的虚拟及实物周边产品,获得比赛相关社区投票权等)的 Dota2 邀请赛互动指南,即可为比赛的总奖池投入一定金额。据发行商 Valve 所公布的数据,2014 年共有 101 场 Dota2 赛事,总奖金超过了 1600 万美元,在奖金最高的两场赛事——Dota2 世界邀请赛以及 Dota2 亚洲邀请赛中,奖金分别达到了 1093 万美元和 280 万美元,远远超过发行商运营模式所提供的奖金。[①]

2. 第三方电竞赛事运营盈利模式。第三方赛事运营盈利模式则比第一方赛事复杂得多,第三方赛事运营盈利模式更受到双边市场的相互作用的影响,由于其赛事运营方与电竞游戏提供方的不同,该盈利方式则与第一方截然不同,第三方电竞赛事运营更需要考量成本投入与盈利模式的多样化。同时又由于文化产业的特性,第三方电竞赛事又必须尽可能满足消费者的观赛需求。相较第一方赛事而言,第三方赛事目前的盈利能力有限,在赛事品牌尚未完成打造前往往入不敷出。老牌电竞赛事如已停办的 WCG、CPL、ESWC 等的盈利模式与传统体育竞技赛事运营相似,可以分为广告收入与赛事直接盈利。其中广告收入包含广告赞助,冠名招商和转播代理。赛事直接盈利着包括观赛门票收入、赛事准入费用、赛事衍生产品(博彩、周边商品等)以及赛事直播付费(去广告、付费原画直播等)。但是近年来新兴的第三方电竞赛事运营与传统第三方电竞赛事运营不同,除外部性优势与第一方电竞赛事运营一致外,第三方电竞

① 钱亦舟:《电子竞技产业发展思考》,《体育文化导刊》,2015 年第 8 期。

赛事运营亦有其内部性优势所在。一方面是供给多样性,上文提到过大部分第三方电竞赛事运营商以综合性电竞赛事举办电竞比赛,可以同时满足不同电竞项目爱好者的观赛需求;另一方面是盈利多样性,相较于第一方赛事几乎都倚靠上游产业链的输血,第三方赛事早已开始"自力更生",并形成了"赞助+门票+赛事衍生品+报名费"的复合型盈利模式,并且在收获大量在线观看流量的同时,通过弹窗广告、广告联盟、定向销售、增值服务等方式实现变现,而且第三方电竞赛事运营往往还能获得政府专项支持资金、赛事门票等收入。相较第一方而言,第三方在经营上则有更强的抗风险能力。

四、 结语

相较传统体育赛事商业模式而言,电竞赛事运营产业显得更为复杂,不仅是盈利方式上的多样性,更主要的在于其价值创造方式与传统体育赛事大相径庭。电竞赛事目前更像是只建立在年轻一代观众身上的产业,这是其高速发展的核心,但亦是制约其未来发展的命门。

通过双边市场的视角,可以更加清晰地发现整个电竞赛事运营产业中电竞游戏的创作与革新、电竞赛事制作水准的不断提升,政府政策的积极引导都是电竞赛事愈发成熟的关键,缺一不可。其中没有电竞游戏的盈利与发展,电竞赛事则没有其立足的物质基础。而没有电竞赛事的保驾护航,电竞游戏则不可能维持其市场地位。但是双边市场之外,政府政策亦是引导产业发展的风向标,任何产业的平稳、快速成熟都离不开政府的合理引导。

参考文献

1. 大卫·赫斯蒙德夫(2016),《文化产业》(张菲娜译)。北京:中国人民大学出版社。

2. 陈少峰,张文波(2011),《文化产业商业模式》。北京:北京大学出版社。

3. 昝胜锋,朱文雁(2014),《体育赛事——双边市场构建与竞争研究》。福州:福建人民出版社。

4. 李思屈(2006),《数字娱乐产业》。成都:四川大学出版社。

5. 曹可强(2015),《体育产业概论》。上海:复旦大学出版社。

6. 熊艳(2010),"产业组织的双边市场理论——一个文献综述"。《中南财经政法大学学报》,2010 年第 10 期。

7. 龚丽敏,江诗松,魏江(2011),"试论商业模式构念的本质、研究方法及未来研究方向"。《外国经济与管理》,2011 年第 3 期。

8. 魏江,刘洋,应瑛(2012),"商业模式内涵与研究框架建构"。《科研管理》,2012 年第 5 期。

9. 张越,赵树宽(2014),"基于要素视角的商业模式创新机理及路径"。《财贸经济》,2014 第 6 期。

10. 罗珉,李亮宇(2010),"互联网时代的商业模式创新：价值创造视角"。《中国工业经济》,2015 年第 1 期。

11. 钱亦舟(2015),"电子竞技产业发展思考"。《体育文化导刊》,2015 第 8 期。

12. Prahalad,C.K., & Ramaswamy, V. (2004). CO-CREATION EXPERIENCES: THE NEXT PRACTICE IN. VALUE CREATION. Journal of Interactive Marketing (John Wiley & Sons), 18(3), 5 - 14.

Bilateral effect: A view on the business model of e-sports event operation industry

Li Shu

Abstract: Related industries of e-sports are developing rapidly. The business model of e-sports event operation industry is the core of e-sports, which has been formed quickly and is expanding its market size, and the key of which is the proper development and utilization of its two-sided market. What's more, value creation, structure of the enterprise value chain as well as profit model should be the core elements of its business model. The e-sports event operation industry achieve its value creation by producing the content of product together with audience, develop e-sports events by researching or agenting the e-sports game product in upstream industry, and lengthen the service life and expand its social influence by putting the events in middle stream industry in a core position. Therefore, e-sports events are used to gather club (or team), event programming, e-sports media and sponsors together, and to compose the structure of middle stream industry with professional player, match commentary, e-sports anchor and so on.

These elements are shown on every live-broadcasting platform, including TV channel, as the find product. Then, the structure of the enterprise value chain is These elements are shown on every live—broadcasting platform, including TV formed with the help of government administration represented by Ministry of Culture and General Administration of Sport as well as the autonomous institution of main e-sports association. At last, because of the property ownership of e-sports different profit model between the first and third parties are divided, which has formed the business model of e-sports event operation industry.

Keywords: e-sports event operation industry; two-sided market; business model; culture industries

媒介经验

MEDIA EXPERIENCE

区域性都市报新媒体内容生产与运营研究

——以南京某报为例

【摘　要】 本文以个案分析、深度访谈为主要研究方法,探讨了内容市场进入成熟期后,纸媒基于新媒体矩阵项目模式下的内容生产与运营实践要点。研究发现,项目模式的核心是生产具备多次销售可能性、估值可能性的信息产品和服务。其中,全媒型专家型人才是生产主体要素,矩阵型服务平台是生产与运营的起点,以 PGC、OGC 为主的内容甄选机制配合基于小数据分析的用户关系管理机制是生产运营的重点,实现产品和服务的引流变现为生产运营的最终目标。

【关键词】 内容生产运营;价值增值;用户关系管理;引流变现

2015 年、2016 年中国移动互联网发展进入转型拐点,规模化扩张基本结束、成熟发展期开始,2017 年内容市场继续向垂直化纵深推进,优质内容成为刚需。

内容生产变革是传统纸媒全媒体转型两大关键之一,亦是转型难点,落实在内容生产和运营的具体实践,表现为以用户为中心、完成信息产品和服务供应的产品化过程,实现内容产品从一次销售到多轮次销售,提升估值的可能性。传统的生产运营管理理论基于"投入→变换→产出"的产品化逻辑线,同样适用于以精神类产品为主的媒体内容生产。纸媒在第三方平台上建立矩阵组织,以项目模式推进内容产品的生产与运营,但是近年来成效并不明显。最大的问题在于矩阵模式下的内容生产与运营并未彻底完成以用户为中心、实现信息产品和服务供应的产品化转变,无法获得持续市场收益。

本文所探讨的"内容生产与运营",首先是在优质内容成为刚需的移动互联网内容市场背景下展开,而不是传统纸媒编辑体系、服务运维体系与移动互联网平台的简单对接。第二,内容生产运营的过程是个有全盘目标、资源配置不断优化升级的立体化操作系统,是媒体自身内部生产运营循环与外部受众市场

　* 【作者简介】张嵘,南京大学金陵学院传媒学院,讲师;巢乃鹏,南京大学新闻传播学院,教授。

交互的生态体系。第三,内容生产运营的结果,是纸媒以用户导向、从垂直纵深维度横向扩张新生资源,通过移动互联网与用户形成良性交互仪式关系,实现受众群体从用户向客户的根本性转变。

本研究以江苏省级传媒集团旗下一份纸媒的移动互联网微信矩阵个案展开研究,该纸媒在南京本地及周边地区受众群体中具有较高的公信力,部分垂直条线在同类媒体中具有行业领先优势,因此个案具备一定的代表性。同时,本研究对该报新媒体部及相关采编部门的人员进行了深度访谈,为保证访谈的有效性,访谈对象中还包括了知名网站、移动应用平台、第三方数据服务平台一线记者、责任编辑、新媒体业务总编辑、自媒体人等,访谈者任职来源区域包括部分南京、上海、北京的头部新媒体机构。

一、　纸媒新媒体内容产品理念变革

传统新闻产品是指对原始的新闻信息资源进行整理、提炼、组合等一系列编辑活动后,以统一化标准化的模式通过报纸、广播、电视这样传统的传播渠道传递给广大用户的这样一种新闻产品。[①] 进入移动互联网时代,数字内容产品的概念被定义为以创意为核心、以互联网等信息技术为载体的精神产品。[②]

传统媒体的新闻产品与移动互联网资讯产品有较大不同,不仅在传播平台、传播路径、传播方式、呈现形式、制作生产方式等方面,最为核心的是生产运营与产品内涵上的不同。传统新闻产品只能做一次性销售,没有更多估值可能,而移动互联网资讯产品是可以从新闻出发,基于庞大的用户数量,依据长尾战略对资讯产品价值实现多方位、多层次开掘并延伸,并且在形式上可以多次组合、多轮次销售给不同的消费者,在大大降低媒体生产的边际成本的同时,使产品具有更多的估值可能性。这种变化是质上的改变,而非简单的升级换代。

二、　区域性都市报新媒体内容生产要素

1. 主体要素:全媒型向专家型人才需求扩大

从研究者角度看,新媒体需要的人才必须具备包括传播学、信息科学和媒

① 魏颖:《媒介融合对新闻产品升级的影响及经济动因》(硕士论文),湘潭大学新闻学院,2011 年。
② 王萌、王晨、李向民:《数字内容产品特征及其商业模式研究》,载《科技进步与对策》,2009 年第 2 期。

介经济学三大学科背景,以及计算机技术、互联网技术和传感技术三大技术支持。① 从业界的角度看,所需人才除了具备传统新闻生产能力外,必须熟练掌握包括图片、视频、HTML5、LBS、甚至是 VR、AI 等多媒体应用技术,具备敏锐的媒介经营意识,是全媒型人才。

笔者在与南京某报新媒体部人员的访谈中发现,从管理者到实际执行者均认同全媒型人才的要求,但均表示"短期内达成比较困难"。主要原因有:录用人才专业方向集中在人文学科领域,近年招新规模锐减、持续的纸媒人才外流,有的纸媒已无"90 后"正式员工;跨部门联动机制尚未形成,新媒体部无法直接向其他部门的编辑记者提出业务要求;新媒体典型的团队运营模式,目前尚未形成由数据支撑、设计精准的考评标准。在现有条件下,南京某报新媒体部在组建团队时做了补救设计:部门执行层人员没有从现有采编力量中抽取,而是从经营部门调拨没有任何采编经历、年龄结构相对年轻化、具有更强市场意识的工作人员。

新媒体是典型的"能人经济",如果说全媒型人才解决了区域性都市报内容生产技术层面的问题,接下来,通过专家型人才引领,做出带有 IP 特性的跨平台、高品质内容产品就成了关键。专家型人才不仅具备良好的内容生产基本素养,同时在特定垂直领域兼备丰富专业知识和行业资源。"但是,以新媒体的特性,生产者本身同时具备以上两个条件并且能够利用好新媒体工具,就无须一定要附着某个传统媒体。"头部新媒体受访者表示。怎样留住专家型人才,也是报业集团在员工价值方面需要考虑的问题。

2. 平台要素:服务型平台整合全媒体资源

互联网基于去中心的本质,通过"平台化"进行再中心化的过程,②让区域性都市报不仅能够集中自身优势资源,同时打破了传统媒体边界,形成"新闻＋服务"的内容覆盖。

从平台的选择来看,微信公众号的碎片式深度阅读、多元化功能设置、群功能的黏着性,很适合建立服务型平台;从平台的服务对象来看,纸媒通常以其所在地理区域用户为主要服务对象,提供区域垂直纵深服务。如图 2-1 南京某报公众号用户所在省份分布和图 2-2 该公众号用户所在城市分布显示,用户地域

① 谭天、刘方远:《试论新媒体专业建设与人才培养》,载《渤海大学学报(哲学社会科学版)》,2013 年第 11 期。
② 林翔:《互联网时代媒体经济发展研究——基于平台经济理论》,(博士学位论文),武汉大学新闻学院,2013。

最主要分布在江苏省内,占比 35.86%,其次为未知省份、河南省、湖北省。其中,用户城市分布在南京最多,占比为 29.94%。

省份	用户数	占比
江苏省	39581	35.86%
未知地域	22932	20.78%
河南省	14221	12.89%
湖北省	11591	10.50%
安徽省	7022	6.36%
广东省	3383	3.07%
山西省	2861	2.59%
上海	1345	1.22%
浙江省	1097	0.99%
北京	1030	0.93%

图 2-1　"南京某报"公众号用户所在省份分布(公众号微信后台)

城市	用户数	占比
南京	33039	29.94%
未知地域	22932	20.78%
郑州	11540	10.46%
芜湖	5035	4.56%
武汉	4179	3.79%
潜江	2418	2.19%
天门	2347	2.13%
开封	1992	1.80%
广州	1962	1.78%
上海	1345	1.22%

图 2-2　"南京某报"公众号用户所在城市分布(公众号微信后台)

根据微信用户注册习惯及笔者对留言用户的追踪分析,以上外省、市用户有不少目前在宁生活工作,所以实际覆盖率南京本地占比远高于 29.94%,用户对公众号平台的选择地域指向性明显。

从平台资源整合的基础来看,并非所有的报业集团都能像浙报集团、上报集团那样,具备强大的数据库建设能力和维护运营能力,普通纸媒的全媒体资源整合以纵向为主、横向为辅。一方面,根据用户需要从已有的传统媒体平台调拨资源。地方政务、交通、教育、健康、天气等资讯服务的提供,区域性都市报较之门户更具有本地优势。另一方面,媒体去边界化让纸媒可以综合利用广电、出版、通讯社、互联网媒体等媒体的资源,提供更为全面的新闻资讯和资讯延伸服务。

区域性都市报对本地新闻与服务的垂直能力,也促成了互联网媒体的倒融合趋势,"随着政府监管力度增大,门户现在更倾向于成为自媒体平台,区域性都市报在内容生产中的垂直性是个契合点"。传统纸媒受访者认为。服务型平台的外延拓展,也为区域性都市报争取到了与第三方平台商平等对话的权利,获得更多自主权。

3. 技术要素:技术应用丰富形态呈现

互联网技术、移动通信技术、大数据技术、人工智能技术的更新迭代,传媒产业中跨界应用,一方面丰富了包括新闻产品在内的信息产品的种类,如出现了可视化新闻、舆情分析报告、沉浸式全景新闻、LBS＋新闻等集合了新闻与相关延伸服务的新产品;另一方面也创新了文本编辑的基本方式方法,丰富了内容呈现形式。

中国报业集团的发展本身带有一定的不均衡性,对于非一线报业集团所属的纸媒而言,单独购买全套底层技术应用的可能性几乎为零。比起直接解决"大技术"的底层铺设,借用第三方平台或第三方提供的"小技术"、利用较低成本丰富内容产品形态,成为目前区域性都市报新媒体运营中比较现实的方法。

平台关于内容生产可对接的第三方应用工具比较丰富,使用率较高的有秀米编辑器、135 编辑器,用于线上图形设计的"创客贴",数据可视化、数据报告制作、一键分享报告的"文图",营销活动创建生成工具的"活动盒子",图片素材库"花瓣"、"昵图"等,H5 页面制作工具"易企秀"、MAKA 等,语音转换文字工具"语音宝"等。第三方数据分析服务商的出现,对捕获新闻线索、研究舆情走向、发现优质内容、研究用户需要都能给予支持。

经过用户主导,微信文本编辑目前在标题制作、文章基本架构、版面语言上业已形成一定的编辑规范和较为固定的呈现形式。

在标题制作方面,采用了话题式的叙述结构,在标点符号使用上,会大量使用在传统新闻标题里极少使用的省略号、感叹号甚至是从不出现的双感叹号,在标题叙述风格方面,以口语化、网络化为主。其功能是直接向用户释放强烈感情信号以激发情感共鸣,形成情感互动。而强烈的情感互动,是形成并保持互动仪式链的核心环节。

在文章基本架构方面,采用了"新闻＋服务"架构逻辑,这种方式与传统新闻"新闻＋服务"的架构完全不同:前者以新闻为前导引出话题生成,之后围绕话题提供翔实的服务信息;而后者以新闻为主,新闻引申出的服务需求作为文章的补充,以新闻信息为主。

在版面语言上,区域性都市报微信文章标题通常选择 16px、18px 和 20px 三种字号,正文为 14px 或 16px 字号,注释为 12px 或 14px 字号,字体以宋体为主,通过加粗、变色、放大来突出内容重点,一篇文章内通常不超过三种字色,字色的反差度较小;行文以靠左对齐和居中两种方式为主,配合图片的左右两侧边界;文章布局一般分为标题、导读、篇首图、正文、尾图、结语、版权区、二维码矩阵 8 个主要部分;文章措辞比较规范,会使用部分互联网常用词汇,如"爱豆"、"单身狗"、"吃土"等,避免使用过于年轻化的"饭圈"(追星族)词汇,如"私生"、"闭眼黑"等。

"随着包括编辑、制作文字、图片、视频、音频、数据图表等第三方应用工具的出现,以及平台应用功能的完备,区域性都市报能够以较低门槛、较低成本、便捷的渠道,实现在微信平台上内容生产形式上的多元化需要,但仅仅据此仍然无法彻底突破同质化竞争瓶颈。"传统媒体和头部新媒体受访者均这样认为。

三、 纸媒新媒体内容生产模式

1. PGC、OGC 为主的内容甄选机制

除了 UGC(用户生产内容,也称 UCC)以外,互联网内容又被细分为 PGC(专业生产内容,也称 PPC)和 OGC(职业生产内容)。[1]

笔者在研究南京某报微信矩阵群时发现,主公众号的内容主要信源构成分别是传统媒体、传统媒体网站、传统媒体公众号、传统媒体 APP、政府网站、政务公众号等,其垂直类子公众号内容来源于传统媒体、行业权威网站及垂直机构公众号、签约作者、专业机构网站等,每篇推文的信源平均在 3 个及以上。将以上这两种现象与其他纸媒自建微信矩阵群版权标识信息比对后可知,在常态内容甄选方面,区域性都市报相对于 PGC 和 OGC 内容有两个甄选特点:新闻主公众号推文以融合编辑为主,甄选对象以传统媒体及其新媒体、政务新媒体为主,回避可信度较弱的商业媒体或专业性较低的个人自媒体。"这个过程并不会像传统媒体时代那样特别强调'本报原创',全媒体整合编辑的重点是信息营养度。"该报新媒体负责人表示,垂直领域服务型子公众号的推文以该报资深记

---

[1] 刘振兴:《浅析 UGC、PGC 和 OGC》,http://yjy.people.com.cn/n/2014/0120/c245079 - 24169402. html,2016 年 8 月 12 日。

者、编辑、行业权威发布为主，由部分信用合格的签约作者长期提供内容支持。对于内容优质的非签约作者文章，通常以转载平台信用度为其背书。

区域性都市报因其属性和定位特点，不能直接使用互联网上绝大部分 UGC 内容，为保证内容产品质量，内容甄选主要集中在 OGC 和 PGC 范围内，尤其是 OGC 和 PGC 重合的部分，即媒体工作者生产的原创内容。这一点得到传统媒体受访者的一致认同。

2. 以矩阵为主要构成形态的平台制

比较早的社交媒体矩阵运营理念探讨，是 2011 年口碑互动网（IWOM）在当年中国企业微博论坛上提出的 PRAC 法则，即微博营销理念。该理念提出微博运营体系包含了平台管理、关系管理、行为管理和风险管理四个部分，总结出"2＋N"微博矩阵模式：由品牌微博（核心微博）与用户微博构成主要平台，辅助以运营者个人微博、粉丝微博群、活动微博、产品微博等，建立链式传播反应系统。[①] 在此基础上，新浪微博事业部根据企业微博矩阵总结出三种微博矩阵模型，分别是蒲公英式微博矩阵、放射式微博矩阵和双子星式微博矩阵。

"蒲公英式矩阵突出的是核心主账号的品牌影响力，同时兼顾子品牌账号的辐射能力，主账号与子账号之间、子账号彼此之间信息形成链式互动传播，矩阵平台具有较强延伸能力和垂直能力"，"相对而言，（蒲公英式）比较适合纸媒满足对外建立品牌的需要"。南京、上海两地传统纸媒新媒体部受访者表示。

3. 基于"小数据"分析的用户关系管理机制

以微信为代表，大数据技术应用于区域性都市报的新媒体用户关系管理已不鲜见，但能建立起庞大的用户数据库者，为数寥寥。受访者群体分析其中原因，主要有四点：

第一，缺乏专业的大数据处理工具和方法，纸媒获取的数据依然停留在一维，无法筛选，也无法进行二次利用；第二，没有足够的数据储备量，纸媒获得数据库专项建设资源支持的可能性也就不高；第三，微信平台越来越注重用户资源的平台拥有权，纸媒较难将用户资源从线上转化到线下；第四，用户数据涉及个人隐私安全。

笔者在南京某报案例研究中发现，利用好"小数据"分析、建立健全垂直细分领域用户关系管理也是可以借鉴的办法：

该报教育垂直类子公众号定位于小学、初中，从 2014 年 10 月开始运营，累

---

① 李璐：《基于 PRAC 法则的图书馆服务营销策略探究》，载于《图书馆学研究》，2012 年第 1 期。

积约 40 万用户,截至 2016 年 9 月 6 日,文章的平均阅读数为1436.97次(微信第三方数据平台),最高阅读数量为 73793 次(微信第三方数据平台)。这个数据量虽然不大,但因为是垂直细分领域的内容推送,因此有效推送率比较高。公众号建设的用户数据库,累积至今日约 1 万人,每年两三百场公益性和商业性活动滚动积累,不断丰富用户的个性化数据,持续增强平台黏度、实现闭环式用户关系管理。

这种用"小数据"分析建立用户关系管理机制的方法,其优点在于:能充分发挥其所在区域垂直领域的资源优势;利用第三方平台的技术优势,投入成本相对较低;利用线上线下活动发布,不断提高用户黏度,形成多维用户数据;用户个人信息相对安全。其他纸媒受访者对此均表示认可。用户关系管理是纸媒的发展策略和管理模式,并不止步于采用先进的互联网技术应用,其重点在于不断提升用户的体验感。

四、 区域性都市报新媒体内容运营

1. 定位设计与生产内容选择

区域性都市报新媒体矩阵主要由品牌媒体＋垂直类子品牌媒体构成,根据互联网用户需要的不同,媒介定位设计比起传统媒体平台更为精准、呈现集群性特征。

南京某报微信矩阵主公众号 2013 年启动运营时,角色定位为"有特点的信息移动展示平台",目标用户群为南京及周边区域微信及微信潜在用户,内容定位是从编辑角度出发的城市生活"特色内容"。在此基础上,主公众号的内容选择以其纸质媒体平台运营效果比较好的教育、健康、话题性内容和服务性硬新闻为主,形成由固定栏目为主要架构特点的内容框架。这种定位设计的问题是倒置了角色定位、用户定位、内容定位三者与竞争性定位的重要性。

调整后,南京某报主公众号目前的定位是南京及周边地区城市生活信息与服务的提供者,目标用户是以家庭为核心的区域内微信用户群体,内容定位是从用户角度出发的区域生活新闻和服务信息。竞争性定位立足于蒲公英式微信矩阵与新浪微博官微,与既有多个平台构成区域垂直性立体交互平台。

从运营的效果来看,主公众号的订阅用户构成如下图 4－1 所示,男女用户占比为 44.99：49.75,说明在话题选择方面该公众号达到了综合领域的均衡性,内容选取符合区域人群公共兴趣、大众话题的需要。

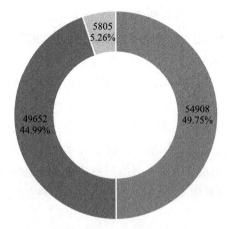

图 4 - 1　南京某报公众号用户性别比例（公众号微信后台）

2. 以用户习惯为依据设定采编流程

从阅读时间规律来看，早上 8 点、中午 12 点、下午 6 点和晚上 10 点 4 个节点时间，是用户接受不同类型信息的"舒适时间区"，因此也是资讯抵达效果最好的黄金时段。不同用户群体的阅读高峰规律不同，如南京某报主公众号的订阅用户以上班族为主，公众号每天推送一次内容，工作日选择了早上用户愿意接收新闻信息的黄金 8 点档推送，周末选择下午 6 点左右推送，通常是家庭聚餐或者社交聚会前需要话题准备的时刻；教育类子公众号工作日内容发布时间主要为下午 3 点左右和 5 点左右，是用户在下午工作休息间隙和快下班的"舒适时间区"，周末一般在中午 11 点左右推送，方便家长在比较轻松的周末午餐时间与孩子交流。从南京某报主账号的阅读来源分析看，如图 4 - 2 所示：

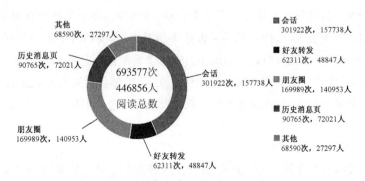

图 4 - 2　南京某报公众号阅读来源分析（公众号后台）

30 天内直接通过公众号会话获取内容的有 157738 人、共计 301922 次,占总阅读人数的 35.30%,位居所有阅读来源的第一位;其次是用户通过朋友圈内容转发,占总阅读人数的 31.54%;第三位是用户在公众号的历史消息页阅读,占总阅读人数的 16.12%;第四位是用户向好友转发分享内容,占总阅读人数的 10.93%。

总数据虽然不强大,但也能看出新闻类公众号用户阅读基本特点:黏性较高的订阅用户习惯从公众号会话阅读、转发文章,朋友圈分享会促使非订阅用户不仅阅读内容,而且会查看公众号的历史消息,营养度比较高的内容可以促成多次阅读。其他场景阅读的可能性并非一定小于好友转发阅读,存在继续开拓的可能。

根据用户习惯,南京某报公众号目前采用的内容生产流程以新媒体部融媒体编辑平台为核心,如图 4－3 所示:

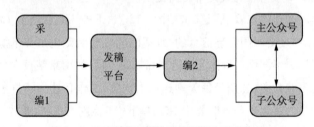

图 4－3　南京某报新媒体采编流程图(笔者自制)

在第一个环节中,报社记者根据条线展开采访,新媒体编辑(编 1)全网搜索热点,彼此形成一定的竞争和协同关系;第二个环节,记者采写的内容和新媒体编辑(编辑 1)搜索发现的热点内容汇聚到报社新媒体发稿平台;第三个环节,由融合编辑(编辑 2)生成微信内容产品;第四个环节,根据公众号定位分发至主公众号和子公众号向外推送。受访者表示"该流程也是目前很多区域性都市报采用的标配流程,与传统纸媒采编系统相对接"。受访者中的高管层认为,"这种类型的采编流程对记者和编辑的全媒体素养有一定要求,尤其对编辑的要求更高"。这种生产流程最主要的优点在于,能够保持对用户的高度关注,最明显的缺点在于,纸媒原创的生产能力没有得到充分的释放,同质化竞争能力较弱。

3. 内容引流的方法和途径

通过原创内容引入用户流量,是传统媒体的新媒体目前采用的常规方法。原创内容不仅包括媒体记者或特约作者采写的稿件,也包括编辑原创。编辑原创是指经过融合编辑重新确定编辑思路、编辑方针,修改、编撰、补充记者和权威信源提供的信息而成的稿件,在内容深度、营养度、阅读观感上体现专业采编实力和水平。这一观点得到了全体受访者认同。

内容引流不仅仅包括订阅用户的数量增加,还包括阅读量、评论量、分享频次的提升。内容引流通常分阶段实施,第一阶段是增加订阅用户的数量,之后分阶段提升阅读量、评论量、分享频次,增加核心活跃用户数量、提高平台的用户黏度。

纸媒微信内容引流的主要方法有两个,一个是通过互联网热点事件、话题来提升对内容的关注度,即"靠热点";另一个是通过线上活动吸引用户关注。两者共同的特点是,都能在微信公众号平台内完成,都能在很短时间内吸引大量用户,都能突破既有订阅用户的数量、文章平均打开率,在平台用户中形成阅读热点。

"靠热点"考验内容生产者对用户群体需求、习惯的把握能力,以及对新闻热点的把握能力、跨界信息的综合运用能力、全媒体应用能力。从笔者现有的18758 个公众号内容样本来看,涉及时政、健康、教育、体育、娱乐、生活方式等领域的内容,更容易引起用户的高度关注,实现内容引流的可能性相对较高。

"热点"毕竟有限,通过发动线上活动一样可以完成用户引流。

以南京某报微信为例,曾经发动过多次评选活动,教育类和医疗类子公众号在冷启动、未使用第三方涨粉工具的情况下,通过两到三场活动,一个多月总共吸粉超过 40 万。

活动引流特别是投票类的活动引流,是目前纸媒新媒体用户引流最有效的方法,其特点是能够引起用户的高度关注和高度的情感投入,活动过程延续了关注→投入→互动→关注的互动循环过程,本身带有很强的仪式感。跟真人秀节目投票类似,纸媒投票类活动的内容文本结构与传统媒体平台上的文本结构发生了改变,微信用户通过投票行为获得了参与内容生产的资格,从活动内容的阅读者转变为活动的叙述者,同时也是叙述的接受者,"亲身参与到了有关结局的想象和架构之中"。[①] 跟真人秀节目投票不同的是,微信投票是基于个人社交生活圈的强关系,这种强关系具有高原发性动力,所以经常能看到围绕一个投票对象产生上千人的多种关系链接。

---

① 季艺:《"短信投票"与选秀节目"叙事系统"》(硕士学位论文),华东师范大学新闻学院,2008 年。

4. 引流变现与优质内容再生

引流变现是移动互联网内容创业的共同难题。引流变现包括两个方面,一方面是将移动互联网上用户账号登记信息还原为线下精确的个人信息,另一方面是通过扩张用户群直接或间接产生实际经济效益。

在用户信息变现方面,如上文所述,微信后台对用户数据的限制使得公众号无法长期保留用户的基本资料,并且线上用户资料的标签价值不大,精确定义的可能性较小。纸媒通过不间断的活动,不断丰富、精确用户个性化动态信息,甚至覆盖所在家庭的动态信息。在经济效益变现方面,设立垂直类入籍制度是纸媒引流变现的路径之一,如南京某报在教育领域仅年费一项,固定收入超过 400 万元。综合现有相关案例及受访者群体观点可见:

纸媒最先实现引流变现的领域是垂直专业领域,通过 O2O 精确定义用户的可能性更大;社区是所有垂直领域纵深化发展需要抵达的基本地标,基于社区的服务是纸媒布局 LBS(基于地理位置的服务)的起点;线上资源一定要转化为线下资源,才能及时捕获用户的动态需求,动态需求比静态需求更具备应用价值;垂直领域纵深化发展的同时,需要向横向领域渗透扩张,打通各垂直领域的融合通道,扩大纸媒的服务功能和服务价值;在信息延伸的长尾部分,纸媒的角色实现多元化转型,不仅仅是内容供应者,同样也可以是电商、活动策划与管理者、社会资源的调配者;对纸媒而言,引流变现不只是内容生产的结果,也是优质内容的生产源,对接各种资源形成内容产业链的上游、中游和下游,完成内容引流→社群裂变→社区渗透→优质内容再生的良性循环,实现经济社会效益的双赢。

五、 目前存在的主要问题和应对思考

1. 战略意图摇摆,产品目标执行乏力

从宏观角度来看,区域性都市报尽管在战略层面普遍认同转型的必要性,但依然在传统业务和新媒体业务之间摇摆,常态运营仍以传统业务为主,新媒体业务仅作为补充。从微观层面来看,新媒体内容生产运营的产品化目标执行乏力,具体表现如新媒体产品的核心生产部门的建制与传统内容生产部门平行,对其他部门既没有采编力量的调度权限,也没有内容产品、生产者评价考核权限,对纸媒原有的平台资源缺乏调动、整合权限。如此,新媒体部门沦为纸媒传统部门条线的一个分支,丧失对产品化全过程的执行、监督权力。生产核心

部门权力受限,生产流程的再造和创新尝试也只能在部门内部小范围进行,同时还要反复平衡与传统内容生产部门的生产关系。这个问题是区域性都市报的通病,解决的途径只能靠传媒市场的进一步倒逼。

2. 生产运营主体资源有限,激励机制不到位

尽管区域性都市报常设了新媒体部门,但在团队运营上仍然面临较大的人才缺口,尤其是自带 IP 的专业人才。如何能给予这些生产者足够的尊重、制订相应的激励措施,需要区域性都市报突破原有激励机制、采用多元合作的方法。

从现有的成功案例来看,团队激励的方法取得了一定收效,如新华日报报业集团理财类公众号"钱眼",在 2016 年 11 月新榜发布的全国公众号财富类榜单中位居第 6、全部类别公众号 500 强榜单中排名第 98,如图5-1所示,超过了凤凰财经、吴晓波频道、每日经济新闻等财经新闻领域的头部媒体。

#	公众号	发布①	总阅读数	头条	平均	最高	总点赞数
⑥	央视财经 cctvyscj	88/334	2708万+	860万+	81107	10万+	12万+
㉞	中国经济网 ourcecn	141/555	1808万+	789万+	32578	10万+	78356
㊹	财经内参 mofzpy	31/248	1463万+	282万+	59028	10万+	10万+
㊐	政商参阅 zhengshangcany...	31/248	1233万+	304万+	49747	10万+	62696
㉛	政商参 zsnc-ok	31/249	1079万+	261万+	43366	10万+	72174
㊘	钱眼 mymoney888	28/224	1052万+	272万+	46971	10万+	48743
100	凤凰财经 finance_ifeng	31/217	1045万+	308万+	48175	10万+	40765

图5-1　全国财经类公众号 11 月排行榜(新榜)

3. 过度强调技术权重,轻内容产品价值链开发

移动互联网应用软件升级加速、社交媒体平台功能完善等,为内容产品提供了更大呈现平台和多元传播渠道。但是,对于区域性都市报而言,目前尚在新媒体拓展初期,是否有必要以技术迭代替代优质内容生产?

对区域性都市报而言,技术确实是长久以来的短板,无论是硬件条件还是人才储备,仅能基本维持传统媒体内容产品的生产,与市场需求脱节。在资金、技术、人才等条件有限的情况下,科技与传媒的融合并非要求区域性都市报成为科技型生产企业,在"内容为王"的核心竞争力需求下,纸媒首要完成的是完善内容产品价值链的开发。

内容产品价值链包括了内容产品的研发、生产、营销三个环节,区域性都市报目前存在的主要问题是:产品结构单一,尤其是新闻延伸产品、服务产品研发

不充分;生产要素配置不到位,柔性生产模式未能确立,生产运营中离"用户导向"尚有一定距离,获取高度关注和高度情感连带的能力有待开掘;产品营销理念未能进入实际生产流程,融合编辑群体对内容营销的考量仅仅局限于内容编辑本身,而不能贯彻所有生产环节,尤其是分发环节。借用第三方平台、第三方服务商支持,进行新媒体品牌建设、创新并完善内容产品价值链、建立并完善"小而美"的区域垂直领域数据库,对区域性都市报而言可能具有更大现实意义。

4. 矩阵整合效应不显著,垂直领域横向拓展有限

根据蒲公英式矩阵模型的基本要求,主品牌和子品牌之间、子品牌与子品牌之间,需要形成双向、多向联动,才能形成矩阵的整合效应。区域性都市报内容生产运营的产品化过程中,还未能达到这个要求,表现为产品在垂直领域的横向拓展有限。

以微信为例,很多区域性都市报建立的"矩阵",只是品牌主公众号和多个垂直类子公众号平行运营的账号集合,内容产品之间有不定期的互推,但互推效果甚微,同时因为信息重复造成用户信息过载,占用了公众号每天仅有的内容发布版面资源。子公众号之间,由于垂直领域不同,发生交互的可能性较小,单个子公众号运行一段时期后会陷入信息茧房的困境,遭遇内容产出瓶颈。同时,子公众号通常是纸媒比较具备同城竞争优势的垂直领域,但从用户角度来看,覆盖面还有空缺,纸媒原有的平台资源没能得到充分整合和利用。打通各垂直领域、对接纸媒原有资源平台的办法,是在垂直领域纵深化发展的同时,根据用户的需要,横向拓展信息和服务的供给。

5. 运营环节引流措施单一,变现仍有想象空间

区域性都市报新媒体的引流方法通常靠内容产品和与内容产品相关的O2O活动。这两种方法对所在的第三方平台依赖度较高,对那些原本就对品牌认同度、在垂直领域有刚需的用户非常有效,但对于阅读习惯已经改变、对传统媒体没有品牌经验的新生代成长型用户,缺乏足够黏合力。如图 5-2 所示。

"90 后"尤其是"95 后"人群中,对传统纸媒的公信力认同感较低。培养成长型用户也是区域性都市报延续品牌价值、拓展用户群体的重要任务,同样也是实现引流变现、提高内容转化率的商业模式需要,多元发展引流通道、增加用户来源不仅是纸媒,也是所有新媒体需要面对的问题。

鉴于第三方视频平台、视频应用工具、第三方视频服务业已形成产业链,视频内容生产的进入门槛目前并不高。区域性都市报参与视频内容生产,不仅丰

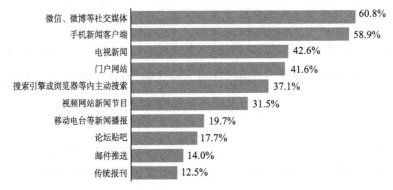

图 5－2　用户获取新闻资讯的方式（艾瑞资讯 2016 用户报告）

富了新媒体内容供给,同时在变现能力上也有了更多想象空间。同时,移动视频由于是典型的全媒体内容模式,也将促使区域性都市报从生产实践需要出发,加快全媒体转型的进程。

参考文献

期刊论文

［1］王萌、王晨、李向民（2009）,“数字内容产品特征及其商业模式研究”。《科技进步与对策》,2009 月第 2 期。

［2］谭天、刘方远（2013 年）,“试论新媒体专业建设与人才培养”。《渤海大学学报（哲学社会科学版）》,2013 年第 11 期。

［3］李璐（2012）,“基于 PRAC 法则的图书馆服务营销策略探究”。《图书馆学研究》,2012 年第 1 期。

学位论文

［1］魏颖（2011）,《媒介融合对新闻产品升级的影响及经济动因》。湘潭大学硕士论文。

［2］林翔（2013）,《互联网时代媒体经济发展研究——基于平台经济理论》。武汉大学博士论文。

［3］季艺（2008）,《“短信投票”与选秀节目“叙事系统”》,华东师范大学硕士论文。

网上文章/文件

［1］刘振兴（2016 年 8 月 12 日）,“浅析 UGC、PGC 和 OGC”。引自:

http://yjy.people.com.cn/n/2014/0120/c245079 - 24169402.html。

Research of Content production and Operation in New-media of Regional Metropolis Newspaper

Zhang Rong   Chao Naipeng

Abstract: Based on the case analysis, in-depth interviews, research methods, this paper discusses the content market after entering mature period, print matrix project mode based on new media content production and operation practice. It is found that the core of the project model is to produce information products and services with multiple sales possibilities and valuation possibilities. Among them, the whole media type technocrat is the production of main factors, matrix service platform is the starting point of production and operation, the PGC and OGC's primary content selection mechanism is the key to production and operation based on a relationship management mechanism based on small data analysis, the implementation of drainage liquid products and services for the ultimate goal of production operations.

Key words: Content production operations; Value-Added Customer; Relationship management; Drainage realization

数据可视化报道在数据新闻中的实践

——以《卫报》和财新网为例

张晓雨　王成军*

【摘　要】　数据可视化报道是利用数据可视化的理论、方法和技术生产的数据新闻,具有直观的视觉体验、较高的技术要求和较强的吸引力等特点。聚焦于数据可视化报道在中外新闻媒体的具体实践,本文以《卫报》"datablog"栏目、财新网"数据说"栏目的数据可视化报道为例,对数据来源、选题分类和呈现方式三个方面进行对比分析。研究发现,相对于《卫报》,财新网采用的数据来源种类较少,且较局限于政府、媒体、自行抓取三个方面;就选题而言,《卫报》的选题类别更加丰富,在地域关注上更聚焦于英国国外,相较财新网而言对一般性选题操作更多;在呈现方式方面,财新网的交互式信息图的占比更高,但图文配合技能上略逊《卫报》一筹。不可否认的是,财新网的数据可视化报道在内容上、形式上、设计上都正在向世界最前沿水平靠拢。这些研究发现可以帮助我们更好地理解数据新闻实践所面临的新的机遇和挑战。

【关键词】　数据可视化报道;数据新闻;数据可视化;卫报;财新网

引言

　　数据新闻是大数据时代下新闻业界不断适应媒介环境变化而发展出的新的新闻生产方式。大数据时代下的数据洪流也推动着数据可视化报道的发展。2016 年的普利策奖将全国报道奖颁给了数据可视化报道,获奖理由为"他们利用全国性的数据库,来分析警察开枪射击的频次和原因,并推测最有可能的受害者是谁,极具启发性"。① 在时代背景和新闻业界发展背景下,对数据新闻、数据可视化报道的研究显得尤为重要。

　　有关数据可视化报道,国外媒体涉猎较早,英国《卫报》在 2009 年成为最早涉入数据可视化报道领域的传统媒体之一,《卫报》的数据新闻作品题材涵盖广

　　* 【作者简介】张晓雨,新闻与传播学硕士(在读),南京大学新闻传播学院;王成军(通讯作者),博士,副教授,南京大学新闻传播学院。

　　① 获得这一奖项的媒体是《华盛顿邮报》,获奖文章链接为:https://www.washingtonpost.com/graphics/national/police-shootings-year-end/

泛且设计精美,是数据新闻业界的领军者。相较于国外媒体,中国媒体对数据新闻的探索较晚,2012 年才有媒体进入这一领域,与其他门户网站相比,财新网进入这一领域的时间稍晚,是在 2013 年才进入,但是财新网对于数据新闻的实践和探索可圈可点。以《洪水暴至》、《从调控到刺激　楼市十年轮回》、《移民去远方》为代表的数据可视化报道在内容、形式还有设计上都显示着中国新闻媒体在数据可视化报道中向世界前沿水平靠拢。

本文希望能通过对于《卫报》、财新网的数据可视化报道的个案研究,探求到数据可视化报道生产流程,发现其发展规律,预测未来发展状况。尽管有了国内媒体有益的实践,我国媒体在数据可视化报道中与国际级媒体相比较而言还不成熟:数据选择范围受到了局限、选题角度还不够广泛、在图文配合上还不够巧妙,虽然图片在技巧、色彩和形象上效果惊艳,但是在叙事上、内容深度上挖掘不够,给人以碎片化、快餐化的感受。通过对财新网和《卫报》在数据可视化报道中的特点研究,有助于我们更好地理解数据新闻实践所面临的机遇和挑战。

一、 关于数据新闻与数据可视化报道的研究

过去媒体成为一种产业,是由于媒体是唯一能利用技术大规模生产和传播新闻、告诉大众发生了什么的机构;如今,新闻在事件正在发生的时候就可以通过目击者记录、视频等多种途径扩散开来,并且这些消息在传播过程中被巨大的社会关系网所筛选,同时被排名和评论,与此同时,就很多新闻被忽略——这是业界重视数据新闻的原因。

数据在被收集、整理、分析后,可以更大程度上讲好一个新闻故事。一些具有开拓精神的记者已经向大众展示了如何利用数据更深层次地洞察正在发生的新闻事件,以及这些事件可能带来的影响——这是数据可视化报道的内容与意义。

(一)数据新闻

其实严格地来讲,数据新闻并不是一个新兴的新闻分支。从新闻报道形式的历程看,数据新闻可以追溯到 1952 年哥伦比亚广播公司(CBS)使用计算机准确预测总统选举结果的"计算机辅助报道"(Charles Berret, 2016)和 20 世纪 60 年代菲利普·迈耶(Philip Meyer)提出的精确新闻概念 (章戈浩, 2013)。

然而对于"数据新闻"的具体概念学界还没有明确的定论,大部分"数据新

闻"的内涵都是业界媒体人从实践中得来,在博客、MOOC、文章中阐述。《数据新闻手册》①是业界第一本专门讨论、研究数据新闻的著作。在"何谓数据新闻"部分,Paul Bradshaw认为数据新闻把传统的新闻敏感性和有说服力的叙事能力,与海量数字信息相结合创造了新的可能,数据新闻能够帮助新闻工作者通过信息图表来报道复杂的故事(Open Knowledge Foundation,2011)。

2012年荷兰记者亨克·范艾思指出:数据新闻可以促使记者在整理、分析、呈现数据的这套工作流程中找到新的报道角度、展现新的新闻故事。和传统新闻报道相区别的是数据新闻更注重的是呈现问题,而不是解释事件出现的原因(方洁、颜冬,2013)。2010年德国之声电视台的米尔科·劳伦斯(Mirko Lorenz)在阿姆斯特丹第一届国际数据新闻圆桌会议上提出了数据新闻的工作流程(Open Knowledge Foundation,2011)。他认为数据新闻的生产是一个不断提炼信息的过程:首先,进行反复抓取、筛选、重组、挖掘数据;然后,聚焦重点信息,过滤数据;最后进行可视化数据,并生成新闻故事。

中国学者陈力丹、费杨生根据数据新闻生产流程给数据新闻定义如下:数据新闻,又被称作"数据驱动新闻",被广泛定义为基于数据的抓取、挖掘、统计、分析和可视化呈现的新型报道方式,其数据的获取方法和来源更加多元(陈力丹、费扬生,2016)。同时,"精确新闻"的提出者菲利普·迈耶认为"在信息量缺乏的年代,记者主要时间用于寻找、发现、获取信息,但在大数据时代,信息处理、降噪的过程尤为重要"(方洁、颜冬,2013)。

尽管数据新闻和计算机辅助报道一脉相承,现在的数据新闻和传统的计算机新闻报道也略有不同。早期二者均严格以处理数据获得更好的结果为目标,即更加强调对数据处理的手段、方式。而现代数据新闻,对媒体获取数据源的能力有更高的要求。值得一提的是,在实践中,数据源挖掘除了记者自己获取之外,产生了众筹新闻,让读者参与到数据新闻的生产中来。另外,为了更专业化地挖掘和分析数据,很多新闻媒体(例如《卫报》)还拥有数据科学家团队。

在香港大学及新闻传媒研究中心提供的数据新闻MOOC课程②中,Google新闻实验室、《卫报》"datablog"栏目的发起者西蒙·罗杰斯③讲述数据新闻发展

---

① 《数据新闻手册》诞生于2011年伦敦Mozilla Festival的一个48小时工作坊。它后续的完成归功于包括众多数据新闻的提倡者和领先实践者的跨国际的协作。这本书从业界的角度解答了数据新闻是什么、展示了国际主流媒体(如ABC、BBC、《卫报》等)运营、操作数据新闻的案例,讲述了数据新闻生产技巧。

② 香港大学,Data Journalism Fundamentals,课程链接:https://mooc.jmsc.hku.hk/login/index.php。

③ Simon Rogers:西蒙·罗格斯,数据新闻记者,《卫报》数据新闻团队组建者。

最主要的 4 个因素（Rogers，2016）：第一个因素是技术。技术是使数据新闻从萌芽到壮大的最重要的因素之一。在过去，数据都保存在能够分析它的人那里，但现在，一个简单的 Excel 就可以统计复杂的数据，用 Google Sheet 就可以团队协作处理数据了。第二个重要因素是开放的数据资源。相比以前，政府具有更强的统计意识、公共监督意识，打开了数据门。数据收集工具的使用也使获取数据更加容易，写一个爬虫，就可以获取整个网站的信息。第三个因素是信任。如果数据都能造假，那什么不能呢？公众对记者的数据有明显的信任，并且在他们为记者提供原始、开放的数据时，他们相信记者的新闻报道是透明、公正的。媒体也会将文中数据的数据库公开，以待公众核验。[①] 第四个因素又回归到了技术。有技术的辅助后，数据新闻可延展空间大大增加。进行到分析数据的步骤时，现在有很多免费的工具可以满足各种需求——可以做出交互式地图、可视化网页，如 Cartodb、Datawrapper 等，也有一些公共可用的库和工具，如 D3、Echarts。

数据新闻虽然借助了大量计算机手段辅助报道，但本质仍是新闻。换言之，纯粹的数据没有任何生命力，读者需要的不是一份干巴巴的统计报告，而是可读性强的故事。脱离了社会背景的数据没有任何意义，数据的意义在于讲故事，故事是目的，使用数学手段、画表格、写代码都是服务于讲好新闻的。

Charles Berret[②]、Cheryl Phillips[③] 的《美国数据新闻教育报告》（Teaching Data and Computational Journalism）（Charles Berret，2016）中将数据新闻分为四类：1. 数据报道，即获取、清洗和分析数据，以此来为新闻报道服务；2. 可视化与交互，用代码做数字出版（HTML/CSS/JavaScript/jQuery）以及通过编程及数据库管理来建立交互式数据新闻作品；3. 新兴的新闻技术，如无人机新闻、传感器新闻、虚拟及增强现实新闻等；4. 计算新闻，即数据分析师使用算法，机器学习以及一些新的方法来实现新闻的目的。

综上所述，从业界实践和学界研究来说，本文认为狭义的数据新闻是一种利用计算机技术对数据进行收集、挖掘、分析、整理、呈现的新的新闻报道方式，其核心是对于数据的处理，本质仍是一种新闻报道方式，最主要任务是要讲好

---

① 在之前《卫报》设有专门栏目 data store 来储存这些数据。

② Charles Berret：哥伦比亚大学传播学项目博士生，主要研究视觉和文字信息系统，包括书本和计算机载体。

③ Cheryl Phillips：普利策奖获得者。2002 年到 2014 年供职于《西雅图时报》期间，致力于数据分析、在线叙事和协调数据新闻培训。在华盛顿大学和西雅图大学，她教授数据新闻和数据可视化。

新闻。广义的数据新闻则是一个新的行业领域,包含了计算机辅助报道技术的发展、数据新闻编辑室的运营与发展、数据可视化报道的呈现等方面。

（二）数据可视化与数据可视化报道

数据可视化（Data Visualization）则是利用计算机图形学和图像后处理技术,将数据转换成图形或图像在屏幕上显示出来,并进行交互处理的理论、方法和技术（郎劲松、杨海,2014）。这是一个为把数据信息和知识转化为视觉、听觉、触觉等表达形式的过程,其中包含了处理、解读及呈现数据的步骤。

数据可视化由科学可视化发展而来。1686年,英国科学家制作了世界信风地图,展现全球信风的分布状态,这是可以查到的最早的科学可视化案例。可视化以其逻辑清楚、呈现方式易懂的特点在科学界发展壮大。1987年,美国国家科学基金会的《科学计算中的可视化》报告强调了基于计算机的可视化的必要性,从这以后,可视化技术被广泛引用（方洁、颜冬,2013）。

在数据新闻中,数据可视化是其中一个分类。学者凯勒把数据可视化定义为一个过程,是把数据信息和知识转化为视觉表达形式的过程,其中包含了处理数据、解读数据及呈现数据的步骤（李雅筝、周荣庭,2014）。数据可视化是充分利用了人们视觉上的快速辨别的自然能力,减少手中的知识负载,加强受众在处理复杂知识认知问题所需要的记忆能力。

目前的实践中,数据可视化报道是由设计师和数据新闻记者（或编辑）配合完成的。数据处理与解读是藏在数据呈现背后,往往需要数据记者具有较高的分析数据能力和理解数据的能力。在呈现数据中,最为重要的是"维度",这将决定了要选择什么样的图表来呈现。维度能帮助读者梳理图表信息,它决定了读者从这张图中所能解析到的深度以及所传达内容的主次。

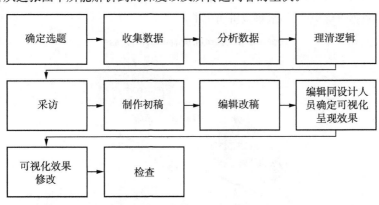

图1　数据可视化报道制作流程图

在本文中,数据新闻是整个框架,数据可视化是一种方法、理论、技术,数据可视化报道是数据新闻最后呈现给读者的形式。总而言之,数据可视化报道是数据新闻中记者利用数据可视化的理论、方法和技术生产的报道。这是一个为把数据信息和知识转化为视觉表达形式的结果,是数据收集、整理、分析、解读后呈现给读者的最终表达形式。

二、 新闻生产中数据可视化报道中的三个重要维度

(一)读者视角下数据价值提升过程

依前文所说,数据可视化报道不能简单地认为就是与数字打交道,或者是用炫技的手法画出夺人眼球的信息图。数据可视化报道的本质仍然是报道,是以数据可视化方法讲述数据背后的故事(韩巍,2014)。从某种意义上说,数据可视化报道对于新闻从业人员从调查到统计、从设计到编程提出了更高的要求,而对受众来说,新闻的价值则大幅上升了。

米尔科·劳伦斯(Lorenz,2010)提出:数据经过过滤与视觉化后形成故事,而在这一过程中,于公众而言数据的价值也提升了。数据可视化报道的优势就在于这是一个整理、过滤、表达数据后的一个故事。在价值层面,原始数据杂乱无章,很少有读者会愿意逐条读取每一项干巴巴的原始数据(data);经过清洗(过滤)(filter)之后的数据,虽然变得有序,但只是停留在了表象层面;经过可视化(visualize)的处理,读者可以简单了解到数据之间的链接,可是依然无法明白整个故事的前因后果;只有到最后成文的数据可视化报道(story),读者最终体会到数据的价值、事件的来龙去脉。对于读者而言,在整个数据新闻生产过程中,数据价值提升了,故事也讲明白了。

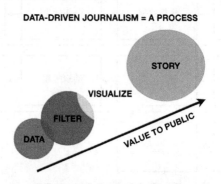

图 2　公众价值体系下的数据新闻的生产过程(Lorenz,2010)

（二）数据新闻操作中的倒金字塔结构

英国记者 Paul Bradshaw[①] 在其博客中依照传统的新闻叙事结构"倒金字塔"提出了数据新闻的金字塔架构（Bradshaw，2011），见图 3。首先是一个生产数据新闻的倒金字塔，从编辑清理数据（compile、clean）开始，到依照主题综合成文（context、combine）结束，之后进入传播（communicate）过程，这个过程是读者阅览数据可视化报道时的正金字塔结构，这和 Lorenz 总结的数据新闻生产环节对公众的价值提升的过程相一致。

其中，传播（communicate）是自上而下的正金字塔结构，这是读者获取到数据新闻价值的过程，Bradshaw 认为数据通过可视化（Visualise）形成的新闻叙事（Narrate）（在本文中指数据可视化报道）后，在各个平台发布实现社交化（Socialise），这体现了人性化（Humanise）需求，之后按照读者个人（Personalise）的兴趣和需求加以应用（Utilise）。

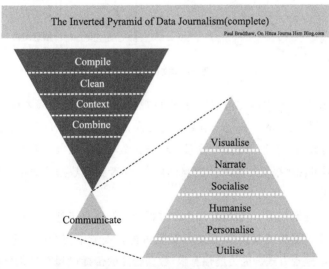

The Inverted Pyramid of Data Journalism(complete)
Paul Bradshaw, On Httca Journa Hsm Blog.com

Compile
Clean
Context
Combine

Communicate

Visualise
Narrate
Socialise
Humanise
Personalise
Utilise

图 3　数据新闻的双金字塔结构（Bradshaw，2011）

双金字塔结构是一个从生产到传播再到接收的过程。与其他理论不同的是，经验丰富的记者 Bradshaw 提出的双金字塔结构考虑到了读者接收、引用的过程。

---

　①　Paul Bradshaw 也在英国伯明翰城市大学任教，即前文中《数据新闻手册》中"何谓数据新闻"部分的撰写者。

（三）本文理论框架

从上述学者研究、业界实践来看,本文认为数据新闻是由生产和传播两部分组成,数据可视化报道正是数据新闻生产的最终表现形式和数据新闻传播的内容(见图 4)。

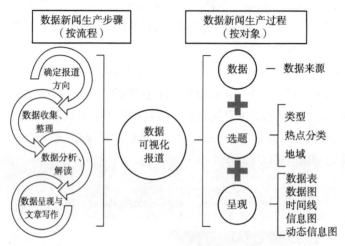

图 4　本文理论框架

从数据新闻的生产过程来看,数据可视化一般由四个步骤发展、最终呈现为数据可视化报道的:第一步,确定报道方向;第二步,数据的收集、整理;第三步,数据的分析、解读;第四步,数据呈现与文章写作。从数据新闻的传播过程来看,数据可视化报道是经由社交媒体转发、读者获得数据价值后深化到个人应用的过程。

在本文的研究中,将数据新闻生产过程中的数据收集整理与数据分析解读这两个关于数据的过程合并,提炼出数据可视化报道中三个比较重要的维度:数据、话题、呈现方式。因为篇幅有限,数据新闻的传播过程在量化分析中不做过多的对比说明,放在结论与讨论篇章进行简单的探讨。

另外需要说明本文将"数据"纬度放于"选题"纬度之前的原因:数据新闻与传统新闻的差异即在数据驱动新闻,数据有多大则可做新闻范围就有多广泛,虽说"收集数据"这一步骤在"确认选题"之后,但能通向的数据来源会潜在地限制可以做的选题方向,因此获取筛选数据,是分析、呈现数据的前提,也是做数据可视化报道的第一步。很大程度上,数据来源影响文章可信度、文章内容丰富程度。在"数据可视化报道制作流程图"中可以发现,选题是整个可视化作品制作的开始,选题内容奠定了整篇报道的基调,对选题类型的侧重会体现整个数据新闻栏目的关注点,因此,比较不同媒体上发布的数据可视化报道在选题分类上的异同也尤为重要。呈现方式作为数据可视化报道的读者最终接触到数据新闻时的形式,是将数据直观转化出来的最重要的环节,数据通过可视化这一过程才能进一步向受众传递信息。通过对《卫报》和财新网的呈现方式的调查分析,可以发现文字和图片并不是最主要的呈现方式,信息图、交互式信息图、时间轴等丰富多样的呈现方式占据绝大多数。

根据这个理论框架,我们将从数据、选题、呈现三个维度来分析和比较《卫报》和财新在数据可视化报道方面的特点。相应地,我们的研究问题进一步细化为:

研究问题1:《卫报》和财新的数据可视化报道在数据来源方面有何差异?

研究问题2:《卫报》和财新的数据可视化报道在选题内容方面有何差异?

研究问题3:《卫报》和财新的数据可视化报道在呈现形式方面有何差异?

三、《卫报》与财新网数据可视化报道对比研究方法

（一）研究方法

本文以《卫报》"datablog"栏目(现在的 Data 栏目)、财新网"数字说"栏目作为个案,用相互对比法[1]对《卫报》与财新网的数据栏目从建立至 2016 年 3 月 16 日的数据可视化新闻作品进行数据统计,并得到信息丰富的样本进行量化分析,以此比较分析国内外媒体、传统媒体转型后的专门性网站和门户网站的优缺点,探讨数据可视化报道的发展方向。

（二）数据可视化报道来源[2]

《卫报》"datablog"栏目数据来源于《卫报》官方网站"datablog"栏目网页界面,数据可视化报道借鉴了 Marije Rooze[3]搜集的《卫报》、《纽约时报》可视化作品而成的网站。财新网数据说栏目数据来源于财新网官方网站数据说栏目网页界面,数据可视化报道选择了财新数据可视化实验室网页作品内容以及借鉴了数据新闻中文网整合的各大媒体的数据可视化报道。

---

[1] 在采用相互对比法前使用卡方检验来确定所得数据是否有相关、有意义,检测软件为 R Studio,在附录中有详细代码及检测结果。

[2] 主要数据收集软件为 R Studio。

[3] Marije Rooze 是一名会写代码的荷兰记者,是数据新闻网(datajournalism.com)的运营者之一。

（三）研究对象

1. 英国《卫报》

《卫报》是英国的第二大全国性日报，是一份自由民主派的报纸，自 1821 年创立之初就遵循三个原则：精确完整的报道标准；关注及服务社团的商业利益；绝对独立自主的立场，不受党派政治领导人左右（周冉冉，2015）。1821 年 5 月 5 日创刊号上有一篇调查英国未成年教育系统的报道采用了数据表来呈现说明问题，这被西蒙·罗杰斯（Simon Rogers）认定为宽泛意义上西方媒体最早的数据新闻实践（Rogers，2011）。《卫报》作为传统媒体在拥抱计算机技术方面、数据新闻生产和制作方面也是业界所公认的先锋，极具有国际影响力。

表 3 - 1　英国《卫报》新闻栏目"datablog"简介

	英国《卫报》
数据新闻栏目名称	datablog（现为 Data）
第一篇文章发布时间	2009 年 3 月 3 日①
栏目定位	用数据为报纸和网站提供新闻故事（Rogers，2011）
数据新闻数（篇）	1024
发布周期	发布时间不固定，在 2013 年及以前平均 1.73 天发布一篇，在 2014 年及 2015 年共发布 12 篇②

2009 年，在网站中开设专门报道数据新闻的"datablog"（"数据博客"）被视作《卫报》探索数据新闻的开端，从可以查到最早的一篇是 2009 年 3 月 3 日发布的"Access to clean water"（获取干净水的途径）③到 2016 年 3 月 18 日止，"datablog"栏目共发布各类数据新闻 1025 条。根据标签，其报道范围既包含了英国国内也覆盖到了国际，涵盖政治、文化、商业、科技、体育、健康等十几个领域。采用了表格、统计图、地图、信息图、交互式图表等多种形式，使用了来自政府、企业、非政府组织、国际组织、研究机构等各种不同来源的数据。2012 年，《卫报》对维基解密④、美国总统大选等一系列事件的数据新闻引起了全球的关注，推动了全世界媒体的数据新闻发展，促使 2013 年成为全世界公认的"大数据元年"。

初创时，英国《卫报》数据新闻团队由 5 人组成，其中 Simon Rogers 是数据

---

①　在其他论文中有 2009 年 1 月之说，但目前可查到最早的是 2009 年 3 月 3 日。

②　2014 年后《卫报》有些数据新闻文章并未及时收录在 datablog（Data）栏目中。

③　http://www.theguardian.com/news/datablog/2009/mar/03/access-water。

④　这是一个系列报道，这里列举其中一篇：http://www.theguardian.com/world/interactive/2010/nov/28/us-embassy-cables-wikileaks。

新闻项目的创立者,编辑"数据博客"和"数据商店"等栏目;John Burn-Murdoch
本人既是记者也是数据研究者。其他成员并非全职的数据新闻记者,同时还隶
属于《卫报》的不同部门,从事其他新闻采编工作。

2. 财新网

财新网定位是原创型的财经类媒体,作为门户网站,全天 24 小时不间断输
出以财经新闻为主的原创新闻(刘淑培,2015)。"数据说"栏目是 2013 年 8 月
财新网推出的一档数据新闻栏目,至 2016 年 3 月 18 日共推出 999 篇数据新闻
报道,包含财新网数据可视化实验室共推出的 42 个动态交互式信息图。财经
新闻有其行业特点——善于用数字说话,财新网结合这一财经媒体这一特点将
"数字说"以"用数据解读新闻,用图表展示新闻,将数据可视化,为用户提供更
好的阅读体验"为定位,24 小时不间断推出以时事新闻为主题的数据可视化
报道。

2014 年,财新网的《青岛中石化管道爆炸事故》[1]数据可视化报道获得了亚
洲出版协会(SOPA[2])颁发的卓越新闻奖。2017 年,《洪水暴至》[3]又获亚洲出版
业协会创新报道奖之荣誉新闻奖。

对从事数据新闻与可视化产品的财经类媒体财新网来说,一方面数据新闻
和可视化从新闻视角能丰富新闻多元性,多维度报道满足互联网时代直观、互
动的需求,另一面也从市场营销角度保障传统媒体品牌最大化(韩巍,2014)。

表 3-2　财新网数据新闻栏目"数据说"简介

财新网	
数据新闻栏目名称	数据说(偏重于用数字说新闻)
第一篇文章发布时间	2013 年 9 月 1 日
栏目定位	用数据解读新闻,用图表展示新闻,将数据可视化,为用户提供更好的阅读体验[4]
数据新闻数(篇)	999
发布周期	发布时间固定,每天发布,平均每天发布 1.7 篇

财新网的数据新闻团队由三部分人组成:编辑、设计师和程序员。财新可
视化实验室共有 10 名成员,分布在编辑部门、设计部门和技术部门,多个项目

---

① 《青岛中石化管道爆炸事故》:http://vislab.caixin.com/? p=61.

② 亚洲出版协会:The Society of Publishers in Asia。

③ 《洪水暴至》:http://datanews.caixin.com/mobile/flood/.

④ 来源:财新网数据说简介。

并行运行,每个项目会按照需要抽调人员组成项目组,有时还会临时和相关选题的其他记者合作(黄志敏、陈嘉慧,2015)①。

财新网的数据新闻生产流程和传统新闻不同,设计师拿到采编记者提供的数据素材来设计图形,同时与程序员沟通线上展示效果方案,在考虑开发成本的情况下要不断修改方案,设计师、程序员都很有可能要求记者补充数据,以呈现更好的效果。待方案确定后,设计、开发、文案同步进行。三方是合作和互动的关系(黄志敏,2015)。

(四)研究对象指标详解

1. 数据来源

《卫报》"datablog"栏目中的报道均会在末尾加上数据来源、附上本篇文章所用的数据及下载地址,供大家查询、质疑及再次挖掘。财新网"数据说"栏目中的报道虽未将所有数据源附于其后,但在传媒数据可视化实验室网站建立了资源库,有 10 项数据可供使用。

根据《卫报》与财新网不同数据来源的统计和分析,结合这两家媒体的定位与特色,本文将数据来源划分为以下几类:

(1)政府:国家统计局等各国政府部门及欧盟等政府间组织发布的官方数据;

(2)企业:直接提供其数据资源企业;

(3)第三方公司:指专业的调查公司、咨询公司,如皮尤调查中心、美国兰德公司等;

(4)国内非政府组织:如自然之友等国内 NGO 组织;

(5)国际非政府组织:如世界自然基金会(WWF)等国际 NGO 组织;

(6)媒体报道:媒体进行的公开报道;

(7)自行抓取、收集:记者自己收集、采访、调查到的数据等;

(8)公众:从社交媒体上的用户收集到的信息;

(9)其他:未明确说明的其他途径。

2. 选题类型

《卫报》的"datablog"选题广泛、相对分散,但每篇报道会有诸如"UK news"、"US news"、"Politics"等标签来告诉读者这篇报道的属性,财新网也会将其数据新闻加入某一类合集。笔者根据《卫报》136 篇数据可视化报道原有标

---

① 黄志敏:财新传媒前首席技术官,财新数据可视化实验室负责人。

签、财新网 33 篇数据可视化报道分类及其他学者对《卫报》、财新网数据新闻的研究进行如下分类：

（1）根据内容主题分类，分为政治、经济、社会、文化、生活方式、环境、体育、科学、教育、健康、其他十一类；

（2）根据关注地域分类，分为国际新闻、国内新闻和国内及国外新闻；

（3）根据关注热点分类，分为一般性新闻、热点新闻和持续性热点新闻。

3. 呈现方式

本文将其分为数据统计表、数据统计图、信息图（包括静态信息图与动态信息图）与交互式信息图四种。交互式信息图与动态信息图的差别在于：在查看交互式信息图时，读者的点击会影响整个故事的叙事逻辑；而动态信息图中，读者的点击（或是鼠标滑动）只是起到了进入下一环节的作用。

四、　研究发现

（一）数据来源

通过对《卫报》和财新网数据可视化作品样本进行统计分析，得到如下结果：

表 4-1　《卫报》与财新网数据可视化作品数据来源

数据来源	《卫报》	占比	财新网	占比
政府	38	28%	7	21%
第三方公司（咨询公司、调查公司）	22	16%	3	9%
媒体报道	15	11%	10	30%
自行抓取、收集	29	21%	9	24%
公众	9	7%	0	0%
国内非政府组织	7	5%	0	0%
国际非政府组织	1	1%	2	6%
企业	3	2%	2	6%
其他	12	9%	0	3%

H_0：新闻媒体（《卫报》、财新网）与数据来源之间没有联系。

H_1：新闻媒体（《卫报》、财新网）与数据来源之间存在联系。

根据卡方检验，《卫报》和财新网的比例存在显著性差异（$X^2 = 20.81, df =$

$8, \rho = 0.00767$），因此，原假设即新闻媒体（《卫报》、财新网）与数据来源之间没有联系在 $\alpha = 0.05$ 时被拒绝。卡方检验的结果支持这样的结论：《卫报》和财新网在数据源的选取方面具有明显不同，在媒体报道这一数据来源中，《卫报》采用的比例为 11%，而财新网采用的比例则为 30%。

笔者发现，政府信息均是两个媒体的重要数据来源，用其作为第一数据来源[①]的比例均超过了 20%。《卫报》对于政府信息的使用频次从"datablog"建立至今都很稳定，并且政府部门数据所包含范围很广，从环保数据到经济数据，还有一些健康数据、教育数据，这是由于英国政府在其官网上收录并公开的数据量很大，民众有权申请并开放名单中列出的数据。财新网对于政府信息资源的利用程度逐年递增，中国政府近年来数据统计的意识逐渐增强，范围逐渐扩大。值得注意的是，使用政府数据的财新网报道大多是时政新闻，且多为贪腐报道，如中纪委网站上的信息等。

一个值得关注的数据来源是自行抓取、收集。《卫报》早期使用这一来源较多，选题主要为评测社交媒体（如 Twitter、Facebook）上的用户对某一事件的情感取向，例如《卫报》的 *Twitter traffic during the riots*[②]（主要内容为伦敦骚乱中的谣言），利用计算机技术收集、挖掘信息，技术为媒体提供了数据来源。

另一个值得关注的数据来源是公众，这指的是数据来源由公众提供，并且不断在更新着。正如《卫报》The Counted 栏目到目前为止还在更新的 *People killed by police in the US*?[③]（《在美国被警察杀死的人们》），公众帮助《卫报》从美国各州收集被警察杀死的人的名单、故事，或者提供新闻线索。这是《卫报》发起的一个公共统计栏目。

在大数据新闻事件中，仅仅依赖专业的制作团队是不够的，还要依靠受众的力量来挖掘庞大的信息量。为了让更多受众参加到可视化新闻报道、制作中来，《卫报》有提供用户培训课程，教导用户制作新闻的方法，同时开放以前报道的数据，用户可以查证、再次挖掘数据，将自己"接受数据新闻"的角色转换成新闻收集制作者的角色，这就搭建了媒体数据团队和"受众"之间的合作平台，可以集体协作生产新闻（方洁、颜冬，2013）。

---

① 第一数据来源是指文章来源最重要的数据来源。

② 报道链接：http://www.theguardian.com/uk/interactive/2011/aug/24/riots-twitter-traffic-interactive?CMP=twt_gu.

③ 报道链接：http://www.theguardian.com/us-news/ng-interactive/2015/jun/01/the-counted-police-killings-us-database.

（二）选题类型

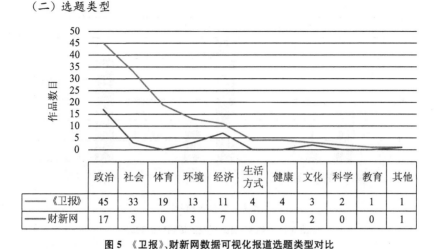

	政治	社会	体育	环境	经济	生活方式	健康	文化	科学	教育	其他
《卫报》	45	33	19	13	11	4	4	3	2	1	1
财新网	17	3	0	3	7	0	0	2	0	0	1

图5　《卫报》、财新网数据可视化报道选题类型对比

H_0：新闻媒体（《卫报》、财新网）与数据可视化报道类型之间没有联系。

H_1：新闻媒体（《卫报》、财新网）与数据可视化报道类型之间存在联系。

根据卡方检验，《卫报》和财新网的比例存在显著性差异（$X^2=19.801, df=10, \rho=0.03119$），因此，原假设即新闻媒体（《卫报》、财新网）与数据来源之间没有联系在 $\alpha=0.05$ 时被拒绝。卡方检验的结果支持这样的结论：《卫报》和财新网在选题类型方面具有明显不同，《卫报》有33篇社会类选题文章，而财新网仅有3篇。

《卫报》和财新网的可视化新闻报道中，都以政治新闻、社会新闻、经济新闻为主，有意思的是，《卫报》可视化新闻报道中体育新闻的占比高于经济新闻，其内容多为伦敦奥运会、美国 NCAA、NFL 等赛事，还有一些体育明星的内容。环境也是两家媒体关注点之一，尤其是污染问题。在财新网的报道中，政治新闻占据了半壁江山，究其原因，应该是与十八大后反贪腐风气相关。

H_0：新闻媒体（《卫报》、财新网）与报道关注话题类型之间没有联系。

H_1：新闻媒体（《卫报》、财新网）与报道关注话题类型之间存在联系。

根据卡方检验，《卫报》和财新网的比例存在显著性差异（$X^2=66, df=4, \rho=0.00$），因此，原假设即新闻媒体（《卫报》、财新网）与关注话题类型之间没有联系在 $\alpha=0.05$ 时被拒绝。卡方检验的结果支持这样的结论：《卫报》和财新网在关注话题类型方面具有明显不同，一般性话题《卫报》共做了50篇，而财新网仅有8篇。

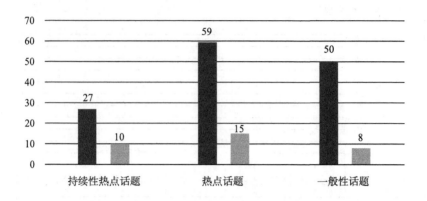

图 6　《卫报》与财新网关注话题类型对比

《卫报》中有 37％的内容是报道如 *In flight：see the planes in the sky right now*（《现在天空中有哪些航班在飞》）这样的一般性话题,还有 43％的报道是关注奥斯卡这样的热点性话题,剩余 20％的报道是和中东动乱这样持续性热点话题相关。财新网与之不同的是其对一般性话题的兴趣没有《卫报》那么高,且对持续性热点话题的兴趣非常高,10 篇持续性热点话题报道中就有 4 篇是和中东相关,还有两篇是和欧洲移民相关。

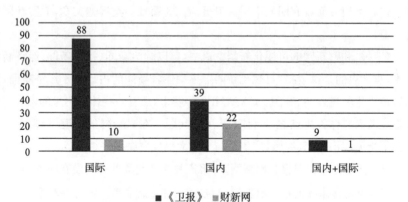

图 7　《卫报》与财新网关注话题区域对比

H_0：新闻媒体（《卫报》、财新网）与报道关注话题区域之间没有联系。

H_1：新闻媒体（《卫报》、财新网）与报道关注话题区域之间存在联系。

根据卡方检验,《卫报》和财新网的比例存在显著性差异（$X^2 = 66, df = 4$,

ρ＝0.00），因此，原假设即新闻媒体（《卫报》、财新网）与关注话题区域之间没有联系在 α＝0.05 时被拒绝。卡方检验的结果支持这样的结论:《卫报》和财新网在话题关注区域方面具有明显不同,对于国内话题的报道占到了财新网所有数据可视化报道的 68％,而仅占到了《卫报》的 29％。

　　关注话题区域方面两家媒体差异十分明显。《卫报》的国际报道是国内的一倍,且美国的报道占据了国际报道的二分之一;而财新网正好相反,国内的报道是国际报道的一倍。本文猜测这是与媒体定位有关,《卫报》是一份立足于英国的世界级媒体,财新网则定位为国内财经媒体,因而关注区域不一致。

（三）呈现方式

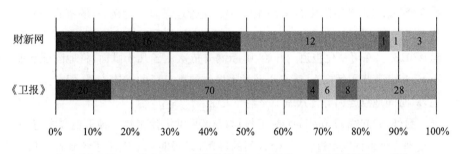

图8　《卫报》与财新网数据可视化报道呈现方式对比

　　H_0:新闻媒体（《卫报》、财新网）与可视化报道呈现方式之间没有联系。

　　H_1:新闻媒体（《卫报》、财新网）与可视化报道呈现方式之间存在联系。

　　根据卡方检验,《卫报》和财新网的比例存在显著性差异（X^2＝19,df＝5,ρ＝0.001583）,因此,原假设即新闻媒体（《卫报》、财新网）与可视化报道呈现方式区域之间没有联系在 α＝0.05 时被拒绝。卡方检验的结果支持这样的结论:《卫报》和财新网在数据可视化报道呈现方式方面具有明显不同,《卫报》有 8 篇报道采用了数据统计图这一可视化呈现方式,财新网没有报道采用这种呈现方式。

　　在交互式信息图的使用上,财新网使用比例占到了 48％,《卫报》仅占到15％,本文猜想应是财新网数据可视化报道都会同步到手机端,因而更加注重交互;在信息图的使用上,《卫报》占到了 51％。在其他类型中,《卫报》还使用了图片合集、podcast（一种音频播放形式）、视频等呈现方式。《卫报》也相对财新网来说在呈现方式方面运用更加纯熟,数据新闻内容与呈现方式契合度更高。相比较于财新网,《卫报》数据可视化作品采用了较为基础的呈现方式（数据统计图、数据统计表)相对较多,笔者猜想由于其严肃而正统的报纸定位,不论是报纸版面设计还是网页页面设计都以简单明快、一目了然为目标。

对于《卫报》的数据可视化报道呈现方式的理念可从一篇报道中管中窥豹——《卫报》对英国大选的数据可视化报道(The Guardian, 2015)。英国大选比较特殊,它每个选区的人口都是相等的,看本篇报道中的英国地图,会出现这并不是一个真正的英国地图,而是一个根据人口比例的变体,每一个小的区域都代表着一个选区,这样的地图比真实的英国地图更能说明哪个党派在哪个区域处于劣势和优势,这样的方法也被多家媒体采用。

于此类选题,财新网则更喜欢使用交互式新闻。以财新网获得亚洲出版业协会(SOPA)卓越新闻奖的作品《青岛中石化管理爆炸》①为例,它的核心是将爆炸现场的图片按拍摄位置还原到谷歌地图上,使读者得到身临其境的感受(郑道,2013)。在可视化报道的开始,财新网先依次用了几个画面,将地图逐步缩小,让读者逐步了解山东、青岛以及发生爆炸的黄岛区的具体位置,配合文字描述,对时间地点起因等背景做了完整的说明。

另外,时间线(Timeline)是《卫报》与财新网共同使用的一种呈现方式,多用于整理一个事件发生过程、一个人物的经历,读者能从中直观了解到这些信息发生的前因后果。这样强逻辑的呈现方式也有利于增强读者对新闻事件的记忆。

随着计算机技术的发展,可视化报道的呈现方式更加多样化,图形更加复杂,负载信息量也更加庞大,从柱状图、折线图到桑基图、矩形树图、关系图,呈现方式创新颇多,但一个很重要因素在新闻实践中很难把握好——信息降噪,纷繁数据如何能更加清楚、明确地指向新闻事实是数据新闻生产媒体需要注意的地方。

数据作为一种原始信息在加工成为数据新闻并广为传播的过程中同样经历了解码和编码两个阶段。冗余信息或无关信息在其传播过程中不仅对信息的正常传播进行干扰,同样会发生一定程度的耗散(沈正赋,2012)。由于图表的“以费最少的笔墨说明最多的信息”这一功能性以及出于视觉优化的考虑,《卫报》和财新网在制作中都有意识地去除了一些不必要的视觉噪音,仅保留了数据主体最关键的部分,此外由于其获得的大多是第一手资料,对数据的加工处理过程较少,信息耗散程度较低。由于文字比图形、数据包含更多指向不明

---

① http://datanews.caixin.com/2013 - 12 - 03/100609098.html.

或暧昧不清的意味,感性表达较多,属于非理性的一面,容易干扰读者对于数据的自我把握,此外,对二手资料的加工、再次解读也使得信息的保真度下降。因此,《卫报》和财新网的数据可视化作品都尽量减少文字的使用,努力用图片、数据讲清楚新闻事实。

五、 结论与讨论

(一)结论

1. 相对于《卫报》,财新网采用的数据来源种类较少

囿于财新网对其自身"财经媒体"的专业化定位,财新网的数据来源较局限于其他媒体报道(30%)、政府(21%)与自行抓取与收集(24%)。

而对于历史悠久的《卫报》来说,它引用的数据更加广泛,包含有政府(28%)、自行抓取与收集(21%)、第三方公司(16%)、其他媒体报道(11%)等,也有一部分数据是从公众手中获得,而这一数据来源财新网并没有使用。

至 2015 年,全球有 122 个国家和地区加入了全球开放政府数据组织[①](Global Open Data Index),这 122 个国家和地区的数据开放程度差异非常大,开放项目共有国家统计局(national statics)、政府预算(government budget)、立法(legislation)、招标采购(Procurement tenders)、选举结果(election results)、国家地图(national maps)、天气预报(weather forecast)、污染排放(pollutant emissions)、公司注册(company register)、位置数据(location datasets[②])、水质量(water quality)、土地产权(land ownership)、政府支出(government spending)十三项,每一项中有 9 个指标显示这一开放项目的开放程度(open knowledge,2016)。目前政府数据开放程度 76% 的英国排名第二,而中国以 18% 的开放程度排名 93 名,特别是在对外(向全世界)开放上,国家统计局、水质量、选举结果的数据均不对外开放。

正因为开放数据程度不同,《卫报》"datablog"的政府数据方便、数据量大、覆盖面广,且兼具可信度,从而使其可做更多关于政治、经济、环境等方面的选题。

与之不同的是,财新网所使用的政府公开数据多为政府官方网站上的即时

---

① 全球开放政府数据组织官网:https://index.okfn.org/place/.
② Location datasets:指地区位置数据,主要指邮编数据等。

信息,例如中纪委网站上对于反腐败信息的披露。由此可见,政府应对政府数据开放程度需加以重视,加大数据的开放力度及公开程度①。

2. 就选题而言,《卫报》与财新网各有侧重

在传统新闻报道中,新闻价值是判断选题能否成为新闻的决定性标准,这取决于新闻媒体工作人员对客观事实加以衡量之后的判断。通常,我们理解的新闻价值有重要性、时效性、显著性、趣味性和接近性五个要素。然而在数据可视化报道中,数据占据了重要位置,数据的可获得性成为首要条件,这一部分已在第一部分数据中论述,在选题部分不再重复说明。

除了可获得性外,事件本身的重要性是选题是否能成为新闻的条件之一。通过对《卫报》和财新网数据可视化报道的分析,就选题类型而言,《卫报》在政治(33%)、社会(24%)、体育(14%)等 11 个领域均有涉及,而财新网仅涉及了其中的六个领域(政治、社会、环境、经济、文化、其他),更多地关注于政治(52%)、经济领域(21%)。就关注区域而言,《卫报》关注的国际事件较多(65%),由于其历史文化及现代政治交往,国际事件中发生在美国(32%)的事件较多。而财新网的关注区域则多限于国内(67%)。就关注事件本身而言,《卫报》和财新网都对热点话题的关注力度较大,分别为 43% 和 45%,而在一般性话题上,《卫报》的兴趣范围要广泛得多,一般性话题的数据可视化报道占到了《卫报》总报道数的 37%。

我们可以发现选题在重要性这一点上,《卫报》更加追求全面,不论是在选题类型的领域、国内国际事务和报道关注的热点覆盖面方面都很广泛,这和《卫报》"datablog"栏目历史悠久、英国数据开放程度较高是分不开的,这是海量数据全息可见的特征体现(周冉冉,2015)。财新网作为一个财经媒体,数据可视化报道选题却多与政治、政策相关,经济领域选题数量只有政治领域的一半。《卫报》虽为英国报纸,但选题范围从英国扩大到了世界。在面对"英国脱欧"的选题时,通过推特,《卫报》抓取了包含英国人在内的世界各国人对该事件的态度。不论是《卫报》的全球视野,还是财新网的政治经济类选题,两家媒体都希望所展现的数据能以小见大,反映出他们关注的领域的重要之处。

在接近性方面,大数据因其覆盖广泛,读者从其中更容易找到自己与新闻的连接点,进一步提升了新闻与个人的接近性。这一点两家媒体都做出了巨大

---

① 公开程度指数据公开可分为不公开、半公开(设置门槛的公开)、公开三种,文中指应加大公开数据比例。

的努力。而在时效性方面,数据可视化报道是和时间做斗争,获取数据、整理数据、分析数据都会耗费大量时间,一般做法是热点新闻寻找已有数据,紧扣当下热点、结合大数据丰富文章内容,而持续性热点新闻和一般性新闻,都可以由数据挖掘团队积累数据储备,以备不时之需。这样,新闻时效性能够大大提升,同时新闻价值和社会影响能够得到提升。

3. 呈现方式中,财新网的交互式信息图的占比更高

呈现方式背后是技术力量的角逐。因其成立时间相对较短,财新网的数据新闻报道使用更复杂的技术的比例更高,即交互式信息图(48%)的占比更高。《卫报》早期收录了包含数据表格(3%)、数据图表(6%)的文章,更多时候选择信息图(51%)作为其呈现方式。

而在信息除噪中,《卫报》的文本叙述与数据结合的能力更胜一筹,财新网则需要在文本叙述与数据结合方面下更大的功夫。

在互联网时代,人人都是自媒体,单向传播被打破,交互性是互联网最具代表性的标志之一。财新网的数据可视化报道大多为交互式信息图,即读者掌握着主动权,看到的下一幅图与自己点击行为、鼠标滑动行为息息相关。例如《北京落户积分,算算你得几分?》[①]中是要读者自己进行选择,来彻底了解与自己相关的北京户口政策。大部分可视化报道都包含了"我"与"大数据"两部分,从普通人易于理解的角度出发,在庞大的大数据中找到了事件的意义与结构。

在数据可视化领域,互联网数据新闻的交互呈现主要依赖于 Web 前端技术的应用,较为常见的是基于 Javascript 的绘图库,利用 Html 5 中的 SVG 以及 canova 元素进行数据操作。知名的 D3.js 就是基于 SVG 技术的用于网页图表设计,具有丰富的交互特性的 JavaScript 函数库。网页前端技术的在数据可视化应用发展方面为数据新闻的形式带来了更多的可能性,在《纽约时报》The Upshot 随处可见动态实时交互的数据新闻作品。这些媒体更是建设了一批自有数据新闻技术团队,开发了自用的数据可视化工具,以及技术博客。在 Github[②] Showcases 上开设了数据新闻板块(Open Journalism),包括《卫报》在内的数十家新闻媒体都在该话题下贡献了自己的数据新闻开源项目。

---

① http://datanews.caixin.com/2015/bjhk/index.html.
② Github 是全球最大的开源社交编程和代码托管网站,许多知名网站和程序的作者都将其开源代码托管于 Github。Open Journalism 是 Github 中 Showcases 主页下的一个话题页面:https://github.com/showcases/open-journalism.

（二）讨论

1. 数据来源途径的拓展

媒体想要做数据可视化报道，数据是第一位。

近年来，媒体对于政府部门的公开数据使用颇多。从政府部门网站可以找到各种季度或年度报告，比如每年移民人数国别去向，细分到街道的全国收入水平、失业率、犯罪率，某个议员接受捐赠的数量和来源，以及去年、今年、明年国家财政预算等，这些数据通常挂在网上存成各种可下载形式的文件。这些相对容易拿到，可以说是做数据新闻的基本功。

对于一些经验丰富的数据团队，会时常关注一些相关领域的非政府机构的数据，智库 Pew Research Center[①]会不间断发布有关公民意见的调查报告，做城市相关研究的 Urban Institute[②]、宗教研究的 Public Religion Research Institute[③]，等等，都有阶段性的数据公布。另外，高校资源也不容忽视。佐治亚大学政治学系的教授维系着一个关于美国国会的数据库[④]，其中记载了美国建国至今所有国会议员的投票记录和每个议员的意识形态指数；马里兰大学的全球恐怖主义数据库[⑤]则记载了 1970 年至今每一次由恐怖组织造成的伤亡，并且会每年出一份全球恐怖主义指数报告；除了长期的数据库，关注社科类的学术杂志有时也会有意想不到的数据收获。

其实数据可视化报道记者自己挖掘数据的能力也同样重要。《卫报》、财新网数据来源中"自行抓取、收集"一类都占到了 20％以上。这就要求记者掌握一些基础的数据挖掘的本领，这包含使用爬虫等编写代码的步骤，一般要用到 R、Python 等编程语言。

2. "策划"报道，随时跟进

一些固定议程设置的事件是可以提前设计好可视化呈现方式的，《卫报》从 2010 年开始就对美国总统大选进行报道，并在各个阶段的选举中跟进报道选情发展状况，如在 2010 年 10 月 25 日报道的 *Live election results map for the US midterms*（《美国中期选举结果图》）就展示了美国中期选举的概况，财新网也从 2014 年开始跟进诺贝尔奖获得者，并将他们与 2014 年前诺贝尔获奖者一起整

---

① Pew Research Center：http://www.pewresearch.org.

② Urban Institute：http://www.urban.org.

③ Public Religion Research Institute：http://publicreligion.org.

④ Voteview Website：http://voteview.com.

⑤ Global Terrorism Database：http://www.start.umd.edu/gtd.

理成《星空彩绘诺贝尔奖》数据可视化报道,并在这个页面上每年更新。

提早准备,加之先进的数据统计、数据挖掘、数据分析和可视化技术,较之普通的新闻报道,数据可视化报道可以克服时效性、突发情况出现等问题的出现。

3. 社交媒体信息的使用

前文数据来源中,《卫报》使用技术收集网络用户的数据是其数据可视化报道重要数据来源之一,而社交媒体(如 Twitter)正是网络用户集中出现的地方。与之相比,财新网从 2013 年成立至今也没有挖掘过社交媒体上的信息①。

在社交媒体的发展期,每天都有数以万计的人加入,合理而有效地利用好社交媒体上的数据可以观察到数量庞大网民的态度,预知事件发生的可能。

但需要警惕的是,社交媒体上的信息并不能代表所有人的意愿,在上面所有的信息也并非都是真实的,这需要数据新闻记者的一再谨慎,需要其一再核对信息源,而不能仅图快、图全,草率使用社交媒体上的信息。

4. 数据驱动新闻,可视化是解释数据的一种手段

数据驱动型的新闻更符合新闻客观真实的原则,动态化和交互化的操作允许受众自行选择相应的数据参数进行查看,避免了数据库过于冗杂,以及信息接受的被动性。除此之外,针对不同数据序列的组合,受众能发现数据中更多潜在的规律,这些都是静态图表所无法比拟的。

在数据新闻领域,数据记者和数据分析专家的角色互补互成,从数据中挖掘新闻是最重要的任务。此外数据新闻并不等同于数据可视化,数据可视化发端于科学领域,初期主要用于科学项目的研究,对于新闻来说,最重要的是从数据中发现故事,然后用可视化讲好一个故事。而从另一个角度来看,新闻作为杂学,其报道范围涉及生活、社会科学、自然科学等方方面面,如何权衡研究与故事则要看数据记者对数据的把握和处理。

5. 着力于新媒体平台,从线性传播到蜂窝式的多点出发

大数据时代来临,传统的数据新闻做法已经完全不能满足需要,数据可视化技术的发展,使得线上数据新闻的展现更具优势,不仅在体现在数据图的丰富性和交互性上,而且也改变了新闻传播的业态环境和传播模式。

传统媒体由于媒介的局限性,在可视化呈现上也显得较为单一,报纸媒体

---

① 财新网有一篇第三方公司提供数据而成的《2015 中国社交媒体影响报告》,但这不算社交媒体数据来源。

只能是静态图表,电视媒体只能是图片的静态展现或者较为新颖的 Motion Graphic①。而新媒体在应用上的显著优势是,媒体资源的强交互性。所有的数据可视化形式都能在互联网进行传播。通过数据可视化技术将动态结果呈现在网页上,在大数据时代以及媒介融合的当下,一方面对数据集的分析更为全面准确,另一方面是原有的静态图像不能完全充分展现数据可视化的优势。

参考文献

［1］Bradshaw Paul(2011 年 7 月 7 日). The Inverted Pyramid of Data Journalism. Online Journalism Blog:https://onlinejournalismblog.com/2011/07/07/the-inverted-pyramid-of-data-journalism/.

［2］Charles Berret, Phillips Cheryl(2016 年 4 月 1 日). Teaching Data and Computational Journalism. Columbia Journalism Review, from http://www.cjr.org/analysis/data.php.

［3］Lorenz Mirko(2010). Data driven journalism:What is there to learn, in Innovation Journalism Conference. Stanford, CA. LORENZ MIRKO.(2010), "Data driven journalism:What is there to learn, in Innovation Journalism Conference":Stanford, CA.

［4］Open Journalism(2016 年 5 月 5 日). Open Journalism-github. Github, from https://github.com/showcases/open-journalism.

［5］Open Knowledge(2016 年 5 月 15 日). Global Opan Data Index. Open Knowledge International, from http://index.okfn.org/place/china.

［6］Open Knowledge Foundation(2011). Data Journalism Handbook. Data Journalism Handbook, from http://datajournalismhandbook,org/1.0/en/.

［7］Rogers Simon(2011 年 9 月 26 日). The first Guardian data journalism:May 5, 1821. The Guardian, from http://www.guardian.co.uk/news/datablog/2011/sep/26/data-journalism-guardian.

［8］Rogers Simon(2011)."卫报数据博客的幕后." 数据新闻手册:Data Journalism and Book. org/chinese/newsroom_3.html.

---

① Motion Graphic:是一种融合了电影与图形设计的语言,基于时间流动而设计的视觉表现形式。动态图形有点像是平面设计与动画片之间的一种产物,动态图形在视觉表现上使用的是基于平面设计的规则,在技术上使用的是动画制作手段。

［9］Rogers Simon(2016).Session 1：Global Trends ＆ Practices. Data Jour-nalism Fundamentals，from https：// mooc. jmsc. hku. hk/mod/page/view. php？id＝4.

［10］The Guardian(2015 年 4 月 20 日). Election 2015 interactive：what did the opinion polls say about your seat? The Guardian，from http：// www. the-guardian. com/politics/ng-interactive/2015/apr/20/election－2015－constituency-map.

［11］陈力丹、费扬生(2016)，"2015 年中国新闻传播学研究的十个新鲜话题"。《当代传播》，页 8—23。

［12］方洁、颜冬(2013)，"全球视野下的'数据新闻'：理念与实践"。《国际新闻界》，页 73—83。

［13］韩巍(2014)，"数据新闻与可视化报道——以财新传媒为例"。《新闻与写作》，页 12—15。

［14］黄志敏(2015 年 2 月 11 日)，《程序员获新闻奖，你怎么看——解读财新网可视化数据新闻》。《中国记者》，页 89—80。

［15］黄志敏、陈嘉慧(2015)，"财政数据可视化实验室的创新"，《传媒评论》，页 9—12。

［16］郎劲松、杨海(2014)，"数据新闻：大数据时代新闻可视化传播的创新路径"。《现代传播(中国传媒大学学报)》，页 32—36。

［17］李雅筝、周荣庭(2014 年 1 月 23 日)，"新媒体时代数据新闻的信息可视化应用——以《卫报》为例"。《科技传播》，页 209—210。

［18］刘淑培(2015)，"财经领域的数据新闻实践——以财新网'数字说'为例"。《新闻世界》，页 107—108。

［19］前瞻产业研究院(2014)，"2015—2020 年中国大数据产业发展前景与投资战略规划分析报告"。《前瞻产业研究院》。

［20］沈正赋(2012)，"信息耗散模式与新闻真实性——兼论香农——韦弗'噪音'说和马莱兹克系统模式"。《安徽师范大学学报(人文社会科学版)》，页 201—207。

［21］章戈浩(2013)，"作为开放新闻的数据新闻——英国《卫报》的数据新闻实"。《新闻记者》，页 7—13。

［22］郑道(2013 年 12 月 3 日)，"青岛中石化管道爆炸"。《财新网》，from http：// datanews.caixin.com/2013－12－03/100609098.html。

[23] 中国数据新闻工作坊(2015 年 9 月 2 日)."中国数据新闻工作坊培训手册第二章——获取数据(视频)",数据新闻中文网,引自 http://djchina.org/2015/09/02/china-data-journalism-training-scrapping-datal/.

[24] 周冉冉(2015),"大数据时代门户网站数据新闻可视化探究"。

The Practice of Data Visualization Report in the Practice of Data Journalism: The cases of the Guardian and Caixin

Zhang Xiaoyu   Wang Chengjun

Abstract: As a form of data journalism, data visualization report is created using the theory, method and technology of data visualization. It is characterized by the direct visual experience, the high technology demand, and the strong attractiveness. Focusing on the concrete process of data visualization report in practice, this research analyzes the data visualization reports produced by the "datablog" column of The Guardian and the "data news" column of Caixin.com, and compares them in three aspects: data source, issues, and styles of presentation. The findings reveal that compared to the Guardian, Caixin has fewer types of data sources which is limited to the three kinds, including government, previous reports, and the data collected by themselves. In the aspect of topic selection, the Guardian is more abundant and focuses more on the foreign countries and the common topics rather than hot topics. For the styles of presentation, Caixin has a larger proportion of interactive infographics, but it is not good at coordinating the graphics and text. It is undeniable that the data visualization report of Caixin is catching up The Guardian in the aspects of content, form, and design. These findings help us better understand the new challenges and opportunities of data journalism in practice.

Key words: Data visualization report; Data Journalism; Data visualization; The Guardian, Caixin

图书在版编目(CIP)数据

中国网络传播研究. 第 10 辑. 2016. 夏季号 / 巢乃鹏
主编. —南京：南京大学出版社，2017.2
　　ISBN 978 - 7 - 305 - 19867 - 0

　　Ⅰ. ①中… Ⅱ. ①巢… Ⅲ. ①计算机网络—传播学—
中国—文集 Ⅳ. ①G206.2 - 53

　　中国版本图书馆 CIP 数据核字(2018)第 015382 号

出 版 者　南京大学出版社
社　　址　南京市汉口路 22 号　　　　　邮　编　210093
出 版 人　金鑫荣

书　　名　中国网络传播研究. 第 10 辑. 2016. 夏季号
主　　编　巢乃鹏
责任编辑　李廷斌　张　静
照　　排　南京紫藤制版印务中心
印　　刷　江苏凤凰数码印务有限公司
开　　本　635×965　1/16　印张 20　字数 344 千
版　　次　2017 年 2 月第 1 版　2017 年 2 月第 1 次印刷
ISBN　978 - 7 - 305 - 19867 - 0
定　　价　55.00 元

网　　址：http://www.njupco.com
官方微博：http://weibo.com/njupco
官方微信：njupress
销售咨询热线：(025)83594756

CSSCI 来源集刊

《中国网络传播研究》征稿简则

《中国网络传播研究》聚焦"互联网与当代中国问题",谨向海内外各学科郑重约稿,尤其欢迎中青年学者发来力作,欢迎博士、硕士研究生以学位论文相关成果投寄本刊,亦诚邀各课题组集束发表专题成果。

《中国网络传播研究》(Chinese Journal of Computer-Mediated Communication)由南京大学新闻传播学院主办,是目前国内唯一一种新媒体传播学 CSSCI 来源集刊,主要刊登与新媒体传播有关的跨学科学术成果。本刊于 2007 年正式创刊,多年来广受学术界赞誉。2013 年,经中国社会科学评价中心评定,正式入选 CSSCI 来源集刊。

本刊旨在为新媒体传播提供学术对话平台,倡导从全新视角聚焦传统研究,以彰显互联网时代对人文社会科学的理论贡献。

本刊强调学术创新和问题意识,坚持多元方法论,倡导求真、探索、争鸣,立足中国现实,追踪国际前沿,鼓励其他学科与传播学的深入对话。

本刊常设栏目有:"专题"、"论文"、"观点"、"文献"等,欢迎不吝赐稿。

《中国网络传播研究》不接受已正式发表的中文论文及一稿多投之论文,但依据国际学术惯例,学术会议及会议论文集所发表者视为未发表论文。稿件一经本刊决定刊登,本刊即享有刊登及出版之权利;经本刊同意后,作者方可将稿件刊登于其他出版物。本刊实行匿名评审制度,收到投稿后,一般在 3 个月之内奉复审稿结果。本刊不设退稿服务,请自留底稿。

凡投稿《中国网络传播研究》之正式论文,一般以 8000 字至 15000 字为宜,有特殊学术价值者不限字数。来稿请投寄电子邮箱:cjccnju@126.com;同时请寄打印稿往以下地址:中国,江苏省,南京市汉口路 22 号,南京大学新闻传播学院,《中国网络传播研究》编辑部收,邮编:210093。来稿请遵本刊规定体例,否则例不收稿。

【投稿须知】

按匿名审稿要求及通行编辑规范,请作者将来稿的内容装订顺序为:封面(首页资料);中英文摘要;正文。

一、封面(首页资料)。依次包括以下各项:a. 论文题目;b. 作者信息:姓名、出生年、性别、任职机构及职称、最终学历;c. 通信方法:所在单位名称、地址、邮政编码、电话、传真、电子邮址;d. 个人学术简历(限 200 字以内,发表时将列为当页注)。

说明:为便于匿名送审,请勿于首页资料之外标示作者姓名。

二、摘要(第二页)。依次包括以下各项:论文中文摘要(限 200～500 字);中文关键词(2～6 个词);论文英文摘要(限 200～500 字);英文关键词(2～6 个词)。

三、正文:

(一)子标题(子目)

二级标题:置中,三号黑体字。

三级标题:左对齐,4 号楷体字。

(二)段落

每段空两字起始,即起始于第三格。

(三)标点

1. 标点须全角输入。

2. 使用中式标点符号:双引号""为平常引号;单引号''为第二级引号(即引号内之引号);双书名号《》用于书籍、期刊及(博士及硕士)学位论文,如《新闻学研究》;单书名号〈〉用于第二级书名号(即书名号内之书名号),如《论〈数字化生存〉》;单篇论文及书籍之篇章,使用双引号"",如:"中国互联网 Web2.0 阶段的传播与管理"。

(四)数字

1. 一般数字(如日期、页码、图表号码、注释号码、百分比等)采用阿拉伯数字。

2. 单数、题目中的数字、中国传统历法日期等采用中国数字书写。

(五)引文

1. 直接引述,须加引号,并用括号注明引文出处。

例 1:"……。"(祝建华,2004)

例 2:黄煜(2000a)指出:"……。"

2. 引文较长,可独立成段,无须引号,但每行要空出四格,上下各空一行。

3. 间接引述,须标明出处。

例 1:柯惠新(1999)认为……。

例 2:其他学者亦有类似见解(李良荣,1999;朱立,2000;汪琪、沈清松、罗文辉,2002)。

4. 引文有多个出处,一般以出版年份排列,并以";"分隔。

(六)翻译

征引外国人名、外文书籍、专门词汇等,可沿用原名。若采用译名,则须在正文首次出现处,附上原名于括号内。

(七)注释(作者自注)

1. 注释一般指作者本人对正文中某一特定内容的进一步解释或补充说明,一般排印在该页脚注,用阿拉伯数字编号,如①、②、③……置于所注文字的右上角。例:这种观点非常少[①]。

2. 注释内引文形式与正文同。

(八)图表

1. 标题置于图表下方,表上方,注记置于下方。

2. 图表置于文中适当位置,超过一页者一般附录于参考文献之后。

四、参考文献

(一)仅需罗列文稿曾征引之文献。

(二)中西文书目并存时,先排中文,后排西文。

(三)中文作者(或编者)以姓氏拼音排序;英文作者(或编者)以姓氏字母次序排列。中文作者(或编者)用全名,英文作者(或编者)姓在前,名缩写于后。

(四)同一作者的著作,按出版年份排列,新著作在前,旧著作在后。若出自同一年份,在年份后标示 abc,如(2002a)、(2002b)、(2002c)。

(五)文献数据一般包括作者姓名、出版时间、标题、卷/期数、页数、出版地、出版社等。

(六)范例

1. 期刊论文

例1:祝建华(2001),"中文传播研究之理论化与本土化:以受众及媒介效果整合理论为例"。《新闻学研究》,第 68 期,页 1—22。

例2(无总期数者):朱春阳、张国良(2004),"2003 年中国传播学研究回顾"。《新闻大学》,2004 年第 3 期。

例3:Goffman, E. (1983). The Internation Order: American Sociological Association, 1982 Presidential Address. American Sociological Review, 48(1), 1—17.

例4:(作者多于一位)Grunig, J. E., Grunig, L. A., Sriramesh, K., Huang, Y. H., & Lyra, A. (1995). Models of Public Relations in an International Setting. Journal of Public Relations Research, 7 (3), 163—187.

2. 研讨会论文

例1:巢乃鹏、吕梦旦(2006 年 11 月),"互联网传播与中国西部乡村社会结构的变迁"。"2006 中国网络传播学年会"论文,香港。

例2:Peng, B. (2003, May). Voter Cynicism, Perception of Media Negativism and Voting Behavior in Taiwan's 2001 Election. Paper presented at 2003 International Communication Association Annual Conference, San Diego.

3. 书籍

例1:杜骏飞(2001),《网络新闻学》。北京:中国广播电视出版社。

例2:Grunig, J. E., & Hunt, T. (1984). Managing Public Relation. New York: Holt, Rinehart & Winston.

例3(修订版):Rosenthal, R. (1987). Meta-analytic Rrocedures for Social Research (Rev. ed.). Newbury Park, CA: Sage.

例4(文集):Sheppard, B. H., Bazerman, M. H., & Lewicki, R. J. (Eds.). (1990). Research on Negotiation in Organizations. Greenwich, CT: JAI Press.

4. 文集篇章

例1:汪琪(2004),"全球化与文化产品的混杂化"。郭镇之(编),《全球化与文化间传播》,页 240—254。北京:北京广播学院出版社。

例2:Grunig, J. E. (1992). Communication, Public Relations, and Effective Organizations: An Overview of the Book. In J. E. Grunig (Ed.), Excellence in Public Relations and Communication Management (pp. 1—30). Hillsdale, NJ: Lawrence Erlbaum Associates.

5. 译著

例1:罗杰斯(2002),《创新的扩散(第 4 版)》(辛欣译),第 201 页。北京:中央编译出版社。

例2:斯特劳巴哈,约瑟夫;拉罗斯,罗伯特(2002),《信息时代的传播媒介》(熊澄宇等译),页 1—22。北京:清华大学出版社。[原书 Straubhaar,J.,& LaRose,R. (2000). Media Now:Communication Media in the Information Age (2nd ed.). Belmont,CA:Wadsworth.]

例 3:Laplace,P.-S. (1951). A Philosophical Essay on Probabilities (F. W. Truscott & F. L. Emory, Trans.). New York:Dover. (Original work published 1814)

6. 学位论文

例 1:彭兰(2005),《中国网络媒体的第一个十年》。中国人民大学新闻学院博士论文。

例 2:Wilfley, D. E. (1989). Interpersonal Analyses of Bulimia:Normal-weight and Obese. Unpublished doctoral dissertation, University of Missouri, Columbia.

例 3:Almeida, D. M. (1990). Fathers' Participation in Family Work: Consequences for Fathers' Stress and Father-child Relations. Unpublished master's thesis, University of Victoria, Victoria, British Columbia, Canada.

7. 杂志

例 1:张圭阳(2003 年 5 月),"香港传媒'非典'一役的总结"。《信报财经月刊》,第 315 期,第 35—37 页。

例 2:Kandel, E. R., & Squire, L. R. (2000, November 10). Neuroscience: Breaking Down Scientific Barriers to the Study of Brain and Mind. Science, 290, 1113—1120.

8. 报纸

例 1:杜骏飞(2007 年 5 月 10 日),"大众传媒的瓦釜时代"。《南方周末》,第 D15 版。

例 2:Schwartz, J. (1993, September 30). Obesity Affects Economic, Social Status. The Washington Post, Al, A4.

9. 网上文章/文件

例 1:闵大洪(2004 年 8 月 16 日),"中国网络媒体史分期探讨"。引自:http://www. zjol. com.cn/gb/node2/node26108/node30205/node194934/node195050/index. html。

例 2:中国互联网信息中心(2006 年 2 月 14 日),"中国互联网络信息中心域名争议解决办法"。上网日期:2006 年 8 月 18 日,引自 http://www.cnnic.net.cn/html/Dir /200 6/02/14/3568.htm。

例 3:Canarie, Inc. (1997, September 27). Towards a Canadian Health IWAY: Vision, Opportunities and Future Steps. Retrieved November 8, 2000, from http:// www.cana. rie.ca/press/publications/pdf/health/healthvision.doc.

10. 其他范例请参考英文 APA 格式。

本范例部分界定参考及沿用了《传播与社会学刊》(香港)相关范例,同时亦参考了以下文献:南京大学中国社会科学研究评价中心《中文社会科学索引》(CSSCI)相关规范,中华人民共和国国家标准 GB7714—87《文后参考文献著录规则》、《中国高等学校社会科学学报编排规范(修订版)》。谨此说明。